品中國文人 ④

刘小川 著

上海文艺出版社

目　　录

李贺（中唐 790—816）

1 ……… 李贺从长安返回老家昌谷，从仲秋走到初冬。日行三十余里，或岔道访古，或留居客栈，被一地之苍茫辽阔所吸引。夜行中原大地，仰看满天寒星。瘦驴瘦男人，秋水秋波横。枯草千里……谁在安排他走这条路呢？是神的旨意还是鬼的主意？李贺日行，夜行，风行，雪行，咀嚼着悲凉，回味着痛苦，品尝着绝望。他骑驴飘过暮秋时节的洛阳城，那低垂着的头颅像个大问号。把头垂进呼啸的西风，把背影扔给变形的冬阳。

李商隐（晚唐 812—869）

39 ……… 李商隐是有历史大关切的，有目注苍生的悲悯情怀，有傲骨，有理想，有做官的原则，有道德的底线。而这些元素会渗入他的情爱之躯。他的爱情诗乃至艳情诗写得如此出色，与其沉痛到底有关，与其纯真性情有关。能感人至深、因之而千年不朽的作品，一定有强大的价值支撑。李商隐作为士子和作为情人，二者间不是彼此分隔。换言之，如果他一贯软绵绵，情调兮兮，爱起来就不会抑扬顿挫，节奏分明。他长得英俊，却是男子汉式的英俊：面容身姿步态，既有美感又有力度。"锦瑟无端五十弦，一瑟一柱思华年！"

黄庭坚（北宋 1045—1105）

87 ……… 笔者拜读黄庭坚的诗文书画，觉得他硬朗而飘逸，既能柔情似水，又能横眉怒目。江西修水的神童，江南叶县的县尉，北都国子监的教授……有一根醒目的粗线将他的仕途连接起来。家里十几口人那么需要银子，他长期做"冷官"而操守不变。何物支撑了这个"不变"？

冷官黄庭坚，冷眼看世相。一腔热情付与艺术。诗词与书法传向东京、西京(洛阳)。北方大地的雄浑苍凉，融入了这位南国失意男儿的内心纵深。如果文人不失意，那么，中国历代精英艺术将大打折扣。失意就是得意：得造化之意，得审美之意。

晏几道（北宋 1030—1106）
晏殊（北宋 991—1055）

117 .... 晏几道几十年扎脂粉堆，扎得认真而投入。此与男人们信奉的主流价值相背。他可不管，脂粉就是主流。她们的生存姿态呈现着价值，犹如一朵朵鲜花吐露颜色与芬芳。晏几道痴迷女性，顺理成章地蔑视男权。这精神轨迹几乎与曹雪芹完全吻合。男尊女卑的大背景下，重女轻男的价值怎么说都不过分。一部《小山词》，立言立德。

晏殊自幼饱读诗书，有士大夫的情怀，写曲子辞下笔简约，婉转有韵致，如同宋代的那些美饰、美器。不用说，他对情绪的表达有着严格的筛选。他手拿一把裁剪情绪的剪刀。情绪落到纸上，要符合他的高贵身份和显赫名望。晏丞相今日有好词，明天满城知……

宋徽宗（北宋 1082—1135）
蔡京（北宋 1047—1126）

155 .... 十八岁的端王赵佶闲穿花径，视群芳诸艳为无物。许多皇子，乳臭未干已知男女事。二皇子赵仅偷香猎艳劲头高，疯玩里巷少女，呼啸瓦子勾栏。赵佶随口道：玩死他。老大老三老四老五……此间已经玩死好几个了。而赵佶勤于学习，不搞声色犬马。这位有着风流骨相的端王是不是在玩心术想当皇帝呢？宋徽宗率领群臣玩天下，终于玩死了北宋王朝。

蔡京的杭州豪宅建在凤凰山下，史料称："极为雄丽。"一年贪知府，百万雪花银。他在汴京栽了跟头，却到杭州高调享受，大宴宾客日复一日。他的孙子都不知道米从哪儿来，"蔡京诸孙，不知稼穑。"坏人写好字，蔡京是典型。

唐伯虎（明代 1470—1524）

217 .... 唐伯虎春去秋来转华府，追秋香，享受惨了（四川土话）。细节丰富。所谓恋爱，要的就是细节。有一些鸟类的求偶细节也比较多，生而为人，岂能落于鸟后？男女情之褶皱，类似水墨画之皴染。沉默的交流又好比留白。平日相处若工笔，待到高潮起，恰似大写意……山林气、脂粉气，融入唐寅的傲气才气，理解他的人格和艺术作品，此为关键处。嬉皮笑脸乃是浅表性生存的产物。唐寅不类此。他的风流背后有辛酸，有焦虑，有孤愤。谁去细看唐寅的眼泪和疼痛？二十岁，三十岁，疼痛垫了底。没有大疼痛，哪有严格意义上的艺术家？

柳如是（清代 1618—1664？）

215 ……… 中国古代的才女生存激烈,几乎无一例外。生存激烈是说,首先她性子烈,然后她一生多事。性子不烈,多事仿佛不多。史籍留名的才女大都是美女,这又添上了一层麻烦。道大难容,才高为累,貌美则多事。艳骨更兼傲骨,惹得天下瞩目。本文的传主柳如是,乃是才、艳、傲的三位一体,她被称为"秦淮八艳"之首……当年盛泽生奇女,风风雨雨能痛哭。没办法,敢爱敢恨者,如何不痛哭？

蒲松龄（清代 1640—1715）

267 ……… 蒲松龄在山东淄川名气大,源于一件事:柳泉听鬼,聊斋写鬼。写鬼不是由他开始,但摆摊听鬼二十多年,中国历史上是没有过的。柳泉先生酷爱搜神,不惧深山鬼屋,不怕夜走十里乱坟冈……胶东半岛上的神鬼故事,悉数装进他的脑海。作家连年听鬼写鬼,倒是阳气充沛,价值观明确,对民间的苦难高度敏感,对贪官污吏、土豪劣绅恨之入骨。这是蒲松龄身上格外吸引人的地方。《聊斋志异》空前而绝后。一个巨大的文化符号要管一万年。

纳兰容若（清代 1655—1685）

295 ……… 纳兰容若的眼睛看见什么？看见生存之向度带给他的一切。牢牢栖身于汉语艺术的经典,生活在别处,身边的雕梁画栋倒像是虚置。"别有根芽,不是人间富贵花。"纳兰容若的意之所向很明确,不屑富贵花,专心培育词语之花。词语之花就是他终生追寻的情花,二花本一树。由此赢得孩子般的单纯,而这种单纯乃是杰出的汉语诗人之常态。纳兰容若动一回情,人就瘦一圈。情爱的模式规定了身体……

郑板桥（清代 1693—1765）

311 ……… 为了揣摩空谷幽兰,郑板桥屡往山里跑,泥行雨宿全不在乎。悬崖上发现了一株珍贵的九子兰,他吊着草绳子荡过去,嗅玩多时不忍拔。终于拔出九子兰荡回来,草绳子断为两截……板桥先生画竹,身与竹化。"咬定青山不放松……任尔东西南北风。"扬州八怪,数他的名气最大,行为怪,举止狂。郑板桥忤权贵的幽默故事广传于江南,庶民百姓喜欢。书画家卖字画标明润格,是他起的头,有功于中国三百年来的书画市场。

目录

329 .... 后记

333 .... 主要参考文献

李 贺
（中唐 790—816）

李贺从长安返回老家昌谷，从仲秋走到初冬。日行三十余里，或岔道访古，或留居客栈，被一地之苍茫辽阔所吸引。夜行中原大地，仰看满天寒星。瘦驴瘦男人，秋水秋波横。枯草千里……谁在安排他走这条路呢？是神的旨意还是鬼的主意？李贺日行，夜行，风行，雪行，咀嚼着悲凉，回味着痛苦，品尝着绝望。他骑驴飘过暮秋时节的洛阳城，那低垂着的头颅像个大问号。把头垂进呼啸的西风，把背影扔给变形的冬阳。

李贺

1

古人云:"太白仙才,长吉鬼才。"我们来看看这位中唐鬼才。

中唐指安史之乱后,唐帝国走下坡路的一段相对漫长的时光。朝廷控制地方的力量减弱,朝廷内部的权力斗争又加剧,这一减一加,使国运更趋衰微。文学艺术却由于单纯的叠加效应而保持繁荣,流派纷呈,奇才辈出。诗人们面目各异,李贺尤为突出。

李贺的外表也特殊,"细瘦,通眉,长爪,能疾书苦吟。"李商隐是这么描绘的,杜牧、欧阳修也这么说。通眉指浓眉。两道眉毛太浓,连成了一条醒目的粗黑线,配着细瘦身躯、细长指头和长而弯曲的指甲。

李贺是河南昌谷县(今属宜阳县)人,昌谷距洛阳一百五十多里,是个交通要冲,"西往秦晋,南连吴楚。"昌谷境内山水纵横,旷野遥接天边。李贺骑毛驴转悠,从一个村落到另一个村落,日行百十里。有时候他在原地打转,从日出转到日落,驴蹄画个三五里地的大圈而已。旷野像一座巨大的精神迷宫,杂花,野草,山峦,溪流,乱坟,神庙,奔蹿的野物,惊飞的怪鸟,夕阳射向大地的支支金箭,山风突然卷来的一阵鬼雨……毛驴驮着少年诗人,诗人编织着文字迷宫。或者说,文字迷宫编织着诗人。

昌谷的野地令李贺百般着迷,"我有迷魂招不得。"他一般早出暮归,沐晨曦,披星月。出门神清气爽,归家满脸迷色,神态举止不类常人。野地究竟有多野,也许只有李贺这样的人才知道。内心的狂放和野地的交响仿佛天然合拍。

李贺少年多病,病身识字又早,导致他高度敏感。方圆几百里,没人像他这么年复一年地飘荡,远看像是移动在地平线上的孤魂野鬼。躬耕的农民由于离泥土太近,生存的重压迫使精神图景限制在实用的水平上。而李贺不愁吃穿,家里至少有两个奴仆,他也不承担家务,可能因病,受到母亲的格外垂怜。老父亲做着九品小官,长年在外宦游,远走巴蜀,官身如飘蓬,在小李贺的眼中形同虚幻。

李贺字长吉,长吉二字的背后,隐藏着父母的担心。南宋辛弃疾字幼安,也是童年多病,名与字倾向于吉祥安康。辛弃疾二十几岁白了一半头,李贺生白发更早。估计他懒得理发,任它通眉之上白发萧萧。

少年病体的敏感,笔者缺少体验。但1970年代,我所居住的眉山城尚有几段悠长的古城墙,城墙内外,河边道旁,不乏荆棘丛生杂花怒放的大片野地、湿地,草盛莺飞。野地里走啊走,仿佛朝着天尽头,春夏秋冬景象各异,那感觉爽极了,说不清道不明的、拒绝分类的那种爽。单说风吧,草风,水风,树风,云风,熏风,麦田风,洼地起旋风,"平畴交远风"……人在旷野的风中,不沉醉亦难。旷野真好。人造的都市广场是不能与之同日而语的。人造广场大抵单调,不能惹发许多情绪。

看来空旷这类词,即将在城市消失。雨,雪,雾,越来越脏……

李贺漫游昌谷,或有几百回之多。

史料称,李贺除了大醉及吊丧日都要骑驴出去,一个叫巴童的小奴仆默默跟着他。他背一个古破锦囊,望天冥思苦想,得了句子就写下来,反手塞进锦囊中。

高高的女几山上有座神殿,供奉着有风流传说的杜兰香女神。李贺登山入殿,凝望典雅而又艳冶的女神,直欲与她肌肤相亲。女神殿外的那堵红墙,他往往一倚半天,站够了就蹲下,抱紧一双长臂,歪着脑袋痴想……斑驳红墙有绮梦,女神遗山作案几。杜兰香临崖升天的故事让李贺再三着迷。

无边无际的原野在女几山下,梦幻般铺开。绿水如裙带,连昌河交汇洛河。昌谷县东面的福昌宫,他也频频去造访。

这片土地,留下过武则天、杜甫、高适等人的足迹。

李长吉是个梦游人,分不清实境、幻境。他行走,转悠,几年乐此不疲,是因为梦幻、野地和词语的交互作用。瘦男人走在昌谷,也是走在自己漂浮的魂魄中,走在病体的怪异感受中,走在汉语诗歌蕴涵的能量中。

"昌谷五月稻,细青满平水。遥峦相压叠,颓绿愁坠地。光洁无秋思,凉旷吹浮媚。竹香满凄寂,粉节涂生翠。草发垂恨鬓,光露泣幽泪⋯⋯"

李贺的《昌谷诗》近千字,情绪强烈,直逼昌谷五月风物,颓、愁、恨、泣一类字眼再三跳跃。句子紧凑,意象绵密,挑战读者的耐心。

李贺写诗是不管读者的,他也不问忠诚的巴童懂不懂。

主仆二人,隔三差五醉酒肆。巴童抓肉吃,用斑竹筒饮酒,三分醉就趴下了,打几个呼噜又抬起头来。李贺醉眼瞅黄昏,摸摸古锦囊。这可是祖上传下来的宝物,与皇家有牵连。

李贺自述,他是李唐皇室诸王孙的后代。别人也信他,加以转述。李白自称出自陇西(今甘肃陇西县)李氏,属皇族。而杜甫的外祖母李氏也是皇亲。杜甫晚年为李贺的父亲李晋肃写过诗,亲切地呼为"二十九弟"。

没落贵族愁绪多。李贺少年多病,苦吟,令人联想杜甫。杜甫不无自豪地讲过:"诗是吾家事。"

昌谷的李氏家道中落,但文化的优越感反而会上升。文化通常是没落家族的一根救亡稻草。

李贺多次提到杜甫、李白。他的视野中还横亘着一位巨人:写《离骚》的屈原。屈原行吟楚国大地,披头散发,状如野人,诗人之身乃是天、地、人、神、巫的合体。

李贺的昌谷类似屈子的楚地,魅惑无穷,一湾水,一棵树,一座坟,一抹幽光,均可入诗。病身,诗身,没落身,契合于野地和神庙。

昌谷的几年漫游,奠定了李贺浑身疯长的诗性。

驴背驮诗人,诗人驮着汉语艺术。且看他描绘腻香肉感的兰香女神:"密发虚鬓飞,腻颊凝花匀。团鬟分珠窠,浓眉笼小唇。弄蝶和轻妍,风光怯腰身。"珠窠指酒窝。

细瘦男人想象着婀娜女神的日常情态:"看雨逢瑶姬,乘船值江君。吹箫饮酒醉,结绶金丝裙。走天呵白鹿,游水鞭锦鳞。"

杜兰香走在白云上,游于天河的碧水中,柔声呵白鹿,轻鞭催锦鳞。

李贺早熟,想女性想得仔细,不管她是凡女还是神女。他写《李夫人》、《帝子歌》、《苏小小墓》、《贝宫夫人》……

他希望娶一个杜兰香那么美艳的妻子么?

平日里,李贺游了一天暮归家,那浓眉下的一双眼,是灵感燃烧之后的倦息痕迹。他累得喘息,歪在角落里,嘴角浮现了虚弱的微笑。劳心费精神,比干力气活更累。病魔欺他已久,偏偏又伴随着诗魔。

病魔缠身,诗魔绕魂。"无奈诗魔昏晓侵……"

李贺的母亲郑氏实在看不下去了,几乎惊叫着说:"是儿要当呕出心乃耳!"

李贺蜷缩于黑暗中的墙角,冲着母亲笑笑。他挨骂习惯了。老是惹母亲生气,心里也歉疚,可是第二天,他又听到了旷野的声声呼唤,于是骑上驴子,带了巴童,背起古锦囊,迎着满天的朝晖红云或是西风灰云,晃晃悠悠出门去了。

李贺呕心写诗,将写出什么样的惊世之作?

2

唐宪宗元和二年(807),十七岁的李贺出现在东都洛阳。

他是奔韩愈去的。这一年韩愈四十岁,做着国子监博士,文名如日中天。得韩愈推荐者,考进士比较容易。这个长安的大人物初到洛阳就门庭若市,疲于应对各类访客,每天看大量的应试诗文。门人将李贺的诗卷呈给他时,他正"困极",唇焦口涩,两眼昏黑。李贺的字潦草,看上去犹如枯草乱飞。韩愈的体力已耗去五成,鉴赏力下降了大半,他手拿李贺诗,先瞥一眼书法。唐代的进士科,须过"书判身言"四道关。李贺的书法近于狂草,一般官员不耐烦看的。韩愈一瞥之后闭目养神,慢慢喝下两口醒脑茶。门人垂手站在旁边,等他发话,见不见那个长得奇怪、衣裳语言迥异常人的昌谷县后生。

韩愈提一口气,揉了揉眼,坐直了,认真看诗。通常看几句便知呈诗者的水平。呈诗的后生满怀期望远道而来,韩愈多年来养成了不废一人的习惯,再累他也要看看,虽然看不入眼的作品要占到八九成。

时为冬季,韩愈府内生着暖暖的炭火。而朱门外的李贺衣裳单薄,"两手如怀冰。"街上行人纷纷掉头看他的容貌,他的瘦驴,他那宝贝般的破锦囊……

韩愈读李贺诗,眼睛亮起来了。

这是一首拟古乐府,《雁门太守行》:

黑云压城城欲摧,甲光向日金鳞开。
角声满天秋色里,塞上燕脂凝夜紫。
半卷红旗临易水,霜重鼓寒声不起。
报君黄金台上意,提携玉龙为君死。

燕脂:女子化妆用的红颜料。燕脂凝夜紫,是说战血凝和着紫色泥土,长城附近多紫土。黄金台为战国时代燕昭王所筑。玉龙指宝剑。诗写危城守将血战到死的气概,头两句就先声夺人。北宋的王安石表示怀疑说:既言黑云压城,为何又称甲光向日?其实黑云翻滚,有时也能见到层云里忽隐忽现的日光。李贺的旷野体验比王安石多。黑云,红日,形成了反差。李贺诗之怪力,此间初现端倪。他写作此诗的年龄只有十几岁,写哪个年代的哪场边塞战争,也不得而知。

乐府诗能唱,李贺擅长这种体裁。

昌谷漫游,奇思峥嵘。

少年李贺从未习武,也没有见过战争场面,却写出了唐朝边塞诗的一流作品。韩愈对岑参、高适了如指掌,这首《雁门太守行》,足以比肩高岑边塞诗的任何佳作,直追屈原的《国殇》。

韩愈愣了半天,然后一跃而起。

门人一溜烟奔向了大门,恭请那细瘦后生入府。

李贺入韩府,先趋炭火后谒巨公。韩愈毫不介意。

二人促膝剧谈,添了炭火烤手。李贺的言谈明显逊于他的纸上功夫,浓厚的小城口音让韩愈听一句漏一句。然而韩大师境界高,阅人多矣,一个奇才十年难遇,大师对李贺的怪异发音和神经质的指爪动作视若无睹。

李贺通身暖和了,表情颇惬意,说:饿了,酒肉把来。

韩愈大笑而起,吩咐丫鬟上佳肴、斟美酒、再添炭火。

是日也,李贺回昌谷只嫌驴蹄慢,漫天的冬雪好似遍地春花。中途歇了一回驿站,花光盘缠痛饮,醉卧,梦里哈哈笑。翌日睁眼,大红日头挂在树梢。一路上金光灿灿,白雪皑皑。驴背上的李贺仰天唱歌诗,"黑云压城城欲摧",那两条细胳膊上下挥舞,仿佛挥戈跃马驰骋沙场。路人纷纷惊骇,听那细瘦后生的沙嗓子迸出的歌声,却受到吸引……

李长吉"笋条条"的背影渐舞渐远,镶入了朝霞灿烂的天边。

漫漫归途中他得诗一首,描绘天子御驾亲征,大胜,班师回朝盛况空前。《上之回》:"上之回,大旗喜。悬红云,挞凤尾。剑匣破,舞蛟龙。蚩尤死,鼓逢逢。天高庆雷齐坠地,地无惊烟海千里!"上,指天子。末二句是说,高天上的庆雷全都坠地,轰隆隆炸响,从此千里和平无烽烟。

李贺虽然是李唐皇室的远支,但正因为遥远并且没落,反而要强化诸王孙意识。赞美天子,意气风发。又有《黄家洞》,却谴责边将滥杀大量的土著以邀功请赏,反战之态一如杜甫。

李贺奔洛阳谒韩愈,一谒成功,表明他的直觉相当好。韩愈的文学理论:"文章之作,恒发于羁旅草野。"

又云:"物不得其平则鸣,人之于言也,亦然。有不得已而后言,其歌也有思,其哭也有怀。"

说得真好。不平则鸣,连鸟兽也是这样。

欢乐、祥和、典雅、雄奇、豪放之类的生存情态,则不妨理解为不平的变式。生存如同波澜起伏的大海,各类人生情态生成于起伏中。情绪以波浪的图式走曲线,不走水平直线。正面情绪有它的负面支撑,反之亦然。所以,在若干情态中单单提取娱乐元素,使之膨胀或稀释,进而形成五花八门的娱乐业,以迎合资本的运行逻辑,乃是对人类情绪丰富性的直接威胁。

乐个没完,叫做傻乐;笑个不停,则是憨笑,当年的四川人称为憨娃儿、痴粑头。眼下的蜀人又当别论。

韩愈的核心理论"不平则鸣",对情绪的界定是有效的。但是,未能展开更有效、更强有力的追问。

李贺情绪饱满,这不成问题。混合型的意绪中,突然间喜从天降:天人般的韩愈高看他,欣赏他的才华,确认他的价值。当时韩愈的名气,和另一个文坛宗师白居易在伯仲之间。

从洛阳回昌谷一百五十里,李贺几乎是舞回去的,飘回去的,心里的节奏锁定了铿锵,打铜锣敲战鼓,端端端,咚咚咚。他即将赢得自己的历史舞台。韩愈人称韩吏部,韩博士,掌管东都洛阳的国子监,是个一言九鼎的人物。

3

昌谷的三月遍地春花。李贺迎娶新娘。新娘子虚岁十七,颇具姿色,有李贺为她写下的几首诗为证。她的特点是婀娜多姿,媚到骨头,有点儿妖姬相,青春颜色逼人。她手捧一束海棠花,或是站在一棵玉兰花树旁,人们通常会忘记海棠玉兰为何物。人比花艳。她走在辽阔的原野,俏步上山冈,含笑思女神。李贺迷她的面影背影侧影,把杜兰香给忘了,这可是多年来发生的一桩新鲜事:梦中的老情人丢了。

两情缱绻,更更缠绵。

诗人的漫游暂停了。娇妻的娇躯才是他无尽的原野。乳峰胜过女几山峰,香唇取代五月甘露。

日上三竿时,巴童歪倚院墙晒太阳,打瞌睡。那毛驴也闲着,驴蹄不耐烦,倍思青草地。古锦囊被遗忘在显眼处……

蜜月之后还是蜜月,不到中午房门不开。

小夫妻关起门来天地宽,发现那欲望山越挖越高。真是很奇怪!

李贺迷劲大,诗笔搁下了,他用另一种方式发挥着想象力。年轻美娘是他眼中不断后移的地平线,冰肌玉骨供他恣意漫游,从脚趾头到乌云发全是好风景,不单调,不重复。

昌谷千种野,娘子百般娇。

老父亲去世了,李贺整日号哭于南园。妻子向壁抽泣,双肩颤动。李贺哭够了,戏称她"泣兰"。蜜月里她也曾幸福地抽泣,泪珠儿散发出幽香,新郎巨贪,一颗颗吞将下去。

李贺像一把浇花用的提壶,浇灌着他的泣兰。泣兰其实也是笑兰:玉齿开合间,红唇闪香舌;珠窠分左右,轻红染双颊。

小两口夏日里奔跑野地,比赛疯狂劲。泣兰的银钗飞了,风刮起她的浓密头发,耸立向青天,仿佛升起了一朵蘑菇云。裙带紧束的小腰身,仰面红笑的山杏唇,越沟过坎,翻坡滚地。李贺喜欢她这样。喜欢就是喜欢。

打倒笑不露齿,推翻夫为妻纲。

细瘦情郎坐于半人高的茅草深处,朝他的婀娜艳冶的娘子注目,打手势送笑容。娘子知他意思,薄面羞成夕阳。

李贺笑道:叔梁纥与他妻子野合而生孔丘。

泣兰在他的纵容下有三分浪劲,却哪里敢野合?她朝西边圆圆的大火球走去了,野草边缘停着驴车和巴童。走出几十步她蓦然回头,看见丈夫的黑粗眉毛像一把乌金剑。

她回到驴车上,坐等七月的黄昏。晚霞点燃了半边天……

瘦而高的李长吉从野草深处走过来了,青袍舞东风,剑眉向蛾眉。回家又是整夜缠绵,衾被间似有道家图谱。李贺颇善于温柔呵护,一双长臂忙鸳帐,爱抚妻身如拨琴弦,并不横扫帐外红烛。诗人的情诗,乃是清新的民歌调子,《后园凿井歌》:

"井上辘轳床上转,水声繁,弦声浅。情若何?荀奉倩。城头日,长向城头住。一日作千年,不须流下去。"荀奉倩是众口争颂的模范丈夫。

水声繁喻浓情,弦声浅指青春短暂。城头日住城头,时光凝固。有个二十世纪的西方诗人,写他年轻漂亮的妻子拼命涂脂抹粉,神经质地拒绝嘴角眉梢细微的皱纹。诗人看三十年犹如三五天。所谓"向死存在","先行到死",此为一例。让·保尔·萨特讲他青年时代的好朋友们,二十来岁疯狂享受美好之物,例如尼赞,狂迷汽车。尼赞的意念总是要越过几十年直抵死亡,平时行走香榭丽舍大街,逛蓬皮杜广场,人群中显得忧心忡忡,为时光飞逝而愁眉苦脸。

年纪轻轻忧死亡,中国人是不多见的。

孔子曰:"不知生,焉知死?"

西哲强调:不知死,焉知生?

李贺接近后者。

笔者向来以为,孔子对死亡的思考是有问题的,他没有足够的能力展开追问,却又要谈论这个至关重要的话题。

时间意识,死亡意识,乃是西方人几百年来一以贯之的重大课题。

李贺这首情诗,凸显了这两种相连的意识。诗人歌颂爱情,而爱情直指衰亡。

李贺眼下的这些好日子,是由脉脉温情笼罩着死亡、时间,几年后才转为悲凉覆盖,怪异包裹。

怪异是旁人的感觉,怪异者视怪异为常态……

李贺丁父忧三年,大抵居昌谷。妻子未能怀孕,不知道什么原因。小两口的恩爱时光一千多日,李贺下诗笔,并无牛鬼蛇神。再看他的另一首著名情诗《美人梳头歌》:西施晓梦绡帐寒,香鬟堕髻半沉檀。辘轳咿呀转鸣玉,惊起芙蓉睡新足。双鸾开镜秋水光,解鬟临镜立象床。一编香丝云散地,玉钗落处无声腻。纤手却盘老鸦色,翠滑宝钗簪不得。春风烂漫恼娇慵,十八鬟多无气力……背人不语向何处?下阶自摘樱桃花。

古代学者点评:"状美人之晓妆,奇藻茜艳,极尽形态。顾盼芳姿,仿佛可见。"

辘轳转鸣玉,芙蓉新睡足,美人的声音和容貌纠缠在一起。辘轳咿呀翻转,也让人联想她刚睡醒时的娇懒躯。诗中的时间停滞了,显现出刹那间的永恒,正好与《后园凿井歌》形成对照。

一编香丝云散地,玉钗落处无声腻,视觉、听觉通向了触觉,是谓通感。李贺诗密度大,象征性强,和白居易的明白易懂不同。据学者分析,中晚唐有六大诗派,李贺二十几岁自成一派宗师,继承他的是稍后的李商隐。李贺的两首情诗都提到辘轳,他对辘轳的转动、发出的咿呀声颇敏感。辘轳转到床上来了。泣兰玉体辗转。

李贺家有南园、北园。

婚前婚后日子不错,加起来七八年。而李贺的童年备受父母疼爱,心境也是好的。少年诗人骑驴漫游昌谷,带着病体的特征,意念向外辐射,而不是倒过来纠缠于病体。这一点很重要。如此看来,李贺有二十余年的幸福生活,虽然这种幸福比较特殊。

泣兰嫁李贺数月后,公公亡故,丈夫丁忧。小夫妻数年相厮守,而一般士子结婚后通常要出远门,赴京应考,归期难数。他在外面干些什么,老婆也不知道,一般情况下她还不能随意打探。

泣兰总是不怀孕,夫妻生活质量高。

李贺有时候显得怪怪的,笑容,举止,行为。他把妻子的乌发形容为老鸦色,管她叫泣兰,吞吃她的泪珠,想与她在原野上的深茅草中野合。美人艳冶婀娜,复被丈夫的怪手塑造,得以袅袅恣肆。她娇懒,屡作女孩儿状,梳头梳进了丈夫的美妙诗篇;她去后园摘花、井边打水、阶下扑蝶、树阴里荡秋千的种种俏模样,吸牢丈夫浓眉下的目光。她是他的大磁铁。

李贺少年白发,如今转黑发……

这一天,家里来了贵人。

贵人是韩愈。韩愈还拉着另一名士、官居监察御史的皇甫湜,"连骑造门"。韩愈从洛阳来,走一百五十多里泥巴路,中途歇过驿馆。进了昌谷小县城,打听李贺的住处。这个显官巨公亲自造访偏僻小城的后生,引起轰动,传为美谈。

李贺大兴奋,作《高轩过》,描绘他听到高贵马车入寒门时的感觉:"华裾织翠青如葱,金环压辔摇玲珑。马蹄隐耳声隆隆,入门下马气如虹……庞眉书客感秋蓬,谁知死草生华风。我今垂翅附冥鸿,他日不羞蛇作龙。"《说文注》:"轩,大夫以上所乘车也。"高轩指韩愈乘坐的高车。庞眉指浓眉。

韩愈下马气如虹,李贺死草生华风。

那场面,颇具戏剧性。

韩愈、皇甫湜听李贺即席吟诵《高轩过》,同样兴奋不已。主客三人,痛饮,剧谈,模糊了身份地位,不复有年龄差距。

天才发现了天才,然后,毫不犹豫地去造访天才。这种事古代多。

次年,李贺奔向长安,离家时气宇轩昂的样子。他已参加了河南府试,轻松过关,到京城考进士。李贺读书也能瞄准科举。这个神经质的年轻人其实活得方向明确。昌谷漫游,意绪相当繁复,其中突出的一大块,是要重振家族的雄风。

盛唐的岑参老是强调"相门子",中唐的李贺则念念不忘自己是"诸王孙"。他们的家族意志深不可测。

《河南府试十二月乐辞》:日脚淡光红洒洒,薄霜不销桂枝下。依稀和气排严冬,已就长日辞长夜。

这是李贺取得乡贡秀才后写下的诗,和气排严冬,长日辞长夜,诗中洋溢着进取精神。

李贺以"韩门弟子"的身份出现在京城长安,受到权贵和士子的高看。其时韩愈已从洛阳回到西京,在许多场合为李贺延誉。李贺与丞相的儿子交朋友、出入豪宅朱门、饮酒狂书,唱古乐府旁若无人。他那细瘦身,通眉脸,长胳膊以及长指爪,连同脑门子鼓胀的青筋,眼球颤动的血丝,喉头进出的言语,惊动了长安的文坛和官场。

一些乡贡秀才看他不顺眼了。

李贺才高而亢奋,又瞧不起人,招来了竞争者的忌恨。有几个秀才挖空心思指出他的父亲名晋肃,他应当避父讳,不能参加进士考试,否则就是不孝。这事儿闹到主考官那儿去了,主考官认为有道理,李贺"犯嫌名"、"犯家讳"成立。此人主大笔一挥,从考生名单上划掉了李贺的名字。

唐代的避讳制度颇奇怪,比如皇帝叫李世民,就改世为代,改民为人。臣避君讳,子避父讳,源在孔夫子尊崇的周礼。另有丁忧三年,城市宵禁,坊市隔绝,男尊女卑,婚礼不动乐,夫死妻守贞节等等,唐代以儒术礼教掌控人,压迫人,打压个体的自由生长。所谓大唐帝国,尚须细思量,看清它的方方面面……

考期临近,李贺慌了。韩愈急了。

韩愈愤而写《讳辩》,质问试院官员:"父名晋肃,子不得举进士;若父名为仁,子不得为人乎?"

然而韩愈等人为李贺奔走呼号也没用。李贺绝望了。

朱自清《李贺年谱》说:"观此,则贺之不应试,所失甚巨。贺方盛年,固以远大自期,遭此坎坷,其怨愤无聊可以想见。"

李贺进京考进士,不单为他自己。老母、妻子、弟弟都巴望着好消息,而李贺看得见他们的企盼。李贺怪异,但远不是没心没肺,他倒是很牵挂,很操心,很疼痛。昌谷家中的弟弟也在挑灯温习功课,无望于仕途,却还懵然不知。诸王孙的没落成定局。

李贺思前想后,唯有借酒浇愁。喝酒又伤了身子。

三月里朝廷放进士榜,新科进士们打马游街,笑吃鹿鸣宴。李贺闭门醉酒,谁也不见。韩愈也吃他闭门羹。

大师并不恼,安排他在长安的生活。长安米贵,居不易,而李贺居豪坊、吃肉饮酒不用掏钱。他吃了喝了也不问谁掏钱,这风格像李白。李白暮年潦倒时受人赠金,却说:"赠微所费广,斗水浇长鲸。"

李贺的细瘦醉身飘在曲水畔、里巷间,迎着春日暖阳和夏季暴雨。他把长安当成了昌谷。没人知道他在想什么。他逗留到秋天,西风瘦驴回昌谷。为何选择秋天呢?也许内心的苍茫寥落与肃杀的秋野合拍。

韩愈设家宴为李贺送行,京城的许多朋友赶来揖别。李贺笑饮,笑谈,仿佛浑身轻松,百日沮丧一扫而光。韩愈默默望他,读懂了这绝望男人的笑容。李贺大醉,一脸木然,腮边一滴圆圆的清泪,像是偶然挂上去的。座中一时沉默,皇甫湜移目看李贺,拍拍他的瘦削肩膀,抖落了那颗清泪珠。李贺仰起了面孔,看似叹息,却良久望天无语。命运以寂然的形态倏然降临,美味佳肴悬空,佐酒丽人失色。

众人注目之下的李贺轻抬手,淡淡地说:请墨砚。

他下笔如飞,书法硬瘦而飘逸。指间呼呼有声,如八月秋高强气流。杰作《致酒行》问世,全篇如下:

零落栖迟一杯酒,主人奉觞客长寿。
主父西游困不归,家人折断门前柳。
吾闻马周昔作新丰客,天荒地老无人识。
空将笺上两行书,直犯龙颜请恩泽。
我有迷魂招不得,雄鸡一唱天下白。
少年心事当拿云,谁念幽寒坐呜呃。

主父偃、马周,分别是汉武帝和唐太宗时代的人,初不称意,后来均受重用。李贺失意于长安,想到此二人,拿他们的命运自励。这一年李贺二十一岁。少年心事,可以拿云。呜呃:消沉气短貌。

李贺在人前写诗气冲霄汉。人后,他单骑落入无边的秋风,表情渐渐恢复了原状,也无沮丧也无轩昂。

人向何处去?西风深处是吾家。李贺看旷野永远亲切。

从长安到昌谷刚好一千里。

4

从长安到洛阳的八百里官道铺成青石路、细沙路,起伏而弯曲,每隔五里,竖着一根"里柱"。

驿馆过长夜,酒肆饮闷酒。李贺骑毛驴,把头颅垂进西风。去年他赶往长安时,身姿刚好相反。小毛驴欣知主人意,冬日里跑得欢畅,半个月跑了九百里。

眼下驴蹄慢,驮着主人沉重的心事。

事实上,沉重乃是李贺的独特享受。西风刮来某种异样的、难以名状的舒服。

《开愁歌》:"秋风吹地百草干,华容碧野生晚寒。我当二十不得意,一心愁谢如枯兰。衣如飞鹑马如狗,临岐击剑生铜吼。旗亭下马解秋衣,请贳宜阳一壶酒。壶中唤天云不开,白昼万里闲凄迷……"

《赠陈商》云:"长安有男儿,二十心已朽。"

《京城》:"驱马出门意,牢落长安心。两事向谁道?自作秋风吟。"两事指功与名。

秋风千里,好诗喷泉。

百草干枯,黄沙起,秋袍飞,心愁谢,白刺眼,千里万里总凄迷。李长吉口吐病态美,一声声空前绝后。过乱坟岗,穿茅草地,举头去望天,抓一团飞光在手。中唐名篇出也,诗人反手投进了破锦囊。《苦昼短》:

飞光飞光,劝尔一杯酒。吾不识青天高,黄地厚。唯见月寒日暖,来煎人寿。食熊则肥,食蛙则瘦。神君何在?太一安有?天东有若木,下置衔烛龙。吾将斩龙足,嚼龙肉,使之朝不得回,夜不得伏。自然老者不死,少者不哭。何为服黄金、吞白玉?谁似任公子,云中骑碧驴?刘彻茂陵多滞骨,嬴政梓棺费鲍鱼。

唉,笔者写李贺,连日饱尝病态美。时光之花就是死亡之花,月之寒日之暖,只来煎人寿。这诗与屈原的作品可并读。诗人昂头问天,怒气冲冲,要提剑斩龙足,嚼龙肉,拽回飞逝的时光。

朱东润教授主编的权威读本《中国历代文学作品选》,不选这首《苦昼短》。

"飞光飞光,劝尔一杯酒。"这类句子只有李贺才写得出来,估计李白于天堂拜读,会惊叹的。嚼龙肉何等痛快,哪管真龙天子的避讳。皇帝没啥了不起,秦皇汉武死得臭味熏天。秦始皇死于寻仙的途中,炎炎夏日,梓木棺材中混以鲍鱼,掩盖尸身重度腐烂的气味。那刘彻曾经不可一世,敛天下财修他的活人墓,建他的茂陵城,死后滞骨横陈,鬼火闪烁。滞骨是李贺造的词。

他直呼刘彻、嬴政,充满了民间的战斗精神。如果科举顺利,考上进士做了官,他未必会这么写。

内心的狂野向野地狂泻。

西方诗人唱道:"不羁的西风哟,你吹,你吹。"

德国大诗人海涅写道:"凄凉的十一月,日子已渐渐阴郁。风把树叶摘落,我踏上了德国的旅途……"

李贺回昌谷,从仲秋走到暮秋。日行三十余里,或岔道访古,生古之幽情;或留居客栈,被一地之苍茫辽阔所吸引;或盘腿坐于老树下,倾听着几只乌鸦。

夜行中原大地,仰看满天寒星。

瘦驴瘦男人,秋水秋波横。枯草千里。

谁在安排他走这条路呢?是神的旨意还是鬼的主意?

李贺日行,夜行,风行,雪行,咀嚼着悲凉,回味着痛苦,品尝着绝望。

显而易见的是,诗人并不急于归家,让老母娇妻为他疗伤。

他骑驴飘过暮秋的洛阳城,长脖子上方低垂着的头像个问号。把头垂进呼啸的西风,把背影扔给变形的冬阳。

5

李贺终于回家了,泣兰早已折断了门前柳。母亲杀了母鸡,为他补身子。十六岁的弟弟听他一席话,咬咬嘴唇,勉强点点头,猛转身进屋去了,从此收起圣贤书,帮助老母砍菜喂猪……

泣兰当众是笑兰,背人处,泪珠儿流成串。李贺吞吃不完。左手为她拭泪,右手写下诗篇:"雪下桂花稀,啼乌被弹归。关水乘驴影,秦风帽带垂。入乡试万里,无印自堪悲。卿卿忍相问,镜中双泪姿。"

妻子是一忍再忍,她终于忍不住了,才问起丈夫的功名事。李贺轻描淡写,泣兰泪流满面。

整个冬季,李贺抚慰着泣兰。男人二十出头,哪能尽失前程。走了一趟长安,他毕竟名声在外了。韩愈不会忘记他。

李贺述说着韩愈、皇甫湜,泣兰把头靠在丈夫的膝头上。她是日见清秀的女人,能喝酒,酒后的粉脸儿酒窝荡漾。她的肚子一直不见动静,为此而内疚,又遭受邻妪村妇的闲言碎语,常常暗自垂泪。

李贺说,恐怕是他自己身体不好,未能使她受孕。

做婆婆的,曾经责怪儿媳妇。李贺这么表态,郑氏便无语。

泣兰很孝顺的。李贺为她写诗,忘了提她姓氏。唐朝高官名流的夫人,留下完整姓名的也不多。

二月里来了一场好大雪,南园北园梅花鲜艳,一朵朵开成冷红。三月桃花李花,五月水稻青青。

李贺听从母言,夏季携妻,远足去了女几山,拜神求子。巴童待在家里,忙碌之后托腮凝望,长时间一动不动。毛驴也闲着。李贺的弟弟又捧起书卷了,束发少年尚须发愤。郑氏听小儿子朗朗念书,脸上会有笑意,夜里入睡容易。

家里的婢女快满十九岁了,她走过庭院,有时瞅瞅沉默的巴童。巴童已长成了神气小伙子,身子若打直,和李贺一样高。不过他喜欢垂头走路,仰面沉默,像他的主人若有所思……

夏日里,虫子响成一片,空中满是白光。

女几山上的杜兰香女神庙,李贺夫妇叩拜女神七天,香烟里祈祷生个儿子。女神彩塑,美貌生动。李贺拜完了,倚柱望她容颜。杜兰香女神向来亲切,亲切了好多年,赐给他妙不可言的白日梦。红墙斑驳,女几圆润。

李贺住在高高的女几山上,昼夜祈祷并努力于温软的床上,怀里的泣兰恍若杜兰香。七天之后夫妻返回昌谷小城,泣兰捧着一株山中的幽兰,将幽兰视为杜兰香的化身,打算回家继续向女神祈子。

李贺穿青丝袍,泣兰系茜罗裙。青红移动在浓艳的野地。天边有白云耸起,仿佛孤峰直插神的住所。二人坐于杂花点缀的小溪旁边歇脚,脱鞋去袜,光脚板伸到绿滢滢的水中去。

李贺自语:昌谷太美,天将葬我于此地。

泣兰伸纤手,轻轻拨动那朵淡红色的幽兰。

不远处有个墓园,青冢三五座,朝着艳阳天。

夫妻二人,山上忙着生孩子,山下静坐近墓园。

青天下,花地里,正午后,生死间……

李长吉二十二岁,生也蓬勃,死也淡然:死亡意象乃是多病之身的家常便饭。他向妻子讲苏小小的故事。南齐(公元483至502年)的钱塘名妓苏小小,情烈身子弱,十七岁玉殒香消。白居易做杭州太守,寻她旧宅,怅然道:"若解多情寻小小,绿杨深处是苏家。"

李贺多年来向往着齐梁宫廷,读齐梁宫体诗和艳民歌,如饮甘露。苏小小一代红颜,吐尽红血埋入青冢,遗诗云:"妾乘油壁车,郎骑青骢马。何处结同心?西陵青松下。"

李贺哼唱苏小小的诗,泣兰忽然说:也许我活不到二十六岁。李贺扭头望她,看见透过树叶的阳光在她脸颊上闪耀。

少顷,李贺说:那我抱着你的艳骨躺下来。

泣兰莞尔一笑:艳骨照样风流,不管地老天荒。

李贺笑道:男悦女鬼,女悦男鬼,齐梁陈的宫墙内外,处处可闻爱得死去活来的吟唱。"王侯将相,歌伎填室;鸿商富贾,舞女成群。"

南朝的齐梁陈三代风气,颇似后来建都于杭州的南宋,吴音越调盛极一时。李贺崇尚的梁朝简文帝萧纲自述:"余七岁有诗癖,长而不倦。"萧纲带头写艳体诗《咏内人昼眠》、《美人晨妆》等,并宣称:"立身之道与文章异,立身首须谨重,文章且须放荡。"

齐梁陈诗人写女人的头饰、衣裳、绣鞋、枕头、袜子、鸳帐、步态、珠窠之类,十分上瘾,对中晚唐诗人和两宋词人都有明显影响。陈后主的"玉树后庭花",传唱了几百年。陈叔宝和倾城美人张丽华躲避隋军,藏进鸡鸣寺里的枯井,那枯井被金陵人称为"胭脂井"。

男欢女爱有清新,有卓绝,也会有颓唐,有变态。学者们大可不必深责艳体诗。

北方诗人的雄浑博大渗入南调,形成南北交响,那又另当别论。

日头偏西时分,李贺携妻向昌谷小城走去。

细瘦与婀娜,很般配的。

秋天稻菽浪千重,泣兰的身腰婀娜着。她还是不怀孕,婆婆发出的叹息犹如秋虫唧唧。

李贺整天写诗。脑子累了,帮母亲和妻子干点家务活,他劈柴有节奏感;井台上打水,听那好听的辘轳声。巴童或弟弟接水,倒进厨房的青瓷大缸……

这一年的春夏秋冬,昌谷李贺一家子,其乐也融融。

李贺身子见好,家中的药味儿渐稀。他服用桃胶、石蜜、龙卵、马牙硝等强体固精之物,提升床笫间的生活质量,"男女同修,夫妇俱仙。"道家的养生术,晋唐皆流行。

冬日里,李长吉坐竹椅晒太阳,神态安详。妻子用一把李家祖传的玉梳梳头,口咬银簪子,酥臂起落,黑发轻抛。南园北园冬阳普照。

男儿不去求功名,居家多好。

6

次年春,李贺复去长安。韩愈来信说,替他在太常寺谋了一个九品官的位置。母亲高兴,拿着韩吏部的亲笔信辗转四邻。她催儿子三月初登程。泣兰暗泣,李贺察觉了,只称可爱的驴子养得不够肥壮,将启程的日期往后推了一个月零三天。

春阳千里,驴蹄轻快。李贺夜宿客栈,月下回思娇妻。老母亲尚健在,媳妇只能循孝道待在家里。

唐朝孝字放大,官员们不得不只身远走。

李贺现在是九品京官,以后升八品七品也是可能的。他有皇室诸王孙的身份,才华惊动了长安,且有韩愈、皇甫湜的青睐庇护,仕途不至于蹭蹬坎坷。

瘦诗人催肥毛驴,日过二驿。路边春花谢了,夏花接着开。

李贺两度赴长安,都是踌躇满志,看鲜花是鲜花,望太阳是太阳。毛驴跑起来,横竖不如马蹄快,跑一天歇几回。他停下来,背靠里柱或古柳饮酒吃肉,闲观路上的行人,田园里的农夫,田埂上的耕牛。古锦囊是他的坐垫,里边装着他抄于帛上的诗歌,准备夸耀于京师的。

庞眉书客盘腿坐,模样悠闲。酒后二晕二晕的,闭眼就做美梦,穿六品官的绿袍行走庙堂;携了泣兰玉手,再去女几山焚香求子。造访活生生的杜兰香女神,一男二女有香车……

李长吉微笑。

醉来伸个懒腰,思绪落入周遭画境。梦里梦外都是好的。囊中也不羞涩,几万钱足够他路上花。母亲和妻子的几样头饰送进了当铺,但是,以后会赎回来的。九品官的官俸,强于洛阳一般地主。李贺天才,也会考虑经济问题。将来他要庇护弟弟,接妻子到长安,给巴童说一门亲事。他还有个出嫁的姐姐,姐姐和侄子也会沾他的荣光。昌谷李贺,光宗耀祖。

路悠悠,思悠悠。思悠悠的男人在五月的阳光下,非常、非常的享受。广袤的中原,平旷的关中,继之以苍茫浑厚的黄土高原……屈指粗算,这一次入京大约走了二十天。微雨不误行程,大雨天逗留客栈。白日嘈杂饮酒肆,夜里裹薄衾,"转辘轳",听虫响,嗅那花树间的大月亮,思接嫦娥居住的广寒宫,品尝吴刚酿的桂花酒。

早晨,踏着薄雾上路,迎着旭日东升。

两次赴京两千里,路上的感觉好。毛驴和细瘦诗人,诗人和无边旷野。奇怪的是,李长吉心情舒畅,并不发为歌诗。

莫非天赐奇才,只要他歌吟颓唐?

中晚唐,或可称它"颓唐",颓唐诗人如韦庄、杜牧、温庭筠,以及南唐的冯延巳,均为李贺身后的颓废好手,"日日花前常病酒,不辞镜里朱颜瘦。""十年一觉扬州梦,赢得青楼薄幸名。"

颓唐力量大,直至宋代的晏几道、柳三变、张子野、周邦彦……

唐宋六百年,诗人万千,若论颓唐之王,当数李长吉。

李贺所担任的太常寺九品官,叫做奉礼郎,职责是:"掌君臣版位,以奉朝会祭祀之礼。"祭礼繁琐,祭器复杂,李贺奔走于高官低官之间,稍有不慎便受到恶声呵斥。官员脸不好看的,小官的脸尤其不好看。太庙的规矩多且怪,远远胜过"二十二条军规"。做奉礼郎的头一年,李贺勉为其难地撑着,学着卑微的样子,弯腰说话,如同当年成都幕府中的闷杜甫。他谋求升迁,又为恩师韩愈争颜面,所以得撑着。日子一串串的灰色无聊,但姑且等着吧。第二年无聊更甚,仰人鼻息受人唾沫,郁闷无名,却还是等待。等待戈多。

"礼节乃相去,憔悴如刍狗。"刍狗:草和狗,喻卑贱者。

太常寺的郁闷小官李长吉,终于明白了李太白为什么要"狂歌笑孔丘"。

李贺在京城交了一些朋友,有名有姓的十来个,聚饮阔论,寻僧访道,徒步留连烟花巷,登车呼啸五陵原。狂放了一天之后,复回太常寺窝着。

李贺对朋友抱怨说:"风雪直斋坛,墨组贯铜绶。臣妾气态间,唯欲承箕帚。天眼何时开?古剑庸一吼!"直通值。

李贺的五言诗常发于日常情态。拟古乐府则异声迭起。内容对应形式,一派天然。

臣妾气态间,过着小老婆似的低三下四的日子,对李贺这种人是很艰难的。心比天高而身为卑贱,心又降不下来,不能随波逐流。他没有进士的身份,能当上九品京官,在一般人看来已经不错了。他也珍惜官帽,努力"承箕帚",苦苦撑了八百多天。可是前景黯淡,升八品官几乎不可能。韩愈也在奋力拼搏仕途。

中唐的朝廷人事极复杂,党争愈演愈烈。后数年,韩愈因劝阻皇帝迎佛骨,差点被砍头,贬到了八千里外的潮州去。而以李贺的性格,不会轻易向恩师诉苦的。凡事自己兜着,喝闷酒,写闷诗。上班无聊,他就念佛经,读《楚辞》:

"楞伽堆案前,楚辞系肘后。"

李贺对屈原有多方面的认同。班固说:"屈原以忠信见疑,忧愁幽思而作《离骚》。"屈原坚持美政理想,于是遭到楚怀王放逐,开了中国诗人、士人的一个伤心的头。历代大文豪,都是排列在屈原身后的,这现象颇奇特。屈原跳水自杀了,后继者并不寻绝路,他们昂首活在生命的苦难中。

李贺自视为诸王孙,"少年心事当拿云",他要干一番大事。盛唐之不再,下滑而为衰唐,"颓唐",皇帝受宦官弄权和藩镇坐大的双重夹击,中兴之路漫长而无望。李贺位卑,却在注视。白居易等高官以诗干政,连年呐喊,向各个利益集团开火,"新乐府"、"秦中吟"传唱朝野,影响不可谓不巨,却终于惹怒了唐宪宗,被贬为江州司马。

杰出的士人能跳出自己的利益圈讲话,可是"圈内人"实在太多,争权夺利拥挤不堪,倾轧不休……

李贺写道:"男儿何不带吴钩,收取关山五十州。请君暂上凌烟阁,若个书生万户侯?"

吴钩,南方战士用的弯头刀,泛指宝刀。凌烟阁:唐太宗所建的凌烟阁,列魏征等二十四个功臣的画像于阁中,"太宗亲为之赞,褚遂良题阁,阎立本画。"李贺所处的唐宪宗元和年间,地方割据,"法令所不能制者,河南北五十余州。"

李贺窝在太常寺,想象金戈铁马。这个执拗的病男人,并不因现实的挫败感而减弱精神的锋芒。居长安近三年,他写诗六十多首。

名篇《将进酒》:琉璃钟,琥珀浓,小槽酒滴真珠红。烹龙炮凤玉脂泣,罗屏绣幕围香风。吹龙笛,击鼍鼓,皓齿歌,细腰舞;况是青春日将暮,桃花乱落如红雨。劝君终日酩酊醉,酒不到刘伶坟上土!

李贺的想象力惊人,词语的力度也罕见。无论情绪如何压抑,他总能找到自己的反弹方式。方块字坚硬、滚烫、怪异、斑斓,乃是情绪高强度挤压成形。永恒的痛苦催生永恒的诗篇。"长歌破长襟,短歌断白发。"诗如长剑与短刀。

词语消耗着痛苦的能量,怎奈痛苦源远流长。犹如一杯水,今天喝空了,明天又注满。

九世纪初叶的长安,高官名士如云,盛大场面多多,但精神的伟力,却由一个居住在崇义里的不起眼的男人来喷发。

名篇《梦天》：

> 老兔寒蟾泣天色，云楼半开壁斜白。
> 玉轮轧露湿团光，鸾佩相逢桂香陌。
> 黄尘清水三山下，更变千年如走马。
> 遥望齐州九点烟，一泓海水杯中泻。

齐州，犹言九州。三山指蓬莱、方丈、瀛州三座神山。

李贺下诗笔，又见老、寒、泣。九州九点烟，海水杯水泻。

玉轮轧露湿团光，想象奇诡。李长吉写秋月，挑战李太白的月亮审美的垄断性权威。千年如走马，飞光无时休。古人尚未测量出光速，却把时间视同飞光，凸显了死亡意识、衰减意象。

李贺"先行到死"，以死亡意象反观生存，看来是一件经常发生的事，昌谷如此，长安也如此。诗人本是异类，李贺乃是异类中的异类。中国诗人之亲近死亡，李贺称第一。

名篇《李凭箜篌引》：

> 吴丝蜀桐张高秋，空山凝云气不流。
> 湘娥啼竹素女愁，李凭中国弹箜篌。
> 昆山玉碎凤凰叫，芙蓉泣露香兰笑。
> 十二门前融冷光，二十三弦动紫皇。
> 女娲炼石补天处，石破天惊逗秋雨。
> 梦入神山教神妪，老鱼跳波瘦蛟舞。
> 吴质不眠倚桂树，露脚斜飞湿寒兔。

李凭：擅长弹箜篌的朝廷乐工。素女：伤感多愁的霜神。十二门：长安城四面各三道门。动紫皇：感动天神。吴质：吴刚。

全诗五十六个字，字字晶莹，情绪贲张而自持，意象怪异而跳跃，天地人神齐聚，共舞李凭箜篌：张高秋，逗秋雨，融冷光；湘娥啼，凤凰叫，香兰笑，老鱼跳，瘦蛟舞……唐朝除了李贺，谁还能这么用词、这么写

李贺

呢？描绘音乐的诗篇，恐怕没人比他写得更好。

李贺任职于太庙祭坛，有机会听到最出色的弹奏，他自己又是音乐的行家，对音乐的解读极具个性。他从箜篌声中听到的东西，比那弦乐弹奏出来的更多，比李凭本人的想象更丰富，更诡异，更"抓人"。一首诗，足以令人从少年读到老年。

晋唐宋，类似的顶级诗篇数以百计。而笔者行文至此，自然而然地想到德国大师海德格尔传遍全球的名言：

"我们要倾听诗人的言说。"

我们也要倾听哲学大师的言说。

优秀艺术品不能被消费。艺术的本质属性与资本的运行毫不牵连。人在艺术品前，不过是一拨接一拨的过客，这个关系不可颠倒。人去颠倒艺术，艺术就会颠倒人，犹如：人以何种方式对待自然，自然就以何种方式对待人。

艺术与自然所面临的危机，归根结底是人的危机。此在嚣张，促逼自然算计天地，此在就不能持存。

二十几岁的李贺，在长安做着奉礼郎小官，灰心沮丧，写出了大作品。负面情绪沉积，盛开永不凋谢之花。

古今中外的大艺术家，没有一个是所谓阳光型的。生存不避艰辛，一切苦闷照单全收，方有深沉的审美观照恒亘于世。

进入死亡意绪的深度，在很大程度上决定了：生存的广度。

西哲云："人一生下地，就已经老到足以去死。"

李贺上班苦闷下班郁闷，深陷在失败者的心绪中，"扫断马蹄痕，衙回自闭门。"卡夫卡一生失败，才成为卡夫卡。

中国历代文豪，从屈原、司马迁到鲁迅，几乎全是世俗意义上的失败者：命运的低谷成就了艺术的高峰。然而这个现象，专家教授掂量不够。西方人理解失败者、痛苦者、颓废者，理解各种类型的艺术家。

换个角度看，失败者就是成功者。如果他们不失败，如果他们仕途顺畅，锦衣玉食，脑满肠肥，我们哪能拥有那么多经典作品？

李贺所居住的崇义里小宅，弥漫着药味、酒香和鬼气。多病之身，呼唤着极端的意象。极端乃是李贺的常态。他埋头写诗，咳嗽着，总是一个人面对纸和笔。漫漫秋冬夜，阴冷，孤僻。深夜一盏孤灯，细瘦影子投到墙壁上。他徘徊,胡乱吃点什么东西,书卷、经卷之间有他心爱的酒葫芦,实在忍不住就吞它两三口。

诗,酒,药,李贺与它们相伴很亲切。美妻如饴,却远在千里外的昌谷。李贺对长安的妓女兴趣有限。

长指头挥动诗笔,屋子里精灵起舞。《神弦曲》描绘道家的斋醮仪式:"女巫浇酒云满空,玉炉炭火香咚咚。海神山鬼来座中,纸钱窸窣鸣旋风……呼星召鬼歆杯盘,山魅食时人森寒。终南日色低平湾,神兮长在有无间。神嗔神喜师更颜,送神万骑还青山。"

南宋的刘辰翁点评:"读此章,使人神意森然,如在古祠幽暗之中,亲睹巫觋赛神之状。"

诗中又有:"桂叶刷风桂坠子,青狸哭血寒狐死……百年老鸮成木魅,笑声碧火巢中起。"碧火指磷火。

斋醮场面恐怖,而李贺享受着恐怖。巫,鬼,神,青狸寒狐,老鸮木魅,像是他的老朋友。大鬼小鬼挤满屋,诗人却在鬼丛中笑。

《感讽五首》之三:"南山何其悲,鬼雨洒秋草。长安夜半秋,风前几人老。低迷黄昏径,袅袅青栎道。月午树无影,一山唯白晓。漆炬迎新人,幽圹萤扰扰。"

漆炬,萤光点点,皆比喻鬼火(磷火),坟地里的鬼火闪烁游移,迎接新的死者。树无影,山白晓,都是死亡意象。

李贺诗集中,鬼气弥漫着:

"鬼灯如漆点松花。"

"秋坟鬼唱鲍家诗,恨血千年土中碧。"

"左魂右魄啼肌瘦",写古战场饿鬼。

"娇魂从风回,死处悬乡月",写思乡女鬼。

"博罗老仙时出洞,千岁石床啼鬼工",写织布鬼。

曹操一生好色,漂亮老婆成群,生前建铜雀台,希望死后之魂魄仍与台上的姬妾共舞。李贺作《追和何谢铜雀台妓》:

"佳人一壶酒,秋来满千里。石马卧新波,忧来何所似?歌声且潜弄,陵树风自起。长裾压高台,泪眼看花机。"

做鬼的曹操与铜雀台上的歌姬,阴阳永相隔。

李贺老写鬼,为什么?

他向往健康而不得,忧惧死神日久,索性亲近死亡。

美国的海明威常给人留下勇士的印象,却写下第一流的死亡篇章:《战地春梦》,《阿尔卑斯山牧歌》,《乞里马扎罗的雪》,《丧钟为谁而鸣》。海明威笔下的死亡事件,堪称美景纷呈,"色香味"俱全。这位热爱生命的活力无穷的大勇士,乃是由无处不在的"死本能"作了精神铺垫。当他疾病缠身再也不能享受生命时,便拿起心爱的猎枪,把枪筒伸进嘴里,以脚趾扣扳机,从容打掉了自己的大半个脑袋。海明威的小说杰作,多为先行到死的范例。

李贺的诗眼几乎是一双鬼眼。

笔下鬼太多,终于成诗谶。

7

李贺从鬼神的蓬勃疆域返回人境,还得去太常寺做小官,过卑贱的日子。脸色灰白,日子苍白。京师传唱他的诗歌,宫廷演奏他的作品,他拿到一些报酬,而处境、心境依旧。官阶上不去,病体折磨他。白居易的好朋友、状元显官兼风流才子元稹,专程到崇义里拜访他,被他轻蔑地拒于门外。有个表哥收集他的诗稿,却受他言语奚落,说人家不懂诗云云,表哥气不过,把他的诗狠狠地扔进茅坑,并且四处去宣传这个举动。李贺的为人,可见一斑。神经质的男人,唯我独尊的诗人,不大可能善于日常交往。几个朋友先后都考上了进士,对李贺刺激不小,"沉舟侧畔千帆过,病树前头万木春。"

元和八年(813)春,李贺病归昌谷,再次踏上千里归途。

一通浓眉之上,头发白了一半。

春花处处开,诗人独憔悴。前两次赴京他心情不错,这一次离京,却比上次归家更绝望。"发轫东门外,天地皆浩浩。青树骊山头,花风满秦道。宫台光错落,装画遍峰峤。细绿及团红,当路杂啼笑。香风下高广,鞍马正华耀。独乘鸡栖车,自觉少风调……"

骊山一带的花风、香风,宫台鞍马的豪华闪耀,与李贺独乘鸡栖车的形象有着鲜明的对照。李贺到长安做官,目的非常明确:求取功名富贵,带动家人,告慰祖先。所以他在归家的途中,对宫殿豪华、达官贵人的车驾十分敏感。病人敏感健康,穷人敏感财富,失意者敏感得意者,孤独的青年敏感大人物仆从如云。秦地古道上的鸡栖小车与驷马高轩反差太大。当年,韩愈和皇甫湜连骑造门,造访他这个寒门后生时,他是多么敏感"高轩过"啊……

"思焦面如病,尝胆肠似绞。"

李贺经过一个叫沙苑(今属陕西大荔)的地方,那沙苑更像恶梦的延伸,方圆百余里荒无人烟,颓败的宫墙,连天的野草,老树自春,沙马嘶叫,青狐斜窜白兔跳。唐初,这里曾置沙苑监,牧民为朝廷牧养牛羊,唐高祖还建了一座颇具规模的行宫兴德宫。不到两百年,这座兴德宫已是面目全非,颓墙百丈长满荒草,雕梁画栋蛛网纵横。李贺踏着瓦砾,徘徊废宫,眺望无边的荒凉,迷住了。"四月是残忍的季节,记忆中长满了丁香……"三月的荒原吸引着李贺,处处颓唐,步步凄迷。昔日羊欢马叫,眼下沙风低回。春阳,春花,春水,春树,反而呈现了肃杀景象。阳光白刺眼,团红当路啼,"野水泛长澜……无人柳自春。"

李贺喜欢这鬼地方,情绪强烈而持久,情绪不可名状。不可名,于是催生"名"的欲望。词语像弯来绕去的风,穿墙过草。词语袅袅上青云,又缓缓下高广。

李长吉倚靠废宫墙喃喃自语:诗来否?

昏黄之色仿佛倏然间从天而降,薄暮四起。蛙声与虫响,唤出那半圆月亮。月亮已不似人间的月亮,星星眨着魔眼。

李贺靠墙睡着了。十步之外,停着驴拉的鸡栖车。诗人手边有长剑。小风吹起他的青色官袍……

谁在温柔地怜悯着细瘦孤单的病诗人呢?

"仿佛梦魂归帝所,闻天语,殷勤问我归何处?我报路长嗟日暮,学诗漫有惊人句……"

星垂四更天,月隐五层云。李贺从梦中醒来,坐地长啸。清啸响彻茫茫荒原。啸完他又返回梦境,依稀听得马叫声。空中似有形体阔大的仙人注视他。

次日东天升彤云,李贺坐上鸡栖车,毛驴慢慢走。

正午时分,李贺的咿呀鸡车走到了沙苑荒原的边缘,饥肠冲着远处的小酒店。可是蓦然回首,古道宫墙高柳,春野刮着秋风。灵感如突发疾病,烧烫了诗人的双颊,饥肠叫而不闻,酒肉闻而不香。

李贺嘿嘿一笑,拿起他的破锦囊,摸出笔墨。

百代杰作《金铜仙人辞汉歌》问世,李贺自序:"魏明帝青龙元年八月,诏宫官牵车西取汉武帝捧露盘仙人,欲立置前殿。宫官既拆盘,仙人临载乃潸然泪下。唐诸王孙李长吉,逐作金铜仙人辞汉歌。"

> 茂陵刘郎秋风客,夜闻马嘶晓无迹。
> 画栏桂树悬秋香,三十六宫土花碧。
> 魏官牵车指千里,东关酸风射眸子。
> 空将汉月出宫门,忆君清泪如铅水。
> 衰兰送客咸阳道,天若有情天亦老!
> 携盘独出月荒凉,渭城已远波声小。

秋风客:秋风中的匆匆过客,指汉武帝刘彻。三十六宫:汉代长安,宫殿三十六所(规模宏大者,多为刘彻所建)。东关:东门。土花:青苔。衰兰:古道上衰败的兰花。渭城即咸阳。

李贺的名诗,两次提到汉武帝,一次用滞骨来形容,一次呼为秋风客。刘彻生前多么霸道,身后七宫八殿,长满暗碧土花。注李贺诗的权威学者、清代人王琦表示不满说:"以古之帝王而渺之曰刘郎,又曰秋风客,亦是长吉欠理处。"

或许王琦的言下之意,要把皇帝写成春风客才好。

金铜仙人辞汉,恰似李贺别长安,清泪如铅水,滴滴沉重。

"衰兰送客咸阳道,天若有情天亦老!"

这句子,李白杜甫不能道。毛泽东深有感触,所以引用它,直接写进他的诗篇。

天本无情天不老,而李贺多情,对事物高度敏感,十余年望天、思天、问天,终出此语,发出了人的最普遍也是最深沉的喟叹。历史沧桑感,时间意识,死亡意象,个体命运,一古脑儿奔入诗篇。酸风射眸子,恰是多情者易受伤的最佳写照。

温庭筠诗:"自古多情损少年。"

苏东坡词:"多情应笑我,早生华发。"

人是血肉之躯,血生情,不能禁。李贺以病苦身蓄志高远,孤身万里,又为昌谷的家人牵肠挂肚,年纪轻轻白发萧萧。他的病,说到底是情病,敏感病,"存在的疾病"。未来被堵住了,时光也不能倒流,诗人又拒绝当下。时间的三个维度,均无诗人的栖身之所。

李贺的生路,唯有诗途。绝望中绽放词语之花。

生存有落差,奇思显峥嵘。这个模式,几乎能涵盖中国古代的精英艺术。

归家千里,诗传万年。

多谢长安洛阳之古道,李贺几度往返。乐陶陶,阴惨惨,悲号号,落差千尺遗诗篇。武则天唐玄宗走过了多少次?排场散入秋风,御驾化作尘土。李贺诗句,寿同天地。

今日之中国人,实在应该懂一点古今中外的精英艺术,以免遭那些形形色色的冒牌货的裹挟。

艺术是生存之镜。艺术的强度直接是生命的强度。

如果艺术被一波又一波的消费型速成品逼向了穷途末路,"生存之镜"破裂成碎片,那么,同时发生的将会是人的没落,自然的衰败,历史性的隐匿,生活世界的贫乏。

单纯的物质主义拜金主义导致异化,导致占有欲压倒生存,疯狂吞噬人的丰富性、生活的广阔度。我们应当培育追问异化的能力。美国的哲学家弗洛姆有名著《占有还是生存》。唉,汉译名著何其多矣,图书馆里尘封着,年年清泪如铅水。

元和八年(813)春,李长吉病归昌谷,一路上诗如喷泉。失败者步步成大功,细瘦病男儿竟作狮子吼,《浩歌》:"南风吹山作平地,帝遣天吴移海水。王母桃花千遍红,彭祖巫咸几回死……"天吴是水神。

不单皇帝要死,彭祖巫贤也要死。

"今古何处尽?千岁随风飘。细沙变成石,鱼沫吹秦桥。"秦桥号称坚固,鱼沫吹它衰朽。鱼沫乃是形象化了的时间。

然而诗人作为短暂者,对母亲对家人一往情深。《春归昌谷》系五言长诗,其后有云:"少年无所就,入门愧家老。"

李贺知道,母亲、弟弟、妻子、姐姐,还有巴童,都盼望他有所成就。

他疲惫不堪地回家，带着一身病。妻子用笑容迎接他的归来，"笑兰"心里却是泣兰。从那一刻起，泣兰不复流眼泪，所有的泪水回流，以温馨支撑她的苦命丈夫。

李贺岂不知妻心？他写道："冷红泣露娇啼色。"

又云："兰脸别春啼脉脉。"

春也啼秋也啼，如何是个完？薄面桃花艳笑，薄命佳人早夭；泣兰撑得辛苦，后来成衰兰。

李贺的弟弟到江西庐山去"打工"，诗人作《勉爱行二首，送小季之庐山》，其一说："小雁过炉峰，影落楚水下。"

其二说："维尔之昆二十余，年来持镜颇有须。辞家三载今如此，索米王门一事无。荒沟古水光如刀，庭南拱柳生蛴螬。江干幼客真可念，郊原晚秋悲号号。"

弟弟脸上也有胡须。李贺亲切地称他小雁、江干幼客，预先想象他孤身远行；又愧疚自己长安三年一事无成，小弟才离家远走，挣钱养家。这份兄弟情，令人想起梵高写给他弟弟的书信集《致提奥》。怪异的艺术家，其实心地单纯。

朱自清先生点评："《勉爱行》情辞凄切。"

有大爱者，往往是不轻易写下爱这类字眼的。而若干年来的流行歌曲，以千万次的重复来糟蹋爱，变尽滥调陈词，使珍贵的爱意"荒漠化"，荒漠常态化，真是恐怖。

李贺在昌谷养病，身子虚弱，写诗仍是力透纸背。

《南园十三首》之六："寻章摘句老雕虫，晓月当帘挂玉弓。不见年年辽海上，文章何处哭秋风。"

辽海有战事，朝廷重武夫。李贺为自己只能写文章感到惭愧，而当年也曾慷慨激昂："报君黄金台上意，提携玉龙为君死。"他写诗写到残月挂帘，浑身乏力，大脑还活跃着。

《昌谷北园新笋四首》之二："斫取青光写楚辞，腻香春粉墨离离。无情有恨何人见，露压烟啼千万枝。"

后人点评："良才未逢，将杀青以写怨；芳姿点染，外无眷爱之情，内有沉郁之恨。"

南园北园栽着不少竹子，李贺题诗竹上，刮去青皮，书于竹白。淋漓墨汁搅和春天的竹粉,故云腻香。露压烟啼千万枝,是李贺的内心写照。多情偏称无情,无情抗拒衰老。

春去秋来,满园诗竹……

《昌谷读书示巴童》:"虫响灯光薄,宵寒药气浓。君怜垂翅客,辛苦尚相从。"巴童来自渝州(重庆),跟随李贺好多年了,伺候病人,种地打柴,吃苦耐劳不肯离去。李贺对巴童好,巴童默默回报他。主仆之间,情意相通。

李贺出门漫游,巴童跟在毛驴后头。泣兰靠院门,目送丈夫的身影。

古锦囊中天高地阔。"大野生素空,天地旷肃杀。露光泣残蕙,虫响连夜发。"他描绘秋风:"幽姿任契阔。"他写宫廷女子的思乡幽怨,与元、白等人迥异。

《宫娃歌》:"梦入家门上沙渚,天河落处长洲路。愿君光明如太阳,放妾骑鱼撇波去。"

宫娃骑鱼撇波去,欣欣然如凌波仙女。

他写采石工:"端州石工巧如神,踏天磨刀割紫云。"

他仇恨封建统治者将奢侈建立在穷人的痛苦之上,名篇《老夫采玉歌》:"采玉采玉须水碧,琢作步摇徒好色。老夫饥寒龙为愁,蓝溪水气无清白。夜雨岗头食榛子,杜鹃口血老夫泪。蓝溪之水厌生人,身死千年恨溪水。斜山柏风雨如啸,泉脚挂绳青袅袅。村寒白屋念娇婴,古台石磴悬肠草。"

水碧:深水玉。步摇:首饰名。白屋:穷人住的屋。悬肠草:蔓生植物,一名思子蔓。

地上穷人太多,李贺移目向天,细致描写神仙们的日常生活,《天上谣》:

玉宫桂树花未落,仙妾采香垂珮缨。
秦妃卷帘北窗晓,窗前桐树青凤小。
王子吹笛鹅管长,呼龙耕烟种瑶草。

诗中的神仙分别是嫦娥,弄玉,王子乔(见《列仙传》),而方丈洲是

"群仙家不欲升天者,皆往来此洲,仙家数十万,耕田种芝草。"(见《十州记》)。

原来神仙也耕田。

李贺熟悉神仙的生活,仿佛他曾经参与其中。昌谷的山水、田园,处处有神的光辉。一只破锦囊,乃是唐朝最为耀眼的宝物之一。龙椅宝鼎不好比的。

诗人贫病交困。"茂陵归卧叹清贫。"

他挣扎着,还要出去谋生,挑起养家的重担。这使我想到一个刚发生的本地故事:有一位农民刚刚诊断了身患绝症,却毅然动身,远走他乡去打工,只因他的孩子尚幼……

"己生须己养,荷担出门去。"

"俯首甘为孺子牛。"

李长吉拖病体远走潞州(今山西长治市),韩愈的弟子张彻在那儿做官。《伤心行》:"咽咽学楚吟,病骨伤幽素。秋姿白发生,木叶啼风雨。灯青兰膏歇,落照飞蛾舞。古壁生凝尘,羁魂梦中语。"诗人预先想象路上的情形。敏感者多如此,会预先想象很多很多。

泣兰微笑着,送丈夫登程。

此后她常哭泣,一双美目成了两道关不上的水闸门。她每日倚门眺望,望眼欲穿:折断门前新柳,病郎犹未归来……

8

李贺这次带了巴童,过宜阳、东都、河阳(今河南孟县),马入太行山,再过长平(今山西晋城)、高平,抵潞州。

时在秋天。

长平县境内,诗人久久徘徊。他在寻找什么呢?

寻找四十万将士的枯骨。

王琦注李贺《长平箭头歌》:"长平驿,即秦将白起坑降卒四十万人处也。"

长歌云:"漆灰骨末丹水沙,凄凄古血生铜花。白翎金竿雨中尽,直余三脊残狼牙。我寻平原乘两马,驿东石田蒿坞下。风长日短星萧萧,黑旗云湿悬夜空。左魂右魄啼肌瘦,酪瓶倒尽将羊炙。虫栖雁病芦笋红,回风送客吹阴火……"

长歌当哭,哭四十万抵抗暴秦的赵国战士。

三棱箭头铜锈斑斑,黑的漆,白的骨粉,红血如丹砂。古战场遍地饿鬼,魂魄啼肌瘦,诗人为他们倾尽乳酪,奉上烤羊。

秦灭六国,修长城,建皇陵,搞阿房宫,血流如长河,尸骨堆千丈。

李贺仁慈。这里有他的历史观。

潞州的官员张彻待他很好,设宴为他洗尘,"葛衣断碎赵城秋,吟诗一夜东方白。"

李贺居潞州两年多,微薄的俸禄寄回昌谷去。他游览了一些地方,有学者称还去过荆楚,觅屈原足迹。张彻为他提供漫游的盘缠。病身诗魂绕洞庭。

可是张彻调到长安去了,李贺失去依靠,潞州府的幕僚也做不成了。

诗人第三次遭遇失败,也是最后一次了。归昌谷,一路咳嗽,巴童昼夜服伺。驿馆里,李贺仰望着浩瀚的夜空,笑着对巴童说:上帝新造了一座白玉楼,召我去作记呢。绯衣神人,上帝的使者……

后来他老做这样的梦,并讲给母亲听。

回家了,家里少了一个人。多了一座坟:李贺娇美的妻子已长眠于地下。巴童泪如雨下,拿头去撞碑。李贺却微笑,喃喃道:泣兰先去吧,衰兰稍后就来。

"花枝草蔓眼中开,小白常红越女腮。可怜日暮嫣香落,嫁与东风不用媒。"

这是李贺纪念美艳而早夭的妻子么?

更有《苏小小墓》,把坟地墓园写得多姿多彩,婉转动人:

幽兰露,如啼眼。无物结同心,烟花不堪剪。草如茵,松如盖,风为裳,水为佩。油壁车,多相待,冷翠烛,劳光彩。西陵下,风吹雨。

诗人如此招芳魂,历代罕见。

法国大诗人瓦雷里的代表作《海滨墓园》，乃是描绘海滨墓园风光旖旎的经典，死亡之光照耀着的生存，真是一派祥和，"大海啊，永远在重新开始。"瓦雷里去世，法国总统为他举行国葬，把《海滨墓园》的最后几句刻在他的墓碑上。

且看伟大的陶渊明，为他自己写挽歌，"荒草何茫茫，白杨亦萧萧。严霜九月中，送我出远郊。四面无人居，高坟正嶕峣。马为仰天鸣，风为自萧条。幽室一以闭，千年不复朝。千年不复朝，贤达无奈何。向来相送人，各自还其家。亲戚或余悲，他人亦已歌。死去何所道，托体同山阿。"

这是中国最杰出的死亡之歌。生也从容，死也旷达：亲戚或余悲，他人亦已歌。这境界，高得无以复加，却又极普通寻常，亲近着大地之上的一切短暂者。死者不知死，活人只管活。活着也就是怀念着，怀念逝者生前的点点滴滴。一代又一代，生死大循环。

阳光灿烂，冷月千山，二者在关乎生死的顶级诗篇中赢得了融和。事物的两极原来共属一体，催生艺术的强对流张力区。

李白杜甫白居易，对死亡主题展开不够。

李贺郁郁葱葱、生机勃勃的死亡描绘，填补了唐诗的一大空缺。诗人显然懂得孔夫子所不懂的那些东西。诗人指认所有的人性，生本能和死本能，没有任何禁区。这对皇权掌控人是不利的，也不符合孔孟戒条。孔子"不语乱、力、怪、神"，而李贺诗中恰好充斥了此四者。天地人神巫鬼，十几年拢集着李贺。在李贺的辞典中，秦皇汉武，一堆滞骨。当然他并不是个无政府主义者，对秦王李世民多有赞美，比如著名的《秦王饮酒》："秦王骑虎游八极，剑光照空光自碧。羲和敲日玻璃声，劫灰飞尽古今平。龙头泻酒邀酒星，金槽琵琶夜枨枨。洞庭雨脚来吹笙，酒酣喝月使倒行……"枨枨：象声词。

秦王气魄大，酒酣喝月使倒行。而李贺笔下的日月都要倒行。诗人自有词语的王国，桂冠与皇冠，各有各的光辉。

诗人以亲近死亡的姿态打量生存，并不杀人害人。诗意的生活也不消耗能源。诗人制造痛苦的、变态的、阴冷的意象，对洞察人类灵魂、培植正面的意绪是有效的。恶之花盛开，而"恶是善的恶"。

西方学者说："卡夫卡是表现人类痛苦最彻底的作家。"

卡夫卡或李贺,是不能"悦阅"的。此二人比较极端罢了,所有的顶级艺术都拒绝单纯的悦读,更何况浅表性生存所笼罩下的浅阅读。

吊诡的是:人类直面痛苦、灾难的能力降低,一味寻乐消费嚣张,势必面临更多的痛苦与灾难。

李贺诗有奇诡、冷艳之定评,但需要指出:他的句子是从他的身体里长出来的。诗人无意为怪,怪是他的恒常情态。所谓病态美,并不是他追求的一种结果。李贺诗,堪称中国古典精英文化中最为稀缺的资源之一,这资源能用上兆亿次。而西方大诗人几为病态美之同义语:荷尔德林,王尔德,波德莱尔,阿波里奈尔,艾略特,庞德,兰波,策兰……法国作家梅里美,日本作家川端康成,也是描写病态美的大师。

李贺写诗,连年呕心沥血。

从潞州归昌谷数月后,他呕血,一口口吐红血。昏迷也吐。

唉,细瘦病诗人,多少鲜红血,喷溅成朵朵诗花?

公元816年,李长吉卒,享年二十七岁,葬于昌谷。

母郑氏,白发人送黑发人……

过了十五年,李贺的好友沈亚之发现了诗人遗稿,编辑成卷,并请杜牧作序。

杜牧《李长吉歌诗叙》近千言,其中评价李贺诗说:"云烟绵联,不足为其态也;水之迢迢,不足为其情也;春之盎盎,不足为其和也;秋之明洁,不足为其格也;风樯阵马,不足为其勇也;瓦棺篆鼎,不足为其古也;时花美女,不足为其色也;荒国陊殿,梗莽丘垄,不足为其怨恨悲愁也;鲸吸鳌掷,牛鬼蛇神,不足为其虚荒诞幻也!"

就生命的强度而言,李长吉寿比几百年。

杜牧的这段话,分别以云烟、流水、春和、秋洁、风樯阵马、瓦棺篆鼎、时花美女、荒国陊殿、牛鬼蛇神来形容李贺诗,恰好是九种风格。九是大数,既喻其多,又谐音久,也许杜牧是有意为之的吧。

李贺在当时,已经受到高度关注。

中晚唐文坛之盛,并不弱于盛唐。作家的写作已是独立自主的行为,并辅之以文艺理论。白居易、韩愈、杜牧等大家皆有文论,这一点强于盛唐。有价值的作品一经出现,会很快引起文坛的兴趣。李贺写得好,韩愈就去找他。而杜甫直到暮年,尚自叹知音少。盛唐艺术的大流行掺杂着权力因素,李白名头响,和唐玄宗招他供奉翰林有关。中晚唐的文坛则渐渐形成自足的局面。文学自律,而非他律。韩愈等人确立李杜的价值,还经过了一番斗争。韩愈高喊:"李杜文章在,光焰万丈长!不知群愚儿,何故用谤伤。蚍蜉撼大树,可笑不自量!"

中唐有名的苦吟诗人还有贾岛、孟郊、卢仝,比如贾岛"推敲"的典故,为一个字而大伤脑筋。勤奋有余,佳作有限。但是他们较真,执拗,骨子里尊重汉语艺术。贾孟以下,更有遍布各地的苦吟者。为何苦吟?

鲁迅说:"我以为一切好诗,在唐已经写尽。"

盛唐以后,诗歌的表现领域和表现手段趋于完善,创新不易,白居易降格以求,把诗写给老妪看,做到了雅俗共赏。李贺走上了相反的一条路,他迷恋屈原和齐梁宫体诗,挖到了属于自己的金矿。李贺"不屑作经人道过语",是其个性使然。他是病人,灵与肉对外界的反应有很大的特殊性,又早年漫游,一生失败,几番长足于道路,情绪亢奋而复杂,消沉而绵长,怪异而自持。他捕捉感觉、描写幻觉的能力恐怕无人能比。源自《诗经》的比、兴、赋手段他驾轻就熟,能把眼前的景物与内心的诉求处理得出人意表。他的诗色彩感强烈,意象跳跃,熟语生用,生僻字层出不穷。例如艳诗《恼公》,长达一百句,五十韵,写一女子的容貌、歌声、体态、衣饰、居室、帐幔,以及她怎样留宿情人,用了大量浓艳晦涩之语。古人读他尚须翻字典、查典故,今人更难。

鲁迅说:"我是散文式的人,任何中国诗人的诗,都不喜欢。只是年轻时较爱读唐朝李贺的诗。他的诗晦涩难懂,正因为难懂,才钦佩的。"鲁迅先生的野性,与李贺有相似处。

毛泽东也爱读李贺的诗,并且,不只是青年时代爱读。

李贺与众不同,内心世界千变万化,所以非得用许多生僻晦涩的字和词。朱熹评价说:"李贺诗巧,然较怪,不如太白自在。"清人叶燮《原诗》云:"李贺鬼才,其造语入险,正如苍颉造字,可使鬼夜哭。"

清代另一学者黄子云说:"昌谷之笔,有若鬼斧,然仅能凿幽而不能抉明。其不永年,宜也。呕心之句,亦亘古仅见。"

这些评价各有见地。欧阳修、洪迈、陆游、杨万里、胡仔,以及近现代诸大家,对李贺诗均有精辟见解。

千余年来,李贺成为中国相当醒目的文化现象。人们对他的解读会持续下去。李贺人奇怪,然后诗怪,人与诗是统一的。他没有时下常见的假风格。他从不追求蒙人。

李贺诗的晦涩,既有精神探险的成分,又有不得已:内心诉求千般涌,不得不挑选许多生僻字。这与以司马相如为代表的汉赋讨好帝王、夸耀生字、拿语言作排场不可并论。

李贺诗今存二百四十余首。各种版本汗牛充栋。评论他的文章能编好几本厚书。

我们这个民族,精神的探险者为数并不多。下功夫读李贺,会有收获。

末了,引用一则北宋文坛轶闻,司马光《温公续诗话》:"李长吉歌,'天若有情天亦老',人以为奇绝无对。曼卿对,'月如无恨月长圆',人以为勍敌。"勍通劲。

李商隐
（晚唐 812—869）

李商隐是有历史大关切的，有目注苍生的悲悯情怀，有傲骨，有理想，有做官的原则，有道德的底线。而这些元素会渗入他的情爱之躯。他的爱情诗乃至艳情诗写得如此出色，与其沉痛到底有关，与其纯真性情有关。能感人至深、因之而千年不朽的作品，一定有强大的价值支撑。李商隐作为士子和作为情人，二者间不是彼此分隔。换言之，如果他一贯软绵绵，情调兮兮，爱起来就不会抑扬顿挫，节奏分明。他长得英俊，却是男子汉式的英俊：面容身姿步态，既有美感又有力度。"锦瑟无端五十弦，一弦一柱思华年！"

李商隐

1

李商隐字义山,号玉溪生,生于唐宪宗元和七年(812)。他与杜牧齐名,二人有"小李杜"之称,爱情诗、艳情诗都写得非常出色,虽然他们远不止是想做个爱情诗人。中晚唐的诗人们,写情诗成了大气候,白居易的《长恨歌》、《琵琶行》、《井底引银瓶》等诗篇,描绘男女相悦以及女子的般般情态,准确、凝练而生动。他还以文艺理论的形式倡导说:"诗者,根情,苗言,声花,实义。"把情感置于艺术创造的根本,颇具"情爱本体"之意味。

同时期的诗人如温庭筠、韦庄、元稹、薛涛、李冶、鱼玄机等,各有情诗建树。李贺也写艳诗。温韦更能填艳词,被后来的"花间"词派奉为始祖。曲子词以艳科为引领,勃然而兴,经由南唐李煜血泪书写的改造,为宋代三百年的士大夫词打下了基础。

为什么中晚唐的情诗能成气候?依我看有两个原因:

一是皇权松动,统治者以礼教为旗号的意识形态趋于瓦解。汉末魏晋,有过类似的历史性松动,导致人的自觉和生活的多元。盛唐大诗人,情诗可不多,好的情诗更有限,留下了广阔的未曾挖掘的文学处女地;

二是中晚唐诗人普遍存在着"影响的焦虑",李杜,王孟,高岑,可谓气象万千,中晚唐的诗人们想要超越前辈几乎是不可能的。他们剑走偏锋或另起炉灶,乃是势所必然。那些才气较小的,不能另起炉灶的,就成了"苦吟派",比如贾岛、孟郊。贾孟还代表着一大片。

文学艺术有显而易见的累积效应,而皇权的运行模式则是由盛而衰。为何总是由盛而衰?这其中的追问空间又将如何显现?本文随便提一句,不可能展开讨论。

中国的历史现象与文学现象有着太多的联系。历代大文人都有"二律背反":趋向官场又背向皇权。背向是说,他有能力朝着自己的生存情态,深入人性与丘山。文学艺术的自律,催生着人的站立。然而自律并非百分之百,古代文人与权力场还是纠缠过多,不利于人性的无穷探索、自由精神的接力喷发。

自由喷发是说,一物的强劲生长,不以另一物的生长态势为前提。

古代精英艺术的生发地带,处处可见"强对流":权力场打压个体,个体以另辟战场的方式奋起反抗。奋起也自然,所谓不平则鸣。强对流几千年,制造了精英艺术的张力区,囊括了不同的艺术门类及其流派。包括起于魏晋的山水诗画,也呈现出历史的阶段性,凸显权力场与自然物的紧张对应。山水符号蕴藏的能量可谓充足,但并不是无穷无尽的。笔者前面写谢灵运的时候曾提到,从曹植算起的山水诗消耗自身的审美可能性,历魏晋唐宋,为时大约一千年。

艺术的起源与苦闷有关,而苦闷乃是能量的蓄积。天闷要下雨,人闷想说话。

也许西方艺术家的苦闷牵连着世界,而中国古代艺术家的苦闷更多地牵涉权力场。流放出诗人,颠沛写华章。艺术家中真不乏横眉怒目者,昂首阔步者,毅然掉头者,面壁悄吟者,这也表明个体自由生长的力量有多大。

诗人们也赞美皇帝,歌颂权贵,却没有留传一首哪怕是二流的诗篇。这多么耐人寻味。李白写杨玉环的三首清平调,乃是男人对女人的由衷赞美。沉香亭中的醉李白几乎意淫,哪管那个穿黄袍的糟老头唐玄宗。

不过,我们发现,李白的诗笔并未挥向他自己经历过的几个女人。杜甫与妻子杨氏情深,写杨氏只顺带几句。王维、岑参也不大写家里的女人。这是盛唐的普遍现象,士大夫讳言家中事。诗人的情感再充沛,对母亲的依恋、对妻子以及对姐妹的思念也很难形诸笔端。他们一次又一次远走异乡,想亲人想断肠,却在艺术思维中不约而同地把她们处理成盲点。人性中缺了一大块。男尊女卑的观念,对诸多大文豪也有不易察觉的影响。而这类观念的源远流长,形成了民族的某些集体潜意识,波及近现代。

人性中一些核心元素的长期缺失或膨胀,对封建统治者是有利的。皇帝的一只手打压个体,另一只手制造群体,"制造技术"发达,虽易代而不废。例如"孝"的观念被放大,百善孝为先,从汉武帝搞到民国时期。这个受到顶礼膜拜的汉字后面,隐蔽着统治者的高超手段。皇帝换了几十个,其强力掌控天下的技术如出一辙。

孝是符合人性的,可是一旦膨胀开来,反而遮蔽人性。鲁迅先生是孝子,却反感"二十四孝图"……

中晚唐皇权松动,礼教对人性的遮蔽受到挑战。李贺的怪异,杜牧的放浪,温庭筠的颓废,鱼玄机的高调情思,从不同的角度冲击着礼教的基石。他们各自为战,又是同盟军。

李商隐的情诗出色,有此背景。

历代大诗人中,代表作多为情诗者,也许惟有李商隐。

本文无意把李商隐单纯地描绘成情种,而是尽可能地,将他的生命精华收入眼帘。

2

李商隐十岁丧父。

他祖籍怀州河内(今河南沁阳),从祖父起迁居荥阳(今属河南郑州)。父亲李嗣,照例不是农工商,而是官员。历代文人大抵如此。社会的精英阶层,同时拥有文化优势,肩负着文化传承。

李嗣做过获嘉县令,后迁江南,在今之浙江绍兴、江苏镇江一带做观察府的幕僚,官六品下阶。七品县令为了官升一级而迁徙,长途跋涉。李商隐生于获嘉县衙,三岁随父母远走,一路上兴奋不已。从中原到江南水乡,儿童的眼睛睁得很大。他五岁起识字读书,七岁起学写文章,也感受着浙东浙西的奇山异水。"浙水东西,半纪漂泊",一纪为十二年。家中有姐姐和弟弟，另有童仆，平时开销大。六品官的官俸，养家是不成问题的。如果李嗣的寿命长一些，当能积攒一些家底，并荫及几个儿子。可惜他患病死在了镇江。

李商隐童年丧父，家境陡然直下。他这年龄段，刚好能明白家里发生了什么事。父亲的死，后果很严重。母亲连日号啕，连月撞击着李商隐稚嫩的心。

镇江是待不下去了，母亲拖着一群儿女，"扶棺还乡"，回到故乡荥阳，靠少许积蓄和亲戚的接济过活。李商隐从十岁起便开始了困顿生涯，并承担起长子的角色。他后来写道："四海无可归之地，九族无可倚之亲……人生穷困，闻见所无。"

迁徙，读书，丧父，穷困，这个范式般的四重奏回荡于李商隐的生活中。不过，这些元素是如何发生交互作用的，对后人恐怕永远是个谜。

李商隐的内敛、多思、敏感、立志，由此而发端。换言之，他失掉好家境，赢得自己的内心纵深。这种内心纵深乃是培育感受力的首要因素。一切优秀艺术家的童年少年，都有此纵深，纵深又因人而异。

六年多的江南生活，吴风越俗浸润，对于李商隐来说，可能有异于中原一般小孩儿的情色启蒙。

在荥阳他埋头读书，情色启蒙隐入了皮下。

有一位堂叔父，赫然进入李商隐的视线。堂叔上过京城的太学，十八岁已精通五经，考进士取功名易如反掌，却回到荥阳做了二十年的处士。原来因父亲生病，他是回家尽孝的，侍汤药二十年，直到父亲去世。这举动，使他的名声传到了千里之外。不断有人请他去做官，都被他婉言以拒。荥阳城里他是吏民共仰的著名处士，志向与学问深不可测。他授徒讲学，弟子众多，对穷孩子象征性地收点束脩，富家子又另当别论。徐州节度使备下重礼请他做高级幕僚，他抛给对方一句名言："事人匪易。"这事轰动了荥阳，传于二百多里外的东都洛阳。

李商隐对叔父崇拜得五体投地。叔父的形象替换了父亲。

十二、三岁的男孩儿，正是需要偶像的时期。李商隐崇拜有几分神秘感的叔父，学习经典受到严格的训练，并且仰慕叔父的处士风范。处士胸中有万卷书，而逍遥自在于民间，不必摧眉折腰事权贵。李商隐后来的傲世性格，颇似这位叔父。

叔父郑重告诫他：处士路窄。

李商隐显然没条件做处士，只能埋头苦读，争取一朝上榜。

他写诗，写完又藏起来，不给人看。

大约十五岁以后他远游到了洛阳，出入文章巨公的府第。这个交游平台，估计也是叔父为他搭建的。少年诗人聆听着各种高论，羞涩地拿出自己的习作。有一个白发苍苍的大人物读他的诗，惊出一头汗，此后若干年一直追踪他的创作，有一天竟然对他说：今生我是不可能写得这么好了，但求来世投胎做你儿子吧！

这老头是白居易。

849年白居易去世，李商隐撰写墓志铭。

杜甫盛赞李白，韩愈提携李贺，白居易高看李商隐，欧阳修惊叹二十来岁的苏轼，皆为天才器重天才的例子。在今天，听上去就像神话传说。

李商隐的古文也出色，"以古文出诸公间。"中唐的古文运动肇发于韩愈、柳宗元，区别于当时流行的今体文，也即四六骈文。

洛阳留守令狐楚也听说了李商隐的才华，请他去府中做事。这令狐楚十年前做过宰相，以骈俪文知名于世；有几个正在读书的儿子、侄子，年龄与李商隐相近。

十八岁的李商隐入豪门伴读，堪称少年得志。洛阳士子争羡不已。李商隐的吃穿住行，与市井青年是不同的。物质生活好，精神劲头高。令狐公子休读游玩时，李商隐骑马相随，从洛阳玩到济源，打猎访古寻幽，活动半径数百里。他身材修长，面容清瘦，有江南生活的记忆，有洛阳城里的名声，这使他受到令狐府贵人们的尊重。贵妇淑女不避他，她们漂亮的衣饰、面容总是令他不敢仰视。她们的笑声、步态编织了他的美梦，包括白日梦。他想入非非，又及时把念头拉回来。也许某个娇媚小姐对他有好感呢。少年喃喃细语，散入春水秋空。寒门士子娶富家女儿的故事，在唐代并不稀罕，但前提是金榜题名，改衣白为衣青。

李商隐鼓足干劲读圣贤书，累了，两眼且微闭，丽影艳诗纷至沓来。

"芙蓉如面柳如眉，对此如何不泪垂？"

"井上辘轳床上转，水声繁，弦声浅。"

"一编香丝云散地,玉钗落处无声腻。"

"花枝草蔓眼中开,小白常红越女腮。"

李商隐读着这些情诗,心怦怦乱跳。李贺诗如刀,能使皮下痛。

令狐楚的府第房屋精美,园子阔大,堪比当朝重臣裴度、李德裕建于洛阳南郊的豪华园林。李德裕的平泉山庄占地十余里,泉水逶迤穿山而过,微缩了巫峡、洞庭、十二峰,辉映裴度那个名扬天下的绿野堂。

令狐楚是洛阳最大的行政长官,六十几岁的老头,妻妾成群,家妓如云。到处红裙绿裙,镶入了红花绿叶。连侍婢都分成了几个等级,凡属上等丫头,没有一个是模样不好的。有个侍婢名叫锦瑟,钟情于李商隐,她是李商隐敢于抬眼正视的有限的几个女孩儿之一。

俊男靓女目生电,春夏秋冬悄传情。

浓情堆积向何处?稠人广众之下,月明星稀之时。

李商隐的住处离锦瑟的居所颇遥远,有一天中午,二人于回廊中擦身而过,锦瑟姑娘含了笑,向他暗伸三个指头。当天夜里二更后,李商隐抖擞情爱躯,一头奔入月色,跑到锦瑟姑娘的卧房后面才停下"剧喘",古槐边蹲到五更天,几次看见丽影婀娜而出,揉揉眼又发现是风摇竹。

次日看书,呵欠不断。锦瑟不见人影,也许躲着他。

入夜再度情难受,梦里全是锦瑟的声息。佳人鼻息,无声也腻……

第三天的李商隐,苍白着一张情人脸。府中几百口人呢,解读他的奇怪表情的唯有锦瑟姑娘。她很吃惊,不知他怎么了。后来才晓得发生了误会,她错伸三指,累他守到五更。原来她是想示意,令狐三公子叫她去呢……

几个令狐公子似乎皆与锦瑟亲近,李商隐杯弓蛇影生醋意。

鼎鼎大名的温庭筠从太原来,以佳宾的身份住令狐府二十多天,此人才高而貌丑,却从几十个侍婢中发现了锦瑟,献诗与她,送东西给她,找机会接近她。这没落贵族的风流子弟,年纪不大而阅美多矣,写佳人十分传神,诗帛传入深闺浅闺。后来他去长安,追求有倾城之色的鱼玄机。

温庭筠如此色胆,李商隐望尘莫及。

长安的杜牧贵为宰相杜佑之孙,也是章台妓馆的常客。唐代的风气是这样,士子狎妓无大碍。中晚唐诗人,清心寡欲者反为另类。白居易自不必说了,他蓄妓之多,与宋代的欧阳修有一比。韩愈这种比较严谨的男人也谙风月事。韦庄开花间词派,更是风流好手。

"炉边人似月,浩腕凝霜雪。"

"春日游,杏花吹满头,陌上谁家年少足风流?妾拟将身嫁与一生休,纵被无情弃,不能休!"

十几岁的鱼玄机狂恋状元郎李亿,跋高山涉长水,只身去寻情郎,宁愿做小妾侍箕帚……

这些男女,爱起来很有点疯的。

李商隐性格内敛又寄人篱下,情怀抱施展不开。一介寒士欲风流,尚须待以时日。锦瑟姑娘期待他三更天再奔月色,又不便明说暗示。她毕竟是个侍婢,不能有小姐的性子。二人忸怩着,情火苗闪闪烁烁,烧不到一块儿。

温庭筠走了,李商隐大大松了一口气。那温八叉攻击性强,半个月频出情招,虽然看不出他有什么具体的收获,却使李商隐几番冒冷汗。

他盘算着,请大公子令狐绹帮忙,迟则年底,情火一定要烧成双。然而令狐楚调任天平军节度使,封李商隐为节度判官。

官运来了,恋爱却要靠边站。

锦瑟主动约他,担心他一去不返。

李商隐下决心奔了一回三更夜,在那棵熟悉的古槐下迎着锦瑟姑娘,双方于秋风中瑟瑟的靠近,言语错乱,手指头刚一接触便弹开,仿佛指间有电。等到情指头再试,寻夜的婆子们却打着灯笼过来了,这些个"话婆婆"最能嚼舌生事的,锦瑟惊鸿般飞走。李商隐呆仁,受婆子好一番盘问……

李商隐随令狐楚远走郓州(山东东平县)。"将军樽旁,一人衣白。"

郎去也,妹牵连。有情人能否成眷属呢?

3

李商隐二十岁,以"乡贡"的身份到长安应考,也是陪伴令狐绹赴京。他落榜,令狐绹高中。科举考试要看背景。晚唐尤甚。场屋竞争激烈,李商隐下苦功、倚豪门仍是名落孙山。

"长安有男儿,二十心已朽。"

他吟诵着李长吉的名句,腮边一滴清泪,盈盈向夕阳。家里穷啊,他是长子,责任大!

他滞留长安半年多,见识了京城的一些高端人物。

唐朝大诗人几乎没有不奔长安的,奔官场也奔文坛,迅速提升心智空间。苦闷,蹭蹬,扛不住就成了小文人。杰出者有能力反弹,拽出他始于童年的内心纵深。王维、白居易十六岁走运于长安,李贺、李商隐二十岁背运于长安。

走运背运皆体验。

灯下思念着锦瑟姑娘。他打听她的音信。反复回忆狂奔月夜的那一幕:两双情目久久扑闪。寒士生高情,苦于不能落到实处。当然,李商隐由于当时的局限,不可能领悟:落到虚处也是落到了实处。就情态的增长空间而言,虚处大于实处。

今日之中国人,考察"虚"的能力依然是个大问题。思想过度纠缠于现实,无力赢得思想自身的地盘。所思之物趋于当下,并且,日趋当下,朝着眼皮子底下。这个动态性的趋势令人忧虑。

必须捍卫思想的无用性。惟其无用,方有大用。

长安落第受刺激,又受到文坛的吸引;曲江之畔佳丽惹眼,洛阳之情色记忆涌逼……诸如此类的混合型元素,锤炼着二十岁的李商隐。

令狐绹做了京官,青袍耀眼。李商隐白衣走人。

打马向洛阳,单骑八百里。时为夏秋之交,风卷黄尘,鲜花暗淡。这条漫长的官道,走过了多少兴奋或颓唐的士子。

李商隐的命运比李贺好些,他毕竟还有节度判官的头衔和俸禄。李贺三次奔长安,又黯然东归,三千里沮丧憔悴路,却写下了不朽的诗篇。

秋风刮得心潮涌啊,诗人迎着漫天思绪。

"团红当路啼。"

"东关酸风射眸子。"

"衰兰送客咸阳道,天若有情天亦老。"

李义山满脑子装着李长吉的诗句。

仕途窄,诗路宽。写作纯粹以体验为支撑,晋唐几百年,一股大力贯穿下来。一座高峰又一座高峰……

马背上的李商隐仰天长叹。天高云淡。

在洛阳,他得知锦瑟姑娘已经离开了令狐府,不知所往,多半嫁为人妇。她托人留给他一条旧绢带,上书锦瑟二字。

李商隐看呆了。

绢带系过她轻盈的腰身。他吃饭睡觉瞧着它。

两双含情目,从此成追忆。而他未曾一试她的纤腰,一尝她的红唇。情目相向而已,人群中互相偷眼而已,古槐下试着彼此靠近而已。

茫茫人海,伊人何处?

青年男子唉声叹气。他徘徊于偌大的令狐府,一步步踏着秋风落叶。几位令狐公子读不懂他的清瘦而飘逸的身影。

李商隐的情色启蒙早在江南,那些吴娃越女真比春花好看。迂回荥阳后,梦中有她们。小时候家境尚可,父亲是六品官呢,他看镇江城里的男孩儿女孩儿并无自卑感。后来,投向异性的目光慢慢丧失了自信力。勤奋少年才名起,进入洛阳的豪门伴读,令狐楚相公对他"深礼之",一群公子乐意与他交游,然而那些小姐们,那些小姐们,她们,她们……

她们甚至不愿意到他的梦中来。

移目向鲜花,眼神总黯淡。对多情多思的少年来说,天地间的伤心事大约莫过于此了。

锦瑟姑娘身上,拢集着他对异性的朦胧渴望,唤醒他的一些男性自尊。论模样情状,令狐府的小姐们大半不如她!

可是锦瑟也嫁人了。

落第,失恋。二十岁的李商隐长吁短叹。双重的压抑预设了日后的强劲反弹。心理的力学,意志的公式,可能是这样吧。

关于令狐家的侍婢锦瑟,宋人刘攽《中山诗话》有记载。刘攽字贡父,是苏东坡的好朋友。

此后约三年,李商隐在令狐楚幕府中做判官,或走山东,或居洛阳,或移太原。没有恋爱事件的记载。他待在大人物的身边,前后五六年,近看佳丽无数,她们的音容笑貌却又遥不可及。一般传记或文学史,重墨写李商隐的仕途艰难,掠过了他的情路坎坷。这对理解他和他的作品颇不利。而中国古典文学研究有此通病,避开了诸多有价值的猜想。

李商隐二十一岁时,曾再去长安考进士,再落榜。

伤心士子离京城,过灞桥,单骑千里向洛阳,清瘦躯仿佛飘进了大风中。李贺细瘦,李商隐清瘦。后者的面孔长得比较英俊。二者相似的身姿,是只身垂首于道路。

李贺三度离京向昌谷,颓唐三千里,白发通眉长爪,随手一划便是传万年的诗篇。李商隐此间还憋着。李贺十几岁,俨然是个老诗人,奇思峥嵘,落笔老辣:"黑云压城城欲摧,甲光向日金鳞开。"李商隐二十多岁才酝酿着喷发点。此前诗文,无旷世佳作。

令狐楚待他不错。这老头诗瘾甚大,诗文集多达一百三十卷,称唐集第一。他的应用性的章奏文字与韩愈文、杜甫诗呈鼎足之势,李商隐跟随他,学到了不少实用才干。

李商隐做幕僚,走着父亲走过的道路。上有老母下有弟妹,他是家里的顶梁柱。

从三岁迁往江南算起,近二十年来他已经走过了很多地方,流连于山山水水奇风异俗;他见识了长安和洛阳,阅人无数,艺术才华和实用性才干"两手硬"。并不愁生计,只是忧前程:必须考上进士,做朝廷的命官。不甘心长期做幕僚。杜甫那么高的才华,只因金榜无名,一生趋奔,暮年潦倒,在成都严武的幕府中备受官场后生的欺负。李贺的遭遇也糟糕。而白居易、元稹、韩愈、杜牧等人场屋得意,金榜题名,做大官写好诗,身边佳丽如云……

李商隐迷恋杜甫李贺的语言艺术,却不希望走上他们的生活道路。这个现实筹划十分明确。筹划带来压力。另外,几年来他憋着情爱躯。写诗不少,但没有李贺的那种令人羡慕的表现力。

此间的青年诗人显然不会意识到,情憋、情愁、情苦闷,正孕育着属于他的艺术金矿。

英俊男儿阅美多矣,却没个红颜知己。他的感觉又细腻,情力一发不可收拾,比如对锦瑟姑娘的无穷思念。而麻烦正在于此,他得憋着。白居易三十七岁还打着光棍,终于憋出了《长恨歌》。

总之,李商隐的立志有两个方向:求仕,求美。他胃口不小,仕途要风光,美人最好是明媒正娶的大家闺秀。也许他与锦瑟的恋爱中断得恰到好处。

4

令狐楚从太原府尹的位置上调往朝廷,李商隐失去了依靠。朝廷大臣不像地方大员,后者能选择自己的幕僚,有相对独立的财权和人事权。当年李贺依张彻,张彻调走了,李贺只好从潞州回他的老家昌谷。

令狐楚把李商隐介绍给郑州萧刺史。经由萧刺史,李商隐又认识了华州刺史崔戎,受到崔戎的器重,聘入华州幕府。

诗人走马陕西,体验着黄土高坡。

他起草各类官文,工作勤奋,也陪崔戎的三个儿子读书,兼着私人教师的角色。挣钱不少,寄回家去。崔戎像令狐楚那样善待他。过了大半年,崔戎升了官,担任四个州的观察使,三月赴兖州(今山东兖州)任所,一路上尚与李商隐饮酒笑谈。崔戎五月到兖州视事,六月却暴病而亡。诗人悲痛而又惶恐。这叫靠山山崩,倚树树倒。崔戎丧事毕,他沮丧回老家,从山东走到河南。再度只身千里……

这些年他也习惯了,似乎总是在路上。屈指行程三万。囊中不羞涩,吃住行无忧。

回家伺奉老母,享受亲情,一面温习着功课。年底赴长安再考,又考砸了。

次年,二十四岁的李商隐开始了他著名的仙游生活,"学仙玉阳东。"他跑到济源县北的王屋山中去居住,改穿道服,取山中的一条玉溪为自己的名号。

李唐王朝尊道教始祖李聃为祖先,全国各地设道观一千七百多座,道士、女冠多达十几万人。唐历朝皇帝皆好道,炼丹吃药,想长生不老。朝野衍成风气,二百年不衰。君臣吃药"换骨",至死不悟。唐玄宗"服胡僧长生药,遂致暴疾不救。"中晚唐的宪宗、穆宗、敬宗、武宗、宣宗,全是金丹的崇拜者,派人四面八方采石药炼丹,既害身又误国。"自太宗至于武宗,饵药以败者六七君……而宣宗又败以药。"典型如唐穆宗,吃金丹导致暴亡。

王维诗云:"中岁颇好道,晚家南山陲。"

李白在山东也炼过"九转丹",吃到腹泻不止,转服止泻药。

对白居易有知遇之恩的苏州人顾况,致仕(退休)后率领全家老小隐入茅山,从此失掉音讯,民间盛传他得道升天了。

李白做道士有两个动机:一是寻找神仙,二是借隐扬名。李商隐披道服是什么意思呢?原来,王屋山不是一座普通的大山,山中有求仕的机会,还有漂亮的女冠。

洛阳荥阳郑州太原,这些地方,李商隐再熟悉不过了。他不妨试一试李白走过的路,做一回仙游隐士。

科举考试屡败,幕僚生涯中断,大龄青年未娶,读书破万卷,仍无颜如玉。李商隐进山后自号玉溪生,耐人寻味。

他以前就仙游过,这一次游得厉害。也许上述动机以隐形的方式作用于他。秦、汉、晋、唐,仙游有巨大的历史惯性,有唐一代士子,仙游仅次于宦游。李白李贺"游"出了那么多好诗,李商隐不仙游一回,如何说得过去?

总之,二十四岁的道袍男人悠然入山。

王屋山绵延一百三十里,从山脚走到山顶,约三十里。玉阳山与之相连,双峰耸峙,称东玉阳、西玉阳,相隔三里多。"故山峨峨,玉溪在中。"玉溪靠近一座精美的道观,那道观是某个皇帝的女儿修建的,取名灵都观。宪宗、穆宗、敬宗、文宗的女儿均有出家者,她们进山修炼,各带一群女冠。公主身边的女冠多为出宫的宫女。宫女出宫,或嫁人,或做道姑尼姑。这是一支庞大而婀娜的队伍,皇宫放宫女,有时一次多达千人。

唐代的女人不二嫁,公主以及王公贵族的姬妾也不例外。丈夫死了,她们选择出家,是避开礼教束缚的一种近乎本能的举措。既为女冠,便能接触社会各阶层的男性信徒。女冠风流二三百年,乃是礼教压迫妇女所导致的特殊现象。供奉三清的宫观,倒成了生发恋情艳事的场所,城市、山林,蔚为大观。长安城里的咸宜观,因鱼玄机的诗名艳名而广为人知。

道士们研究房中术,可能始于晋,盛于唐。

王屋山连着玉阳山,玉溪紧傍灵都观,溪水哗哗流淌,四季清音不绝。灵都观中的花枝探出墙来,一枝枝的炫耀,一朵朵的企盼。

李商隐和一位姓宋的漂亮道姑好上了。道士朋友白云夫穿针引线。李商隐后来有诗作《白云夫旧居》:"平生误识白云夫,再到仙檐忆酒炉。墙外万株人绝迹,夕阳惟照欲栖乌。"

诗人进玉阳山,常居白云夫的修炼之所,终日笑谈。墙外万株树,夕阳照着欲栖的乌鸦,是个相当清幽的所在。男女幽情生于此处,再自然不过了。

诗人为何说"误识白云夫"呢?

原来,宋道姑是唐穆宗的女儿义昌公主的侍婢。

李商隐由白道士引荐,进入灵都观作客。他的名字,公主也曾听说。见面一席谈,义昌公主兴趣倍增:李商隐才艺高而见识广,对道教多有琢磨,并且,谈吐迷人,"面目生动。"三十多岁的义昌公主从长安来,她阅男多矣,却不禁品茶手颤,捏玦滚烫。宋道姑侍茶,对"贵主"的反应感到惊讶。

公主看玉溪生,玉溪生看宋道姑。

看两三眼也就罢了,几个时辰下来,连茶带饭的,出堂入厅的,"情睇"模式不改。公主不禁有些恼了,她竟然被忽略!

李商隐受宋道姑的美貌和情态所吸引,念头单纯。他不是冲着公主来的,无意借她攀高枝。公主高高在上,他一介寒士,岂能奢望其他?

穿杏黄裙、戴紫阳头巾的宋道姑是受过宫廷训练的,目不斜视,笑不露齿。她一直低垂着眼睑,眼观鼻鼻观心,仿佛从公主与贵宾的对谈中悟着玄机。可是趁人不备时,她忽然盈盈向他偷眼……

傍晚,义昌公主赐宴于飞来峰上,随意吩咐了几样山珍药膳,显示皇家排场。宋道姑红巾侑酒,唱宫廷曲,跳胡女舞,"情挑玉溪生"。时为仲夏时节,山中月明,银河迢迢。酒,舞,星,月,催逼着一股胜一股的情力。宋道姑在义昌公主的身边,大约情憋已久。半老徐娘情放,妙龄女子情憋,不公矣不公!

爱情催生平等意识,孕育着现代元素。

仲夏夜的飞来峰上,不合谈玄只宜说爱。

尊贵的义昌公主有变成寻常妇人的危险。说阴阳谈五行,她谈不过玉溪生;论美貌比歌喉,更比宋道姑逊色多矣。剩下的唯有高贵身份,她能发号施令。

公主说:累了。

于是散席。众人正在兴头上,只得随她。

曲未终人已散。情色大月亮,空照飞来峰……

过了几天,义昌公主再请李商隐到灵都观谈玄时,宋道姑不复现身。她的艳光被强权的力量所遮蔽。

然而,机会是有的。

入秋后,义昌公主闭关辟谷三十六天,消息传于灵都观外。白道士以卖药问安为名,"袖诗道袍",悄传于宋道姑。诗名《银河吹笙》:怅望银河吹玉笙,楼寒院冷接平明。重衾幽梦他年断,别树羁雌昨夜惊。月榭故香因雨发,风帘残烛隔霜清。不须浪作缑山意,湘瑟秦箫自有情。

宋道姑挑眉急问:谁作此诗?

白道士捋须笑答:玉溪李商隐。

重衾幽梦断,别树雌鸟惊。诗中所描绘的幽怨女子,不正是犹如羁入冷宫的宋道姑么?

情憋盼情放,情放要情奔。

宋道姑出灵都观真是小菜一碟,惹急了,她爬树跳墙在所不惜!这两年,她的枕边诗人唯有鱼玄机。"易求无价宝,难得有心郎。"今秋李商隐,正是她的有心郎。

白云夫的小道观,成了李商隐和宋道姑的幽会之所。四目难挪,双唇生津,秋风起处万树吟,情到深处转无语。"此时无声胜有声。"

柴与草,一点便着。

李商隐与宋道姑的恋情,即使是正襟危坐的学者也有述及。毕竟玉溪生的艳情诗光焰夺目,堪称唐诗中此类题材之冠,并且影响深远。

古代爱情太少,男女之爱的表达尤为稀缺,礼教覆盖太厚,阻碍了现代元素的生长。我们正是在这个意义上面对李商隐的激情与艺术。思想性与艺术性的二元分割早该结束了。学者在学院仍加以分割,表明这些学者仍然不知道思想为何物。

李商隐二十四岁,和十八九岁的宋道姑一样是个情憨。也许两座火山,以前有过微不足道的小喷发。而这次,玉阳山中的能量大释放,不管地老天荒。

李商隐一如李贺,有鄙薄孔夫子的诗句……

玉阳情喷二十多天,情色直灌天河醉,羡煞了牛郎织女,气坏了义昌公主:公主提前收关,抡起大棒拆散鸳鸯。宋道姑披头散发寻死觅活,"夜亡李义山",躲进了白云夫的小道观,次日,公主的侍卫将她抓回灵都观。

宋道姑回道观不吃不喝,以死捍情。义昌公主拿她两个妹妹的命运相威胁。宋氏三姊妹,皆由宫女出为女冠。

可怜的宋道姑,唯有妥协一途。皇家自古森严,制人的招数多且狠。伤心俏女冠,青衣泪痕,任它点点与斑斑。

什么义昌公主,行事何尝有义?

或以为李商隐的玉阳山艳遇有玩弄女冠之嫌,其实不然。两情相悦,爱是爱的唯一目的。今人计算型思维发达,看古人投射了计算心理。算来算去自憨情,失去了多少燃烧的机会、美好的瞬间。咎在功利弥漫的社会氛围。那么多人利字当头,不算要吃亏。算亦亏,不算亦亏,这年头,单纯的两情相悦难于上青天。女人三十不愿嫁,不敢嫁,正有愈演愈烈之势。

爱是雾状的东西,不能太透明。宋道姑和她的有心郎享受了一回"漫天大雾",爱得铭心刻骨,追忆到死。肌肤间发生的数不清的细节,那怦怦的心跳,那迷人的美景,信誓旦旦,情话绵绵,把玉阳山短暂的艳福铺向了一生。

男人女人白发萧萧,回首尚能心潮澎湃……

男欢女爱,不算乃得最大值。

宋道姑被义昌公主拽离灵都观,她一步一回头,希望看见她的意中人。随行的女冠无不抹泪。李商隐闻讯赶来,冲向她的马车,白道士又拦他。佩长剑的侍卫冷眼盯他。

公主笑道:玉溪生不惧吃剑否?日后有新诗,捎来一阅。

车夫扬鞭,声震秋树。以公主为首的青衣女冠们坐车转过了山道。灵都观宽阔的大门前,满地枯黄叶,一颗破碎心。

山中初雪,李商隐徘徊玉溪,半天不语。

玉溪生在玉溪上,宋道姑在长安的华阳道观中……

相思秋与冬,泪湿罗衾重。

李商隐写诗,《月夜重寄宋华阳姊妹》:"偷桃窃药事难兼,十二城中锁彩蟾。"偷桃喻偷情。窃药:嫦娥窃不死药奔月,指道姑修炼。十二城指长安,长安大街纵横十二条。

飞来峰上月夜定情,从此诗人望月伤心。他喝酒排遣情怀,《赠白道者》云:"壶中若是有天地,又向壶中伤别离。"

另有《药转》一诗,暗喻堕胎事。郁金堂北画楼东,换骨神方上药通。雾气暗接青桂苑,风声偏猎紫兰丛……忆事怀人兼得句,翠衾归卧绣帘中。

纪晓岚称:"诗与题俱不可解。"

另一研究李义山的学者冯浩说:"颇似咏闺人之私产者。"

神方,上药,皆指堕胎的良药,通,指药到胎除。雾气,风声二句,渲染小产后的妇人所感受到的庭院气氛。

诗写堕胎,唐集罕有。

李商隐是否写他自己的亲身经历呢?他为何后悔认识了白云夫道士?许多谜团,看来是难以解开了。

暮春在洛阳,李商隐又遭遇了一桩情事。二十几岁的男人,情伤刚愈,再开创口。

也许,为了人间留好诗,情爱女神要锤炼他。

李义山有个堂兄叫李让山,让山邻居家的女儿,叫做柳枝,貌好而知诗。让山春夜吟诵七言歌行《燕台诗·春夏秋冬》,其一云:"风光冉冉东西陌,几日娇魂寻不得。蜜房羽客类芳心,冶叶倡条偏相识。暖霭辉迟桃树西,高鬟立共桃枝齐。雄龙雌凤杳相许?絮乱丝繁天亦迷。

醉起微阳若初曙,映帘梦断闻残语……"

墙这边吟,墙那边听。

柳枝姑娘高鬟立,云髻恰与桃枝齐。撩情句子春撩情,桃花带露乱迷离。

据学者考证,柳枝是洛阳富商之女,父早丧。她除了知诗,也擅长管弦乐器,扬名于坊间。她性格爽快,是个鱼玄机式的泼辣女孩儿。次日,李让山在她家门外的柳树下再吟《燕台诗·夏》,她不禁惊问:"谁有此?谁为是?"意思是说:谁有这样的才华?谁写的这般好诗?

李让山笑了笑,扬头答:"此吾里中少年叔耳!"

于是,柳枝姑娘"手断长带,结让山为赠,乞诗。"

上述引文出自李商隐的笔记。他又记叙说:"明日,余比马出其巷,柳枝丫鬟毕妆,抱立扇下,风障一袖,指曰:'若叔是?后三日,邻当去溅裙水上,梵香以待,与子俱过。'余诺之。"

若叔是:这个人就是你讲的少年叔么?

唐代男子称叔,女子称娘。

柳枝不仅听诗,她也要看人。双方满意了,定下了三天后的约会。自由恋爱,一见钟情。柳枝还显得主动。但这事似有策划的痕迹:李让山冲着柳枝念堂弟写的艳诗,并非无意。汉代司马相如"琴挑"富家女卓文君,事先与临邛县令王吉有过周密谋划。

李商隐曾经呈诗令狐绹,希望公子作伐,为他讨个娘子。诗中说:"嗟余久抱临邛渴,便欲因君问钓矶。"司马相如三十岁还打着光棍。李商隐二十多岁,婚姻无着落,久抱临邛渴。渴,也喻性饥渴。

洛阳的这件事儿,表明李商隐的确长得不错,风度翩翩。柳枝一见他,便欲约会于溅裙水,她还要焚香以待,表示恋爱仪式的隆重。溅裙水是洛阳的一处专供男女幽会的场所么?"与子俱过",双双度过美妙的时光。也许柳枝想先斩后奏,自主这门亲事。

然而三天后李商隐未去溅裙水,他写道:"会所有偕当诣京师者,戏盗余卧装以先,不果留。"约好同去长安的朋友,干恶作剧拿走了他的行装。这话像托词,可能另有隐情。

他没去,害柳枝傻等,徘徊溅裙水,伤心失望可知。以她的烈性子推测,她会消失给他瞧瞧。

双方的误会,导致节外生枝。

到了冬天,诗人已在长安。"雪中,让山至,且曰:'柳枝为东诸侯取去矣。'"东边某大佬轻取柳枝,如同顺手拿走了一样东西。

另一种可能是:李商隐赴约去了溅裙水,幽会也如愿以偿。但东诸侯来争,诗人敌不过。柳枝初见面就急于和他约会,可能就是担心被权势老男人"取去"做妾。

诗人大龄未娶,家且贫,自尊心又强。他写诗用典,以隐晦著称。做笔记有所隐,既出于他一贯高傲的个性,又是形势所迫。毕竟他也是个常在上层社会走动的名人。

李商隐结识过长安李姓一家人,对其家中的几个美貌少女巴巴的向往,写诗直抒衷情:"家近红蕖曲水边,全家罗袜起秋尘。莫将越客千丝网,网得西施别赠人。"

全家罗袜起秋尘。芳尘,艳尘,红尘。唐诗中,类似的句子笔者未见。有趣。

李商隐求美娘心切,看来证据比较充足。

关于他的恋爱事迹的考辨,古今学者用力不少。

义山听了堂兄讲的消息后,一口气写下五首《柳枝诗》,其四云:"柳枝井上蟠,莲叶浦中干。锦鳞与绣羽,水陆有伤残。"

其五云:"画屏绣步障,物物自成双。如何湖上望,只是见鸳鸯?"步障即屏风。

五首诗都写得一般。失恋的体验尚在浅表层,尚未渗透下去,升华而为艺术。

夏秋冬他居长安,准备来年礼部春试。干谒权贵,献诗文,一献曰"行卷",几天后再献曰"温卷"。他是老考生了,朝叩富儿门轻车熟路,大约不须暮随肥马尘。比他背运的士子多的是,有考十年二十年"不第"的。金榜题名曰进士及第。古代"高考",衍生出许多专用词。

李商隐不慌的,他还游南山玩曲水,复自号樊南生。他去过城外的华阳观,渴望再会宋道姑姊妹,"应同三英共夜赏",然而皇家的道观他进不去。公主常于宫观接见政治人物,戒备森严。诗人传诗无音讯,几番辗转无眠。

情愁情恨,翻江倒海。这些年呐,玉溪生的恋爱经历真不够圆满。

千古绝唱或作于此间,诗名《无题》:

> 相见时难别亦难,东风无力百花残。
> 春蚕到死丝方尽,蜡炬成灰泪始干。
> 晓镜但愁云鬓改,夜吟应觉月光寒。
> 蓬山此去无多路,青鸟殷勤为探看。

蓬山指海上仙山,此言无多路,当指恋人近在咫尺而不得一面。是写给华阳观中漂亮而多情的宋道姑么?但写给谁早已不重要,情诗力透纸背,属于普天下的恋人。

此诗专写爱情,全唐第一。

又有《无题》,彻骨怀念远方的情人,情浓意缩,一派清新,同样闪耀于唐诗之绝顶:

> 来是空言去绝踪,月斜楼上五更钟。
> 梦为远别啼难唤,书被催成墨未浓。
> 蜡照半笼金翡翠,麝熏微度绣芙蓉。
> 刘郎已恨蓬山远,更隔蓬山一万重。

从金翡翠(烛台用的翡翠鸟形状的罩笼)、麝香、绣芙蓉(绣花枕被)看,诗中所描绘的当为富家女,是否系柳枝却无考。刘郎指东汉的刘晨,上山采药遇仙女,留居半年回家,复寻仙女时,唯见天上不散之云霞。

李商隐性苦闷情绝望,催生杰出诗章。

诗记长梦,梦醒已是五更钟。书指情书,书被催成墨未浓,言情之疾矣,词语赶不上情感呼啸而来的速度。凝练之至,意蕴无穷。当代大作家张承志先生语:"墨浓时惊无语。"张承志散文的词语力度,盖鲁迅之后一人焉。

李商隐血泪交融的爱的疼痛,直指墨浓,千年不朽。春蚕到死丝方尽……人类恋爱史上,如此惊心动魄的表达,登峰造极矣。

多谢锦瑟、柳枝、宋华阳。

我个人的感觉是：李商隐如果不是刚性十足，则难以柔情到这般境地。李煜也类似。苏轼、辛弃疾豪放雄壮，写儿女情称一流。李清照爱起来格外勇敢，下词笔方有一般女诗人难以企及的缠绵。

《无题》：

飒飒东风细雨来，芙蓉塘外有轻雷。
金蟾啮锁烧香入，玉虎牵丝汲井回。
贾氏窥帘韩掾少，宓妃留枕魏王才。
春心莫共花争发，一寸相思一寸灰！

金蟾：香炉。玉虎：玉石装饰的虎状辘轳。韩掾：貌美幕僚，诗人自喻。晋代韩寿貌美，高官贾充用他为幕僚，其女贾氏常隔帘偷窥韩寿。贾充察觉后，把女儿嫁给了韩寿。伏羲氏的女儿宓妃溺死洛水，传为洛神，诗中指曹丕抢来的夫人、袁绍儿媳甄氏。甄氏贤且美，有倾城倾国貌，据说曹操发动官渡之战，目的之一就是抢她为妻，不料大儿子曹丕捷足先登。甄氏死后托梦于陈思王曹植，献旧枕，并对曹植说："我本托心君王，其心不遂。此枕是我居家时从嫁，今与君王。"曹植梦醒，果然抱着宓妃枕（一说系曹丕所赐，曹丕知道弟弟与甄氏互相暗恋，扔给他旧枕头，含意讽刺），曹植大伤感，作名篇《洛神赋》。

李商隐读书多，爱用典，此为一例。韩寿、曹植，都是名载史册的美男子兼多情才子，李商隐拿他二人自比。估计有一比的，李商隐的外表不差，内蕴更不在话下。他长期做着高级幕僚，未能娶长官的千金女儿，于是追慕偷窥得美妇的韩寿。

《无题》：

昨夜星辰昨夜风，画堂西畔桂堂东。
身无彩凤双飞翼，心有灵犀一点通。
隔座送钩春酒暖，分曹射覆蜡灯红。
嗟余听鼓应官去，走马兰台类转蓬。

送钩，分曹，射覆，都是指酒席上的猜谜游戏，射（猜）不中者饮酒一盅。兰台指朝廷秘书省,代指官场。

李商隐才高而英俊,交游者非泛泛之辈,出豪门进大宅。烦恼也因之而生:大家闺秀众多,名媛淑女晃眼,全家罗袜起芳尘。她们尊敬他,或许有女孩儿也像韩寿窥贾氏、卓文君偷听相如琴那样暗恋着他,却没人嫁给他。

几桩恋爱事件,均以短暂加失败而告终。

"直道相思了无益,未妨惆怅是清狂!"

李商隐情苦闷,并不变态或油腔滑调,所以他有好情诗。换言之,这男人并未轻易生爱,他一旦爱起来,爱意要彻骨。否则,浓情句子根本不可能穿越千万年。

今天爱戴他的读者,不必担心他滥情。

古典文学教授们动不动就指出李商隐的若干《无题》诗,主题牵涉晚唐政治。言下之意,政治是高于爱情的东西。如此导读长期误人,冬烘先生想要制造更多的冬烘。

仔细考察诗人生存的各环节,会发现:爱情就是爱情。这话是说,李义山诗的笺注者们常常指出:爱情不是爱情。

即使义山笔下的情诗不是写爱情,是政治寄寓,是身世自伤,那么,我们就宁愿误读。

古代好的情诗本不多,当代亦然。学者何必自己跟自己过不去。

5

李商隐关心政治,这不言而喻。他以李唐皇室的后裔自居,屡考进士,屡做幕僚。其生存之向度,意志之所系,首先是做显官光耀门第,造福于家人。

他二十五岁居长安待考,而在前一年,长安发生了中晚唐最大的血腥事件。朝廷大臣与宦官斗,酿成骇人听闻的"甘露之变"。中晚唐太监弄权凶,犹如汉代末年、北宋后期。皇权的运行模式有惊人的相似处。皇室虚弱下来,各利益集团就跳得厉害。皇帝想制衡骄横的朝臣和地方大员,近乎本能地倚重太监,于是太监的权力欲得以疯长。太监这种东西,因其不男不女,欲望狭窄而强劲。"窄窄风劲道大",他们一有机会就要疯长，反制皇帝，吞噬权力份额。而古代学者追问人性远远不够，未能揭示皇权及其衍生之物，导致大悲剧再三重演。

唐文宗大和九年（835）十一月，宰相李训，凤翔节度使郑注，在文宗李昂的暗中支持下，密谋对大太监仇士良下手。其时朝廷的党争正激烈，以牛僧孺为首的牛党，与以李德裕为首的李党，恶斗二十年，斗志犹高涨。

李训，郑注，本是恶棍式的野心家，他们迅速蹿上高位后，"生平恩仇，丝毫必报。"皇帝利用这两个野心家，打击仇士良，压制牛、李两大集团。十一月二十一日早朝，大臣韩约奏：金吾左仗院中石榴树有甘露，乃天赐祥瑞。文宗即命仇士良率领宦官前去观看，若属实，御驾随后就去。仇士良本无疑心，去了左仗院，却看见引路的韩约脸上直冒虚汗。这个政治斗争的老行家，警惕性很高。他借故逃走，同去的数十个太监被埋伏的金吾武士一阵乱砍，尸横石榴树下。然而仇士良火速调来五百神策军，杀入左仗院，逢人便戮，追杀到街上，行人小贩也遭殃。仇士良所掌控的神策军大显淫威，族灭大臣十几个，包括李训、郑注、韩约。并抢劫京师富户，珠宝玉器洗劫一空。唐文宗李昂痛哭流涕，说自己比受制于"十常侍"、复被董卓曹操所挟持的汉献帝还不如。

长安大乱。"坊市恶少年因之报私仇，杀人，剽掠百货，互相攻劫，尘埃蔽天。"经营了二百多年的唐代繁华都城，"流血千门，僵尸万计。"这次事件，史称"甘露之变"。宫廷，兵营，街巷，市场，寺院，私宅，官衙，水边，及至终南山下，血污随处可见，断肢逾月犹存。

事变这一年，李商隐恰好不在长安。

全国的官员诗人成千上万，几乎同时变成了哑巴，对甘露之变不发一言。有些人几十年沉默。例外的，是白居易、李商隐等寥寥几人。

李商隐作《有感二首》、《重有感》。"杀人须显戮，谁举汉三章！"仇士良擅自调动神策军大开杀戒，置国家法律于不顾，事变之后，太监气焰更嚣张，"从我者活，逆我者亡。"唐文宗都不敢多嘴，何况其他人。李商隐"顶风写诗"，时在甘露之变后的第二年，诗人应考于长安。

几首政治激愤诗，艺术性并不高。值得称道的是李商隐的立场和勇气。

笔者由此推测，李商隐的性格是单纯而激烈的，他能沉痛到底，不管是为了失败的爱情,还是针对险恶的政局。

杰出的艺术家均能"白首忘机",天真犹如小男孩儿,历尽劫难而不改。机心重的人,则断不可能杰出。不消几桩破事,他就变了人形。

开成二年(837)春,二十六岁的李商隐终于考上了进士。礼部贴出的黄金榜上有他的名字!真是不容易啊,诗人连日泪流满面。他曾给朋友写信,描绘多年来趋奔场屋之艰辛:献诗赋叩豪门,备受冷落,领教了各式面孔,"出其书,乃复有置之而不暇读者,又有默而视之不暇朗读者,又有始而朗读而中有失字坏句,不见本义者。进不敢问,退不能解,默默而已,不复咨叹。"

李商隐倚靠令狐楚,有上层关系罩着,他尚且如此,其他考生更难。

黄榜红烛喜成双:诗人迎娶俏新娘。

新娘王氏,是泾原(今甘肃泾川北)节度使王茂元的七个女儿中的小女儿,恰似传说中的七仙女。

李商隐二十七岁,求佳偶很多年了,终于消除"临邛渴",双臂抱得美人归。新娘子小他十岁,系王茂元的继室李氏所生,貌美,贤惠,知书,求婚者甚多。李商隐早就认识她,曾经追求过她。王氏也曾用青眼瞧他,却苦于双方的门第悬殊。李商隐《无题》诗为证:闻道阊门萼绿花,昔年相望抵天涯。岂知一夜秦楼客,偷看吴王苑内花。

萼绿花:传说中的仙女。

这首诗也将王茂元的小女儿比作西施。王家是河南濮阳大族,几代人做高官,两京有宅第。"相望"一词,表明李商隐并非单相思。初识王氏,可能是在洛阳的崇让坊。有学者称,那首七律"昨夜星辰昨夜风"也是献给王氏的。

白衣庶士长期没戏,绿袍官员一夕完婚。

李商隐以在籍进士的身份赶赴泾原幕府,从长安出发,马蹄轻快五百里,"辟为掌书记",格外受到幕主的青睐。他写道:"往在泾川,始受殊遇……樽空花朝,灯尽夜室。忘名器于贵贱,去形迹于尊卑。"这些话反证诗人也敏感于贵贱尊卑。

十来年间,令狐楚,崔戎,王茂元,三个高官对李商隐不错。王茂元更将小女儿嫁给他。

一对恋人,终成眷属。

公元838年,李商隐双丰收:求仕得仕,求美得美。

开成二年,朝廷取进士四十名,李商隐榜上有名。次年入泾原幕府,击退众多门第远高于他的婚姻竞争者,娶"七仙女"为妻。幸福。"人生得意须尽欢",俊男美女俱欢颜,春宵秋夜缠绵不尽,并辔走荒漠,昂扬西复西。

李商隐算是倒插门的女婿,不过这也没什么。有朝一日,他会在长安或洛阳造房子,把妻儿接过去,并安顿老母。

泾原幕府挣的钱,拨出一半寄回老家。而妻子希望孝敬没见过面的婆婆,拿出她的私蓄给他。他表示感激时,妻子说:既为夫妻,何分彼此?

王氏贤惠,盖非虚名。李商隐后来在长安失意,作《无题》,由衷地赞美妻子:

> 照梁初有情,出水旧知名。裙衩芙蓉小,钗茸翡翠轻。
> 锦长书郑重,眉细恨分明。莫近弹棋局,中心最不平。

《神女赋》形容神女,有云:"其始来也,耀乎如白日初出照屋梁。"诗人视王氏如初升的太阳。眉细恨分明:东汉京城妇女画"愁眉",细而弯曲。弹棋局:一种弹棋游戏,棋局高低不平,比喻长安的官场。

李商隐对王家抱着感激,几次撰文提起。"某穷辱之地,早受深知,遂以嘉姻,托之弱植。"

他一再赞美年轻漂亮的妻子:"常闻宓妃袜,渡水欲生尘。好借嫦娥看,清秋踏月轮。"妻子是他仙姿绰约的女神。

两口子如胶似漆,青春肌肤须臾难离。情话连着诗话:王氏也是李贺的崇拜者,对李贺的名篇倒背如流。李贺的一个姐姐是嫁到王家的,李贺的挚友王参元则是王茂元的弟弟。其时李长吉已红遍天下,那些天才或鬼才诗篇到处传播。王家以此为骄傲,整个家族以能诵长吉诗为荣耀。李商隐的诗风逼近李贺,两个天才难分高下。外貌却有高下:玉溪生生得英俊。

美满婚姻却暗藏着仕途的危机:诗人得罪了令狐绚。他并不知道王茂元属于李德裕党,而令狐父子靠近牛僧孺党。令狐楚去世时,李商隐非常悲痛,专程去凭吊。时在开成二年,他考上进士不久。

令狐绹多次帮他,包括在礼部主考官面前为之延誉。李商隐入泾原幕府,做了王茂元的女婿,在令狐绹看来,这是公然"背家恩","先牛后李","去牛就李","放利偷合"。

诗人在泾原幸福,令狐在长安传播:李义山"心怀躁进,忘恩负义。"令狐绹后为牛党首领,影响力很大。

李商隐快马去长安应吏部试,本是走过场,吏部博学宏词科的考试一过,便成为朝廷任命的官员,告别多年的幕游生涯。

然而吏部放榜,榜上根本没有他的名字!

傻了。

礼部进士仅四十名,其他三十九个均顺利通过吏部试。甚至有个吏部高官当众指斥他:"此人大不堪,抹去之!"

落榜,并且受羞辱。这事传播的速度比风还快,长安洛阳的官员,无人不知。

愤怒的李商隐去找令狐绹质问,后者拒不见他。

打马回泾原,伤心五百里。

当年李贺从长安回洛阳伤心千里,好诗喷泉。李商隐宿客栈,凝视着风吹雨打的牡丹花,自伤遭遇,作《回中牡丹为雨所败二首》,其一:"下苑他年未可追,西州今日忽相期。水亭暮雨寒犹在,罗荐春香暖不知。舞蝶殷勤收落蕊,有人惆怅卧遥帷。章台街里芳菲伴,且问宫腰损几枝?"回中系途中所经之地(今甘肃固原县)。下苑指长安曲江。西州指回中。章台街:长安歌妓聚集的街道。

第二首传为名篇:

> 浪笑榴花不及春,先期零落更愁人。
> 玉盘迸泪伤心数,锦瑟惊弦破梦频。
> 万里重阴非旧圃,一年生意属流尘。
> 前溪舞罢君回顾,并觉今朝粉态新。

浪笑:空笑。生意:生机。

诗人登上泾州的安定城楼，极目千里，思接两汉，写下千古流传的诗篇《安定城楼》：

> 迢递高城百尺楼，绿杨枝外尽汀州。
> 贾生年少虚垂涕，王粲春来更远游。
> 永忆江湖归白发，欲回天地入扁舟。
> 不知腐鼠成滋味，猜意鹓雏竟未休！

贾生指西汉的贾谊，才高而失意，司马迁《史记·屈平贾生列传》，将他与屈原并列。王粲，东汉末年士子，遭遇如同贾谊，毅然弃官远游。永忆：长期向往。腐鼠：典出《庄子·秋水》，喻李商隐所鄙弃的不义利禄。鹓雏：高贵的凤凰，非梧桐不栖，非甘泉不饮，非竹实不食，诗人以此高贵鸟自喻，反讥那些食腐成僻、拿腐鼠当美味的官场小人。

千百年间，官场小人层出不穷，他们钻营拍马，有奶是娘，腐鼠成滋味，搞钱哪管来路，夺利不计手段，"潜规则"连年风行。小人之腹还去度君子之心，猜疑、纠缠不休，要削平君子的道德高度，污损君子的清洁精神；他们要造成这样的局面：你坏我坏大家坏，肮脏与高洁为伍，腐鼠与佳肴同桌，最终，拼的是心狠手辣，以弱肉强食的动物本能取代人性善的努力，牛鬼蛇神齐出来，朋比为奸，弹冠相庆。李商隐的句子概括力强，用典精辟，道出了末世官场隐形的结构性特征，所以才被无数的人反复引用。

北宋王安石盛赞此诗，说："虽老杜无以过也。"

李商隐的沉郁顿挫，确实像杜甫。

妻王氏，深情安慰他。她写信，见了面又款款娇语说到天明……

"永忆江湖归白发，欲回天地入扁舟。"

理想主义者，归于此浩叹。洁身自好者，实在不愿打脏干净的手。这话意味着：干净尚有地盘。干净者尚能呼吸江湖的气息，退一步天宽地阔。这里，"隐"的生存结构得以显现。官场与丘山之间形成持久的强对流张力区，而中国的传统精英艺术，乃是强对流的产物。这个问题事关重大，潜藏着中国文化的密码，所以我们再三掂量、追问。

美学与力学，指向相同之物。

李商隐结婚得罪人,被拉入党争舆论,直到清朝,仍有学者诟病他的品行。也许李商隐情事多,艳诗好,对孔子不敬,某些冬烘学者有意见,拿他的婚姻说事。

6

泾原的生活,蜜月连着蜜月,每日里恩爱不休。李商隐喜欢和妻子骑马远游,朝着茫茫大漠。"大漠孤烟直,长河落日圆。"夜宿荒村野店,沽村酿,吃羊肉,听胡调,观星斗。秋季烧草围猎,野兽在方圆十几里的草原上奔吼,被四周围过来的火势所逼,豺狼野狗狐兔,逃过了火舌也倒于弓箭手的强弩下。

高楼上军营中,长安官妓与胡女共舞。"昨夜星辰昨夜风"编成了舞蹈,王茂元及一大群儿女、女婿、儿媳妇夜宴观赏。这个管辖四个州的泾原节度使有五个儿子,七个女儿。孙子们跑跳乱蹿。李商隐对王氏耳语:来年生个骄儿……

王氏十八岁,娇艳如荷花。诗人写诗,多次拿荷花比喻她。

可是诗人要到京城去,小夫妻再是恩爱也要分离。

吏部一试不中,得考二次三次。

古代官员辗转四方,妻子一般不同行。她得居家伺候婆婆或生母,十年二十年的守下去。

皇帝重礼教,天下多别离。

此一别归期难数。王氏装笑脸,为丈夫打点行装,背地里抹眼泪,抹完了又"妆欢"。

丈夫何尝不知?只不说破而已。

走了,走了,走了。总是这样。背影渐远。

从泾原到长安五百余里。诗人一路想念王氏。抬头望青天,双泪湿罗衫。长安与泾原,梦魂绕成团。

《暮秋独游曲江》:"荷叶生时春恨生,荷叶枯时秋恨成。深知身在情长在,怅望江头江水声。"

人是血肉之躯,身在情长在。诗人敏感,多情多思。李商隐异于唐代的其他大诗人,深情诗笔挥向家中的妻子。

这一年吏部放榜,李商隐被授予九品上阶官员,职位是秘书省校书郎。品秩不高,但有前程。秘书省的校书郎多有跻身高位者,入翰林院,乃至入主宰相府。王茂元可能帮过他。

快马传家书,王氏喜盈盈。

可是在秘书省仅仅干了一个多月,李商隐接到调令:到弘农县(今河南灵宝北)当县尉,主管治安、刑狱,并带衙役捉拿犯人。高层牛李相争,他多半成了牺牲品。他真不想去。当年高适做县尉,感慨说:"拜迎长官心欲碎,鞭挞黎庶令人悲!"县尉在上级面前是孙子,转身向百姓龇牙咧嘴,比狗还凶,比狼还狠。杜甫穷厄于长安时,宁愿摆地摊卖草药,也拒绝了油水甚多的京郊县尉的官帽。白居易做周至县尉,专门去关注穷苦人,写下哀叹田妇的五言名篇《观刈麦》,他还装病卧床,抗拒恶县令的命令。

李商隐没拒绝,他走马上任。毕竟官帽得来艰难。

诗人官员在弘农县干了什么事呢?他竟敢顶着上司的压力"活狱",给狱中囚犯以活路,重罪从轻,轻罪放人,无罪致歉并赔偿。官僚集团中这等于乱来,县尉执法不护官,倒去为小民申冤。李商隐比白居易更厉害,胆子大,敢做敢当。上司还不是弘农县令,而是陕虢观察使、五品大员孙简。欧阳修《新唐书》载:李商隐"以活狱忤观察使孙简。"欧公的弟子苏东坡,在杭州做通判时也搞活狱,除夕夜放系囚回家过年……

我们说文豪们全是正人君子,是有足够证据的。

开成四年的弘农县,五品高官召见九品小官,双方对吼,声震官厅。姓孙的高官气得哇哇叫。

李商隐学白居易,请假,不工作,不为而为,不干欺压黎庶的坏事。并写诗传于同僚,《任弘农尉献州刺史乞假归京》:"黄昏封印点刑徒,愧负荆山入座隅。却羡卞和双刖足,一生无复没阶趋。"

卞和献绝世美玉,遭暴君削去双足。李商隐却羡慕卞和失去双足,不复趋奔官庭,媚上而欺下。他黄昏封印,不干了。诗如宣言书,直接给了州刺史。

李商隐与孙简较劲,做好了辞官的准备。乞假归京,等于递上辞呈,把县尉的官帽扔到一边。县尉有油水,灰色收入多,捉人放人判狱,皆能搞钱,多方收受贿赂。李商隐的辞官举动,一些同僚是不以为然的,劝他,他也不听。他想起了辞掉县令的陶渊明,写诗说:"陶令弃官后,仰眠书屋中。谁将五斗米,拟换北窗风!"

又有《日高》云:"素琴弦断酒瓶空,倚坐欹眠日已中。谁向刘伶天幕内,更当陶令北窗风。"

魏晋竹林七贤之一的刘伶,狂放不羁,白天裸体,对惊惶失措的访客宣称:天是我衣裳,地是我睡床,是你跑到我的裤裆里来了,倒怪我裸体!

司马昭篡魏立晋,官场一片黑暗,竹林七贤的狂,是有针对性的。晚唐官场,坏官庸官多如过江之鲫。

李商隐长期学杜甫,对百姓有感情。他自己就是寒士,了解底层之苦。辞官也不是唱高调,或一时冲动。他很难向那些所谓的犯人举起鞭子,更别说敲诈犯人。

官帽得来不易,挣来俸禄养家。但李商隐性子倔,道德底线分明。十年幕僚生涯,他也熟悉官场,并非初识那些见不得人的脏东西,这反而证明他的道德底线不低。他实在没法说服自己,更别说装糊涂越过自己。文脉早已化为血脉,真是毫无办法。

做狗就待着。做人就走开。没有中间的道路可以选择。

李商隐老是读杜甫,中了杜甫的"毒"。开成二年他刚中进士,去了一趟洛阳探亲,回转长安时,写下名篇《行次京郊作一百韵》,显然有追和杜甫《北征》、《自京赴奉先咏怀五百字》的意思。值得注意的,是他这一百韵写于他自己春风得意之时。不管得意失意,都能看见穷苦人,悲悯天下苍生,乃是古今所有杰出艺术家的共同特征。沛然之文气,通向浩然正气。歪风邪气断断写不出传世文章。

> 蛇年建丑月,我自梁还秦。南下大散岭,北济渭之滨。
> 草木半舒坼,不类冰雪晨。又若夏苦热,焦卷无芳津。
> 高田长槲枥,下田长荆榛。农具弃道旁,饥牛死空墩。
> 依依过村落,十室无一存。存者皆面啼,无衣可迎宾……

大和九年甘露之变后,京城及郊县大乱,举目一片凄凉。朝廷狗咬狗,地方人欺人。丛林法则畅行于世,底层民众处处酸辛。杜甫的长诗《北征》,写安史之乱时的民间惨景,开句曰:"皇帝二载秋,闰八月初吉。杜子将北征,苍茫问家室……"

李商隐的《行次京郊作一百韵》,写于问家室之后。他询问京郊的农民,农民讲述祖辈的幸福生活:

> 伊昔称乐士,所赖牧伯仁。官清若冰玉,吏善如六亲。
> 生儿不远征,生女事四邻。浊酒盈瓦缶,烂谷堆荆囷。
> 健儿庇旁妇,衰翁舐童孙……

百姓为何能过上幸福生活呢?李商隐给出了历史观:"况自贞观后,命官多儒臣!"唐太宗的"贞观之治",历二十二年,名臣如云。

开元之后,国运直下。为什么?因为像李林甫这种几乎不识字的家伙居然能蹿上高位,对正直的儒臣拳打脚踢,要把朝堂变成黑社会。唐玄宗连年开边,边帅骄横成气候,出现安禄山、史思明这类怪兽般的野心家,把全国推向大灾难。诗人写道:"降及开元中,奸邪挠经纶。晋公忌此事,多录边将勋。因令猛毅辈,杂牧升平民。"晋公指李林甫,他忌讳文臣做高官,多用边将,利用其猛毅粗鲁,打击士大夫。

李商隐的诗笔也是史笔,直指皇权的要害处。长诗将安史之乱与甘露之变放在一块儿写,后半段,吼出悲怆的、近于绝望的价值观:

> 尔来又三岁,甘泽不及春。盗贼亭午走,问谁多穷民。
> 节使杀亭吏,捕之恐无因。咫尺不相见,旱久多黄尘……
> 我听此言罢,冤愤如相焚。昔闻举一会,群盗为之奔。
> 又闻理与乱,系人不系天。我愿为此事,君前剖心肝。
> 叩头出鲜血,滂沱污紫宸。九重黯已久,涕泗空沾唇……

亭午:正午。紫宸:皇帝听政的便殿。九重:皇宫。

李商隐写出"九重黯已久",可谓胆识逼人。

二十六岁写长诗,二十八岁辞县尉。所以他的辞官,不是贸然之举。"盗贼亭午走,问谁多穷民。"穷苦人饥寒才起盗心。诗人顶着州刺史的压力搞活狱,宁愿扔官帽,拒不执行猛如虎的苛政酷法。

李商隐是有历史大关切的,有目注苍生的悲悯情怀,有傲骨,有理想,有做官的原则,有道德的底线。而这些元素会渗入他的情爱之躯。他的爱情诗乃至艳情诗写得如此出色,与其沉痛到底有关,与其纯真性情有关。

能感人至深、因之千年不朽的作品,一定有强大的价值支撑。李商隐作为士子和作为情人,二者间不是彼此分隔的。换言之,如果他一贯软绵绵,情调兮兮的,爱起来就不会抑扬顿挫,节奏分明。他长得英俊,却是男子汉式的英俊。表情身姿步态,既有美感又有力度。

为何白居易、李煜、苏东坡、辛弃疾的情诗百代不衰?这些人都刚性十足,豪气干云。可见单有柔情是远远不够的。柔是刚的柔。

"春蚕到死丝方尽,蜡炬成灰泪始干!"

也许以这样的方式来追问李商隐,此前鲜有人焉。

开成四年(839),诗人在弘农县与高官领导对着干,辞职走人。小官脾气大,惊动各县。姓孙的气得生病,又负气,亲自抓盗贼,严刑伺候,轻罪重判,变活狱为"死狱"。

李商隐布衣单骑向洛阳,探视老母,沿途欣赏风光。《与陶进士书》云:"脱衣置笏,永夷农牧。"

做官难为民作主,潇洒回家种红薯。

然而事情有了戏剧性的转机:孙简调走了。新刺史兼名诗人姚合,派急足追回了李商隐,并称:活狱也有功。

李商隐仰面一笑,掉转马头。

末世官风败坏,仍有好官的。从朝廷到地方都不乏力挺国运之士。包括文宗皇帝,为了诛宦官,平息朋党之争,耗尽了心血,每每对人叹曰:"去河北贼易,去朝中朋党难!"

李商隐在弘农干到年底,辞别姚合去了长安,请吏部重新任命。此曰"从调"。弘农县尉一职,终非长久之计。复回泾原与妻子相聚,缠绵五十天,极尽温柔体贴,入夜要点三根红烛,情话说到天明。

官身再上路,妻子复妆欢。

"相见时难别亦难,东风无力百花残。"

妻子转过身去就会哭,诗人何尝不知?

行行向远方,一路疼痛着。多情早生华发,天若有情天亦老。

男儿必须得出去,古今皆然。想想数以亿计的农民工吧,想想那些上路觅职茫然奔走的大学生专科生……

李商隐有个宏大的心愿:移居长安,将老母和妻子接去同住。

将来要做父亲的男人,筹划着美好家园。岳父资助他,岳母的弟弟李执方也给了他一笔钱。

长安城外,樊川之南,是李商隐特别喜欢的地方,曾经赁屋居住,号樊南生。新家选址定于樊南。诗人趁待官的时间,飘然游荆楚,领略洞庭湖气魄。凡大诗人,谁不去楚地一游呢?杜甫病重时,尚飘于洞庭湖上。

这时候,却听到唐文宗驾崩的消息。诗人悲伤而感慨,作《咏史》云:

历览前贤家与国,成由勤俭则由奢!
何须琥珀方为枕,岂得珍珠始是车?
运去不逢青海马,力穷难拔蜀山蛇。
几人曾预南熏曲,终古苍梧哭翠华。

国运衰败,犹如难逢青海的汗血千里马,而官场积蔽,倒如同盘踞难拔的蜀山巨蛇。汉唐宋立国之初,节约成风尚。渐渐的就奢华起来了,放浪起来了,竞消费,炫富豪,夸权势。官员"享国",公款消费,一个个兴奋得很。琥珀做枕头,珍珠镶满车。

西晋首富石崇炫富,想象力天下无双,酒席上专砍美人头:他家的宾客若是少饮或拒饮,若干美女头就满地滚……

炫富者多心理贫穷。此理古今通。

具备良好史识的大诗人李商隐,针对他亲眼目睹的浮华时代发出呐喊:成由勤俭败由奢!

谁在听呢?谁想听呢?不想听的后果又将如何呢?

诗人的"干政诗"要传入朝廷的。宪宗朝的元和年间,白居易写《新乐府》、《秦中吟》,发起颇具声势的新乐府运动,矛头直指各类"权豪",他们无非是希望:挽狂澜于既倒,救国运于衰败。

有良知的士人目光长远,可惜力量太有限。而利欲熏心之辈,必为鼠目寸光之徒。这种人多了,就好比满山巨蛇各占地盘,即使是皇帝宰相也回天乏术。

诗人忧国忧民,其实也是忧自己:覆巢之下焉有完卵?

李商隐游荆楚,为洞庭湖留诗。"欲为平生一散愁,洞庭湖上岳阳楼。"他南下潭州(长沙)见一个姓杨的老朋友,留居官舍多日,每天舟车畅游,饮酒赋诗,逍遥楚天阔。

《楚宫》有云:"湘波如泪色漻漻,楚厉迷魂逐恨遥。枫树夜猿愁自断,女箩山鬼语相邀。"楚人称鬼无依为厉。此喻屈原投江。

屈原笔下的美丽山鬼,"若有人兮山之阿,披薜荔兮戴女萝。既含睇兮又宜笑,子慕余兮善窈窕。"

李商隐引屈原为同类,美政理想不灭。屈原诗又唯美,尽情表达了千年楚国,以楚文化"征服"了中原。

李商隐受到屈原的多重指引,包括对美好女性的迷恋。

诗人到武昌黄鹤楼,作《江上》:

万里风来地,清江北望楼。云通梁苑路,月带楚城秋。
刺字从漫灭,归途尚阻修。前程更烟水,吾道岂淹留。

刺:类似今之名片。漫灭:字迹模糊。

李商隐游江湘,兼有寻找仕途机会的动机。他的"档案"放在吏部,又只身几千里访故友、阅山川。

男儿身岂能闲着? 艺术家道路是家。

"浩然之气",是这么养的。

祖国好山河,步步去丈量。李商隐三十来岁,足迹何止十万里。他一生马不停蹄,堪比白发萧萧还满世界蹿的李白。

7

　　唐武宗会昌元年(841),诗人回长安,并将老母和妻儿接来樊南的新居同住。二弟羲叟已成家,并考上了进士。另有三弟及小妹,两个侄子,均住樊南。那宅子是岳父、李执方资助修建的,估计也不差。

　　李商隐喜欢将亲人们拢集到身边。杜甫也这样。

　　樊南的山色。王氏的美色。她才二十出头,大官的幺女儿学着理家,入厨,洒扫庭院,培植花草。合家老小敬她。李商隐爱她。夏日傍晚她独自出去,手拿一卷《昌谷诗》,津津有味念李贺,学李贺漫游,远足抵达了樊川,归来一身青草气,星眸闪亮,恰似她头顶上的明亮的织女星。

　　丈夫写诗,她要参与……

　　她还要生孩子,最好是两男一女,三男两女也行。泾原她流过产,只因好动学骑驴子,挥鞭牧羊群。

　　丈夫幕游去了华州,时间不长。她写信问他归期时,庭院外已响起他的脚步声。她奔出屋子,当着一个侄儿的面向亲爱的丈夫扑过去了,玉钗佩饰散落,乌发抛在风中。

　　哦,亲爱的亲爱的。

　　爱情诗人的美貌妻子,毕竟有些与众不同。

　　她是他永远娇艳而活泼的荷花,夏雨乱池塘,满塘红摇曳。平日里他称她小荷、荷花,作《荷花》、《赠荷花》。"唯有绿荷红菡萏,卷舒开合任天真。"

　　老父宠丈夫爱,年轻的王氏如何不天真?

　　结婚已三年,她仍是新娘模样。

　　婚前被义山颠颠的追求,婚后受商隐点点的呵护。女人啊,真是幸福到家了。丈夫爱她竟然有点神经质,忧愁地说:"此花此叶长相映,翠减红衰愁杀人。"

　　仿佛手捧无价美器,担心它会一朝摔坏。

　　曹雪芹写大观园中的群芳诸艳,受李商隐启发不小。林黛玉《葬花吟》,把红颜易凋、连城易碎的感伤情怀发挥到极致。"花谢花飞飞满天,红消香断有谁怜……明媚鲜妍能几时?一朝漂泊难寻觅。花开易见落难寻,阶前愁杀葬花人……"

顺便提一句,新拍的电视剧《红楼梦》,那位导演本不懂曹公情怀,不解名著意味,却又明知不可为而强为之,追风撵潮,大胆得令小青年也吃惊、困惑。

这些年瞄准票房的所谓电影大片,正以加速度远离质朴的艺术。一切旨在吸引眼球的东西都会枯竭心灵。长此以往,心之不灵必成常态。

资本的逻辑一旦掌控了艺术,艺术必死无疑。

会昌二年,李商隐重新做上京官:秘书省正字。举家欢喜不提。值得一提的是王氏的心情,与丈夫分离的日子大约到头了吧。这几年,她妆欢,悄悄抹泪,写信问归期,折断门前柳……终于结束了,苦尽甘来。虽说小别胜新婚,大别如热恋,可是朝朝暮暮厮守,才是她少女时代就向往不已的夫妻生活。

夫君有诗曰《无题》,像是专为她写的。"八岁偷照镜,长眉已能画。十岁去踏青,芙蓉作裙衩。十二学弹筝,银甲不曾卸。十四藏六亲,悬知犹未嫁。十五泣春风,背面秋千下。"

王氏十七岁,方得可心郎。而事实上,她十四五岁居洛阳的崇让坊,李商隐就明里暗里的追求过她。

二人结连理,半是自由恋。

诗人的母亲去世,他守制丁忧三年。这期间他干了一件家族大事,为母亲、诸先辈、两个早逝的姐姐和一个夭折的小侄女营葬,花了很多钱,跑了许多地方,辗转于洛阳、荥阳、永乐(山西芮城)等。碰上地方军阀打仗,李商隐冒险迁坟,迁回荥阳的李家祖坟山。

王氏无怨言,跟他东奔西走。"红颜无定所。"

不久,王茂元带兵平藩镇之乱,病逝于怀州军中,享年六十九岁。李商隐携妻奔丧,哭岳父兼恩人于道路,"恸而不起"。从此,他关怀体贴失去父爱的妻子,更是无微不至。

他们居芮城,后迁洛阳崇让坊的王家大宅,仿佛重访初恋地,十指相扣,观荷无语。

茫茫天地间,绿叶与红蕖。

《七月二十九日崇让宅宴作》云:"浮世本来多聚散,红蕖何事亦离披……岂到白头长只尔,嵩阳松雪有心期。"

诗人系情于家,也时常牵挂国运。闲居芮城时,曾作《正月十五夜闻京有灯恨不得观》:

月色灯光满帝都,香车宝辇隘通衢。
身闲不睹中兴盛,羞逐乡人赛紫姑。

山西的芮城风景如画,李商隐写诗不少,佳作如《春宵自遣》:"地胜遗尘事,身闲念岁华。晚晴风过竹,深夜月当花。石乱知泉咽,苔荒任径斜。陶然恃琴乐,忘却在山家。"

这诗不用典,明白晓畅如王维。但盛唐与晚唐不可比,李商隐住在永乐、洛阳,不得不心系长安,渴望着皇室中兴。

唐文宗、唐武宗都是雄心勃勃的皇帝:前者力诛宦官,却横生甘露之变;后者派军队平定刘稹藩镇之乱,一度有中兴气象,可是他想长生不老,屡服金丹而暴亡,只活了三十六岁,在位仅五年。

美景娇妻岂不好?然而李商隐思维半径大,嗅到了浓浓的末世气息,他知道,无论居于何地,想过王摩诘的那种逍遥日子根本不可能。再者,他要做官,挣钱养家。武宗服金丹驾崩,诗人写诗凭吊,又作《贾生》,对汉唐皇帝几百年来的求仙梦加以讽刺:"宣室求贤访逐臣,贾生才调更无伦。可怜夜半虚前席,不问苍生问鬼神。"贾生指贾谊。前席:前移坐席以示器重,前字作动词用。

武宗死,宣宗立。朝廷一如既往的搞斗争,牛党、李党不两立;太监们操着娘娘腔,幕后台前唱大戏。

李商隐服丧期满回长安,任职于秘书省。

这一年,白居易以七十六岁高龄去世,遗嘱请李商隐作墓志铭,赠以厚金。李商隐的"四六"骈文颇有名,应该挣过许多"润笔"费,不过他花销大,需要养活或接济的亲戚太多。

唐宣宗改国号为大中。李商隐在朝中仍为九品官,俸禄少,家用拮据,开始自称"樊南穷冻"。

王氏已生一子,取乳名衮师。李商隐三十几岁得子,爱如掌上明珠,后作长诗《骄儿诗》:"衮师我骄儿,美秀乃无匹。文葆未周晬,固已知六七。四岁知姓名,眼不见梨栗……"

文葆:绣花的襁褓。周晬:周岁庆典。

李商隐的儿子五官精致,遗传了父母的容貌。又识数认字早,像个神童。小孩儿对水果不感兴趣,表明家里不缺水果,这里有典故:陶潜家贫,五个儿子"总不好纸笔",老三只知吃东西,"但觅梨与栗"。

李商隐从十八岁起就一直做官,妻子是大官的女儿,他们家不会很穷。长安,洛阳,荥阳等地都有宅子。诗人早年丧父,家贫,他又是长子,心里有挥之不去的贫穷的阴影。他接触的高官显贵多,门第与之悬殊,物质生活迥异,也促使他加倍努力。所谓"樊南穷冻",只是相对而言。

李商隐想让家人过上富裕的日子,这志向是明确的。妻子小他十岁,他希望她过得好。以后子女会更多,他得多挣钱。

他考虑辞去京城的九品官。

念头初露,妻子的眼眶立刻红了。

丈夫言之有理。可是夫妻又要分离。

这一次,李商隐决定随郑亚到岭南的桂州(桂林)去。桂州距长安四千七百多里路,且是蛮荒之地。郑亚是荥阳人,官居桂管防御观察使,李商隐入他幕府,担任"检校水部员外郎",从六品上阶。

诗人官升三级,代价是远赴南蛮。

时在大中元年(847)三月,长安春暖花开的日子。樊南的家,桃花开得正艳。衮师咿呀学语,堂上燕来燕去。

门外的一匹好马,等候着它的主人。

诗人挥鞭,王氏挥泪。

此去桂州,官身不由己,三年五年说不准的。

王氏实在忍不住,立于马首前,对丈夫说了一句:早回好吗?

即将远行的男人匆匆点头,扬鞭纵马而去。他不想让妻子看见自己的眼泪。

李商隐随郑亚三月启程,六月到达任所,平均日行五十里,水陆兼程。南方的风光习俗异于西北和中原,诗人沿途惊奇,一路写诗。郑亚也是诗人,"文章秀发。"二人饮酒谈笑,相得甚欢。

到桂州数月后,李商隐以专使的身份去了江陵,次年正月返回桂幕。郑亚的幕府中,他是首屈一指的高级幕僚,位同副观察使。

俸禄捎回家去,连同珍贵的家书,庶几让妻子开颜,家人放心。

夫妻相隔五千里,夜夜只向梦中聚。

李商隐思家情切,《思归》云:"鱼乱书何托?猿哀梦易惊。旧居连上苑,时节正迁莺。"

好男儿拼搏四方,总难免伤心回望。此情古今同。

诗人挥巨笔,不惟伤情,他又描绘异乡山水。

《桂林》:"城窄山将压,江宽地共浮。东南通绝域,西北有高楼。神护青枫岸,龙移白石湫……"

《晚晴》:"深居俯夹城,春去夏犹清。天意怜幽草,人间重晚晴。併添高阁迥,微注小窗明。越鸟巢干后,归飞体更轻。"

併添:更添。迥:远。微注:夕阳微细的光芒照射。

幽草,晚晴,皆诗人自喻。他十几年来风雨奔波,希望晚景阴转晴。此诗情绪轻松。轻松来自多年的沉重,越鸟归飞体更轻,反指往日沉重的翅膀。

诗人在郑亚身边,当有飞翔的感觉。

想当年,处士叔有名言:"事人匪易。"二十年来李商隐事人多矣,令孤楚,崔戎,王茂元,郑亚。作为地方大员幕府中的"寄禄官",诗人此间品秩最高。

离家虽远而事业有成。诗人欣然期待着未来。

然而朝廷党争波及桂州,郑亚被牛党视为李党。牛党得势,李党遭殃。郑亚被贬到更偏远的循州去了。

上司兼知音,揖别李商隐。

诗人在桂林茫然失所。前程俸禄俱断。

《即日》:"一岁林花即日休,江间亭下怅淹留。重吟细把真无奈,已落犹开未放愁。山色正来衔小院,春阴只欲傍高楼。金鞍忽散银壶滴,更醉谁家白玉钩?"

写得真好。又是伤情出好诗。惆怅浓得化不开,融入了山色,铺满了小院,升上了高楼。"已落犹开未放愁",正是诗人进退失据的写照。金鞍一朝散落,美好前程忽断,银壶滴着时间,点滴如蚁齿,咬人肌骨。到谁家去买醉、作藏钩(一种侑酒游戏)之戏呢?"何以解忧?唯有杜康。"

李商隐这首诗,把春天的漓江收进浓愁。

命运多坎坷,带出情绪的丰富性。

唐诗宋词,乃是千锤百炼的语言宝藏,光芒四射的情感宝藏,波澜壮阔的历史宝藏。乞愿吾辈之后,国人更能欣赏。

李商隐的律诗写得如此出色,不愧是杜甫的隔代高足。

郑亚走了,他到哪儿去?回家,还是继续寻找机会?他选择了后者。为了家,不回家。

李贺诗云:"己生须己养,荷担出门去。"鲁迅先生偏爱这两句。先生诗云:"无情未必真豪杰,怜子如何不丈夫。"

从古至今,有多少伟大的中国父亲,荷担出门去,有泪只偷弹。

杰出的诗人表达了所有人。

李商隐在桂州待了一年多,掉头向北走荆楚。所过之处,随手挥笔,好诗永传。《潭州》:

> 潭州官舍暮楼空,古今无端入望中。
> 湘泪浅深滋竹色,楚歌重叠怨兰丛。
> 陶公战舰空滩雨,贾傅承尘破庙风。
> 目断故园人不至,松醪一醉与谁同?

潭州即今之长沙。无端:无缘无故地,此系"有端"之反说,诗人屡用。忧端太多而难辨,故称无端。楚歌指《楚辞》。怨兰丛:屈原《离骚》云:"兰芷变而不芳兮,荃蕙化而为茅。何昔日之芳草兮,今直为此萧艾也。"寓意昔日的君子变成了小人。陶公:东晋大将军陶侃,陶潜的曾祖父,战功卓著,晚景悲凉。贾傅指做过王太傅的贾谊,长沙有贾谊庙。承尘:天花板。

诗人过长沙,古今入望中。湘泪溅斑竹,楚歌怨兰丛。

屈原的牢骚具有令人扼腕的洞察历史的价值。屈原坚持美政，就得颠沛流离。而朝堂上宿命式的翻云覆雨，昨天的君子，今天就变成小人。"陶公战舰空滩雨"，大将军讨逆有功，反受群小好攻击，这里当指李德裕在武宗朝平刘稹乱，战功显赫，却于宣宗朝大中二年一贬再贬。郑亚属"李党"，郑亚落职，李商隐受牵连，孤身飘向屈原、贾谊的伤心地。

古今入望，心绪茫茫，有如八百里洞庭湖。

《梦泽》："梦泽悲风动白茅，楚王葬尽满城娇。未知歌舞能多少，虚减宫厨为细腰。"楚王指以荒淫著称的楚灵王，《后汉书》："楚王好细腰，宫中多饿死。"

李贺写帝王多有不敬，屡刺秦皇汉武，"刘彻茂陵多滞骨，嬴政梓官费鲍鱼。"李商隐长期浸润于杜甫、李贺的氛围中，傲骨压不住，"白眼向人斜"，像竹林七贤中的二号人物阮步兵。唐玄宗强娶儿媳妇、寿王李瑁的爱妻杨玉环，李商隐作《龙池》，道出寿王的巨大痛苦：

"龙池赐酒敞云屏，羯鼓声高众乐停。夜半宴归宫漏永，薛王沉醉寿王醒。"

寿王喝酒，越喝越清醒，盖因痛苦穿胸，愤怒彻骨。夜半宴归后，玄宗搂玉环……

严格意义上的诗人都是愤怒者，不平则鸣者。

大中二年，李商隐行走荆楚，几乎是横眉怒目。沉郁顿挫，越来越像杜甫。初秋折向西，逆水入巴蜀，大约是访友，寻找新的机会。他有个姓杜的亲戚在成都做官。

写给妻子的最动人的诗篇《夜雨寄北》，问世于烟雨迷茫的巴山中。

君问归期未有期，巴山夜雨涨秋池。
何当共剪西窗烛，却话巴山夜雨时。

冯浩注："语浅情深，是寄内也。"

王氏写信问他归期，他说没有归期。恩爱夫妻两年未见，辛酸到极点,却用平淡语,又转而说到下了多时的巴山夜雨,涨满秋池。深爱着的男人作平淡语,情在此而言彼,平淡就弥漫着五内翻滚的浓情。这里无技巧。夜雨涨秋池,男人抱枕无眠。末二句安慰妻子,口吻如叙家常。

换季时,丈夫几次收到王氏寄来的、她亲手缝制的衣裳。家里有鸳机。她织布,熬夜剪裁……

揪心的彼此思念,无穷的生活场景,凝固成《夜雨寄北》。

寥寥数语,永世经典。

连日巴山秋雨,每一滴都是至爱情。

多谢李商隐!

爱到惊心动魄,且看漫天烟雨。

这类诗,拒绝任何形式的文化产业化,万亿美金买不来。

艺术搞钱,艺术找死。

李商隐未能走到成都,中途暨返。因他听说成都那个做官的亲戚从不帮亲戚。于是,返回长安。时在冬季,天降大雪。

漫卷风雪夜敲门。妻子踉跄奔出,针线盒撒了一地。

共剪西窗烛,述说衮师娇儿。雪落无声。妻子瘦了,面如雪。情瘦。她含笑说,家里也常吃肉……

李商隐居家一年,王氏又生了一个女儿。产后虚弱,丈夫殷勤伺候床榻,跪献山珍汤,以他的滑稽相博妻子一笑。

樊南家中喜洋洋,但王氏有隐忧。她怕丈夫又出去。心下却明白,丈夫的幕游生涯尚未结束。他不喜欢京城相当复杂的官场,再者,幕游俸禄高。

这些年,李商隐做高级幕僚,名气颇不小,积下了人脉。走这条特殊的仕途,他比父亲当年走得更成功。

这男人以轻松的语气对王氏说:幕游四十五,从此罢辛苦。

那时候,妻子也不过三十五岁。吃穿用不愁,山珍汤常有。

她想想也是,忧虑暂消。丈夫善于做她的思想工作。

然而夜里恶梦惊魂。这一年又一年,她是从恶梦中熬过来的。丈夫在她的梦中溺水死,坠崖亡……

情牵挂,情难受,情消瘦。这可敬的女人却想方设法对丈夫瞒着,暗蓄力气撑着。

桃花盛开时,妻子显得更艳。李商隐应徐州刺史卢弘止的邀请,去做节度判官,得朝廷侍御史,择日要登程。回看妻子清瘦的艳姿,每每感到有些蹊跷。

卢弘止是带兵去徐州平乱的,李商隐此去,等于从军。

他写了一首慷慨激昂的七言长诗,其中说:"爱国忧君去未能,白道青山了然在。此时闻有燕昭台,挺身东望心眼开。且吟王粲从军乐,不赋渊明归去来。"

诗人横刀去从军,仿佛告别陶渊明。

他离家的那一天,庭院中的桃花无端落了大半。出门时心下一紧,马行里许,犹自回头望。妻子照例立于大门外的柳树下。类似的场景,重复过十几次了。

不久,诗人在徐州幕府收到王氏的亲笔家书,说家中一切皆好。衮师已能爬树摘果……

居徐州年余,卢弘止又因操劳过度而病逝。诗人再遭创痛,失掉器重他的恩公。"彭门十万皆神勇,首戴公恩若山重……借酒祝公千万年,吾徒礼分常周旋……"一年前的七言长诗,如今不忍再读。

李商隐回长安更是慌了神,妻子王氏卧床不起。她去年春就染病,将息了几回,几经反复,病转沉重。她正思量着要给徐州的丈夫写信,不料未提笔,已听到那听过无数次的熟悉而亲切的脚步声。

京城名医接踵而来,一个个叹息而去。

诗人大恸,冲到墙角撞墙,额头斑斑出血。

西窗下,烛火旁,王氏含笑望他呢,整夜不挪目。多瞧一眼,多瞧一眼……此一别天上人间!

二十九岁美貌如花。最后一次美给他看。

玉人撒手,大中四年(850)秋。

诗人天都垮了。一夕成永诀。

春蚕到死丝方尽,蜡炬成灰泪始干。

佳人何处觅?仙山有消息。

今人读懂了李商隐,便知爱情为何物。

悼亡诗写不尽。

《王十二兄与畏之员外相访见招小饮,余以悼亡日近不去,因寄》:"愁霖腹疾俱难遣,万里西风夜正长。"

《曲江》:"天荒地变心虽折,若比伤春意还多。"

《夜冷》:"西亭翠被余香薄,一夜将愁向败荷。"

《西亭》:"梧桐莫更翻清露,孤鹤从来不得眠。"

上述诗为摘句。《房中曲》全录:

> 蔷薇泣幽素,翠带花残小。娇郎痴若云,抱日西帘晓。
> 枕是龙宫石,割得秋波色;玉簟失柔肤,但见蒙罗碧。
> 忆得前年春,未语含悲辛。归来已不见,锦瑟长于人。
> 今日涧底松,明日山头檗。愁到天地翻,相看不相识。

李商隐对亡妻王氏的感情,令人想起李煜对大周后,苏轼对王弗,陆游对唐琬。怀念到死,沉痛不能休。

深度之生存,李义山又一范例。

如果浅表性生存、娱乐式生存、搞笑搞哭搞麻木式生存成气候,一切深沉情感的过眼云烟成常态,那么我们,也无话可说了。

《房中曲》说的"忆得前年春",当指李商隐随卢弘止赴徐州时。

诗人的余下几年,都生活在对亡妻王氏的怀念中。入梓州柳仲郢幕府,马过剑门关,作《悼伤后赴东蜀,至散关遇雪》:

"剑外从军日,无家与寄衣。散关三尺雪,回梦旧鸳机。"

好朋友韩畏之,一家子乐陶陶。诗人更觉伤感:"桂花香处同高第,柿叶翻时独悼亡。"

李商隐远走蜀地,一对儿女寄在长安,托亲戚照顾。

东川、西川皆写诗。蜀中的四五年,官运顺畅而情路堵塞。锦衣玉食人憔悴。柳仲郢实在看不下去了,对他大发脾气,压他提起精气神,无效,又把成都色艺双绝的女孩儿介绍给他,续弦、侍寝,都可以。李商隐冷面以对。

妻亡不再娶,王维也是这样。高官厚禄视为无物。

人在,思念在。仅此而已。余生回望亲爱者的点点滴滴。

诗人在蜀中最兴奋的一件事,是得到了衮师的消息。《杨本胜说于长安见小男阿衮》:"闻君来日下,见我最娇儿。渐大啼应数,长贫学恐迟。寄人龙种瘦,失母凤雏痴。语罢休边角,青灯两鬓丝。"

大中九年,柳仲郢调回京城。李商隐也回到长安,与儿女团聚。乐极又生悲,七月里,他独游曲江吟旧作:"荷叶生时春恨生,荷叶枯时秋恨成。深知身在情常在,怅望江头江水声。"

偶作《乐游原》,意外成名篇:向晚意不适,驱车登古原。夕阳无限好,只是近黄昏。

乐游原位于长安东南郊。

他吃斋念佛,状如诗佛王摩诘。眉山洪雅人、高僧知玄成了他的朋友。一年四季礼佛,合掌祈祷。今有学者责怪他消极,言之不当。"一生几许伤心事,不向空门何处消?"

他去了洛阳的崇让里老宅,一住七天,专为寻觅亡妻王氏留给人世间的旧物与遗痕。《正月崇让宅》:

密锁重关绿掩苔,廊深阁迥此徘徊。
先知风起月含晕,尚自露寒花未开。
蝠拂帘旌终展转,鼠翻窗网小惊猜。
背灯独共余香语,不觉犹歌《起夜来》。

《起夜来》:古乐府歌名,为男女初婚、合卺之夕所唱。

诗人幕游到扬州苏州去了,诗笔挥不停。他像李贺那样呕心沥血。情绪波澜壮阔,病身承受艰难。归郑州,百感交集,为亡妻,为爱子,为家族,为祖国,为良朋,为世间一切美好之物。千古绝唱《锦瑟》,横空出世:

锦瑟无端五十弦,一弦一柱思华年。
庄生晓梦迷蝴蝶,望帝春心生杜鹃。
沧海月明珠有泪,蓝田日暖玉生烟。
此情可待成追忆,只是当时已惘然。

这首七律《锦瑟》,自问世之后,注家公认为李商隐的代表作。但名家解味殊异。纪晓岚说:"盖始有所欢,中有所恨,故追忆之而作。"何焯说:"此乃自伤之辞,骚人所谓美人迟暮也。庄生句言付之梦寐;望帝句言待之来世。沧海、蓝田言埋韫而不得自见。月明、日暖则清时而独为不遇之人,尤可悲也!"

诗如多重奏,可作多解,"混合解"。无论怎么去解,诗也浑然一体,交响于天地间。诗的美学,原本胜在模糊,意象无边界。

大中十二年秋,诗人病逝于郑州,享年四十七岁。就生命的质量,生存的"密度"而言,可比数百年。

最后,我们再欣赏李商隐的一首情爱小诗,《嫦娥》:

"云母屏风烛影深,长河渐落晓星沉。嫦娥应悔偷灵药,碧海青天夜夜心。"

黄庭坚
（北宋 1045—1105）

笔者拜读黄庭坚的诗文书画,觉得他硬朗而飘逸,既能柔情似水,又能横眉怒目。江西修水的神童,江南叶县的县尉,北都国子监的教授……有一根醒目的粗线将他的仕途连接起来。家里十几口人那么需要银子,他长期做"冷官"而操守不变。何物支撑了这个"不变"?

冷官黄庭坚,冷眼看世相。一腔热情付与艺术。诗词与书法传向东京、西京(洛阳)。北方大地的雄浑苍凉,融入了这位南国失意男儿的内心纵深。如果文人不失意,那么,中国历代精英艺术将大打折扣。失意就是得意:得造化之意,得审美之意。

黄庭坚

黄庭坚字鲁直,中年自号山谷道人,晚年复号涪翁。堂兄弟中他排行第九,又称黄九。秦观称秦七。秦七黄九一度齐名。

黄庭坚生于今之江西修水县,宋代叫分宁县。那地方山清水秀民风古朴。修水二字,本身就有诗意。河流弯曲而修美,两岸茂林修竹,错落小桥人家。修水上游一段,名叫十里秀水。

古代中国,除了沙漠以外,几乎所有的地方都是风光秀丽的,诗性的百代生长乃是自然而然,犹如花要红水要绿山要青,蓝天要透明,空气要清新,河流要弯曲,气候要恒定。宋代,像王安石这种理性有余而感性不足的人,也会在汴京叹息说:"春风又绿江南岸,明月何时照我还?"顺便提一句,感性不足,对理性有损伤。

王安石也是江西人。陶渊明也是。南宋将军词人辛弃疾的艺术灵感,主要生发于江西,他在江西做官,又隐居带湖近二十年。七八个星天外,两三点雨山前。稻花香里说丰年,听取蛙声一片。

多美啊!

笔者两年前曾听说,江西省有个口号:宁要绿水青山,不要金山银山。这多好,只不知眼下如何。

宋仁宗庆历五年(945),黄庭坚在分宁县双井村中的一个官宦人家呱呱坠地。父黄庶,母李氏。父亲做幕僚,嗜诗,编有《伐檀集》。母舅李常,熙丰年间是苏东坡的至交。黄庭坚后来的岳父孙觉,也是苏轼一辈子的好朋友。

修水风光好,黄家书香浓。

黄庭坚《满庭芳》词形容说:"修水浓青,新条淡绿,翠光交映虚亭。锦鸳霜鹭,荷径拾幽萍。香渡栏干屈曲,红妆映、薄绮疏櫺。风清夜,横塘月满,水净见移星……"櫺:雕花的窗格子。北宋三百二十州,一千五百多个县,何处不见横塘月满、水净星移呢?

词中另有红妆一闪,佳景不可缺佳人。

黄庭坚成人后,认为自己的前身是个美貌女子。他长得清秀。苏东坡则自认前身是禅宗五戒和尚。宋人信佛教轮回说。当然,苏黄二人也可能姑妄言之。

黄庭坚五岁诵五经。他问老师:不是说有六经吗?老师摸着胡子、莫测高深地回答他:《春秋》不算经。这个好读书的小孩儿拗劲上来了,偏找《春秋》来读,过一年,倒背如流,四邻感到惊讶。

黄庭坚是个神童,虽然宋人笔记和民间传说夸大了他的早慧。唐代的科举设有"神童科",小孩儿不乏七八岁就金榜题名的,对民间影响大。宋代的科举更盛于唐代。宋真宗写《劝学歌》,直接以"颜如玉"和"黄金屋"吸引天下士子。

黄庶屡做幕僚小官,希望长子次子皆有出息,于是苦心营造家里的书香氛围。黄庭坚周岁"晬盘抓周",小手不抓金和银,单抓笔砚墨,做父亲的不禁两眼放光。黄庶宦游在外时,知书的妻子李氏、博学的妻弟李常,轮番辅导黄庭坚的诗书功课。

儿童被书卷所包围。骑在牛背上也读书,脑子里生出大人们的思绪。黄庭坚八岁作《牧童》诗云:"骑牛远远过前村,吹笛风斜隔垅闻。多少长安名利客,机关用尽不如君。"唐代的岑参十五岁就自称隐士,而黄庭坚八岁写的诗,已在嘲笑京城的名利客。估计是模仿他父亲惯用的口吻。父亲不得志,老是骂那些得志小人。

《牧童》诗轰动了双井村,稍有学问的人家争相传诵,秀才处士闲坐修水边,喝着双井茶,谈论着神童般的黄庭坚。双井茶名冠天下,欧阳修誉为"草茶第一"。苏轼以双井茶配庐山谷帘泉。晋人陆羽《茶经》,分名泉二十品,庐山谷帘泉为第一品。茶与泉的极品,江西占全了。

双井村有俗语:男儿喝了双井茶,腹有诗书气自华;女儿喝了双井茶,身姿婀娜貌如花。

黄庭坚学舅舅跷起二郎腿,喝起双井茶。舅舅对这个皮肤白皙五官精致的外甥开玩笑:你以后长大了,气自华,貌如花。黄庭坚应答:舅舅这是夸我既像爹又像娘。

母亲听了,开颜一笑。

村里村外人人夸,小孩儿心里乐开花。就在他八岁这一年秋,又有惊人之作《送人赴举》:"青衫乌帽芦花鞭,送君直至明主前。若问旧时黄庭坚,谪在人间有八年。"他口气不小,竟然自视为贬在人间的文曲星。

次年春,舅舅李常拿庭院外的桑树考他,出对联曰:"桑养蚕,蚕作茧,茧抽丝,丝织锦绣。"

黄庭坚挠挠头皮,转转眼珠子,写出了下联:"草藏兔,兔生毫,毫扎笔,笔写文章。"

李常大喜,送他一支名贵的张武笔。他得了好笔复求名砚,再作下联曰:"土包石,石凿砚,砚研墨,墨舞龙蛇。"

李常点头称是,又送他一方端砚。却笑问外甥:九郎才尽否？若有第三个对仗工稳的下联,舅舅送你半丸李承晏墨。

李承晏墨丸是皇宫里用的墨,一丸难求,百金不售。黄庭坚猛挠头,终于想不出第三句。却说出了豪言壮语:我有了好笔名砚,纵然无佳墨,也能写传世书法！

李常露出怀疑的神情,故意折他锐气,冷冷地说:传世书法,谈何容易！

九岁的小孩儿涨红了脸……

舅舅的这一激果然管用。黄庭坚练书法,勤奋不减书圣王羲之。每天书几纸,兴来百纸尽,严寒酷暑不废用功。他写字的时候有个甩毛笔的习惯动作,墨水甩到窗外,几丛幽竹俱黑。若干年以后,新长出的竹子也是黑色的,双井村,修水旁,到处都有黑油油的竹竿,分宁人呼为"山谷竹"。

又传说黄山谷写一个斗大的"山"字,笔力遒劲,镇住了村子里多年游荡捣乱的野鬼。

苏东坡的洗砚池"蛙口俱黑"。黄庭坚的书窗外竹子尽黑。

今日江西修水一带,仍然流传着黄庭坚的许多故事。民间的口碑一传九百余年,而宋徽宗、蔡京于绍圣二年大搞"元祐奸党碑",严禁苏黄诗文流传,皇权不可一世,却迅速灰飞烟灭。犹如楚怀王放逐屈原,汉武帝残害司马迁,司马昭杀死嵇中散……君王的所谓"雷霆之怒",反而成就了汉民族的精英文化。

2010年夏,黄庭坚的书法代表作之一《砥柱铭》,在北京拍卖出4亿3千多万的天价,创中国艺术品售价之最。

历代精英文化,乃是华夏文明的中流砥柱。

黄庭坚的童年和苏东坡的童年颇相似,家境好,书香浓,环境优美,民风淳朴。江西的修水,西蜀的眉山,读书风气绵延,几乎家家有藏书。民间故事称,黄庭坚与苏轼以各自的家乡出了多少进士来打赌,结果未分胜负。而事实上,两宋三百年,眉山出的进士多达886人,显赫于全国……

川西坝子沃野千里,沃野的边缘矗立着峨眉仙山。物产丰富,生活史悠久,"十里不同俗",吃的花样和玩的花样不知几百种。人是天地间的短暂者,也是千百年风俗的承载者,是"深度生存"的人,活得认真的人,敬畏自然的人,有名利心,更有经典书籍所传承的、维系生活之意蕴层的道德感。没有文化断裂。没有价值观的混乱。

黄庭坚生活的年代,宋朝已逾百年。他比苏轼小九岁。

北宋是中国文化的巅峰期,文化巨匠何其多矣。

且说少年黄庭坚。

修水神童名气不小,渐渐地有些骄傲了,村里走路高抬眼,轻视一群小伙伴儿。母亲为此感到忧虑,担心这个众望所系的老二为名气所累,从此不长进,就像王安石伤叹的神童仲永。母舅李常又动开了脑筋,决定带外甥到九江去见见世面。

这一年,黄庭坚大约十二岁。

九江的官宦子弟,纷纷与远道而来的修水神童比经书,比书法,比围棋,比"六艺"之一的箭术……黄庭坚几获全胜,相当得意,对他舅舅自夸云:九江无神童。

舅舅说:你别得意过早,神童未必在官宦之家。

这一天,黄庭坚栽在一个年龄相仿的渔家少年手里。渔家少年穿布衣,面有菜色,专门来找修水神童比赛对联。此人出上联曰:"驾一叶扁舟,荡两只桨,支三四片蓬,坐五六个客,过七里滩,到八里湖,离九江已有十里。"

黄庭坚顿时慌了。这从一到十都说全了的对子叫他怎么对?头皮挠了半天,还是干瞪眼。手中的张武笔,将那浓墨水蘸了又蘸……

众目之下,渔家穷少年的面前,修水神童黄庭坚的面子可丢大了。没办法,只得甘拜下风。

返回修水的路上,黄庭坚立船头,蹲船尾,搜索枯肠,依然对不上。舅舅指着远方说:山外有山,天外有天啊。

九江之行以后,黄庭坚用功更甚。博学的舅舅有空就来辅导他,启发他。舅舅在庐山建了一座书院,藏书既丰,四面八方的高朋往还又密切,他的修养、才华和信息量,对黄庭坚的成长有着难以估量的帮助。后来,苏轼游庐山,专程去看李常的书院。

这个李常二十三岁中进士,仕途大抵顺畅,和宋代的一般官员一样善于享乐,博学并不妨碍他的声色犬马。这风气是从唐朝传下来的,政要高官蓄私妓是常态。不能蓄妓的官员也与官妓盘桓,"绮陌红楼,往往经岁迁延。帝里风光好……况有狂朋怪侣,暮宴朝欢。"宋代士大夫普遍活得兴奋,朝廷高官、文化巨匠也能癫狂,大脑,心灵,身体,三者并行不悖。犹如二十世纪法国的总统们、哲学家们。北宋的书法,绘画,诗词文赋,乃至美器制作、建筑艺术、品茶饮酒,都可以视为士子们普遍兴奋的一种结果。而另一面,社会的道德风俗不废。这是一个有趣的谜。宋仁宗把这个由真宗传下来的良好局面维系了四十多年,波及英宗朝四年。

宋仁宗显然比唐玄宗强,坐龙椅几十年头脑清醒。

李常好声色,启蒙了黄庭坚。言传多圣人语,身教却有些说不准。二晏的词,张先柳永的词,副宰相欧阳修的词,艳力传导江南江北。李常与张先是好朋友。后者八十五岁尚与苏杭诸妓共舞,趋美奔艳的劲头胜过现代西方的艺术大师。

学者们谈及黄庭坚的情色经历,往往语焉不详。殊不知,他们想要回避的东西,其实富含着价值。此一层稍后谈。

黄庭坚自幼好读书,却不是一味摇头晃脑的小孩儿。妩媚山水也是野性山水,从不同的方向刺激原本敏锐的男孩儿。黄庭坚的贪玩贪吃贪睡,令人联想眉山"狂走从人觅梨栗"的苏子瞻。他是双井村的神童,又是胆大敢为的娃娃头。有诗为证,黄山谷的名篇《新寨饯南归客》:

> 往在江南最少年,万事过眼如鸟翼。夜行南山看射虎,失脚坠入崖底黑。却攀荆棘上平田,何曾悔念身可惜!辞家上马不反顾,谈笑据鞍似无敌。

诗语顿挫,直追杜甫。野性十足的陆放翁非常喜欢黄庭坚的这首诗。

"最少年":江南少年之最。夜行南山去看射虎,不慎坠崖,那悬崖有多深?诗人不透露。也许因为他清瘦、体轻,坠崖无大碍,抓住荆棘、藤蔓往上爬,终于跃上了平旷的田野。身子受了点轻伤,倒催生一句豪语:"何曾悔念身可惜!"

苏东坡爬山攀岩也是几十年的好手,但不是为了寻求刺激。陆游在陕西大散关挥剑刺杀食人猛虎,血溅三丈外。

大诗人几乎无一例外是野汉子,双重的野性:挑战一切不正当的权力;生活热情永远高涨,愈是受打压越能反弹,并将丰富的生存体验形诸词语,带入顶级艺术。

少年黄庭坚在修水过得优哉游哉。《溪上吟》序:"春山鸟啼,新雨天霁,汀草怒长,竹筱交阴。黄子观渔于塘下,寻春于小桃园,从以溪童稚子畦丁三四辈,茶鼎酒瓢,渊明诗编……临沧波,拂白石,咏渊明诗数篇,清风为我吹衣,好鸟为我劝饮。"周遭风光如此之美,激荡着审美情怀。不过,前提是要具备一双审美之眼。渊明的乡村诗,能让"一丘一壑亦风流",鸡狗也富于诗意:"狗吠深巷中,鸡鸣桑树颠。"

我突然意识到,晋唐宋的中国农村,到处都能走出一个类似黄庭坚的诗意少年。而在当下,何方少年咏陶诗?

山水患病。人心躁动。诗意退场。

以陶渊明为代表的中国乡村歌手,形成了以审美的目光打量丘山河流的强大传统,千万双温柔的情人手,寸寸抚摸山水肌肤,将无限的美感带入词语,影响书画、音乐与建筑。

"我见青山多妩媚,料青山、见我也如是。"

艺术家不去算计大自然,而以不同的形式逼近"天籁"。这就是我们的审美传统。

笔者小时候,也是见过好环境的。环绕城市的河水那么清澈、流淌得那么欢快,土地肥沃,四季分明,空气中常有芬芳……

写这个心疼。

好山好水何处寻?唐诗宋词有消息。

但愿以后,会有转机。

眼下已是十二月中旬,川西坝子的气温还是那么高。蚊子成群结队,嗡嗡叫。老话说:"一场秋雨一日寒。"现在,下几场冬雨也不寒了。降温总是陡降,阳春直指隆冬,体弱老人很恐慌……

世界气象组织权威发布:"2010年几乎肯定是自从1850年有气象记录以来全球最热的三个年份之一。"另外两个最热年份分别是1998年、2005年。

谨以此小文,向正在艰难进行的墨西哥坎昆气候变化大会致敬。

黄庭坚十四岁,父亲黄庶客死他乡。历代大诗人早年丧父,例子过半。不丧父也难见父亲的踪影,因为父亲通常在遥远的地方宦游。诗人受母性的呵护更多。文豪们无一例外地宅心仁厚,敏感多思,与早年的经历密切相关。这里显然有追问的空间,而本文只能一笔带过。

家道中落,敏感的修水美少年又多了一层忧思。陶渊明、王羲之、王维、岑参、李贺、李商隐、曹雪芹、鲁迅……皆有类似的"家庭落差"。鲁迅说:"父亲的死,使我想了很多事情。"

黄庭坚在家里的五兄弟中排行老二,他还有几个妹妹。哥哥黄大临,天份不及二弟。父亲官小,又清廉,"身后牛衣愧老妻",家里的重担眼看就要落在黄庭坚的身上了。兄弟姐妹,七八双眼睛,巴巴地望着黄家唯一的天才少年。

黄庭坚后来惆怅回忆说:"某少孤,窘于衣食,又有弟妹婚嫁之责。"他操心弟弟妹妹,一如杜甫。晚年又云:"老夫往在江南贫甚,有于日中空甑无米炊时。"

家里十余口,多是吃长饭的。无米下炊,一如陶渊明。渊明有五个儿子,弃官后一度乞讨,"饥来驱我去……叩门拙言辞。"可是军阀混战的年代,渊明的五个儿子都活下来了。据袁行霈先生近年考证,陶渊明活了七十六岁。

米芾穷,张耒穷,文同穷,秦少游穷,陈师道穷……然而中华民族的精神财富多为失意者、贫困者所创造。笔者出此语,是经过慎重考虑的。再举一些例子:孔子跑到诸侯国去讲学,状如丧家犬,困于陈蔡,九天吃三顿饭;庄子做漆园小吏,每天向往逍遥游;颜回三十多岁贫病而亡,成为固穷君子之典范;屈原放逐,始有《离骚》;司马迁受宫刑,横眉怒目作《史记》;嵇康和阮籍蔑视皇权,挥汗打铁,长啸竹林;李贺二十七岁一病归西。李清照遭遇国破家亡;岳飞痛洒英雄泪,写下《满江红》;陆游一生北望中原,痛悼红颜;曹雪芹四十几岁死于除夕之夜;鲁迅直面惨淡的人生,正视淋漓的鲜血……

失意志更坚。为了生计要奔仕途,为人格,为美政,则决不能鬼头鬼脑投机钻营,龇牙咧嘴欺压百姓,于是,矛盾出现了。类似眼下常见的强对流天气,生风雨生雷电。艺术家们置身于巨大的张力场,汲取着艺术能量。苏东坡最典型:"心似已灰之木,身如不系之舟。问汝平生功业?黄州惠州儋州。"

视艺术创造为平生功业,苏东坡是第一人。也许苏轼这么写不无自嘲,但他对艺术穿越时光的伟大力量有着充分的把握。

艺术的本体论,宋代有端倪。本体论意味着,艺术是此在所创造的最高形态的价值之一。艺术严格自律。

黄庭坚十六七岁,随舅父李常漫游淮南。

眉清目秀的小伙子,三月下扬州。

当初李白到扬州成了冤大头,一年散金三十万,狐朋狗友难分辨。晚唐大诗人杜牧称:"十年一觉扬州梦,赢得青楼薄幸名。"扬州几百年的繁华,歌台舞榭,鲜花与美女争艳。蔡京知扬州,兴办万花会,号称名花一万丽人三千……

黄庭坚出入扬州的歌舞场,一试情爱躯。舅父要么带他去,要么给他银子。

黄庭坚冲向鲜花丛,那劲头不减欧阳修晏几道。

不过,他究竟是怎么冲的,冲的过程中又有哪些故事,正史野史均不载。相关的诗作不少,但一般宋诗选本不取。杜甫早年"裘马轻狂",白居易年轻时的浪漫故事,都被那些学人们藏起来了。人性的追问多设禁区。礼教对漫长的古代社会扭曲太多,惯性波及近现代。

艳词《诉衷情》,透露黄庭坚的滚烫春心:"小桃灼灼柳鬖鬖,春色满江南。雨晴风暖烟淡,天气正醺酣。山泼黛,水挼蓝,翠相挽。歌楼酒旆,故故招人,权典青衫。"鬖鬖:毛发蓬松貌,此喻烟柳迷离。酒旆:酒旗。故故:屡屡。

黄庭坚银子少,典当青衫上小楼。他年少英俊,歌舞妓们喜欢他。青衫典当完了,一曲新词也作银子使用。宋代的歌舞场,词人能挣钱,出色者如柳永、晏几道、姜白石,挣了不少钱。一首曲子辞让歌妓走红是经常发生的事。词人和她们打成一片,艳词俚语流淌市井。苏轼通判杭州时,也在歌台舞榭汲取艺术营养,比如对沙河塘一女子念念不忘:"惆怅沙河十里春,一番花老一番新。小楼依旧斜阳里,不见楼中垂手人。"又云:"沙河塘里灯初上,水调谁家唱?"

苏东坡、辛弃疾的豪情万丈,皆有女性之柔媚作映衬。英雄气不避脂粉香。所谓豪放,从来就不是单一的元素。"遥想公瑾当年,小乔初嫁了,雄姿英发……"小乔未嫁,周郎雄姿是否不发?而苏东坡贬黄州写下这首豪放第一的《念奴娇·大江东去》,正与杭州佳丽王朝云热恋着。千年英雄的雄姿,压倒周郎。

宋词在唐诗之外另起高峰,脂粉队伍乃是幕后英雄。文学史没理由隐匿她们的身影。古代女性本已大不幸,何必抹去她们非常有限的几缕灿烂?

再看黄庭坚婉约名词《清平乐》:"春归何处?寂寞无行路。若有人知春去处,唤取春来同住。春无踪迹谁知?除非问取黄鹂。百啭无人能解,因风飞过蔷薇。"

问春,探春,留春,叹春,写得明白而蕴藉,与秦观词风近。黄山谷诗名大,毛病也多,喜欢用僻字险韵,堆砌典故。总的说来,宋诗不及宋词,强于元明清。晋唐宋诗人几乎垄断了诗词艺术的精华。残羹留后世,偶见佳篇而已。

山谷词《定风波》:"上客休辞酒杯浅,素儿歌里细听沈。粉面不须歌扇掩,闲静,一声一字总关心……"这类俗多雅少的作品,颇能带出词人出入歌舞场的音容笑貌。他还写字作画,歌女们中间不愁没有知音。职业性的歌舞女孩儿,琴棋书画竞争大。"画作远山临碧水,明媚。梦为蝴蝶去登临。"

有个"天津云儿"与黄庭坚颇投缘。词人书赠她《两同心》:"巧笑眉颦,行步精神,隐隐似朝云行雨,弓弓样罗袜生尘。樽前见、玉槛雕笼,堪爱难亲。自言家住天津,生小从人。恐舞罢随风飞去,顾阿母教窣珠裙。从今去、唯愿银缸,莫照离樽。"词写红尘飘荡的天津(天子津渡)小女子,娇柔可人的情态如在目前。

又有《少年心》云:"心里人人,暂不见,霎时难过。天生你要憔悴我……"人人:可爱的人(宋代男子对异性的昵称)。天生你要憔悴我:情人恩怨相尔汝。

黄庭坚的早期词编年不易,上列几首,未必都作于淮南。

年少轻狂,打情骂俏。

有趣的是,圣贤书照样读得好。今天是孔孟与老庄,明天是云儿、虫儿、柳儿,黄庭坚有这本事,优游于夫子气和脂粉气之间。

高邮(今属江苏)名士孙觉,把女儿孙兰溪许配给李常的外甥黄庭坚。诗人的浪漫事并未妨碍亲事。此于宋代官场,远非个别现象。挑女婿重门第、看才华,而不是看他的"男女作风问题"。士子们赶考或做官,离家远走是常事,一年半载在外地。官妓营妓私妓,乃是一支庞大的红粉队伍。官妓营妓一般不侍床榻。官府有相关的规定,但执行的力度因时因地而异。

官员们行走四方,官妓艳波荡漾。

古代女儿出嫁主要是为了生孩子、伺候公公婆婆和丈夫,并无监视丈夫春心的传统。

孙兰溪小黄庭坚五岁多,她待在高邮,耐心等候未婚夫从科场传来的好消息。春去春又来,她念书写信,绣花织锦,"春如十三女儿学绣,一枝枝不叫花瘦。"兰溪从十三岁起,便向往着嫁到洪州(今南昌)分宁县的双井村。

黄庭坚

修水之畔的修长男儿,打马官道去应考,命运将如何呢?

黄庭坚十九岁,乡试得解头(第一名)。次年赴汴京(开封)应礼部试,未能登第。他回家迎娶了十五岁的孙兰溪。婚后几年颇滋润,但兰溪未能生孩子。宋英宗治平三年(1066),黄庭坚再次拿了洪州乡试解头,冬,复去汴京应礼部春试,终于进士及第。时在治平四年,也即二十岁的宋神宗登基之年。熙宁元年夏,二十三岁的黄庭坚携妻赴汝州(今河南临汝)任叶县尉。

黄庭坚像苏轼一样能考,志在必得。如果士子不能踏上仕途,平生抱负就难以展开。

数年间他赶赴乡试和礼部试,从分宁到洪州,从洪州到汴梁,长足万里。汝州叶县是他的仕途第一站,以后还会有许多要去的地方。陆路水路,舟车劳顿。途中走上几个月是常事,住馆驿、居官船或投宿乡村野店。春花秋月,冬阳夏雨,诗人饱看佳山水,嗅着异地气息,吃着他乡饭菜,听着陌生口音……

所谓读万卷书行万里路,大抵为了奔仕途。唐宋官员于此为甚,官员们升迁或贬谪,车船马朝着全国各地,动不动就"一官万里"(陆游语)。有些人几十年走了几十万里,比如苏东坡。奇山异水扑面而来,奇风异俗勾魂摄魄。路上大抵安全,遭遇盗贼的记载少。"行者虽万里不持寸兵。"宦游乃是真正的漫游。大多数官员具有良好的文化修养,识得山川之妙,风俗之奇。

浩然之气是走出来的,艺术灵感生发于天地万物。

黄庭坚的马背上驮着笔墨砚纸。野店灯如豆,他借着仲夏夜的月光写字撰文。娇妻孙兰溪十七岁,日夕在他身边。

凡有古碑的地方,黄庭坚总要去观摩,拓下碑上的铭文。他听说苏轼在凤翔曾看见失传已久的石鼓文、吴道子画的寺院壁画以及几扇佛像门板……

他对妻子说:那个眉山苏子瞻啊,了不得!

中原各地多古物,黄庭坚步步痴迷,有时一个小村庄就要逗留多日。半夜在床上,手指头犹比划着。他和兰溪坐于野花纷披的山丘,看云的流动,看光的线条。唐代的怀素、颜真卿,分别从夏云的"峰姿"和屋檐水的走势中找到灵感，书法大进。黄庭坚枯枝不离手，走到哪儿比划到哪儿。晋人钟繇，善用枯枝练书法，蹲厕所也练不停。王羲之对钟繇崇拜得五体投地……

兰溪催丈夫上路时，他总是说：莫急，莫急。

恩爱的小夫妻，过河入林登丘，造访城市与村落。黄庭坚顽皮如少年，跃入水中拍浪捉鱼，黄昏升篝火，烤银鱼香喷喷。圆圆的火焰般的夕阳仿佛点燃了连天草木。入夜星大如斗。

哦，美得不想走。夏末河朔（河北）发生了地震，不过是个惊心插曲……

黄庭坚初仕汝州，边走边玩，甚或斜行、倒行。仲秋才抵达州府报到，迟了一个多月，受惩罚，入狱三十天。出狱后脱掉囚服换上官服，继续向叶县进发。北宋的官制如此，颇有趣。有些品秩高的官员赴任走上几个月没人管。县尉官小，相当于县公安局的局长。

县尉主管治安、刑狱，是个累人又闹心的差使，这个职务，有利于培养年轻人服从上司、狠心肠对待庶民百姓。唐代的高适总结说："拜迎上司心欲碎，鞭挞黎庶使人悲。"

文豪有良心，黄庭坚不例外。

他写诗抱怨："简书驱我出，冲雪冻两脚……平生白眼人，今日折腰诺。可怜五斗米，夺我一溪乐。"

作于熙宁元年（1068）的《虎号南山》，抨击苛政猛于虎，矛头指向了滥用刑法的县衙官吏，说他们"取桎梏以舞"。

《冲雪宿新寨忽忽不乐》："县北县南何日了，又来新寨解征鞍。山衔斗柄三星没，雪共月明千里寒……"

次年又作《流民叹》，哀叹河朔地震后远离家乡的灾民。

黄庭坚最崇拜的诗人是杜甫。杜甫看穷人很仔细。

叶县的县尉黄庭坚大材小用、正材歪用，于是写诗发牢骚，传到了京城开封。王安石发现了，发话称赞："黄某清才，非奔走俗吏。"

熙宁三年王安石正式拜相，加大推行新法的力度。黄庭坚接到调令，调北都（今河北大名）大名府，任国子监教授。

然而孙兰溪病逝于叶县，年仅二十岁。黄庭坚跌入痛苦的深渊。

叶县地僻,缺医少药,兰溪一病不起,凋谢了青春红颜。苏轼的妻子王弗也是染病于凤翔,二十七岁死于开封。

黄庭坚悼亡诗《哀逝》:"玉堂岑寂网蜘蛛,那复晨妆靓阿姑。绿发朱颜成异物,青天白日闲黄垆。人间近别难期信,地下相逢果有无……"

晨妆靓阿姑,永埋故乡土。归葬分宁县的双井村之前,灵柩暂放叶县广教寺。黄庭坚升迁在即而精神颓唐,嗜酒,连日恍惚。与和尚往还,念经抄经,请大和尚超度靓阿姑的亡灵。

夜来幽梦忽还乡,修水旁,小轩窗,漂亮阿姑正梳妆……

宰相王安石提拔黄庭坚,但黄庭坚并不买王安石的账。他在北都当了几年教授,拒不执行教育新法。王安石变科举,罢诗赋而取经义,用权力推行他的学术著作《三经新义》。天下士子都要学这本新书以求登科。黄庭坚感到厌恶,虽然他对儒学经典了如指掌。赵宋开国以来,科举制度沿袭了唐代,取进士考诗赋、策论、判词,士子们的阅读范围广,思索半径大。苏轼说:自唐朝以诗赋取士以来,"名臣如云。"

而取消诗赋单考经义,要求的知识面既狭窄,又鼓动学子竞相揣摩主考官的好恶。王安石这么做,意在钳制思想。

熙宁年间,王安石的新政一个紧接一个出台,总的思路是在短期内聚财强兵。聚敛花样多,比如青苗法、市易法和各种基本物资的专卖制度,取天下财利以供朝廷。然而从朝廷到地方,反对王安石搞急剧变法的大小官员比比皆是,名臣的名单一大串。反对者还包括王安石的两个亲弟弟。这些官员忧国忧民,甚于忧俸禄和官帽,几年间大都付出了沉重的代价。苏轼两次上书神宗皇帝,洋洋万言,慷慨激昂。他形容宋神宗:"盲人骑瞎马,半夜临深池!"苏轼也主张变革,但必须是渐变。决不能搞大起大落,犹如不能从酷暑一下子跃入严冬。

苏轼一生的命运是由他的价值观来决定的。而决定价值观的,是他的学养、人格。黄庭坚也类似。

笔者拜读黄庭坚的诗文书画,觉得他硬朗而飘逸,既能柔情似水,又能横眉怒目。修水的神童,叶县的县尉,北都的教授,有一根醒目的粗线连接起来。家里十几口人多么需要银子,他长期做"冷官"而操守不变。何物支撑了这个"不变"？

这个江西男人活得比较拧，冷眼看时尚，拒绝趋炎附势。朝廷强推新法，需要一批"速进"的官员，黄庭坚学富而才高，受到权倾一时的大宰相的器重，显然有进身的机会，却不把这机会当机会。他像苏轼一样讽刺那些速进之辈："燕赵游侠子，长安轻薄儿。狂掉三寸舌，蹑登九级墀。覆手云雨翻，立谈光阴移……"蹑登：踩着别人往上爬。这些话说得够狠，不留一点余地。翻云覆雨的小人何尝对别人留了余地？

黄庭坚对荆公（王安石）新学的态度是："据席谈经只强颜，不安时论取讥弹。"他拒不合作，对新教材冷嘲热讽，于是他主管的北都学院（国子监）遭到冷落。注山谷诗文的史容说："学子竞趋新学，不至公堂也。"

冷官一做六七年。冷就冷吧。热血好男儿，冷遇是常态。而朝廷那些炙手可热的家伙，转眼变打手，变恶狗。王安石一手提拔的吕惠卿，反咬安石父子。王珪、李定、舒亶、章惇等人兴风作浪又互相拆台，政坛搅得一团糟……熙宁、元丰十几年，政治生态持续恶化。王安石丧子，罢相，伤心回金陵。宋神宗用兵西夏，永乐城（今属甘肃）大败，他六神无主，一病不起。这个勤政的年轻人意志力太强，不懂得无为而为，形成太多的执政盲点，终于导致国家的灾难。

冷官黄庭坚，冷眼看世相。热情付与艺术。诗词与书法传向东京、西京（洛阳）。北方大地的雄浑苍凉，融入失意男儿的内心纵深。

此间苏轼通判杭州，写了不少艳词。后移密州（今山东诸城）太守，下笔始见豪放。因乌台诗案，贬谪黄州（今湖北黄冈市）达五年之久，命运的低谷反指艺术的高峰。

如果文人不失意，那么，中国历代精英艺术将大打折扣。

失意就是得意：得造化之意，得审美之意。

这一层，今之学子当细思焉。

黄庭坚年近三十继娶谢氏。丈夫大妻子十岁，逾年生一女，乳名睦娘。母亲和两个小弟弟也住北都，加上仆人十余口。日子紧巴巴，还算过得去。舅舅李常官运不错，做了六品官。他到北都来看望黄庭坚，惊讶这个昔日的神童用功如故。生活极简朴，而家庭和睦。诗稿堆积如山,稍不称意便"火之"。练书法日废百纸,洗笔砚池水俱黑。墙上,树上,屏风上,随处可见黄庭坚的手迹。小弟"背阔",他就在弟弟的背上写字……

李常是个激动分子,对外甥赞不绝口,宦游的途中,走一路夸一路。孙觉在江南的湖州做太守,对过境湖州的苏轼谈起黄庭坚,希望苏轼加以提携。苏轼读黄庭坚的文字,第一反应是:"耸然惊异。"时在熙宁五年(1072)。苏轼对孙莘老(孙觉字莘老)说:"此人如精金美玉,不即人而人即之,将逃名而不可得也,何用我称扬?然观其文以求其为人,必轻外物而自重者,今之君子,莫能用也。"

苏轼对黄庭坚的这个评价,后人反复引用。"轻外物而自重",一语概括了尚未谋面的黄庭坚。

"将逃名而不可得":黄庭坚想不出名都不行,精金美玉,哪能掩蔽光芒?文化全盛的宋代,好作品很难被淹没。一流的艺术,一流的欣赏者,二者大面积长时期良性互动。文坛、士林、民间传口碑,好就是好,不好就是不好。皇帝的褒贬只能算他的个人意见。艺术品受到最为严格的检验,没有五花八门的利益因素搀杂进来,没有受潜规则掌控的所谓文学大奖艺术金奖,没有鬼头鬼脑又装模做样的"红包批评家",没有大批媒体的毫无文化负责感的胡乱吹嘘。

熙宁五年,天才的苏轼发现了另一个天才,毫不犹豫地夸赞、宣传。北宋士人有此气度。欧阳修宣传苏轼,苏轼宣传黄庭坚。后来黄庭坚又盛赞陈师道、秦少游。

黄庭坚三个字,渐渐南北皆知。

元丰三年(1080),三十五岁的黄庭坚到吉州太和县(今江西泰和)去做县令,"又持三十口,去做江南梦。"一家老小跟随着他,具体的家庭成员今已无考。七品县令俸禄有限,他卖些书画贴补家用。舅父李常时任淮南西路提点刑狱,官大钱多,不时寄来银帛米肉。黄庭坚总是拖着一家子,就像杜甫。操心弟弟的前程,操持妹妹的婚事……

古代杰出的艺术家们多温情脉脉。即使像李贺那样的罕见的另类诗人,也时时操心着昌谷的家。这与西方的艺术家有明显区别。

上任的途中黄庭坚过扬州、芜州、舒州,一路游玩。舒州境内有座潜山，山上有个山谷寺，他去逗留了几天，对林泉环绕、神光时降的山谷寺有一种难以言说的向往。于是自号山谷道人。山谷二字，透出宋代士大夫常见的林泉志。

新官刚到任，便写下《到官归志浩然二绝句》，称："满船明月从此去，本是江湖寂寞人。"什么意思呢？不想做官吗？他又说："敛手还他能作者，从来刀笔不如人。"

官员手中笔，有时候真像一把挥向百姓的刀。"刀笔吏"一词，由此情态生焉。黄庭坚做过县尉，对此深有体验。他知道自己弄刀笔不如人，上任便浩叹，想做个江湖寂寞人。

过了几个月，作《同韵和元明兄知命弟九日相忆》："蚤为学问文章误，晚作东西南北人。安得田园可温饱，长抛簪绂裹头巾。"蚤通早。

还是不想做官。为什么？

个体修炼出众，难免抵触官场。黄庭坚做教授拧，当县官同样拗劲足。倔犟性子难改。长期读书思考，目光具有穿透力，要他装糊涂实在不易。思想的独立带来人格的独立。黄庭坚究竟看见了什么，导致他不想做官？

熙丰年间，朝廷的新法"骚动州县"，百姓受穷，怨声载道。苏轼写了几首诗讽刺江南强行推广的青苗法、市易法、盐法，就被捉拿，打入汴梁的乌台黑狱，差点丢了性命。元丰三年正月初一，苏轼出狱贬黄州，风雪中踉跄千里。

淮南也是盐法汹汹。各地禁止私盐，官盐独霸，质次而价高，还短斤少两，大耍霸王秤。"增卖盐钱"，地方政府不能动，全部上缴朝廷。宋神宗跃跃欲试想打大仗，"西北万里招羌儿"，国库里的银子花得像洪水似的。岂料小打小败，大打大败，终于一败涂地，三十几岁的皇帝哭天抢地，病入膏肓……

苏轼以言论罪下狱，受牵连的大臣及地方官二十多个。四十七人受追查，包括李常、孙莘老。一时南北州县，官员纷纷缄口，不敢讥讽朝政。

黄庭坚官小名气大，他缄口了吗？

他写了十几首诗，哀叹小民抨击官府。《上大蒙笼》传为名篇：

> 黄雾蒙蒙小石门,苔衣草露无人迹。苦竹参天大石门,
> 虎远兔蹊聊倚息。阴风搜林山鬼啸,千丈寒藤绕崩石。
> 清风塬里有人家,牛羊在山亦桑麻。向来陆梁嫚官府,
> 试呼使前问其故。衣冠汉仪民父子,吏曹扰之至如此!
> "穷乡有米无食盐,今日有盐无食米。但愿官清不爱钱,
> 长养儿孙供驱使。"

远:野兽走的路。蹊:步行小路。陆梁:地名,属今之两广,其民以强悍著称,向来不服官府。嫚:轻侮;倨傲。

黄庭坚作为县令要推销官盐,却又站在小民、"刁民"的立场上写诗。此与杜甫苏轼,乃一脉相承。

"但愿官清不爱钱",但愿而已……

宋仁宗时代的清官数不清。范仲淹号召官员们"先天下之忧而忧,后天下之乐而乐",有其相应的时代背景。如果他在官员竞相趋利的熙丰年间说这样的话,人们会认为他脑子有毛病。利字当头的官员只知银子晃眼,为官一任要捞个盆满钵满。谁会没事找事细看穷苦人?谁细看谁有病……

然而黄庭坚写道:"民病我也病,呻吟达五更。"

黄县令这么折腾自己,同僚多数不理解,认为他不正常,或是讲大话唱高调。变态的官场,变态的目光常态化了。

苏东坡"一肚子不合时宜",悲悯着苦难中的江南百姓,黄山谷也是。呻吟达五更。想想他的呻吟吧。

而像彭泽的陶县令那样把官帽一扔,拍屁股走人,"载欣载奔",黄县令又做不到。"身欲免官去,驽马恋豆糠。"

苏东坡也做不到。日趋完善的官僚体系,将官员同祖孙几代人的名誉、仕途及诸多现实利益捆绑起来,官身欲退,一走了之,真比登天还难。

唐宋士大夫反复眺望陶渊明的自由与逍遥,真与美,是由于他们缺啥想啥。苦闷无边无际,升华而为艺术。

黄庭坚做县官,唯一能选择的中间道路是搪塞上级,暗助小民。同时,寄情于山水草木,寻求笔墨的自由奔放。

奔向仕途又背向官场,呼唤独立的人格、审美的意象,古代精英艺术,十之八九可作如是观。

黄庭坚书法的刚劲、飘逸,和他的内心合拍。

他写字追求"不俗",人不俗,字才不俗。"人皆疾驱,我车徐徐。"他晚年总结说:"士大夫处世可以百为,唯不可俗。俗便不可医也。或问不俗之状,老夫曰:难言也。视其平居无异于俗人,临大节而不可夺,此不俗人也。"

黄山谷的野性由此可见。临大节而不可夺,他是先做后说。做小官冷官十几年,操守不变。修身修得认真。内心坚硬如铁。

北宋官员中这类个例不难寻。黄庭坚还不算最出色的。

太和县有一处名胜叫快阁,登阁远眺,数十里风景如画,登临者大觉畅快。黄庭坚作《登快阁》:"痴儿了却公家事,快阁东西倚晚晴。落木千山天远大,澄江一道月分明。朱弦已为美人绝,青眼聊因美酒横。万里归船弄长笛,此心吾与白鸥盟。"

黄山谷写诗,青年,中年,暮年,均受杜甫的影响。

而杜甫议论书法:"书到硬瘦始通神",对黄庭坚也有启发。毕生追随杜子美,从内心到行为,从诗歌到书法。他说:"杜子美一生穷饿,作诗数千篇,与日月争光。"

又称:"欲学诗,观老杜足矣。"

后人则评价:"山谷诗,宋三百年第一人,本出于老杜。"

再看一首《池口风雨留三日》:孤城三日风吹雨,小市人家只菜蔬。水远山长双属玉,身闲心苦一春锄。翁从旁舍来收网,我适临渊不羡鱼。俯仰之间已陈迹,暮窗归了读残书。

黄庭坚的诗是否比苏轼更出色,九百多年来争论不休。笔者的印象,是山谷写诗远比苏轼来得专注。换言之,他也比苏轼刻意求工。"东坡每事俱不十分用力",而黄庭坚显然是用了十分力的。他写人物:"李髯家徒四壁立,未尝一饭能留客。春寒茅屋交相风,倚墙扪虱读书策……"

他题画:"凌云一笑见桃花,三十年来始到家。从此春风春雨后,乱随流水到天涯。"

写白鸥："江南野水碧于天,中有白鸥闲似我。"

写千里马："四蹄雷电去,一顾马群空。谁能乘此物,超俗驾长风。"

写陈慥(东坡至友)从黄州寄来的连理松枝："故人折枝寄千里,想听万壑风泉音。谁言五鬣苍烟面,犹作人间儿女心。"

咏物,写人,写景,题画,加起来不下几百种。比如写人物,三教九流、贩夫走卒皆入诗。

"读书破万卷,下笔如有神。"

"语不惊人死不休。"

黄庭坚追随杜甫写了这么多,却未被归为苦吟诗人。才气纵横而又字字较劲,犹如李长吉。中年他自编诗集,删掉旧作的三分之二,可见其认真态度。陆游晚年大量删诗,向黄庭坚看齐。

赖有一代又一代巨匠们的呕心沥血,我们才有今天所享受到的传统精英文化。比如宋朝以"苏黄米蔡"四大家为代表的书法,今天多少人顶礼膜拜,看几十年看不够。一横一撇见精神。漫长的古代,文化泡沫吹不大,好文章能传下来。而在眼下,泡沫居然可以吹上天……

我们回到黄庭坚吧。

在诗歌的技术层面,山谷强于东坡。也许正是由于这个原因,山谷诗病不少。为艺术而艺术,艺术难登最高峰。拿山谷比照杜甫,差距是明显的。多年后,同为江西诗派领袖的陈师道撰文称:"黄鲁直过于出奇,不如杜之遇物而奇也。"

一心要写好诗,意志去染指感觉的原初性,是为"过于出奇。"金人王若虚讲得更具体:"山谷之诗有奇而无妙,有斩绝而无横放,铺张学问以为富,点化陈腐以为新,而浑然天成、如肺腑中流出者不足也。"

杜甫的沉郁顿挫,是大关怀导致大疼痛的合乎逻辑的结果。

清代的吴乔总结诗人黄庭坚说:"山谷专意出奇,已得成家,终是唐人之残山剩水。"

苏东坡纵身投入生存的万顷波涛,弄潮踏浪五十年,"天风海雨逼人","文如万斛泉涌,不择地而出。"这一颗文化恒星比之黄山谷更为耀眼。千年大英雄,非唯宋代而已。

元丰六年(1083),黄庭坚移监德州德平镇(今属山东)。赴任前他回老家修水品够了双井茶,次年秋,才优哉游哉抵达山东任所。打马于路上,访夏问秋,感觉真好。所过之处,追慕者常有,乞字者成群。美酒美食美娘子,奇地奇人奇文字。

德州的两年,赏心乐事多。

黄庭坚善于和各种各样的人打交道,学习苏东坡,"上可陪玉皇大帝,下可陪卑田园乞儿。"穿越社会各阶层,艺术灵感处处生。他也和坏人打交道,坏人恰好是他的上司、德州通判赵挺之。赵挺之何许人?他是后来的金石大师赵明诚的父亲,伟大女诗人李清照的公公。黄庭坚在德州遭遇年轻的赵挺之,时在元丰八年(1085),赵明诚四岁,李清照一岁。清照的父亲李格非,是"苏门后四学士"之一。

有些官员中年才变坏,有些官员年纪轻轻就已经满肚子坏水。赵挺之属于后者。

一开始,黄、赵二人碰头饮酒,谈书法说绘画颇投机。黄庭坚老实,以为碰上了知音。可是不久,"知音"屁颠屁颠去讨好市易法的提举官,恶狠狠对待老百姓。黄庭坚马上跟他翻脸,针锋相对。这件事,苏轼于元祐三年的上书中提到:"御史赵挺之在元丰末通判德州,而著作黄庭坚方监本州德安镇。挺之希合提举官杨景棻,意欲于本镇行市易法,而庭坚以谓镇小民贫,不堪诛求,若行市易,必致星散。公文往来,士人传笑。"

市易法是熙宁大法之一,拿官银做资本,在全国各大城市做生意,垄断了基本物资,搜刮商业利润。大小商家纷纷关门。赵挺之堪称市易法的急先锋,怂恿提举官杨某,把这害民大法颁行于贫穷的德安小镇。

黄庭坚挺身而出,公文往来,屡驳上级。

市易法在安德镇受阻。百姓额手称庆。赵挺之气得哇啦哇啦……

气也白气。这一年宋神宗死了,宋哲宗十岁登基,高太后摄政,重新起用了司马光、吕公著、张方平、范镇等嘉祐大臣,定年号为元祐,追慕宋仁宗的年代。苏东坡从登州(山东平顶山市)太守的任上,旋风般回到汴京,仅半年多的时间,从七品升为三品。

黄庭坚入京,先为校书郎,参与校定《资治通鉴》。后为著作佐郎,参与修撰《神宗实录》。

苏轼除翰林学士后,举黄庭坚自代。同时举荐秦观、张耒、晁补之。

苏东坡见黄山谷,始于元祐元年(1086)。以前神交久也,东坡贬黄州时,黄庭坚写长信去拜谒,并附古风二首。东坡也回长信,言词恳切而谦逊,毫无大师作派,更不以师长自居。

大师皆质朴。或者说,始终如一的质朴者才能够成为大师。

而眼下号称大师者,基本上都有心理问题……

请看苏轼《举黄庭坚自代状》:"蒙恩除臣翰林学士。伏见某官黄某,孝友之行,追配古人;瑰玮之文,妙绝当世。举以自代,实允公议。"宋代官制,官员离某职,可举人自代。

然而小人跳起来了,小人就是赵挺之。

赵挺之上奏疏称:"庭坚轻薄无行,少有其比……操行污秽,罪恶尤大!"同时攻击苏轼:"轼设心不忠不正,辜负圣恩,使轼得志,将无所不为矣。"

赵挺之把德州的恩怨带上了朝廷。他又攻王巩,因为王巩是苏轼的好朋友。若干年后他依附奸相蔡京,猛攻亲家李格非,因为李格非是苏轼生前的追随者……

黄庭坚未能进入翰林院。

"骑马天津看逝水,满船风月忆江湖。"

官场风波险恶。诗人追忆江湖。

不过京师的日子毕竟滋润,黄庭坚因编撰《神宗实录》,受到高太后的嘉奖。儿女绕膝,老母高寿,弟妹们皆已成家。

汴京名流云集,诗词书画的行家既有王公贵族,也有市井庶人。文化精英们,广泛受人爱戴。当时德高望重的司马光上街,要发生交通堵塞,瞻仰温公风采的老百姓甚至不惜爬树上房,折断树枝踩烂瓦,闹出许多民事纠纷。苏东坡的故事则被优伶们编成剧目,演给皇帝看。苏大学士上朝,朝服里边是"道衣",宋哲宗很困惑,屡屡拿眼去瞧他,又闷不作声。青年们崇拜苏东坡,大街小巷流行高高的"子瞻帽"。李公麟作壁画,米元章写壁书,千人围观不算稀奇……

黄庭坚的名气,直追苏东坡。

士大夫传他独具一格的豪放词《水调歌头》：

  瑶草一何碧，春入武陵溪。溪上桃花无数，花上有黄鹂。我欲穿花寻路，直至白云深处，浩气展虹霓。只恐花深里，红雾湿人衣。
  坐玉石，欹玉枕，拂金徽。谪仙何处？无人伴我白螺杯。我为灵芝仙草，不为朱唇丹脸，长啸亦何为？醉舞下山去，明月逐人归。

有些人奔歌舞场，念叨"只恐花深里，红雾湿人衣"。

另一些人则思念丘山，叹赏"醉舞下山去，明月逐人归。"南宋大词人姜白石的名句"淮南皓月冷千山，冥冥归去无人管"，即是翻用庭坚词句的意境。宋代的画工纷纷以此作画。乐工谱曲，歌妓传唱竞争歌喉。

柳永的词，张先的词，二晏的词，苏轼的词，秦观的词，欧阳修的词，王安石的词，周邦彦的词……南北东西传得火热。

诗词中经典篇什太多，流布几千年的时光轻轻松松。

山谷道士泼墨挥毫日废百纸。他的书法理论："欲得妙于笔，当得妙于心。"又称："心不知手，手不知心。"心与手都是千锤百炼，看似各自作主，其实心手通焉。

心也包含了人格，后人称颂黄山谷："人品既高矣，气韵不得不高；气韵既高矣，生动不得不至。所谓神之又神，而能精焉。"山谷道人不得不神。

他挥毫上瘾，有个姓顾的同事体形阔大，嗜睡如猪，炎夏时节上班，经常呼呼大睡。黄庭坚在他的肚子上练书法。这同事改仰睡为据案"伏睡"，黄庭坚又在他背上写字。顾大汉醒来未察觉，穿衣出馆，回家后，"夫人诘其背字，脱衣视之，乃山谷所题诗云：'绿暗红稀出凤城，暮云楼阁古今情。行人莫听宫前水，流尽年光是此声。'乃市廛多用此语以文背，故山谷因以为戏。"

这个小故事，见于《复斋漫录》。黄山谷搞朋友的恶作剧，例子不少。

有一次，苏轼以开玩笑的方式评价他的书法："鲁直近字虽清劲，而笔势有时太瘦，几如树梢挂蛇。"黄庭坚笑了笑，反唇相讥："公之字固不敢轻议,然间觉扁浅,亦甚似石压蛤蟆。"

此后九百余年,人们谈论宋代书法,常提到苏东坡"石压蛤蟆",黄山谷"树梢挂蛇"。

苏东坡字肥,有墨猪之称。却又筋骨强劲,其中的奥妙令人费思量。他自己说:"吾书意造本无法,点画信手烦推求。"苏字向来不易学,而黄字、米字、蔡(襄)字尚有迹可寻。

黄庭坚、秦少游、张耒、晁补之,时称"苏门四学士"。加上李鹰和陈师道,合称"苏门六君子"。张耒有诗形容:"长公(苏轼)波涛万顷海,少公(苏辙)峭拔千寻麓。黄郎萧萧日下鹤,陈子峭峭霜中竹。秦文倩丽若桃李,晁论峥嵘走珠玉。"

黄庭坚风流潇洒如日下之仙鹤,这里有他的神采和外形。清劲瘦削如其书法。倒是秦观像汉初张子房似的,"貌若好女"。

苏门六君子,一半是寒士,他们有空就去苏家,喝好茶,饮好酒,啖肉嘴流油。苏轼收入甚巨,"随手辄尽",花钱比李白还痛快。年复一年门庭若市,再现了当年欧阳修家中的盛况。三品高官兼文坛领袖,引领士风与文风。苏轼说:"仆老矣,使后生犹得见古人之大全者,正赖黄鲁直、秦少游、晁无咎……数人耳。"见古人之大全,就是传承华夏民族的精英文化。

苏东坡是旗手,黄庭坚是大将。

师生之间互敬互重,艺术道路各走各的。没人刻意学苏公。山谷评价东坡:"盖有文章妙一世,而诗句不逮古人处。"

苏轼欣然采纳。

元祐三年苏轼知贡举,主持进士考试,黄庭坚等人为参详官,锁院近五十天,不能归家。包括孙觉、李公麟在内的一大群"高考"官员,每日聚饮,高谈阔论。李公麟画马,苏轼画怪石,黄庭坚画双井村修水长卷。院外的买家持金等候,吵吵嚷嚷互相抬价……苏东坡五十几岁了,举手投足像神仙。且看黄山谷《题东坡字后》这么描述:

"元祐中锁试方礼部,每来见过,案上纸不择精粗,书遍乃已。性喜酒,然不能,四五龠已烂醉,不辞谢而醉卧……少焉苏醒,落笔如风雨,虽谑弄皆有义味,真神仙中人!"

苏轼的《寒食帖》被称为中国三大行书之一，真迹现藏于台湾的故宫博物院。若拍卖，恐怕比黄庭坚的《砥柱铭》又高出许多。

唐宋浩然之文气，尽在诗词书画中。

今日的中国青年，不知唐与宋，枉称读书人。

元祐三年又有一桩文坛盛事，驸马都尉王诜在他的豪华宅子西园举行雅集，苏轼、苏辙、米芾、黄庭坚、秦观、张耒、李之仪、陈碧虚等十六人，或为诗画圣手，或为管弦大师。山谷道人"团巾茧衣，持扇当胸，凝眸熟视。"他正在观摩李公麟画长卷。小桥假山流水，如花美姬穿梭。艳冠京城的王诜侍妾啭春莺，苏东坡为她填词，黄山谷为她作画……

黄庭坚谒师门，献上修水的双井茶，却引发了东坡先生几缕惆怅。一个名叫王胜之的"甚丽"女子，歌喉婉转，舞姿曼妙，盘桓记忆中，挥之不去。苏轼曾送她双井茶、谷帘泉，为她填了四首词。山谷问起胜之，东坡感慨系之。

鲁直、少游相约上门时，苏轼泡龙团茶款待。这龙团茶可是太皇太后的御赐佳品。另有御赐点心、黄封酒，弟子们随便吃。黄庭坚还带着夫人去品尝。谢夫人与王夫人（王闰之）一见如故，拉家常手拉手。谢夫人复与王朝云谈佛经论书法，朝云颇惊异，睁大了一双美丽的眼睛。其时，朝云二十五六岁。

苏家位于开封城西，皇宫的附近，环境美如天上的宫阙。黄庭坚屡屡去造访，道路很熟了，远望苏门而生诗情，欣然作《雨过至城西苏家》：

"飘然一雨洒青春，九陌净无车马尘。渐散紫烟笼帝阙，稍回晴日丽天津。花飞衣袖红香湿，柳拂雕鞍绿色匀。管领风光唯痛饮，都城谁是得闲人。"

庭坚痛饮后，喜作草书。

苏轼《题山谷草书尔雅后》云："鲁直以真实心出游戏法，以平等观作欹侧字，以磊落人录细碎书，亦三反也。"

这段文字，显示了东坡艺术论的辩证思维。也表明黄庭坚的个体张力大，能生活在别处。

居汴京数年，是黄庭坚一生中最为舒适的时光。

可惜好景总不长。

元祐八年,高太后崩,宋哲宗亲政。这个十七岁的皇帝有相当严重的心理疾病。章惇、蔡京、赵挺之、吕惠卿等熙丰大臣重新得势,拼命打压元祐官员。朝廷党争,如火如荼。苏轼六十岁被贬到惠州去,"陆走炎荒四千里"。苏辙贬雷州。秦观贬横州、雷州,几年后先苏轼而亡。陈师道固穷于京师,坚决不穿诬陷师友的赵挺之送来的裘皮衣,竟然冻病而亡,年仅四十九岁。李常、孙觉相继病逝。

皇权的运行总是这样。大动荡,伴随着腥风血雨。

绍圣元年(1094),皇帝下谪命,黄庭坚责授涪州别驾,黔州安置。

"山谷初谪,人以死吊,山谷笑曰:'四海皆昆弟,凡有日月星宿处,无不可寄此一梦者。'"

黄庭坚《书苹县厅壁》追忆此行路线:"初,元明(庭坚之兄)自陈留出尉氏,许昌,渡汉沔,略江陵,上夔峡,过一百八盘,四十八渡,送余安置于摩围山下。"

这份兄弟情,令人联想苏轼与苏辙。苏轼叹曰:"嗟余寡兄弟,四海一子由。"

黄大临在黔州(今彭水县,属重庆)住了几个月才离开。"淹留数月不肯别,士大夫共慰勉之,乃肯行,掩泪握手,为万里无相见期之别。"读山谷此语,真令人伤感。

大师万里去投荒,大情绪绕方寸间。

二弟黄知命,携兄之家眷来到黔州。一家子团聚,节衣缩食而能欣悦。贬官俸禄太少,山谷买田耕种以补家用。他写信给秦观说:"直是黔中一老农耳……先达有言'老去自怜心尚在'者,若黄庭坚则枯木寒灰,心亦不在矣。"

当年苏东坡在黄州开荒。此间黄山谷在黔中种地。

皇帝放逐大师,大师谈笑自若。

眉州丹棱县人杨皓,字明叔,在黔州做小官。庭坚和他非常投缘,赞曰:"吾友杨明叔,知经术,能诗,善属文,为吏干公家如己事,持身洁清,不以夏畦之面事上官,不以得上官之面而陵其下(《题魏郑公砥柱铭后》)。"

黄庭坚的书法长卷《砥柱铭》,就是送给眉山人杨明叔的。今日售出了天价,山谷先生泉下若有知,定会捋须一笑。

五十多岁的美髯公,逗留巴蜀近六年。自号涪翁。元符元年(1098)迁戎州,一住两年多。和当地人相处融洽,写字赠人无数。巴蜀人本不善书,大书法家寥寥无几,黄庭坚先生一路走来,广传书法艺术。又办学,启蒙青少年。"山谷与后生讲学,孜孜不倦,两川人士,争从之游。经公指授,下笔皆有可观。"

同一时期,苏东坡在海南儋州桄榔庵讲学,传播中原文明……

黄庭坚说:"济济而及吾门者,无不接。"孔圣人开杏坛讲学有教无类,黄庭坚于贬所传经身体力行。戎州的山谷学堂,谁都能来。穷人家的孩子免交学费。

黄庭坚远走眉州的青神县,探视一位姑母,逗留五个多月。骑驴闲逛眉山城,拜谒城西的苏东坡老家。青神县是苏轼的先后两位夫人王弗、王闰之的故乡。

黄庭坚有个大心愿:将杜甫在四川写的全部诗篇书写下来,刻石传世,"使大雅之音久湮没而复盈三巴耳"。丹棱奇士杨翁帮了他的大忙,"丹陵杨素翁拿扁舟,蹴犍为,略陵云(指今之乐山),下郁鄢,访余于戎州,闻之欣然,请攻坚石,摹善工,约以丹陵之麦三食新而毕,作堂以宇之。"

黄庭坚将此堂命名为"大雅堂"。

今日眉山市丹棱县,斥巨资重建了大雅堂,永远纪念文化大师黄庭坚。

宋哲宗二十四岁被酒色掏空了身子,一病归西。宋徽宗上台,政坛风云又变。苏、黄复起于各自的贬谪地。

元符三年黄庭坚知舒州(今安徽安庆市),舟行荆楚大地,饱览山水风光。不料第二年,蔡京、赵挺之蹿居高位,大肆整人害人。蔡京等人谋立"元祐奸党碑",列元祐、元符党人共三百零九人,宋徽宗及蔡京亲自书写,刻碑颁行全国。司马光、苏轼、范镇、黄庭坚、李格非等皆在"奸党碑"上。其时,东坡道人已仙逝,而山谷道人垂暮伤心。他闻东坡死讯而举哀,又罪加一等……

黄庭坚携十六口贬向宜州(今属广西),从荆楚到广西,阅十余州县,沿途写诗、留书法。

"我虽贫至骨,犹胜杜陵老。"

杜甫暮年流落洞庭湖比他还穷,吃病牛肉中毒而亡。

山谷先生名篇《武昌松风阁》:

"依山筑阁见平川,夜阑箕斗插屋椽,我来名之意适然。老松魁梧数百年,斧斤所赦今参天……"

老松魁梧黄庭坚,屹立华夏一万年。

公元1105年9月30日,黄庭坚卒于宜州,享年61岁。可能死于心脏病突发。

让我们再来吟诵几句他的名词《念奴娇》:"断虹霁雨,净秋空,山染修眉新绿。桂影扶疏,谁便道、今夕清辉不足?万里青天,姮娥何处?……共倒金荷,家万里、难得尊前相属。老子平生,江南江北,最爱临风曲!孙郎微笑,坐来声喷霜竹。"

晏几道
（北宋 1030—1106）

晏　殊
（北宋 991—1055）

晏几道几十年扎脂粉堆，扎得认真而投入。此与男人们信奉的主流价值相背。他可不管，脂粉就是主流。她们的生存姿态呈现着价值，犹如一朵朵鲜花吐露颜色与芬芳。晏几道痴迷女性，顺理成章地蔑视男权。这精神轨迹几乎与曹雪芹完全吻合。男尊女卑的大背景下，重女轻男的价值怎么说都不过分。一部《小山词》，立言立德。

晏殊自幼饱读诗书，有士大夫的情怀，写曲子辞下笔简约，婉转有韵致，如同宋代的那些美饰、美器。不用说，他对情绪的表达有着严格的筛选。他手拿一把裁剪情绪的剪刀。情绪落到纸上，要符合他的高贵身份和显赫名望。晏丞相今日有好词，明天满城知……

1

晏几道字叔原，是北宋享有盛名的人物，是官二代，富二代，更是文二代。《宋词三百首笺注》选他的词，超过苏东坡和柳永。一本三百页的《唐宋名家词选》，晏几道占了三十一首。这两个名家选本畅行半个多世纪，其权威性自不待言。

晏几道的父亲晏殊，做过宰相兼军事首脑。他的姐夫富弼也是名相、三朝重臣。家庭显赫几十年，离贵族只一步之遥。

简单说一下晏殊。

晏殊字元献，生于991年的太宗朝。他是江西临川神童，据欧阳修《晏公神道碑铭》："公生七岁，知学问，为文章，乡里号为神童。"晏殊十四岁就名列进士榜，后来在京城有了黄金屋和颜如玉，官运亨通，日子相当滋润。他有八个儿子，晏几道是"暮子"，生于超级富贵窝，长于众多妇人手。钟鸣鼎食之家，每日开饭像开宴似的。"晏元献喜宾客，未尝一日不宴饮。"范仲淹，欧阳修，包拯，寇准，韩琦，宋祁，张先……一连串的北宋人物都是他家的座上客。

晏殊的《浣溪沙》，至今广流传。"一曲新词酒一杯，去年天气旧亭台，夕阳西下几时回。无可奈何花落去，似曾相识燕归来，小园香径独徘徊。"句子简约而意绪幽深。官妓们爱唱，士大夫爱听。

另如《木兰花》："池塘水绿风微暖，记得玉真初见面。重头歌韵响琤琮,入破舞腰红乱旋。　玉钩帘下香阶畔,醉后不知斜日晚。当时共我赏花人,点检如今无一半。"入破,指乐曲之繁声。红裙玉人跳舞,由舒缓而急切,盈盈紧束的纤腰仿佛随风乱旋。

晏殊从朝廷归家后,这类场景是常态。侍妾歌女包围他,呈现着皇帝后宫的微缩景观。"琼脸丽人青步障,风牵一袖低相向。"这画面多么唯美。诗意植入了欲望,丽人总是能够婀娜而来。能够是说:欲望者有能力成为欣赏者。而欲望独断专行,欲望将会从它自身脱落。沉溺酒色,色调单一。

欣赏者的收获远比单纯的欲望者多。后者唯知直奔主题,失掉审美间距。一切单纯的欲望者均可作如是观。

而士大夫不同。

唐宋官员享艳福,风俗绵延六百年。

上班有官妓,下班有私妓。私妓也称侍人、侍儿,通常要签约,几年后可以离开;她不想走另作别论。官妓不能与官员"有私",唱歌跳舞侑酒踏青,怎么都行,但不得"私侍枕席"。官员放纵胡闹,有落官的危险,例如王安石就查办过两个与官妓有染的太守。

这个情色大格局,对艺术的生成是有利的。

宋代流行"享国"一词,官员享受国家。真宗朝,全国三百多个州,约一千五百个县,官员仅万余人。到仁宗期,人口近一亿,官员膨胀到两三万,范仲淹等人就惊呼冗官误国……

宋代官俸高,宰相月俸约一百贯,另有可观的职分田。唐朝的官俸更高。

真宗、仁宗二朝,连同英宗朝,加起来近七十年,国家"粗至太平"(王安石语)。

城市发达,汴京超过了唐都长安,人口一百多万,街道非常宽,最宽的朱雀大街142米,全球之最。坊市相杂,不像唐朝把坊与市隔开,方便了日常生活,提升了贸易、物流。

民间财富多。官场气氛宽松。宋太祖赵匡胤立下家法不杀士大夫,不治言论罪。当代历史学家余英时先生誉之为"盛德"。这种事,连唐朝都没有。西汉著名的"文景之治",庶几相仿佛。

文化精英们纷纷进入权力的核心层,波及社会各阶层。文之化人,登峰造极,旷日持久。

儒释道并行,各色人等活跃,城市与乡村互相映照。道德之醇风俗之厚,维系着百年大局。治安状况良好,官员们长期辗转四方,即便投荒村宿野店,遭遇盗贼也极少。以苏轼为例,一生足迹半天下,走了几十万里,很多时候是举家迁移,箱子柜子盒子一大堆,却是走得放心,玩儿得舒心,步步打量祖国的山河大地,细腻感受着不同地域的春夏秋冬、风土人情。

然而朝廷急于敛财,皇帝老想打大仗(宋神宗打西夏,宋徽宗打北辽),终于做了北宋王朝的掘墓人。北宋亡于1126年。可惜了!皇帝盲动,国家民族灾难深重。宋以后的元、明、清,中国人标榜于世界的精气神趋于委顿。

宋朝人的幸福时光,大约是在赵氏兄弟平定天下后的百余年间。晏殊父子恰逢其时。而父子命运殊异,令后世嗟叹不已。

晏殊居于汴京御街的甲第,年复一年地峨冠博带,可是官帽之下,面孔生动,表情丰富,喜怒哀乐能形于色。官场固然有倾轧,但政治生态总的说来是好的。他一个抚州小城的布衣小孩儿,只因天资好加上寒窗奋斗、仕途努力,就能位极人臣。朝廷像他这样由庶族登士族的官员数不胜数。

宋朝向民间开放的官吏体系,比之唐朝又进了一步。苏轼称自己原属"岷峨冷族",苏家祖祖辈辈居于川西的眉山小城,他因出川登科而赢得了巨大的历史舞台。

苏轼的父亲和弟弟,也列入"唐宋八大家"……

晏元献活跃于真宗朝。

他多年生活在才色兼具的青春女性之间,每一个毛孔都会发生变化。唐宋艺术高度发达,与此紧密相关。西方的现代艺术家也是望尘莫及。毕加索、达利、海明威、昆德拉有那么多情人,还是比不上晏殊、欧阳修、张子野、白居易。

苏轼五十多岁有诗句:"历数三朝轩冕客,谁是声色独完人?"满朝高官,为政之余声色犬马,苏东坡自云相对例外。为什么?只因东坡先生的生命喷射多且强(诸如仁政、语言、学术、工程、建筑、医药、种植、尚意书法、写意绘画、诗意栖居的巨大冲动),乃是"中朝第一人",声色二字缚他不住。如果声色缚住了苏东坡,苏东坡就变成其他人了:生命冲动将大打折扣。拥有王朝云这样的情烈貌好能歌善舞的佳丽,东坡先生足矣。朝云小他二十七岁,乃是钱塘的花中之花。

晏殊词的特点是精致、蕴藉,犹如宋代的那些瓷器、玉器、漆器。我们来看他的《踏莎行》:

"小径红稀,芳郊绿遍,高台树色荫荫见。春风不解禁扬花,蒙蒙乱扑行人面。翠叶藏莺,珠帘隔燕,炉香静逐游丝转。一场愁梦酒醒时,斜阳却照深深院。"

再看被称为代表作的《蝶恋花》:"槛菊愁烟兰泣露,罗幕轻寒,燕子双飞去。明月不谙离恨苦,斜光到晓穿朱户。昨夜西风凋碧树,独上高楼,望尽天涯路。欲寄彩笺兼尺素,山长水阔知何处?"

前者伤春,后者悲秋。

这类情绪可谓富贵生活的点缀,唯美、典雅、细腻,有一些淡淡的哀愁,对应着自然之物的荣与枯。五代流行的韦庄、温庭筠等人的花间词,以及南唐的李璟、冯延巳,写伤情离绪很出色,但并不伤筋动骨。李煜伤筋动骨,摧肝裂肺,所以他成词帝。

晏殊混迹于姬妾队伍,各类情状也多。心爱的歌女舞娘会离去。平日里她们也会斗艳争宠,彼此柳眉倒竖,甚或粉拳挥舞。晏殊的夫人王氏可不是"吃素"的,她曾经一忍再忍,终于大吵大闹,京城传为趣谈。她为晏丞相生下了八个儿子,功劳载于晏氏族谱。晏门八兄弟,似乎没有一个是庶出。"暮子"晏几道出生时,晏殊约四十出头。

相门暮子并不以此炫耀于人。晏几道留给人的印象接近曹植、曹雪芹、纳兰容若。所不同者,是他寿命长。

晏殊自幼饱读诗书,修身养性,有一套价值体系,有士大夫的情怀,所以写曲子辞下笔简约,婉转有韵致。不用说,他对情绪的表达有比较严格的筛选。情绪落到纸上,要符合他的高贵身份和显赫名望。今日有好词,明天满城知。

词为"诗余",紧扣个体遭遇,侧重日常情状,不大对应波澜壮阔的生存姿态。后者是经由苏东坡才光大起来。

晏殊与柳永同时,奔艳劲头一般高,影响面又有交叉。柳永不避俚语村言,他的词不单市井争传,士大夫也偷偷喜欢。皇宫里排练《雨霖铃·寒蝉凄切》《八声甘州·对潇潇暮雨洒江天》……晏殊不高兴:一个落魄的流浪词人居然挑战他的文坛地位。

话说有一天,柳三变来找他了。

相门深似海,柳七能进来,可能是因为出自草根阶层的宰相大人礼贤下士,也可能是晏殊逮一难得的机会要奚落柳七一番。两个地位悬殊而词名相近的男人,穿美宅,过美园,阅诸艳。晏殊迈方步,哼哼哈哈。柳七微趋奔,言语谨慎。趋是指躬身小步快走,小人物见大人物,百官朝见皇上,"趋"是被礼教固定下来的身体符号。柳永落拓不羁,几十年浪迹江湖,自由散漫惯了。不过,他想仕进,不趋可不行。

晏殊问:"贤俊作曲子词否?"

柳永小心翼翼套近乎:"只如相公,亦作曲子词。"

晏殊捋美髯笑道:"本相虽作曲子,却不曾道:'闲拈针线伴伊坐。'"

"柳遂退。"

这是宋词的经典故事。

宋仁宗在黄金榜上划掉青年柳永的名字,晏丞相奚落中年柳永,这福建男子汉只得"重出江湖",连年孤帆远走,落得晚景凄凉、无子嗣、死道路,妓女们凑钱安葬他,年年相约到他墓地举行凄美的"吊柳会"……

晏殊身为丞相,欲以政治地位垄断艺术标准,相府形成的文学沙龙、艺术圈,高雅婉约畅行,俚语村话靠边站。他说柳七不行,柳七似乎就不行。他身后还有个皇帝,君臣意见一致。皇宫小范围演唱柳七词,宫外又不知道。犹如嫔妃们争看宫廷画家画的春宫图,市井女人们哪里晓得? 皇宫里怎么都行,而民间要搞道德布控……晏殊的选集叫《珠玉词》,印刷发行各地,书肆有售,书斋收藏,士子索阅,闺秀激赏。晏殊词当时多达七八千首,据说找不到几句村话。俨然珠玉堆成的一座玉山,没有几粒泥丸,当然也少了泥土的芬芳、大地的广袤。士大夫也认同这个。范仲淹、欧阳修、寇准、二宋一张填词,情绪多剪裁,防着孟浪语。

而柳永高呼:"风流事,平生畅!"

这类张狂话，士大夫是很难说出口的，虽然心里也会念叨。黄金榜上无名，柳三变一溜烟去了红楼绮陌，回到歌姬舞妓们中间，"忍把浮名，换了浅斟低唱。"

柳永对各类情态是不用剪刀的，张子野后来也张狂，走到了情色语的边缘。秦观、黄庭坚、周邦彦等人更是不管不顾……

晏殊一生，手持大剪刀。

他风流，但诉诸笔端的东西要含蓄，要贵气，要符合上流社会的审美情趣，换言之：要适当端着，绷着。

《宋史》说：晏殊"闲雅有情思。"

晏殊清瘦修长，五官布局好，是个像韩琦那样的美男子。政声不错。史称"富贵宰相"，"太平宰相"，浑身散发着富贵气，像南唐的才子宰相冯延巳。冯词清新，晏词也有一些类似的作品。比如他到江南写下了一组《渔家傲》，其中一首：

"越女采莲江北岸，轻桡短棹随风便，人貌与花相斗艳。流水慢，时时照影红妆面。莲叶层层张绿伞，莲房个个金垂盏。一把藕丝牵不断。红日晚，回头欲去心缭乱。"

藕丝者，情丝也，越牵它越多，越理它越乱。欲去情丝心缭乱，晏相公可怎么办？好办，越女杭女苏女，翩然入那深深院……《珠玉集》飞珠溅玉，今存仅一百三十多首。

北宋前期，晏元献引领一代词风，是词坛的主流，士子们仿效的对象。艺术无进化，却要变化。晏殊拿剪刀剪裁情绪，妨碍了情绪的多样性。唐诗蓬蓬勃勃，盖因表达无禁区，连李贺那样的乡野鬼才也受到文坛领袖韩愈的高度关注。宋人生活丰富，日常意绪多多，曲子词蕴涵的力量强，不可能一味的优雅贵气。它会突破自身，朝着更为野性的表达。

2

晏几道的一部《小山词》，几乎专写男女情，释放着礼教背景下的男欢女爱的大能量。中国历史几千年，纯粹的爱情诗人是凤毛麟角。小晏价值在此。陶渊明写了一篇情火苗乱窜的《闲情赋》，受到《文选》

编者萧统的诟病,苏轼为此甚恼,骂萧统无知小儿。

宋词九百家,多见情、色语,对礼教是个集团冲击。

礼教对封建统治是有利的,于人性的壮大不利。所谓民族的劣根性,礼教是元凶。而情爱处于人性中之核心区域,情爱本体,自己成为自己的根据,是为自由。孔夫子不懂这个。他的一套纲常秩序,是建立在鲁国的乱臣贼子的基础之上的。汉武帝手下的董仲舒又疯狂地加以利用。须知先秦时代百家争鸣,哪容孔子独大。很可能,孔子本人也不愿意独大。刘彻"罢黜百家,独尊儒术",非常的糟糕。思想乃是在碰撞中、在争辩中方能显现为思想。思想以思考的无穷对象为根据,犹如物理学以无限的物理现象为根据。学以致用霸占思考,必定导致思之力的萎缩!西方人没有这个致用传统,反而既能思又能用。李泽厚老先生奉为圭臬的"实用理性"显然成问题。现实乃是动态的现实,现实会产生位移,恰如海氏名言"世界世界着"。一味去盯现实,会盯到自己的眼皮子底下。而由于实用理性注定要丢失长运,又会导致眼皮子底下的盲区。

李清照曹雪芹鲁迅何以伟大?因为他们反礼教。

而人性的千年压抑,预设了它的大面积放纵。

十一世纪三十年代初,晏几道生于汴京。前面的七个哥哥大概都不出色,相门子吃喝玩乐,肉身拖着精气下沉。叔原却爱书卷,后来搬家老搬书,惹得老婆怨声载道。据黄庭坚的描述,叔原七十多岁"有孺子之色",可见他气色真好,童真到老。"通六艺"(礼、乐、御、射、数等),而不是通五经,和父亲的早年奋斗有明显差异。他能以门荫入仕,不必十年寒窗。读的书都是爱读的,兴趣牵引,倒是能够深入下去。"玩思百家,持论甚高"(黄山谷语)。一个玩字,超越了学以致用的传统。玩思,是穷尽对象,不管实用。玩思百家,而不是玩思儒家。

晏几道是胸有丘壑的人,童年少年青年,远未形成强烈的仕宦冲动。而这种冲动,士大夫皆然。这一点是决定性的。晏叔原关心什么呢?他究竟在乎哪些事?

家里每天有歌舞。丽人们连年穿梭。

大小园子好几个,建筑风格不同,楼台亭榭兼具南北方的特点,这边是移步换景曲径通幽,那边有空旷的、极目畅怀之地。前后对应心曲,后者培养旷达。也有古朴苍凉处,保持着原始的野性风貌。百鸟乱飞狐兔奔走。晏府原是赐第,有一座老房子七十年不住人,风吹犹如鬼叫。高槐古楠指向九霄……

宋代的私家园林甚多,一般都在百亩以上。高官巨公的园子多阔大,数百亩不稀罕。大宅大园子,小宅小园子。例外者亦多,范仲淹倡导节俭,司马光响应,洛阳只有五亩独乐园。包公朴素。范镇散财。王安石当宰相,连京城的豪宅都不要,有人变着法子送他,他干脆撤了这人的职。苏氏兄弟显赫十年,京师无名园……

晏府的规模当在中等偏上。晏丞相后来葬礼从简,墓被盗时,仅有"瓦器数十",或许表明他富贵而不奢侈。

晏几道在府中学骑射,这是六艺中的两门用途广泛的功课。射,包括弹弓。他也去大校场向将军们学,弯弓射雕,飞马扬尘。锦袍玉马雕弓,清亮眸子炯然。父亲帐下的老将说,叔原公子很有几分彪悍气。晏几道学骑射多年,练就了一身硬功夫,体魄相当强健。后来一生受用。不过,人们读他的情词,通常忽略这一点,以为他只知温柔,缺少男子汉的豪气。

晏几道不独身子硬,性格也硬。真正的汉子常能柔情似水。戏台上所表现的书生才子,形象有偏差,才子就像佳人,不见硬邦邦的汉子相。而汉晋唐宋的才子,汉子秉性多也。问题可能出在清代的社会风尚。戏台上的"回望"扭曲了唐宋人物。

一般说来,高才博学者,依附性人格会相对少些。

晏叔原学丝竹,自有玉人手把手的教。花前月下小桥边。

父亲的书房他常去,一待大半天。"腹有诗书气自华。"家里总是高朋满座高论滔滔,他聆听,思索……宾客们各式各样,包龙图那么黑,韩琦那么伟岸漂亮,欧阳修"唇不包齿",范仲淹举步轩昂,王安石扪虱而谈,宋祁有点鬼头鬼脑。

七个哥哥,看来对晏几道影响不大。可能因为他天资太好,又受到许多一流人物的连年熏陶。

听词听不够,词好人美曲悠扬,染得周遭景色沁入骨。打小就是这样。梦中倩影动,她们是他梦里梦外的常客,蜂腰婀娜,笑靥羞花。

汉子气,书卷气,脂粉气,分袭晏几道。

情色启蒙早,少年有春心。

晏几道和一个名叫唐琪的婢女好上了,觉得她传杯送盏、插花攀柳、叠被铺床的模样特别俏。她能敲小鼓,唱山西的小调,红唇与玉掌齐翻,侧了脑袋瞧人。府中上上下下都喜欢她,叫她琪琪、琪儿。她原是东京一户官家的女儿,父亲早逝,九岁便进了晏府,由于识些字,手脚灵动,在王夫人的房中听使唤,几年下来颇受赏识。

这一天王夫人外出,琪琪闲着,独自唱着歌,朝那座没人住的老房子走,踏着秋风落叶,头上缀了几朵菊花。晏几道在后园钓肥鱼,练射箭;初挽强弓,瞄准了高槐上的一只大怪鸟。他弯弓时她远远看见了他,不觉停在了甬道上,有些发呆。锦袍公子的矫健身姿印在了她的心上,于是赶紧移步岔开,躲避自己突如其来的脸热心跳。她走入林子深处,踩黄叶,倚银杏,嚼菊花,"夕餐秋菊之落英",瞅那圆圆的夕阳缓缓西下。

却还是情呆,脸热。唉,她与晏公子见过多少次了,曾经为他敲过山西小鼓呢,一面敲,一面侧了头望别处,只不瞧他。

不敢瞧他……

然而少年男女偏偏路窄,她低眉想心事,他举头寻大鸟,各自凝了神儿在林中小道,面对面的遭遇了,鼻子和嘴唇几乎碰上。于是双双弹开,彼此一瞥之下,脸都红了。

秋空如洗。枫叶失丹。

晏几道讪讪的搭话,早就想单独和琪琪说话了。她的绿衣衫红鞋儿粉荷包,她那敲小鼓的灵动指头,她羞得转身想逃走的慌张模样:色之能量犹如高压电,击他愣在当场。

说话喉头堵,发音结结巴巴。

她呢,她是越发的抬不起头,像犯了什么过错。

羞涩情状南北同,脖子要弯曲,双肩要微颤。媚饧眼儿向下,向下,仿佛专爱看蚂蚁搬家……

夕阳落在地平线上。金黄色的光箭穿枝映树。

此情此景,百年难忘。

二人梦游般走动起来了,鹿皮靴与绣花鞋,双双欲近近不得。寻一偏僻空地,升火烤炙秋日里的肥鱼大鸟,撕了吃,吃笑了。秀色野味一并吃下去,嗬,滋味难以形容。少年公子面如美玉。

晏几道说:唐琪,敢去那所闹鬼的房子吗?

琪琪回答:敢。

只要能延续妙不可言的时光,他们哪儿都敢去。

进屋子光线昏暗了,圆形的破窗洞,秋风呜呜吹。高高的梁上据说吊死过女人的,这赐第,三十多年前属于一个宦官。宦官变态,以折磨女人为乐……

登阁楼,楼梯呷呀作响。他牵了她的手指头往上走,掌心犹豫着,不能贴,不能贴……积尘扬起来,足音如小鼓。

阁楼中,妆台几案犹在,绣床古琴生尘埃。撑开那雕窗,眺望偌大的晏府,池塘残荷,园圃新菊,几缕炊烟在重门大院那边。一个青衣丫头急匆匆走在风中呢,她左瞧右看,呼喊着叔原公子。

唐琪说:偎翠寻公子回去呢。

偎翠是晏几道的侍婢,洛阳人。

晏几道说:我们已经吃过了,不管她。

青衣丫头偎翠,距老房子尚有百尺之遥,停下了,朝这边粗看一眼,侧过了脸去,怯怯的情状。鬼屋是被几十年来的各种传说包围着的,周遭暮色正逼近哩,风如叫,古槐树光秃秃的枝干恰似巨形鬼爪。青衣侍婢转身就跑……

晏几道笑道:她这一跑,身后反而鬼多。

唐琪十指相扣,裙裾瑟瑟的问:公子不怕么?

晏几道说:我来过的,以前也怕。你害怕?

唐琪点头道:心里敲着鼓呢。

晏几道问:回去吗?

唐琪姑娘望他,欲应未应的样子。

下楼梯的时候,掌心与掌心近了少许……

事过五十年,晏几道仍居这赐第,向常来府中做客的黄庭坚说起唐琪,回首那些当时并不清晰的、雾状的细节,娓娓道来,难掩欣悦之色,继而唔叹不已,"殷勤理旧狂。"

那一年的秋冬,连同次年的三春,二人在树后、房后、墙角、假山洞中、拱桥之下……尝到了几种有着微妙区别的幽会滋味。而幽会一词,是慢慢形成概念的,是在后来反复回望的岁月中凝固成可以概括的情境。当时唯有感觉层面的东西,都是些"零钱",没有"大票"。而在晏几道漫长的一生中,两情屡相悦,几回回的零钱汇集成了面值醒目的大票。

晏府中的热闹时光,他和唐琪姑娘悄然情睇。"纷然众人中,顾我好颜色。"晏几道的五哥、二哥,似乎对日渐出落得水灵的琪琪颇感兴趣,老去听她敲那晋西小鼓。王夫人也留意到她"日新月异"的情态了,夫人可是这方面的行家里手,善于观察貌好小女子的各种新动向。她的侍婢琪儿,为何频频无端唱歌? 走路的姿势也在变,腿骨长,腰肢细,衣衫翘,语音起伏含了妖娆。夫人想:莫非老色鬼把手伸到我的房里来了? 不过,调查表明,晏丞相毫无染指琪儿之嫌。

晏殊年纪大了,政务又多,回府妻妾成群,赏心也闹心,哪有这闲工夫? 但王夫人究竟对琪儿留了一份心。丫头偎翠,不知为何也睁大了眼睛。

晏几道什么也不知道。

只知"两两鸳鸯小",冬去春来情更好。他亲昵地称她小蕊,她还是叫他叔原公子。

暝色入高楼,两情楼上稠。掌心终于相贴,分开很艰难。

初吻,销魂。脸儿唇儿是如何靠近了,事后怎么也想不起来。刚才还说着话呢,却随着老房子小阁楼附近的一阵熏风,忽然就气息相接了,柔软相挨相擦了。吓一跳,俄顷又试……黄昏唇香初溢,入夜还在互相"吃嘴唇":把满天明亮的星星都给吻出来了。他吻她的芳名,吻她敲晋西小鼓的动作,吻她艳阳下的面影、睡梦中的背影、池塘里的倒影……她也是,吻他的体贴、矫健、滔滔不绝、含情脉脉、闲步雪园的神态、奔向秋风的样子、弯弓射鸟的姿势……

男女"吻生存",哪里有个完。消耗记忆的同时也制造记忆。

恋爱的好时光,一切都变了。

请看"恋爱核聚变":

偎翠疑惑地望着琪姐儿在园子里奔跑,金钗飞,乌发抛;

王夫人吃惊地注视着她的侍婢,扫地铺床像跳舞,没事就摆弄那小鼓,的隆咚,的隆咚。而青砖高墙外响起了拨浪鼓,咚咚,咚咚,咚咚咚咚。王夫人走出院门去瞧,看见一个身影兔子似的蹿进了树丛,气球(足球)似的蹦远了。

拨浪鼓,晋西鼓,是少年晏几道与唐琪姑娘的接头暗号。后来又改吹叶子,吹笛子,又学斑鸠叫:咕嘟咕,咕嘟咕。

王夫人一旦外出,家里便是情人节。

闹鬼的房子没人去,正好闹恋爱,三月阳春时节,"红杏枝头春意闹"。晏几道表演六艺,骑马拾刀币,弹弓射游鱼,滑稽模仿孔圣人,正襟危坐吃东西。老房子离他们住的地方足有一里路,尽情撒欢,放肆妖娆。

情磁场吸来了倭翠姑娘。

这洛阳女儿暗暗崇拜着叔原公子,做梦与唐琪厮打。她盯上了唐琪的梢,竟然不惧闹鬼的老房子,穿花掠树"情小跑"。她终于逮住秘密了,她大晕:锦袍公子与春衫侍婢抱着亲嘴哩。脑子里"轰"了一下,她捂住眼睛往回跑……

夫人动怒,唐琪走人。

可怜的燃情女孩儿,炎炎夏日一头栽进了冰窟。晏几道狂奔走,请哥哥说情,无果;又跪请老父亲出面,否则他就跪通宵。晏丞相硬着头皮去劝夫人,倒碰了一鼻子灰。他对幼子说:你母亲正等着我呢,好一顿数落。

唐琪家在汴梁马行街的施仁坊,晏几道翻墙驾车去找她,扑了一回空,回家给看起来了,锁院五十天。夏末,受制于生母的唐琪嫁人了,嫁给一个茶商。她托人捎信给晏几道,呈一幅绣有"小蕊"字样的锦帕,帕上依稀有泪痕。

此后很长的一段时间,晏几道徘徊老房子,登阁楼,倚阑干,听秋雨,沐冬阳,搓着拨浪鼓,吹那榆树的叶子。人去情更满,殷勤辨旧踪。倭翠姑娘小心翼翼来寻他,看见他披红氅立于大雪中,面如玉雕。

少年心事无穷,迎着西风东风……

小令《浣溪沙》:楼上灯深欲闭门,梦云归去不留痕。几年芳草忆王孙。　向日阑干依旧绿,试将前事倚黄昏。记曾来处易销魂。

晏几道的这一柱恋爱经历,也许预设了他的情感模式。情细胞生长缓慢,一个个玲珑剔透。欲望一经亮相,便被诗意层层包裹。

3

大约从十来岁起,晏几道断断续续地随父宦游,先后去过颍州、陈州、许州(今河南许昌)、杭州、扬州等地。青年时代也在长安待过两三年。中年到许州的一个小镇去做镇监。他本人一生只做过三四次小官,故行迹难考。词作编年也难。一些大事还算清晰。

晏几道不想做官,也无须做官。父亲四十好几岁他才蹒跚学步,格外受到疼爱,幼子直如乖孙。他长得清秀,一辈子细皮嫩肉。小他几岁的好朋友黄庭坚也是江西神童,也是貌如好女,外秀而内倔。另一好友郑侠,更是史册留名的钢铁汉子。

物以类聚。叔原择友严。

不想见的人他一概不见,酷似贾宝玉厌恶贾雨村之流。晏几道宣称:"古来多被虚名误,宁负虚名身不负。"这话听上去像贾宝玉讲的。生存围绕着身心,不为虚名拼搏。晏几道有这条件。而寒士必须奋斗。北宋士大夫,寒窗苦读、冷族奋斗的例子太多。

女孩子都是好的,晏几道写她们,词句千万,无一字贬损。

这现象耐人寻味。曹雪芹写大观园里的群芳诸艳,极尽赞美与哀怜。

孔子轻视女人,艺术家赞美女性。

情爱本体与艺术本体,在孔孟儒教的视界之外。孔孟运思之所向,将此二点处理成盲区。

从根本上说,艺术家追踪人性轨迹、追问并描绘天地万物,乃是突破君威皇权的超强掌控。从屈原、司马迁到曹雪芹、吴敬梓,两千多年,价值观传承很明确,很清晰。

李白杜甫传佳作,没有一首赞皇权。马屁诗偶尔也有,传不开的。宋人更厉害,士大夫气场大,倒是屡批皇帝,驳回圣旨,秦汉以来罕见。要让"千年英雄"、百代文宗苏东坡,屁颠屁颠去赞美仁宗神宗哲宗徽宗,那是不可想象的。除非苏东坡脑子出问题,忘却艺术为何物。古代,文学史和优伶史不可同日而语。东汉写过肉麻辞赋的扬雄也抱怨:

"深悔类倡。"倡指倡优,逗权贵乐的。优伶媚众邀宠,变尽招数讨好卖乖,是由他们的生存情态所决定的。此与重艺德重人品的表演艺术家南辕北辙。

演员若是一味跟风挣钱,几张明星脸加几个忽悠人的流行元素,凑成什么娱乐大片,劣优面目会重现,娱乐圈儿内的龌龊不可免。而古代良优,尚不乏有德者、自重羽毛者。

脂粉堆是晏几道的快活林。快活二字,宋人常用。快活倒不是说,一味去寻快活。单一的感官刺激,快活断断不能持久。快活会收缩,变成瘾头,而瘾头乃是摧毁生命丰富性的瘾头。比如痴迷网络游戏、打牌打到死。后者蜀中尤甚,很有一些人二十年来奔牌桌,奔瘾头:彼此碰上了,三分钟之内就要进入刺激状态,其他免谈。亲情友情靠边站。情趣多样是扯淡。读书修炼,直如外星奇谈。打(牌)不起来就打呵欠……精神瘟疫在他们中间流行,摸牌出牌两个动作,重复千万次,炼就铁瘾头,规定了身心,封存了潜能(潜能:精神能量之累积)。潜能永不释放,他还自夸休闲。对于这些人,生命的丰富性早已是天方夜谭。

而所谓豪宅朱门的"酒池肉林",往往使人麻木消沉。宋代士大夫修身养性,大都能把握灵与肉的分寸,官风又带动了民风,稳定了生活之意蕴层。章惇、蔡京之辈的穷奢极欲,例子少。章、蔡也博览群书,年少有才。到了娱乐皇帝带头胡闹的徽宗朝,太监浪子泼皮"球星",纷纷出将入相,恶欲盛行天下,把赵宋王朝拖向了黑暗深渊。

晏丞相一生填词,对词语兴趣高。欧阳修、张子野亦然。此三人的红粉缘是出了大名的,而词语具有间隔功能,审美的奥妙就藏在其中。活得肉身化,大脑会迷糊,词语会跑掉。眼下随处可见的一张张欲望脸,没情没绪莫精打采倒是常态。古人叫餍足。

唐宋婉约词风靡四百年,支撑着婉约的,乃是士大夫节制欲望的情怀。这一点宜思量。因其节制,反呈清新蕴藉,不欲而欲,生存之喷射点正多。换言之:他什么都要,而绝不仅仅限于物欲层面的那些东西。庄子批判"物于物",正是担心人的异化。犹如马克思呕心沥血写《资本论》,质疑资本的异化;海德格尔追问技术促逼自然的本质,希望用艺术拯救技术;胡塞尔后期花大力气开创"生活世界现象学",以平衡科技世界的贫乏。

而上述种种，都是人类公认的顶级智慧。

区区几个瘾头吸附人众，吞噬丰富性，是欲望的逻辑性结果。这个局面必须打破。希望待以时日，感觉的丰富性、生存的广阔度成为衡量温饱之后的生活质量的首要标准。

顺便举个例子，我们小时候天天跑出去疯玩儿，哪用直奔主题。脑子里根本没这个概念。游戏世界无边无际。逮啥玩啥，燃点低，兴趣广，玩伴多，很安全。每次总能忘情地玩到"黑摸门"，劳累父亲寻母亲喊。街头巷尾的流行语叫"伙起走"、"夜不收"、"耍安逸"。归家认真做完半小时的家庭作业，伸个懒腰，周遭十里般般呈现，浸润亿万个体细胞，然后，舒舒服服入梦，哪怕睡的是谷草板床。早晨蹦蹦跳跳去上学，稚嫩的背上哪有沉重如山的书包。"好好学习，天天向上。"

屈指十几年，没有一秒钟无聊。

那年月，瘾头如章鱼吸盘才是天方夜谭。

皇皇哲学经典《存在与时间》，对瘾头有专论。此书在日本有七个不同的译本。国内哲学界享有盛名的陈嘉映教授说，这本书，"思想极深刻，内容也极丰富，一般有教养的阶层都能读一读才好。"

生活的瘾头化不要愈演愈烈才好。

近日我看到央视国际新闻，德国人为他们的"诗人与哲学家的国度"感到非常的自豪。这令人想到几年来法国、英国、西班牙、意大利、丹麦、捷克、印度、秘鲁……的相关报道。

我们的情形又如何呢？

唐宋诗人下笔，是向世界敞开。

文字的组合方式乃是人类精神的铀矿。文学作品大规模长时期"尖叫"，全球迄无先例。倒是影像制作出现了公然叫嚣欲望、恶抛瘾头之端倪。所谓视觉盛宴，结构性地指向心灵枯竭，导致浅表性生存，快餐式生存，"被生存"。笔者看日、韩、朝优秀电影，看屡获大奖的故事简单细节丰富的伊朗影片，真是感慨啊。

一切严格意义上的艺术品都是朴素而严谨的。

指向心灵与吸引眼球，二者不两立。眼球凸，心萎缩，情飘忽，思无着……眼球老是被吸得鼓鼓的,凸凸转,忽忽闪,也许不消百年,遗传基因变异。

4

晏几道约十六岁,又迎来了一桩情事。

南郊有个玉津园他常去,男孩儿女孩儿一大堆。玉津园的西楼,南苑,他和一个叫疏梅的女孩儿总能玩到一处,斗草扑蝶,弹鸟捉蝉。开始一群人,后来不知不觉玩成了两个人,天也快黑了。那叫喜欢。多一人便是电灯泡。她要跟着他,他要扭头寻她。两个脑袋要靠拢。这位疏梅身份无考,也许是寻常人家的小姑娘,也许是待入籍的小官妓。"恰向柳棉撩乱处,相逢,笑靥旁边心字浓……说著西池满面红。"

可是晏几道忽然被父亲带走了,西楼南苑无踪影。小姑娘憋着,寻他几天后,"哇"地一声当众哭起来,自己都摸不着头脑。时为花开时节,春消息中情消息。

一别经年,少男少女的情火苗都在窜。见不着矣见不着,浑身一点便着。记忆中的面容、场景,样样美好!天蓝水碧花红,连地上爬来爬去的小虫子都显得十分可爱。

汉译西方学术名著有《情爱论》、《爱欲与文明》、《爱情心理学》、《性心理学》、《色情史》、《性史》……我们缺这个。幸好拥有唐诗宋词元曲和《红楼梦》,以及张恨水、郁达夫、张爱玲等人的爱情系列。

宋词的情色表达比唐诗更充分。

且说过了一年多,叔原与疏梅在汴京重逢,目光交汇的一刹那,指尖都凉了,脚都木了。地点可能还是在城郊的玉津园。这园子离晏府不远。

胡乱逛西楼,匆匆过南苑。不知道想说什么,更不知道想干什么。疏梅姑娘之艳吸引晏几道的眼球吗?恰恰相反,视线一碰便闪开,低眉心跳。心爱,而不是眼球爱。心,真是很受用啊,情力绵绵传递到每一根毛细血管,细腻而持久。

如果任凭眼珠子瞄准异性的外貌"刷来刷去",心灵的窗户会自动关闭。谁的浑眼球鼓得凶?山东阳谷县的西门大官人。那厮血溅鸳莺楼。

晏几道《临江仙》:"斗草阶前初见,穿针楼上曾逢。罗裙香露玉钗风,靓妆眉沁绿,羞脸粉生红。流水便随春远,行云终与谁同?酒醒常恨锦屏空,相寻梦里路,飞雨落花中。"

重见疏梅后,他知道还会离别。王夫人不让他和下层女子厮混,防着侍婢唐琪的故事重演。贵公子,草民女,距离遥远。然而晏几道善于瞅空子,转眼没了踪影。他骑术又好,遍城马跑。偌大开封城,好玩儿的地方多着呢。

可是又得随父远走。疏梅以泪水洗粉面。分手紧紧牵手,十指如电抹。

阳春天,绿叶肥,疏梅瘦。

晏几道久在外地,走陈州,居颍州(今安徽阜阳),朝朝暮暮情难受,于是,佳句生焉。"长杨辇路,绿满当年携手处。"长杨辇路系汴京街名,可能在皇宫附近。

名词《采桑子》:"西楼月下当时见,泪粉偷匀,歌罢还颦。恨隔炉烟看未真。别来楼外垂杨缕,几换青春。倦客红尘,长记楼中粉泪人。"

父亲身边总是佳丽如云,晏几道好像看不见她们。心在故园西楼,长记楼中粉泪人。

《满庭芳》:"南苑吹花,西楼题叶,故园欢事重重。凭栏秋思,闲记旧相逢。几处歌云梦雨,可怜便,流水西东。别来久,浅情未有,锦字系征鸿。　年光还少味,开残槛菊,落尽溪桐。漫留得、尊前淡月西风。此恨谁堪共说?轻愁付、绿酒杯中。佳期在,归期待把,香袖看啼红。"

吹花嚼蕊,典出情诗圣手李商隐的《柳枝序》。李义山与长安的柳枝姑娘缠绵,一寸相思一寸灰,写情诗惊心动魄。晏几道晚年自辑《小山词》,或许是有意比肩李义山。

小晏词多小令,而与疏梅的这段长情,非《满庭芳》这类长调不能排遣。双双歌云梦雨,可怜各自西东。

暮春,晏几道徘徊于颍州的西湖,满脑子装着千里外的疏梅,想象她的日常情状。《菩萨蛮》:娇香淡染胭脂雪,愁春细画弯弯月。花月镜边情,浅妆匀未成。　佳期应犹在,试倚秋千待。满地落英红,万条杨柳风。

疏梅苦等他,同样难受,妆也懒得画完。

《浣溪沙》:"日日双眉斗画长,行云飞絮共轻狂,不将心嫁冶游郎。溅酒滴残歌扇字,弄花熏得舞衣香,一春弹泪说凄凉。"

天各一方费思量,"感时花溅泪,恨别鸟惊心。"

她会变的。一天天的情难受,人要消瘦。不变没理由。

公子情深深,奈何路迢迢。于是有了《鹧鸪天》这样的小令寄到汴梁,疏梅再三展读,泪湿薛涛红笺,泪滴也成了情感的句号。

"题破香笺小砑红,诗篇多寄旧相逢。西楼酒面垂垂雪,南苑春衫细细风。 花不尽,柳无穷,别来欢事少人同。凭谁问取归云信,今在巫山第几峰?"

故园曾经欢事重重,今日巫山云,飘上了哪座峰?

楚襄王与巫山神女的恋爱故事,使巫山云成为情爱符号。

云,果然飘走了。

晏几道回汴京,疏梅消失了踪影。她挥刀断情丝,变长痛为短痛。

佳人情断,诗人魂断。燃情记忆烧到了当下,情火舌舔着分分秒秒。《虞美人》:"疏梅月下歌金缕,忆共文君语。更谁情浅似春风?一夜满枝新绿、替残红。 萍香已有莲开信,两桨佳期近。采莲时节定来无?醉后满身花影、倩人扶。"

一首小令两个问号。

到处找她,找不到她。

《金缕》是唐宋盛传的爱情歌曲。中唐的金陵美女杜秋娘,十五岁为李锜妾,她作词谱曲:"劝君莫惜金缕衣,劝君惜取少年时。花开堪折直须折,莫待无花空折枝。"名曲今已不传。

据此或可测想,叔原与疏梅之间的重重欢事包括了折花嚼蕊。金缕曲不是随便可以唱的。王朝云十五岁在徐州的"同心池"初唱金缕曲,苏轼写下爱情长调《三部乐》。这首词,细腻描画了王朝云热恋中的娇懒情态。

欢事重重,向他蜂拥。

《临江仙》说:"烟雨依前时候,霜里如旧芳菲。与谁同醉采香归?去年花下客,今似蝶分飞。"

豪门公子多情,寻她春夏秋冬。

玉津园迤逦二十里,大湖小山点缀了精致楼台,绿草如地衣(地毯),鲜花铺成了长长的锦带,开封人很爱去。千百人踏歌,几张脸哀愁。其中有个面目英俊的、琢玉郎般的年轻人,一路走来,东张西望。如花美娘子悄悄"情睇",大胆放电,他浑无知觉。

他在找人。只找一张脸。眼神黯淡,而头顶上秋光明亮。

插菊佩兰的妇人们议论说:俊后生情病,情病。

她们不认识晏几道,熟悉他脸上的那种失恋表情。

宋代的城镇多节庆,诸如除夕、元宵节、上巳节、端午女儿节、七夕、鬼节、中秋节、九九重阳节、冬至、一年当中观音菩萨的三个生日……相应的风俗数不清,热闹的去处数不完。女孩子涌出深闺浅闺,妇人们走出朱门柴门。富者倚朱轮骑大马,庶民骑毛驴坐鸡公车,更有善于远足的南北行商,云游四方的和尚道士、流浪艺术家、赶考良家子……

约大半年的光景,晏几道出现在很多地方,锦袍迎着冬阳、春光与秋风。妇人插花满头,又往他的坐骑或车驾掷鲜花,仿佛他是晋代美男子潘郎重现。宋代男人也插花。比如苏轼在杭州被爱戴他的市民们插了满头花;在颍州,恭贺欧阳修的寿辰,破例豪饮,"插花起舞为公寿。"苏轼跳舞有些小名气。于海南儋州和黎族人共舞神奇的古调声,先生整夜开颜,不思眠。

眼下的英俊少年晏叔原,整天愁眉苦脸。

找啊找,找啊找,找到相国寺,找到朱雀桥……

疏梅姑娘躲起来了。她伤心伤怕了。

李商隐眷恋的女孩儿柳枝,也是在长安的某个里巷突然消失,被一富豪强掳去做了小妾,害诗人情巨憋,憋出了若干好诗篇。

"春蚕到死丝方尽,蜡炬成灰泪始干!"

相门暮子晏几道为情所苦,他还不是一般的苦。

"朝云梦断归何处?应作襄王春梦去。紫骢认得旧游踪,嘶过画桥东畔路。"他的紫色良骑也认得那段往日情路,扬啼嘶鸣而过。马犹如此,而况人乎?

玩思百家的男人,并无玩弄女性之嫌。

即如官妓、侍妾,不高兴她们就脱籍、走人。后者有契约,签了"合同"。合同期满是否续签,她们的意见并非无足轻重。

宋代女性抗礼教争自由,强于唐代。遑论清代。裙钗争自由的总代表名叫李清照。

此与文化精英们主政有关。连理学家程颐、程颢也要玩味晏几道的词,"意颇赏之"。朱熹则盛赞李清照……

叔原名篇《蝶恋花》：

"醉后西楼醒不记,春梦秋云,聚散真容易。斜月半窗还少睡,画屏间展吴山翠。 衣上酒痕诗里字,点点行行,总是凄凉意。红烛自怜无好计,夜里空替人垂泪。"

过了若干年,他听一个叫念奴的歌女唱词,还在为疏梅姑娘伤感,《木兰花》上片："念奴初唱离亭宴,会作离声勾别怨。当时垂泪忆西楼,湿尽罗衣歌未遍。"

玉津园,西楼,南苑,包括晏府后园的那座老房子,皆是晏几道一辈子的伤心符号。

这个豪门公子爱起来一根筋,没人拿他有办法。

5

他成家了,包办婚姻。夫人的门第当不低,后来晏家失势,屡看他不顺眼,尤其厌恶他那车载马驮仆人挑的大量书卷。关于叔原夫人,就这点记载。晏几道对她只字未提。宋代的女性一般名、字俱全。估计夫人恨他恋诸艳,写艳词,追忆旧情人没完没了,于是拿他的藏书撒气。为解恨,撕书烧书也可能。

晏殊的夫人吵闹。晏几道的妻子匿名。

父子词人传天下,然而他们的妻子都不喜欢。她们凭啥要喜欢呢?

叔原二十多岁,父亲去世。家底颇厚实,虽然渐渐走了下坡路,那坡却是缓坡,感觉中不明显。显然不是家道中落。一些官员脸变了,消失了,他们曾是宰相府的趋奔客,叔原对此耿耿于怀。姐夫富弼还做着宰相呢,那些人就这样!熟悉官场的朋友告诉他,由于他无意仕进,敲不来权贵门,所以一群"希合之辈"在他父亲去世后迅速躲开了,或去了他哥哥姐姐的家。

希合指巴结领导,宋代常用词。市井里巷引申为讨好别人。

晏几道去了扬州等地做小官,靠着父亲的"门荫"。官小无所谓,扬州的繁华吸引他。烟花三月下扬州,登平山堂,玩瘦西湖,入秋却转江西,"高吟烂醉淮西月,诗酒相留。明日归舟,碧藕花中醉过秋。"

次年春上,他又到了归德府(河南商丘)。

以他的门第余光,各地太守都热情接待他,唤来一流的官妓陪他琴棋歌舞。锦袍公子下围棋,吹洞箫,跳劲舞,玩关扑,斗蟋蟀,嚼蕊题叶,投壶打马,藏钩赌酒,雅的俗的全来。他出手又大方,模样又俊朗天真,讨女孩子喜欢稀松平常。女孩儿情不自禁时,便来希合,甚或苟合。而叔原是过来人了,对男女行苟且之事颇警惕。

他的原则是:好花不妨近处看,但不可随便折。

动情的事经常发生,动欲的事偶尔一回。

这方面他和父亲不同。出门带的书籍是先秦诸子的著述,夜里掌灯看,"床头读尽几卷书。"大脑兴奋了,溜到月光下徘徊,沉思老子庄子韩非子鬼谷子……朋友们劝他著书,他说学孔圣人述而不作。士子们聚饮剧谈,往往听他的高论,并乐于传播他的观点。后来,精通六经、做过七年国子监教授的黄庭坚也伏他。伏通服,宋人喜用。

晏几道未留下玩思百家的相关著述,但其独立特行,与玩思有内在的联系。

舟行水路,马踏陆路,过驿站,宿庄园,睡野店,躺高坡,走一走林中路。野地气息迷人哪,"香风下高广。""我有迷魂招不得"……每隔一阵子,这个清瘦的男人就会朝着远方出发。几十色的野花、几尺高的茅草铺向了天边,连接朝霞与晚霞。时有俏女子的面容冷不丁的袭来;销魂,当此际也。想她们各种各样的情态,端庄,娇羞,泼辣,情怯怯,意绵绵,微笑巧笑浪笑窃笑憨笑……晏几道一个人在无边的旷野上痴痴地想着她们。毋宁说,是她们自空而降偷袭他的思绪。

感觉真是好极啦,偏偏又能持久。奇怪。

不欲而欲,不亏身体。心灵内存大,仿佛越挖越大。开采欲望山得法,"采采弥高"。这里有辩证法。

晏几道"肌肤想要"的是细节丰富。野地里恣意走,委实无穷享受。柳三变当初在路上,大约也是这般痴模样吧?而贵公子晏叔原更单纯。

柳永话不多的,因他常与广阔的原野、漫长的道路交流。"永日无言,却下层楼。"他可以整天不说一句话,盖因内心饱满。内心缘何饱满?因为这个福州人能与木叶丘山沉默对应。宋代的道路一如唐代,乃是拢集的同义词,拢集天地人神。洛阳李贺骑瘦驴,八百里奔长安,复于长安千里奔昌谷老家,狂野、颓唐或安详,皆不言语。

诗人是什么人?是善于沉默的人。

中外艺术家,涩讷例子多。梵高、高更、马蒂斯,哪有许多废话。里尔克几天不一语而身边的静谧气息笼罩,亲友、小孩儿受感染。维特根斯坦说,他之所以爱看美国的西部牛仔片,就是因为牛仔废话少……

晏几道在路上想:欧阳修,张子野,倒是有点儿唠叨。案牍劳形,丝竹乱耳,应酬闹肠,希合压心,于是他们要唠叨。

晏几道仰天而笑:哈哈,东京的里巷婆子最唠叨!

风在吹,鸟在叫,茅草弯腰惹茅草。

河南商丘的南湖,晏几道邂逅了采莲女。他三十出头,她十五六岁。《明一统志》载:"南湖在府城南五里,晏元献放驯鹭于湖中。"晏殊在归德做过知州。南湖浩淼如杭州西湖,渔家浅水种菱角,深水捕大鱼。

笔者行文至此,耳边忽然响起邓丽君唱的"渔家姑娘"……

晏几道《鹧鸪天》:守得莲开结伴游,相约萍叶上兰舟。来时蒲口云随棹,采罢江边月满楼。

两人相约莲湖上,待了大半天才回去。他帮她采莲子,为她划双桨,故意落水吓她,却潜入深水捉了一条银白色的、有"白圭夫子"美称的魛鱼上来,晃给她看。她先是吓坏了,以为他淹死了,继而笑逐颜开拍舷欢叫。

采莲女的笑容比荷花好看。笑容散发着莲荷的清香。

他躺在船头晒衣裳,眯眼瞧她一会儿,睡着了,依稀听她撩着水哼唱南湖小调。半梦半醒之间,歌声水声美妙。

后来,月亮缓缓地、缓缓地升起来了。

岸边酒楼烹鲫鱼,两双玉箸碰了又碰,意识中留划痕。仿佛玉箸是她的玉手派出的侦察兵。

晏几道酒量大,采莲女的面前饮到了七八分,也不胡乱语。哲学家似的大脑,大男孩儿般的面容。读书多而不在乎仕途,富二代官二代偏是情深义重。北宋的士大夫子弟,纨绔并不多见,连臭名昭著的章惇、李定、赵挺之,他们的儿子也求上进。赵挺之的儿子是一代金石大家赵明诚……

晏几道闲把盏,采莲女俏哼词。

月在雕窗外的中天,在波光粼粼、渔家唱晚的南湖。此一刻拢集了沉醉。哪用眼球去勾秀色,彼此只一瞥,心湖漾多时。

心之灵也,但愿不是古人的专利。

《玉楼春》:"采莲时候慵歌舞,永日闲从花里度。暗随萍末晓风来,直待柳梢斜月去。"

看来,南湖上玩一天是常事。湖中有寂静的小岛,湖边有热闹的寺庙。吃啥买啥玩啥,皆有恋人的"情色附加值"。

生活不唯美也难。典雅、婉约、蕴藉之类,全是情景中点点滴滴淌出来。若以为花几个亿外加劳什子高科技声光电,就有唯美,那才叫扯淡。高科技声光电,弄得眼球直转;一遭又一遭,只为掏腰包。

《清平乐》:"莫愁家住溪边,采莲心事年年。谁管水流花谢,昨夜月明兰船。"

他称采莲女叫莫愁,希望她莫愁。女孩儿大起来了,却叫她如何不愁?她家住在溪边,可能是个贫穷的渔家女儿。爱上了一个不能爱的人,她怎能不忧伤?晏几道在归德已经待了两年,小官要迁别处。设身处地为她着想,于是,替她忧愁。

这不是第一回了。爱上一个她,总是为她愁。

晏几道所交往的众多女孩儿当中,唯有归德南湖的采莲女叫做莫愁。她长得跟莲花似的,"最是那一低头的温柔,像一朵水莲花不胜凉风的娇羞。"十六岁,亭亭玉立了,步态袅娜,举止娇羞,一低头,一抬头,外乡来的可心郎呀,他照单全收!

可是他、他迟早要远走。

莫愁姑娘正欢快着,一念及此,愁上心头。她咬了嘴唇,低下面容,长时间的咬着低着。南湖上的每一道波纹都是她的忧愁……

湖边垂柳长,难系可心郎!

《清平乐》:"留人不住,醉解兰舟去。一棹碧涛春水路,过尽晓莺啼处。 渡头杨柳青青,枝枝叶叶含情。此后锦书休寄,画楼云雨无凭。"

以女性的口吻写作,花间派词人始多见。宋代二晏、柳永、秦观、周邦彦、吴文英也是这方面的好手。

晏几道《怀远人》:"红叶黄花秋意晚,千里念行客。飞云过尽,归鸿无凭,何处寄书得? 泪弹不尽临窗滴,就砚旋研墨。渐写到别来,此情深处,红笺为无色。"

男儿去贴近女儿心,恨不得化身为她,体验她的各种情绪、心思。这是以女孩口吻、妇人角度写作的基础性情态。曹雪芹幻化为林黛玉、薛宝钗、史湘云、香菱等女诗人,最称典型。且看她们一个个:"无奈诗魔昏晓侵,绕篱倚石自沉音。萧疏篱畔科头坐,清冷香中对月吟。"

秦观名句:"落红万点愁如海。"

"自在飞花轻似梦,无边丝雨细如愁。宝帘闲挂小银钩。"

男女耳鬓厮磨,朝朝暮暮快活。海量的细胞排着长长的队伍参与进去,营造着旷日持久的快活林。"此在"却有时间性。细胞的活跃期,同时也是它的消耗期。然而一旦别离,情细胞会重新激活,仿佛返回了它们的起点,获得了新能量。

唐诗宋词,离愁别绪浩如烟海。

为何如此?

诗人大都是官员,官员辗转全国各地,九品小官不例外。而旷野远行的方式,为情绪的丰富性和广阔度提供了强有力的支撑。速度之缓与艺术的生成息息相关。

严格意义上的生命个体都是缓慢生长的,对应着自然万物。速成的东西把人连根拔起。是的,连根拔起!

海氏强调:"诗人在大地之上,天空之下。"

寸寸贴近土地,才有大地的广袤。心中有纵深,有神性,有虔诚,方有天空之浩瀚。而与此相反的,是人向贪欲、向瘾头的收缩,走到哪儿都碰上他自己,然后他就狂妄自大,并试图把这种狂妄自大向宇宙推广。伯兰特.罗素命名为"宇宙式的傲慢"。

二战以后美国式的实用主义,将此傲慢贯彻得最为彻底。

中国传统精英文化,始终对贪欲高度警惕。

文豪们做高官,拿厚禄,而奢侈者寥寥。身心的修炼岂是唱高调?修炼者熟悉精神的轨迹,肉身上扬而不是下沉。上扬丰富,下沉贫乏。汉武帝后宫八千,那八千人只供他泄欲而已,"长安茂陵秋风客"(李贺语),生前摧花无计,身后一堆滞骨。

唯有精神的强大者方能拥有更多的精神记忆,弱小者则纠缠于物质记忆。强大者的物质记忆也闪烁着精神之光。笔者隔三年重提此语,实在是惊愕于精神价值的远遁、隐匿。

且看我们的古时候。

三十出头的晏几道人在归德,在二八盈盈的莫愁姑娘的身边,已然先行咀嚼着离别后的滋味。名篇《点绛唇》:花信来时,恨无人似花依旧。又成春瘦,折断门前柳。 天与多情,不与长相守。分飞后,泪痕和酒、沾了双罗袖。

"天与多情,不与长相守。"九个字,概括了晏几道。

天若有情天亦老。

衣带渐宽终不悔,为伊消得人憔悴!

晏几道终于上路了,揖别采莲女,纵马向洛阳,继而过境郑州,朝着开封皇城。官道蜿蜒几百里,每隔五里有一根"里柱",承袭唐朝,只是里柱更高一些。他快马加鞭一路狂奔,像个官府派出的"倍道急足"。

黄昏入野店,胡乱饮烧酒,醉得一塌糊涂。

半夜酒半醒,一头冲进那无边夜色,跟跄于小溪边,俯身去看,以为溪水中除了弯弯月,还有采莲女的婀娜影。

次日紫骢慢吞吞,马背上驮着伤心的诗人。

南湖边赠她乌金钗,送她一款他随身多年的蓝宝石玉饰,她一见就哭了。此前只知要离别,但离别的具体日子谁也不提。他解赠佩饰,害她大哭一场。"易求无价宝,难得有心郎!"

晏几道忙道:莫哭,莫哭。

此前多次抚慰她:莫愁,莫愁……

眼下他在去开封的路上,黄尘中疼痛忆芳尘。李商隐诗句:"罗袜起芳尘。"即便是采莲女入水出水的一双"裸足",也会千百次地刺痛晏几道。动态的脚趾、脚踝、脚背、小腿……

"折断门前柳"是李贺的句子。妻子屡攀杨柳望夫归,折断柳枝。李贺创造了这个经典意象。

李贺细瘦,李义山、晏小山清瘦。柳永秦观黄庭坚,外形也是修长而瘦。杜甫硬瘦,李白体轻飘然,苏东坡欣身伟岸,曹雪芹倒是比较胖。

就一般情形而言,情多易瘦。

晏几道和归德的采莲女莫愁,相处一年多。南湖一带的风光,尽染两情相悦。他俩初见面的情形没有任何记载。也许他公务之余划船去红菱荡,被她的清丽给震呆了。她和他近年来所熟悉的那些女性有差异。官妓们应酬四方,多少有些风尘相。小时候父亲的姬妾们则斗艳争俏,仅次于宫中的嫔妃。

南湖采莲女,那蛾眉皓齿,那盈盈腰身,那不断地伸向红菱的一双灵动纤手,那倏然而至的忧愁……

色醉。醉完了伤心。伤心也醉人。

晏几道在官道上折腾,几天的路程走了半个多月,时在仲秋,"天高云淡,望断南飞雁。"他也看书,试着找人闲聊,把心思抛得很远。驿站的庭院中有金黄色的菊花,让他给盯上了,"抛书人对一枝秋",采莲女儿在心头。

挥之不去的身影,不请自来的面容。

她在远方想他,心会抵达驿站。

心心相印,身身分离。

莫非他趋于变态,喜欢这类折腾?或可命名为"情折腾"。

几百里路走啊走,秋风茅草,野店灯小。原本瘦削的男人越走越瘦。岔路多黄尘,古村向黄昏。月光之下马蹄声碎……

后来他对黄庭坚说,古村瞎转悠,步步迷魂;高丘上吹洞箫,吹来了一群野物舞蹈,其中,狐狸的舞姿相当美妙。黄庭坚半信半疑,转问秦观,秦观笑而不语。

原野上各类野物情奔,公追母,雌逗雄。

诗人们在漫游,仰观日月星辰,亲近黄土黑土。

精英艺术是走出来的,一步一个脚印。

笔者日前发现米兰·昆德拉的近作《慢》,他在书中写道:"慢的乐趣怎么失传了呢?啊,古时候闲荡的人到哪儿去了?民歌小调中游手好闲的英雄,这些漫游各地磨坊、在露天过夜的流浪汉,都到哪儿去了?他们随着乡间小道、草原、林中空地和大自然一起消失了吗?捷克有一句谚语比喻他们甜蜜的悠闲生活:'他们凝望仁慈上帝的窗户'。凝望仁慈上帝窗户的人是不会厌倦的:他幸福。而在我们的世界里,悠闲蜕化为无所事事……无所事事的人是失落的人,他厌倦!"

失落的人也即失重的人,昆德拉名作《生命中不能承受之轻》。失重的人落入厌倦的恶性循环,其根源在于:占有高于生存。

大师定居法国,犹有如此慨叹。

米兰·昆德拉居然未能获得诺贝尔文学奖,是否与他老是严厉批判西方有关?

6

晏几道在京城做小官,拿一份俸禄。上级给他脸色瞧,他有时看不大懂,看懂了,也不说什么。太常寺供职的一个讲究古礼的同事看不起他,有一回喝酒,当众骂他写淫词浪语,结交京师不入流的下等小吏。他把酒泼了泥古同事一脸,转身走了。上司为此惩罚他,罚他十斤铜。他受罚,不去找能压住上司的大臣疏通。而朝廷的高官一半是他父亲的故旧。

一如既往地和色艺俱佳的女性打得火热。进高墙敲朱门,主人以为他谋迁升,一问,方知他想听某歌女演唱曲子词。花树下他弄拍板,为歌女伴奏,表情入迷……

郑州有个琵琶女,艺名传京师,他邀约几位裙衩专程去听。

还在打听唐琪的近况、疏梅的下落。托人到归德寻找南湖上的采莲女,得知莫愁嫁人了,赶紧再请人送去许多礼物。

老婆不高兴,他习惯了。尝语人:父亲生前啥都好,唯有给我定的这门亲事不如人意。

富二代纨绔子怂恿他休妻再娶,他吃惊地说:缺德事,吾辈岂可为?

家里空气紧张,他就不回家。老婆变成里巷唠叨婆了,他躲着,躲不开便努力学着听而不闻。长年累月,他练就了一种本事:不想听的东西全是耳旁风,记不住。有个朋友更厉害,不想听的时候他便是聋子,真的失聪,听不见。

快马出门去,通常奔芳樽。歌女舞妓置酒相招,晏几道大跑小跑。京师那么大,紫骢满城转。不是一天天,而是一年年。

歌女缺钱,他赠金。歌女有难,他带头凑份子,鼓动起一帮有钱人家的子弟。对素不相识的底层女孩儿,他也会慷慨解囊,费周折去打听她们的"门牌号"。

这事传为趣谈。他在文学沙龙里讲起了阮籍的故事:城里死了陌生美女,阮步兵一路号啕去吊丧,痛哭绝艳之凋。

并解释说,至性者才有至情。

晏几道把女性的价值认识得很充分。

而眼下课堂上的文学史讲晏几道的价值,远远不够充分。

一旦发生了歌女薄情,晏叔原连日伤心郁闷。《阮郎归》:"旧香残粉似当初,人情恨不如。一春犹有数行书,秋来书更疏。 衾鸳冷,枕鸳孤,愁肠待酒舒。梦魂纵有也成虚,那堪和梦也无。"

埋怨她几句罢了,以后重逢,热情如初。

对权贵漠然视之,倒不似阮步兵动不动就翻白眼。晏几道的青眼中充斥着丽人影,京城官员的脸不大进得去。黄庭坚例外,此人太有才,太有傲骨,又是江西的同乡。

另一个好朋友郑侠,是王安石的高足。王安石有学术专著《三经新义》、《字说》。他儿子王雱也是神童,及长,深度参与父亲的学术事业和政治斗争。章惇的儿子,李定的儿子,都考上了进士,更不用说名臣范仲淹的儿子范纯仁也是一代名臣。北宋的官二代、富二代,进取者不胜枚举……

晏几道深敬福建人郑侠。

郑侠穷,家里老小十几口都巴望着他。王安石组建变法机构:"制置三司条例司",几次叫他去,他不去。为什么不去?因他认为新法害民。荣华富贵他也很想要,但为了前程放弃做官的原则,决不肯。老师兼大丞相王安石,请不动这个京城安上门的监门小吏。熙宁七年(1074),郑侠画下《流民图》,越职调动驿马驰送深宫,震撼了皇室,击垮了王安石,使其罢相,退回江宁(南京)。这是北宋的一个重大事件。郑侠又画《正直君子邪曲小人事业图迹》,矛头直指吕惠卿等奸臣,被吕惠卿打入黑狱,备受折磨,出狱后流放到岭南英州(广东英德)。

晏几道为郑侠写过诗,因而受牵挂,被抓进了监狱。

狱中的日子,不知道他是怎么熬过来的。狱卒狠欺相门子,打他吓他"熬"他。杀威棒专打细皮嫩肉。

狱中可能待了两三个月,好在获释,未获流放罪。

郑侠离京之日,晏几道冒着风险专程去送行。郑侠远走岭南炎荒生死难料,晏几道袍袖挥泪不止……

硬汉子郑侠,后来寿近八十。

中年人晏几道像个青年人,细皮嫩肉,眉目天真。仍往脂粉堆中扎,不问仕途不管家道。他不是个好丈夫,二十年前就不是,二十年后也很难是。婚姻就这样了,晏几道婚姻之外的牵挂太多。他甘愿做小官,父亲留下的遗产他也懒得跟七个哥哥嫂嫂、众多姨母去争,于是钱少,老婆的埋怨多。由于他未能做"富爸爸",儿女们也难锦衣玉食。

他几番"出仕",官阶始终上不去,"陆沉于下位",乃是秉性所决定。也许他努力过,希望做个好父亲。

汴京的居所依然是豪宅,是"赐第"(皇帝赏赐的宅第)。没有卖房产田产的记载。可见总的说来,这位北宋的情圣还是顾家的。

名篇《木兰花》:"东风又作无情计,艳粉娇红吹满地。碧楼帘影不遮愁,还似去年今日意。 谁知错管春残事,到处登临曾费泪。此时杯盏直须深,看尽落花能几醉。"

错管春残事,到处去流泪。

艳粉娇红全是她们。

东风年年摧花折艳,东风既指时间的无情,又喻人事的损伤。晏几道接触的女性多为下层,其中的一些官妓,家败了才被迫入籍。官妓,侍人,类似的情形不少,例如受苏轼盛赞的、黄州太守徐君猷的三侍人王胜之,"自言本贵种"。她们辗转赴宴抛头露面,漂亮面孔、时尚服饰、琴棋歌舞让诗人们画家们受到巨大的感染,灵感迭起。名官妓留下芳名,像驸马都尉王诜的姬妾啭春莺,美艳绝伦,李公麟将她画入著名的《西园雅集图》。杭州名妓周韶,斗茶胜了蔡襄。徐州的马盼盼,写苏体字直追苏轼。王巩身边的宇文柔奴,随郎蹭蹬不辞万里,爱情宣言响彻南北:"此心安处是吾乡!"

官妓、侍人异彩纷呈。她们活得相对自由,能向世人亮出女性的风采,婀娜现身于诸多有趣的场合。而一般民女官妇,平时待在闺阁中家园里,不大上街。村姑们倒是不拘节庆日,随时可以抬脚出门……

晏几道居开封豪宅几十年,交游无高官,词笔不写贵族少女或少妇。下层女性他乐意交往,她们的情态和故事蜂拥至他的笔端。应该说,生活中如果缺了这些女子,他会浑身不适。

《小山词》自序说:"始时沈十二廉叔、陈十君龙家有莲、萍、鸿、云品讴娱客……吾三人持酒听之,为一笑乐。"

沈、陈两家的四个侍人,开封城里有些名声,晏几道除了去听歌观舞,也在别的地方与她们有交往。他去外地,她们会想念他。他回来了,急于去见她们。多年这样,互相牵挂。恋情自然而然,莲萍鸿云四位,可能一直留在沈陈两家。此二人年纪大了,或将不久于人世。

名篇《鹧鸪天》:"彩袖殷勤捧玉盅,当年拼却醉颜红。舞低杨柳楼心月,歌尽桃花扇底风。 从别后,忆相逢,几回梦魂与君同?今日胜把银釭照,犹恐相逢是梦中。"

"舞低……"二句,写歌舞是绝唱。

句子浓缩得恰到好处,再往下浓缩就不好懂了。

名篇《临江仙》:"梦后楼台高锁,酒醒帘幕低垂。去年春恨却来时,落花人独立,微雨双燕飞。 记得小萍初见,两重心字罗衣。琵琶弦上说相思。当时明月在,曾照彩云归。"

称小萍、小连、小云、小鸿,晏几道对她们情深意浓,平等相待,为她们写下传世佳作,让这一低贱而纤弱的群落有了尊严感。花钱,体贴,疼痛,操心,他可真够忙的。

"梅蕊新妆桂叶眉,小莲风韵出瑶池。云随绿水歌声转,雪绕红绡舞袖垂。"

《浣溪沙》:"柳下笙歌庭院,花间姊妹秋千。记得春楼当日事,写向红窗夜月前,凭谁忆小莲？　绛蜡等闲陪泪,吴蚕到了缠绵。绿鬓能供多少恨,未肯无情比断弦,今年老去年。"

时隔若干年,词人追忆四个歌女。她们已经下落不明。

《小山词》自序:"已而,君龙疾废卧家,廉叔下世……两家歌儿酒使,俱流转至人间。"

歌女们流转人间的命运如何,晏几道无从知晓。可能已嫁入市井人家,低眉垂眼过日子。也可能进了青楼,屈辱中卖笑妆欢。

晏几道伤心落泪。忆阿莲阿鸿,思小云小萍,心里满是她们旧日的好时光。"时候草绿花红,斜阳外,远水溶溶。浑似阿莲双枕畔、画屏中。"

"云、鸿相约处,烟雾九重城。"九重城指汴京。

词中有"淡水三年欢意,危弦几夜离情",表明他们之间欢乐的纯情,了无杂念,别意绵绵。唐宋诗人皆爱化用庄子语:"君子之交淡如水,小人之交甘如醴。"

男女相悦,互相不利用,彼此敬重,欢意长久,终生不忘。

这类情状,曹雪芹以赞许的口吻称为"意淫"。

宋代的官妓,一般情况下不得与官员有私,从业数年或十余年,然后脱籍,各有去向。有一部分转为侍妾。做官妓有稳定收入,常得赏赐,美食美饰美诗词,又好玩儿,活动的场所多,认识的士人多。她们不侍枕席,有权拒绝胡搅蛮缠。展示声色而已,活得比较纯情。

官员与官妓各得其宜。许多官员能欣赏,能做官妓的知音。如果还能去体贴仔细,那就再好不过了。

双方的兴奋点多,纵情不纵欲,局面能持久。

两宋三百年,词人九百家。而失传的远比传下来的多。可见词语的活跃度。词语展示各种各样的生存情态,又强化这些情态,使感性连接理性。词语的间隔功能、公共空间给理性的生长留足了地盘。动物求偶受阻,方呈千姿百态。人在人性中的站立首先是站在语言之中。

即便是专写香艳的花间词,也偏重典雅含蓄。

诗词艺术的大方向,庶几是这样。

晏几道《临江仙》:旖旎仙花解语,轻盈春柳能眠。玉楼深处绮窗前,梦回芳草夜,歌罢落梅天。　沈水浓香绣被,流霞浅酌金船。绿娇红小正堪怜,莫如云易散,须似月频圆。"

流霞:神仙饮品。金船:大酒器。

男女情怀对应自然景物、人工美器。

诗酒趁年华,而不是醉生梦死。后者亦能出好诗,但不可能出许多好诗。

有学者考证,词中的仙花、春柳,分别指两个名叫杏、柳的歌女。

晏几道几十年扎脂粉堆,扎得认真而投入。此与男人们信奉的主流价值相背。他可不管,脂粉就是主流。她们的姿态呈现着价值,犹如一朵朵鲜花,颜色芬芳形状,是其价值所在。

晏几道迷女性,顺理成章地蔑视男权。这精神轨迹几乎与曹雪芹完全吻合。男尊女卑的大背景下,重女轻男的价值怎么说都不过分。一部《小山词》,立言立德。

另外,宋人对艺术本体已有直觉性把握,典型如苏轼,暮年毫不犹豫地说:"问汝平生功业?黄州惠州儋州。"

晏几道体验女性世界,比柳永走得更远,接触的群落更多。童年的情色环境培育着情细胞。很可能,他在骨子里认定了舞女歌娃的丰富性,甘愿被她们永远吸引。

名篇《南乡子》:"春云绿处,又见归鸿去。侧帽风前花满路,冶叶倡条情绪。　红楼桂酒新开,曾携翠袖同来。醉弄影娥池水,短箫吹落残梅。"

冶叶倡条,喻诸妓之婀娜。这个词是李商隐首创,晏几道加以延伸:冶叶倡条情绪。翠袖指某一歌女。

清瘦颀长的男人侧帽风前,风吹一路花瓣……

这个男人以身体语言阐释了什么叫风流偶傥。无须扮酷。他没有年龄,五十岁看上去像二十几岁。半个世纪养尊处优,不谙人事,单近裙钗,一派天真。在想象中逼近晏几道的外貌举止是一件有趣的事情。一拨又一拨青春烂漫的歌舞女孩儿浸润他,雕刻他。她们消失了,像东风吹走的花朵。词人辗转异乡,思念断肠。

《鹧鸪天》:"醉拍春衫惜旧香,天将离恨恼疏狂。年年陌上生秋草,日日楼中到夕阳。　云渺渺,水茫茫,征人归路几许长。相思本是无凭语,莫向花笺费泪行。"

百年疼痛忆芳尘。晏几道的情感模式是向后的,他不断地朝着消逝的时光转过身去。群芳诸艳,刻骨铭心。一朵凋零的鲜花反而更像鲜花。所有这些追忆都令人绝望。后人理解晏几道,称之为"古之伤心人也"。

《小山词》自序:"篇中所记悲欢离合之事,如幻如电,如昨梦前尘,但能掩卷怃然,感光阴之易逝,叹境缘之无实也。"

惆怅,虚无,绝望,参与构建诗意的核心区域,支撑着人生正面的意绪。

7

晏几道五十几岁到许州的许田镇当镇监,类似今之镇长。那地方纨绔子弟特别多,豪门后生横行霸道。有个叫潘胜安的人,是赵宋开国元勋潘美的后代,十年趾高气扬,率领一群恶少为非作歹,鱼肉百姓,强占民间少女,甚至以拦路强奸为乐事。晏几道愤恨,到任的当月便与潘胜安斗上了,相门子挑战将门孙。潘家向大臣韩维紧急求助,韩维写信给晏几道,措辞恭敬,自称晏丞相的"门生故吏",晏几道不予理睬。他派了彪悍士卒,专于闹市抓获正在欺侮民女的潘胜安,枷锁示众,以儆效尤。

他骑马驰骋于小镇上,配长剑,挽雕弓,面如琢玉,臂似长猿,马后一群府兵呼啸。恶少们望而生畏,相顾曰:相门子晏几道文武双全哩,不惹他!

三年镇监干得不错。镇上的黑恶势力土崩瓦解。

晏叔原携妓游冶,马蹄半径数百里,画船击浪几万层。致信黄庭坚炫耀说:李太白李商隐,当年有所不及也!

事实上,叔原盘桓诸妓香车千里,晋唐宋三代,能超过他的人可不多。就感觉的丰富性而言,他胜过皇帝。比如唐玄宗,后宫三千如一人。权手折花吞颜色,哪有姹紫嫣红?

《鹧鸪天》:"小令尊前见玉箫,银灯一曲太妖娆。歌中醉倒谁能恨?唱罢归来酒未消。 春悄悄,夜迢迢,碧云天共楚宫遥。梦魂惯得无检束,又踏杨花过谢桥。"

谢娘泛指歌女,谢娘踏过的桥因之称谢桥。

晏几道年逾半百六艺不废。臂肌腰肌腿肌,皆成块状,行动敏捷,又思维开阔。黄庭坚与之游,谈古说今正相匹配。

"王孙此际,山重水远,何处赋西征?金闺梦魂枉叮咛,寻尽短长亭。"

山高水远忆佳丽,亦是男儿大情绪。

黄庭坚也到处迷佳丽,妩媚融入了磅礴书风。

"天涯岂是无归意?争奈归期未可期。"

晏几道的麻烦在于:思念他的舞女歌娃太多。红笺来自南北东西。宋代邮递快,一千里多路,通常十日可到。苏轼在陕西凤翔有过记载。

名篇《阮郎归》:"天边金掌露成霜,云随雁字长。绿杯红袖趁重阳,人情似故乡。 兰佩紫,菊簪黄,殷勤理旧狂。欲将沈醉换悲凉,清歌莫断肠。"

清末才子学者况周颐点评:"狂已旧也,而理之,而殷勤理之,其狂若甚不得已者……'清歌莫断肠,'仍含不尽之意。此词沉着厚重,得此结句,便觉通体空灵。"

好女儿般般情态,痴公子由痴而狂。

写她们,字字铿锵。豪放携手婉约,端出天然姿态。

超现实主义创始人布勒东,曾经有一天在巴黎的咖啡馆对萨特说:"你今年五十五岁?哦,生活刚好开始。"

张子野八十五岁,尚与杭妓共舞……

晏几道回汴京赐第,处处听人唱"殷勤理旧狂"。名气很大很大了,而名气比他还大的苏东坡想见他,他拒绝。苏大学士又让苏门大弟子黄庭坚去约见,晏几道仍然婉拒,他的原话是:"今日政事堂中,半吾家旧客,亦未暇见也。"

宁愿陪歌女,不见苏东坡。

脾气真大。普天下士子、士大夫,谁不想见"中朝第一人"苏东坡呢?也许晏几道要的就是这种效果,狂到底。魏晋风度要继承。

苏东坡一笑而罢。黄庭坚闷了几天……

晏几道的年纪越来越大了,心越来越纯了,"面有孺子之色",这可不容易,眼下的氛围中,听上去像杜撰。

叔原原本童心在,七十多岁老还童。

他自编《小山词》,自序,又请江西诗派领袖黄庭坚作序。山谷道人的一段话精当之极:"余尝论:叔原固人英也,其痴亦自绝人。爱叔原者,皆……曰:'仕宦连蹇,而不能一傍贵人之门,是一痴也;费资千百万,家人寒饥,而面有孺子之色,此又一痴也;人百负之而不恨,已信人,终不疑其欺己,此又一痴也',乃共以为然!"

仕宦连蹇:仕途一直不畅。

时人称晏叔原"四痴一狂"。人百负之而不恨,直把阴霾当晴云。而苏轼贬黄州曾言:"吾眼见得天下无一个不是好人。"章惇害他家破人亡,九死南荒,后来他还帮助落难的章惇,连同章惇的两个儿子……

"谁似东坡老,白首忘机。"

真好啊,宋人气度高于盛唐。今人要学习。

宋徽宗登基,蔡京大得意。奸相颐指气使,大兴土木盖私家园林,京城拆千家,占地四十里。此人偏又书法出色,常与皇帝切磋。他举行家宴,遍请京师名流赞美他的园林。晏几道也去了,众目之下填词二首,一字不涉蔡太师,观者惊愕,议论纷纷。叔原一笑而退,回家持酒听歌。

这事顷刻传遍了豪宅民宅。许多人说:晏几道真是太牛了!

蔡京倒不惹他。

叔原的暮年生活还是幸福。吃穿简单,心思高远。山谷先生赞曰:"文章翰墨,自立规模。"

凡有井水墙柳处,皆能歌小山词。

《蝶恋花.秋莲》:"笑艳秋莲生绿浦,红脸青腰,旧识凌波女。照影弄妆娇欲语,西风岂是繁华主? 可恨良辰天不与,才过斜阳,又是黄昏雨……"

多少风荷般的人儿呐,粉红色的记忆涌逼。

归德采莲女,弄妆娇欲语。

七十几岁还早呢,月下挽弓练臂肌……

宋徽宗
（北宋 1082—1135）

蔡 京
（北宋 1047—1126）

十八岁的端王赵佶闲穿花径,视群芳诸艳为无物。许多皇子,乳臭未干已知男女事。二皇子赵仅偷香猎艳劲头高,疯玩里巷少女,呼啸瓦子勾栏。赵佶随口道:玩死他。老大老三老四老五……此间已经玩死好几个了。而赵佶勤于学习,不搞声色犬马。这位有着风流骨相的端王是不是在玩心术想当皇帝呢？宋徽宗率领群臣玩天下,终于玩死了北宋王朝。

蔡京的杭州豪宅建在凤凰山下,史料称:"极为雄丽。"一年贪知府,百万雪花银。他在汴京栽了跟头,却到杭州高调享受,大宴宾客日复一日。他的孙子都不知道米从哪儿来,"蔡京诸孙,不知稼穑。"坏人写好字,蔡京是典型。

宋徽宗 蔡京

1

北宋九个皇帝,宋徽宗赵佶是第八个。他是宋神宗的第十一个儿子,宋哲宗的异母弟弟。

先说说宋神宗。

北宋立国百余年后,英宗崩,神宗继位,二十岁做了皇帝。这个年轻人爱读书,勤思考,有宏大的变革之志。他看地图常流泪,发誓要收回真宗朝割让给北方契丹人的燕云十六州。

北宋两大外患:西夏与北辽。

但是宋仁宗临御天下四十多年,并不妄动刀兵,倒是和草原上的辽国友好相处,百姓通商通婚,官员交流文化。例如苏东坡广为辽人所称颂。仁宗去世,辽主哭成泪人,辽民纷纷举哀。英宗朝四年,大政方针未变。神宗上台,方针变了。

年轻的皇帝遇合了五十岁的王安石,君臣合力,谋取天下财利。熙宁变法,势如疾风骤雨。变法的得与失,后人多有评价。宋神宗在位十八年,念念不忘军事,蓄积财力招兵买马,终于在今之甘陕与西夏国大打,损兵六十万。战报传来,这个以刚强著称的皇帝当庭痛哭。从此染疾,不起,三十八岁命丧黄泉。皇帝的意志力太强,看来是要催生执政盲区。

汉代著名的"文景之治",专取黄老学说之无为而为,让老百姓休养生息。陪葬皇陵的彩色陶俑个个含笑,模样很幸福。宋仁宗采取类似文、景的治国方略,鼓励生产与商贸;一百多万军队大抵保境安民,也有西线战事,而规模有限。四十年间名臣如云,例如范仲淹、韩琦、富弼、包拯、欧阳修、司马光、王安石、文彦博、苏东坡、范镇……大文豪大学者纷纷主政,远胜唐朝之开元天宝。官场风气不错,民间道德彰显,生活花样翻新,艺术之花争奇斗艳。正直的、敢于为民请命的官员比比皆是。官风带动了民风。稳定的价值的天空下有着多元景观,人的多样性也不让盛唐。

宋神宗上台,来个急转弯,不利于执政的连续性。嘉祐名臣多遭贬谪。许多官员活得晕头转向。一批善于跟风的"新进"人物,病毒似地活跃起来。

宋神宗急转弯,预设了十几年以后的强劲反弹。

哲宗九岁登基,由高太后垂帘听政,改年号为元祐,力推"贤人政治"。司马光做了宰相,呕心沥血要让国家走上正轨,却又走极端,短期内"尽废熙宁新法",再次切断执政理念的连续性。身居高位、部分认同王安石的苏东坡很不高兴,大呼司马光为"司马牛"……

关于变革,苏轼有名言,大意说:要让白昼不知不觉地渐变为黑夜;切不可从严冬一下子跃入酷暑。

高太后纠偏过猛,她听政八年后去世,性格阴僻、看祖母垂帘早已不耐烦的少年哲宗,又操刀断朝纲,将一批元祐大臣赶出了京城。腾出的位置多赐予他的亲信,例如政坛魔鬼章惇,政治流氓蔡京,官场变色龙杨三变(杨畏)。

被《宋史》誉为"挺挺大节,群臣无出其右"的苏轼,由于最正直而贬得最远,先贬岭南惠州,再贬海南儋州。北归的途中仙逝于今之江苏常州。

政治这台车转弯急又不减速,一拐再拐,后果可想而知。

宋哲宗好色,比好兵的宋神宗死得更年轻,二十四岁去了西天。他的异母弟弟赵佶将是个什么样的皇帝呢?他公认的艺术才华与北宋时代有何联系?他和大权臣大书法家蔡京如何气味相投?他与开封名妓李师师发生了怎样的风流韵事?"靖康之变"他有多么悲惨?蔡京的下场是否比他更惨?另外,书画风雅事,是否与道德修养有关?……

本文对这些问题的解答,尽可能撮其要,删其繁,同时逼近两个传主的生存轨迹与内心世界。

司马迁的《史记》开了人物合传的先例,笔者早已心向往之。试试看吧。

2

赵佶相貌出众,他母亲陈氏堪称一代艳后。皇室子弟,外表差劲的不多。他生于1082年。四年后神宗驾崩,陈皇后居陵寝之侧,哀伤过度而病倒,令人费解地拒绝药物,不久,玉殒香消。赵佶幼年父母双亡。成长的过程中缺了母爱和父亲的教导,此二者却不可替代。皇帝的儿子锦衣玉食,无拘无束,自由的天性犹如脱缰野马。

陈皇后生前严守礼教,对儿子当有约束,可惜她走得太早。

赵佶十四岁做了端王。藩王的官邸自是仆从如云,香车宝马,美色比鲜花更为寻常。而南唐李煜做皇子的时候,由于天生一副王者的相貌,常苦于被他的太子哥哥弘翼暗算,因之而追问人性之恶,笃信佛主的母后钟氏又引他向善……"性相近,习相远。"

赵佶年少风流,弹琴吹箫是行家,玩球是高手,并开始学玩鹰,走街串巷拜访玩家……

宋人玩蹴鞠成风,俗称耍气球,大户人家有气球场,街头小广场有女子气球队,比男子气球队更吸引人。节庆日捉队厮拼,围观者人山人海,喝彩声与嘘声交错。市井流行的气球,显然强于现代囿于固定场所的足球。宋代的汴京(开封),人口逾百万,城市规模全球第一,大小酒店三千多家。夜市早市流行,"河市"长期繁荣。名扬天下的朱雀大街极宽,街中间有自然生长的行道树,枝干纵横,时称"杈子"。苏东坡做礼部、吏部、兵部尚书,身兼端明殿、龙图阁两大学士,又是迩英阁侍读的帝王师,平时很喜欢逛马行桥的夜市,留连汴河上跨度惊人的大虹桥。

御街的大相国寺更是大市场,僧众俗众相杂,北人南人胡人穿梭。水陆交通发达,广纳天下货物。汴河两岸的繁忙景象,有张择端的写实巨作《清明上河图》为证。节庆日从年初到年尾,平均下来,一月恐怕有两三个。民间自发的乐事一波盖一波。治安良好,远行不劳吉日出。苏轼一生走了几十万里,未有遭遇盗贼的记载。

民间自发的、绵延千百年的赏心乐事总是好的。而当代的娱乐多是"被娱乐",衍生于法国人讲的"被生存"(被动性生存)。"没落的西方"(斯宾格勒语)肇其先。资本掌控人,技术掌控人,媒体的娱乐化掌控人。个体的所谓喜怒哀乐,很大程度上是被设定的。自由一词出现的频率高,盖因自由受到来自各个方向的、有形或无形的挤压。在弗洛姆看来,自由显现为逃避自由。马尔库塞则揭示西方社会的新型极权。弗氏,马氏,都是影响深远的德裔美籍哲学家。

顺便提一句,二十世纪的西方人文大师,大多数是批判西方的。"法兰克福学派"的批判尤且深刻,从霍克海默尔、阿道尔诺到至今健在的德国哲学泰斗哈贝马斯。被誉为"当代认知科学之父"的乔姆斯基,对美国模式的严厉批判更是众所周知。受制于资本、技术的人命中注定不自由。

现代生活的一大功能,是把人改装成陀螺,在钢筋水泥、多重压力和复杂的人际关系之间骨碌碌打转。区区几个瘾头(例如网瘾、牌瘾)摆置人,拨弄人:生活瘾头化了。刺激永远朝着更强烈的刺激,舍此无二途。质朴的、低沸点的欣悦状态越来越少见了。电子产品要掌控生命。

当变尽花样撩拨物欲的喧嚣铺天盖地,物比人大势必成为定局。单向度的人必须通过的、日益逼仄的"现实通道"固若金汤,形形色色的异化将演成常态,常态又从它自身脱落,导致双重的遮蔽。

笔者多年写古代,乃是追忆生命的丰富性、生活的自主性、生存的质朴性。

学方块字、古汉语的艰难,使回望古代成为普遍性的障碍。学院的教授们,泥古者又多。不知今,焉知古?

现代人的一大认识误区,是以为现代比古代自由。而古希腊人的全面发展抵达了最高峰,类似中国先秦,远胜今之欧盟。上海华东师大终身教授陈嘉映先生,在《希腊精神》一书的中译本序言中说:"与(古)希腊人相比,现代人一望而知和残废差不多。"

未来百年,我们还得重温庄子的告诫:"物物,而不物于物。"

我们的先哲在两千五百多年前,清晰地看见了异化的苗头。长期物于物,必有大麻烦。物欲汹汹,如何制衡?一切都将指向越来越有限的地球资源。

而大地的命运将是所有人的命运……

赵佶自幼是个玩主,逮啥玩啥。于是他结交了一批京城玩主,其中一个是驸马都尉王诜。这人是赵佶的姨夫,娶神宗皇帝的胞妹为妻。王诜两大爱好,一是玩球,二是玩字画,他还有一房宠妾名叫啭春莺,美艳绝伦,歌舞俱佳。他以啭春莺之艳炫耀于京师,皇帝不责怪,公主不吃醋。苏东坡、黄庭坚、米元章(米芾)、苏子由是他的座上宾,大画家李公麟是他的好朋友。北宋的一桩文坛盛事发生在他的府第,号为"西园雅集",映照东晋王羲之、谢安等人的绍兴"兰亭"盛会。以苏东坡为首的十六个艺术名流各呈仙风道骨,佳丽纷纷翘首,红巾翠袖侑酒。"当世白描第一"的李公麟作《西园雅集图》长卷,米芾作记云:"水石潺湲,风竹相吞。炉烟方袅,草木自馨。人间清旷之乐,莫过如此。嗟乎!汹涌于名利而不知退者,岂易得此哉。"古代艺术家之才气,得于自然之灵气、学养之底气。此画的元代名家摹本,现藏于四川眉山市三苏祠博物馆。

1055年,苏轼调离京师,去北部边陲的军事重镇定州,把书童高球介绍给王诜。高球原本会踢球,跟了王驸马球技大增。一日差往端王府邸,恰逢一球朝他飞来,于是露了两手给端王看。端王大喜,将他留在了府中。三脚两腿弄前程,羞煞寒窗白头翁。后来高球更名为高俅,做官做到太尉,欺负英雄好汉,八十万禁军教头王进、豹子头林冲皆受其伤害。高俅的养子高衙内原是街头泼皮,忽然鸡犬升天,便去调戏良家美妇,包括林冲年轻漂亮的娘子。高衙内成了富门恶少的千年符号……

徽宗朝,另有一个因踢球窜上宰辅高位的人叫李邦彦,官场中"拳打脚踢"十分厉害,踢翻了许多仕途竞争者。"球太尉"与"球宰相"切磋脚法,朝廷百官,见了他们的脚就会害怕。

赵佶玩劲十足,与他父母早亡有关。汴京好玩的地方太多了。韶车去玉马来,皇家子弟乐开怀。哲宗皇帝带头娱乐,朝堂上翻云覆雨,玩儿似的；后宫里以劫色为乐，冷不防扑倒俏宫女，帷幕间滚作一团；他又瞒着太皇太后，秘密引进民间的妖艳女郎。这方面章惇起了作用。而章惇干这劫妇勾当是老手，向他的乱伦父亲章俞看齐，四十年秽名远扬。北宋后期政坛，生得高大威猛的章惇是个正邪混合的人物，文武双修，才华出众，胆气邪气逼人。苏轼中年遭遇宋代第一桩文字大狱"乌台诗案"，群臣暗哑，而章惇敢于站出来讲公道话。王安石变法也曾重用他。哲宗亲政后，他身上的细胞释放出来的几乎全是病毒的能量：苛政推手，朝堂打手，情场怪手……

上海文艺社新近推出的拙作、长篇传记小说《苏东坡》，有专章讲章惇。

病态的小皇帝碰上变态的大臣，相得益彰。章惇秘献妖姬，哲宗心花怒放。从少年时代起，哲宗赵煦对享受肉身的兴趣就远远高于丰富大脑：苏轼等老臣在迩英阁苦口婆心给他上课讲圣贤，他要么抵触要么打瞌睡。"放学"来了劲，直奔后花园。

皇妃刘氏配合章惇张罗女色，宫里宫外忙得不亦乐乎。刘、章这么干，单为抓权，巩固地位。刘氏频吹枕头风，终于让哲宗废掉了孟皇后，她自己妖娆百态入主后宫。

宋神宗留下的十四个皇子，夭折八个。恐怕大半是玩儿死的，娱乐到死，嬉皮入棺。历代王室浪荡少年，显贵人家纨绔子弟，及至草根好色之徒，因淘虚身子而夭折的例子当是天文数字。子曰："少年，戒之在色。"坡翁云："蛾眉皓齿，命曰伐性之斧。"

赵佶十几岁似乎并不好色。也许因为他玩得开，兴趣广泛，八方游走。如果受管束老待在王府，倒容易单辟一径，偷鸡摸狗成瘾，小小年纪就敲开了那道凶险"色门"，一头扎进去。哲宗与诸皇弟正是如此。

赵佶玩球，玩书画……渐渐学会了玩心计。端王府的幕僚中当有政治高参。这一层稍后谈。

王诜、赵令穰等人是赵佶的艺术向导，为他敞开顶级的艺术殿堂。王诜善画，赵令穰长于书法。此二人的交往圈中，诗人艺术家多如市井之三教九流。北宋文人的"尚意"书法是由欧阳修奠定基础，蔡襄、苏轼、黄庭坚发扬光大。文人写意画则由东坡开其端，演成九百年主流画派，现当代亦然。苏轼名言："论画以形似，见与儿童邻。赋诗必此诗，定知非诗人。"

由具象到抽象,由写实到写意,这个转变是决定性的,历史性的。苏轼以北宋文坛领袖之尊,一呼百应。

诗书画不仅是艺术,更是生活方式。皇室推崇,政府推动,科举考试推波助澜,寻常百姓趋之若鹜。全国大名士,首推苏东坡。一顶七寸子瞻巾帽,南北士子竞相夸耀。优伶之类排不上号的。打通了雅俗的北宋精英文化,上接汉晋唐,下启南宋,波及元明清。陈寅恪说,赵宋时代是数千载华夏文化的巅峰。

书画尚意韵,尚质朴,宋代其他的艺术门类如建筑、制陶、造桥、园林、家居、衣饰……均有同构之演进。饮酒品茶,花样百出。寻僧访道,蔚为时尚。官妓俏动于三百州,丝竹响彻南北东西。士大夫的生活情趣传导各阶层,道德与风俗又罩着大局。王安石、司马光,前后两大宰相,既不贪财又不好色。苏轼做官四十多年,十余年居高位收入巨万,随手散与亲朋,救济穷苦人,"平生不好蓄此物(钱)"。他做了三个州的太守之后,在黄州写诗说:"若问我贫天所赋,不因贬谪始囊空。"

孟子尝言:"无恒产而有恒心者,唯士为能。"

北宋士大夫践行亚圣此言,可谓古代之最。苏东坡堪称无恒产而有恒心的代表性人物,想想他的一连串磨难吧,想想黄州惠州儋州,"吾侪虽老且穷,而道理贯心肝,忠义填骨髓。"贬向岭南的途中他慨然叹息:"许国心犹在,康时术已虚。"

朝廷昏暗,良臣放逐。士大夫的智慧不能匡时救世,巨大的才华与勇气付与岭海炎荒……

"九死南荒吾不恨,兹游奇绝冠平生。"

如此大无畏,唐宋有几人?

苏东坡在京城做高官时,赵佶年龄还小。后者是否见过苏轼,不得而知。赵宋皇室自仁宗朝起,就已经形成欣赏苏轼艺术的传统。宋神宗吃饭走神,筷子停在空中,常常是因为读到东坡的新词。神宗的生母高太后更是苏东坡的"铁杆粉丝"。哲宗小皇帝受章惇的左右,放逐教了他七八年的老师,却未曾下诏禁毁苏轼文集。当时京城风气,"士大夫不能诵坡诗,自觉气索。"各地的科举考生则流行一句话:"苏文熟,吃羊肉。苏文生,吃菜羹。"

文化的影响力,已涵盖社会各阶层,流布后世千百年。宋代以后的士子没有不读苏东坡的。王国维先生最推崇五个人:屈陶李杜苏。

3

驸马王诜手里有不少苏东坡、黄山谷、米元章的墨宝,一般秘不示人,端王可以例外。二人入秘阁观摩玩赏,转眼便是大半天,忘了吃饭,端的看饱了。书画艺术道道多,一笔线条便藏着若干奥妙,那些看似随意的留白、题跋,其实大有讲究……赵佶悟性高,又不乏高人点拨。大书法家众多,苏黄米蔡之外,另有一蔡,是为蔡京,书法的名气直追蔡襄。王安石也是书法家,"笔势如横风疾雨",不守章法。司马光专写小楷,字端如其人,一部《资治通鉴》,洋洋三百万言,工工整整,锋芒内敛,令人联想他那说一不二、拒绝变通的为政风格。而皇家的秘阁中,汉碑晋帖,唐人真迹,可谓应有尽有,直叫人眼花缭乱。

不过,好东西看多了也麻烦,那一笔一画拽力大,进去容易出来难。米芾的书法一度被明眼人称为"集古字",郁闷了很久很久,他不辞几千里之遥,单骑前往黄州临皋亭拜访苏轼,讨教并切磋,终于挣脱了古字的束缚。

赵佶的书法不类他人,似乎不存在"影响的焦虑"。大师林立,翩翩少年在别处。也许无意自创一体,他只是自由挥毫,写出了性情,也写出了身体特征:瘦削、飘逸,趋于纤细,略带女性之柔媚。后来成型的"瘦金体"具有典型的风流体征。

杜甫说:"书到硬瘦始通神。"

李煜的撮巾书,硬瘦而虬曲,反指仁慈帝王坚硬的内心。

王安石的书法,或可叫做狂瘦。

宋徽宗的飘逸纤丽之瘦,与众不同。现代书法家如茅盾先生,写瘦金体,得其神韵。茅盾先生也比较瘦。不知道历史上有无肥胖而写瘦金体的?东坡字肥,人微胖。杜甫生得硬瘦。李重光、王介甫都不胖。

字的胖瘦如其人。字端却未必心正。

端王赵佶玩笔墨,玩丹青,玩气球,玩御射,玩珍禽,不大玩女色。他确实忙,好像没时间。王诜的宠妾啭春莺艳冠京师,端王好像并未惊艳。王公府第粉色如土,十七八岁的端王闲穿花径,视群芳诸艳为无物。莫非他的心里真是这么想?其他皇子,乳臭未干已知男女事,十二三岁已是行家里手。哲宗十三岁就让宫女怀孕……

有一天,随从报告说,二皇子赵佖近来偷香猎艳劲头高,疯玩里巷少女,奔走妓馆章台,呼啸瓦子勾栏。

赵佶随口道:玩死他。

老大老三老四老五……此间已经玩死好几个了。

果然,老二落入"风月宝鉴",迅速变成骷髅。曹雪芹在《红楼梦》中写贾瑞馋涎凤姐儿,具有豪门大宅之典型意义。

端王勤于学习,不搞声色犬马。醉心丹青符合皇家的传统,踢气球练骑射乃是健康运动。身边的高俅是个隐性病毒,尚未释放大量毒素。

那么,这位有着风流骨相的端王是不是在玩心术呢?

答曰:是的。

4

藩邸有个大管家叫杨震,足智多谋,擅长攻心术。他一步步爬到首席幕僚的位置,希望把他的主子推上九五之尊。

宋哲宗无子,储君要从神宗的几个儿子当中产生。神宗十四个儿子,如今只剩五个,个个想当皇帝。

哲宗的好色之身越来越差劲,龙椅上歪歪倒倒,眼看不寿。各藩邸竞争激烈。谁能一言九鼎?神宗的遗孀向太后。

向太后识大体,禁止族人与皇子联姻,以免形成"后党"。北宋抑制太监、外戚、边将是比较成功的,而自汉代以来,这几种势力常常是朝廷混乱的祸端。后党通常与太监结盟,架空皇帝。太监不男不女,看花如草,生命力因之逼仄,弄权的积极性无限高。北宋七个皇帝,皇后、太监的势力大不起来。徽宗朝变了。

由于皇帝年幼,北宋几次出现太后垂帘听政的政治格局。仁宗朝的曹太后,哲宗朝的高太后,口碑甚佳,后者被誉为"女中尧舜"。宋神宗在位十八年,高太后非常关心朝政,却从未染指儿子的权力。太后大权在握时,也不培植外戚势力,高氏族人皆低调。这显然是汲取了汉唐的历史教训。大学者纷纷做宰辅,看历史很清晰。

向太后严格限制娘家人进入权力核心,一如高太后。皇后刘氏蠢蠢欲动,却难以掀起大浪。庙堂高官如云,鲜见姓高、向、刘的大臣。另外,女性掌权相对温和,一般不会兴大狱,用大兵,敛大财。至少北宋是这样。皇帝长大了,太后就把权力还给他。仁宗朝的刘太后也是如此。女性掌舵,北宋最佳……

赵佶不张扬,向太后对他印象不错。端王府寝阁中生灵芝,外面盛传祥瑞之兆,杨震跳出去解释:是菌,不是芝;有双鹤降于王府,百官相约来贺,杨震又说:是鹳,不是鹤!

杨震说完了,高俅复来作补充,煞有介事地比划,手比踢球的脚还灵。总之,端王府传出去的信息是:端王无意争皇位。

同时,宫中的太监们有意无意赞美端王……

朝议立储大事,宰相章惇坚称:"端王轻佻,不可君天下。"章惇六十多岁了,大约因为深谙风流事、辅助好色的哲宗多年,所以他看出了端王的轻佻。可是章惇推举的申王赵佖是个"独眼龙"(眇一目),相貌问题严重,如何君天下?

向太后表示,她看不出端王有何轻佻。

赵佶赢了,大获全胜。王府庆祝的方式却是踢气球,端王激动,球场上翻跟头,"倒勾球"踢进球门。杨震、高俅争相喝彩,高俅的嗓门更高……

1100年,哲宗崩,徽宗立。

赵佶十九岁做了皇帝,搬进了万岁殿。君天下的感觉真好。龙椅后面又没有太后长期听政,他可比哲宗强多了。即位之初,雄心勃勃。夜里批奏章三更不寝,有时候四更天才上床,打个盹儿便须上早朝。大臣们称颂吾皇勤政,真乃社稷之福。他下诏,鼓励官员、百姓批评朝政,于是来自官府和民间的信件雪片般飞来。

广开言路,原是赵宋王朝的立国之本,大臣批皇帝,台谏攻宰相,往往不留情面、直指要害。神宗上台后,始治言论罪,拿论事最尖锐的苏轼开刀。"乌台诗案"牵连二十四名官员,涉及四十七人。及至元祐年间高太后听政,言路重新打开。太后薨,哲宗亲政,言路又堵了,放逐了一批正直的元祐官员,对许多敢言者施以耸人听闻的酷刑,如剥皮、拔舌、断指。因官府的酷刑绝迹已久,京城的百姓闻而色变……

宋徽宗执政半年,给人留下兴利除弊、从善如流的好印象。向太后垂帘听政,对他干预少,赞许多。

皇帝纳谏,臣子敢讲真话。赵宋王朝已历八世,一百三十多年,直言进谏形成了惯性,虽经阻遏,却能反弹。有个名叫陈禾的言官向徽宗汇报,滔滔不绝讲到掌灯时分。皇帝说肚子饿了,起身要走,陈禾伸手拉他龙袍,竟然扯断衣裾。天子不悦,说:"正言且慢,朕碎衣矣。"那陈禾说:"陛下不惜碎衣,臣又岂惜碎首以报陛下?"

陈禾升了官,百官传美谈。

宋徽宗采纳大臣的建议,禁止宫廷奢华,抑制庸官贪官。"节华侈,息土木,抑侥幸。"他以前酷爱玩鸟,现在下令把所有的珍禽放出宫去,并举行仪式。土木工程一律不批。修葺一座升平楼也只能悄悄干,生怕挨大臣批评。他赞颂四十年节俭的宋仁宗,表明了自己努力的方向。他还把秘藏百余年的毒药、鸩酒全部销毁,以仁慈诏示天下。不过,这个动作有些蹊跷,因为皇宫的毒药一直没用过,他下令翻出来,烧给臣僚看。

做了六年宰相的章惇被贬到荒凉的雷州半岛。雷州是苏辙的贬谪地,与儋州的苏轼隔海相望。章惇打苏氏兄弟,以拆字游戏的方式打着玩儿,苏辙字子由,带一田字,故贬雷州;苏轼字子瞻,故贬儋州。章惇还禁止昔日的副宰相苏辙入住雷州官舍,苏辙无奈,只好赁屋居住。然而恶有恶报,章惇以老迈颓唐之躯千里折腾到雷州,官舍住不成,民屋也租不成:当地百姓恨他陷害苏公。没过多久,章惇再贬睦州(今浙江建德)。

宋徽宗令臣子讨论,重新起用了一批元祐大臣,这叫"叙复"。范仲淹之子范纯仁,前朝重臣苏氏兄弟等,皆在叙复之列。苏东坡从儋州回中原,各地盛传将做宰相。船行常州运河时,两岸的万千百姓争睹坡翁风采,坡翁不好意思了,说:"莫要看煞轼否?"章惇的儿子章援,带着一封言辞恳切的长信来拜见,担心苏轼重返高位后,章家人会倒霉。岂知苏轼复信,将他与章惇的几十年恩怨一笔勾销,并写了治瘴疠的药方荐与章惇。章援抹着眼泪走了。苏轼这封信,后为章家代代珍藏。

章惇害得苏轼家破人亡,苏轼还帮他,如此大胸怀,将仁慈推向了极致。坡翁名言士林绝响:"吾眼见得天下无一个不是好人。"而在事关"尊主泽民"的原则问题上,苏轼历来坚定。

御史中丞安惇干尽坏事,与章惇齐名,民谣诅咒:"大惇小惇,入地无门。"安惇被逐出了京城。另有蔡京的弟弟蔡卞,官居尚书左丞(宰相的属官),排除异己称第一,是个章惇式的超级政治打手。这个蔡卞甚至敢迫废高太后。众多言官弹劾他,又怕蔡京报复,宋徽宗当庭表态:决不起用蔡京。

京师民谣说:"一蔡二惇,必定灭门。"

大蔡小蔡均遭贬谪……

很多迹象表明,宋徽宗将是一个英明的君主。

杨三变、林希也没有好下场,前者专捧顶头上司,中伤前任领导;后者善于恩将仇报,似乎谁帮他谁就跟他有仇。苏轼欣赏林希的才干,曾举荐他担任朝廷要职,可他后来反咬苏轼毫不留情。写《梦溪笔谈》的沈括也有相似的嘴脸,苏轼通判杭州时与他推诚论交,他却整苏轼的黑材料,密报朝廷……

北宋后期,由于朝政反复,导致权力争斗,催生了一批朝三暮四的反复之徒。新进、速进之辈,谀佞者多,这些人只争利益,哪管原则。政治生态每况愈下。仁宗朝名臣如云,哲宗亲政七八年,官场小人成堆。吕惠卿、曾布、章惇、赵挺之等人十分活跃。吕惠卿曾经扳倒他的恩师王安石,恶斗王安石的独子王雱,导致王雱年轻丧命;吕惠卿又硬推"手实法",令天下百姓缴纳占家产百分之二十的税赋,瞒报者重罚,举报者重奖,搞得各地怨声载道。

宋徽宗要结束朋党争斗的局面么?朝廷官员有两大势力,一是变法的元丰派,一是稳健的元祐派。但你争我夺多为私利,国家利益往往只是幌子。变法或是稳健,仅存称谓而已。

宋徽宗表示中立,取年号为"建中靖国"。若能如此,倒有可能重启国运。

赵佶十九岁,有这样的政治智慧么?

或者说,他骨子里的权力意志是否紧紧围绕着国运长远?

向太后垂帘听政半年,还政宋徽宗,不久,撒手人寰。她生前不培植"后党",类同宣仁太后高氏。这令人遗憾。单纯的良好操守未必会有好的结果。向太后安排身后事,让韩琦的儿子韩忠彦担任左仆射(左相),以平衡咄咄逼人的右仆射曾布。

曾布是曾巩的弟弟,而曾巩系欧阳修弟子,名列"唐宋散文八大家",做官颇有政声。曾布则嗜好弄权,几年前依附章惇,接下来又打压章惇,变色的速度不亚于杨三变。《宋史》列曾布为奸臣。

曾布既要攻左相韩忠彦,又要打击范纯仁、范纯礼。这三个人都是名臣之后,为官具有乃父之风,朝野称赞,并不好打。曾布苦苦寻思,走了一步险棋:起用蔡京。

蔡京字元长,生于1047年,其时已经五十几岁,以罪臣的身份待在杭州。一帮子亲戚朋友替他嚷嚷叫屈,他笑而不语,每日临池,笔力沉着。闲时游西湖,门客誉之为仙翁。

蔡京是福建仙游人,蔡襄的同乡,早年曾经向蔡襄学书法。蔡襄字君谟,做过杭州太守,与钱塘名妓周韶斗茶,拜倒在周韶的石榴裙下,传为佳话。蔡襄入仕三十余年,卓有建树,政声极佳。他主持修建的泉州万安石桥,全长三百六十丈,工程浩大,桥体坚固,造型优美。他的书法享有盛誉,苏轼说:"君谟天资既高,积学至深,心手相应,变化无穷,遂为本朝第一。"

蔡京与蔡襄,走的不是一条路。

当初蔡京做扬州太守,年年办"万花会",于著名的平山堂一带摆放各类鲜花数万株,吸引高官来观看,联络感情强化人脉。朝廷大臣、官场新贵,纷纷画船高轩来扬州,又吃又玩又拿,眼中的鲜花座中的官妓,"红妆成轮",美不胜收。大臣回开封,替他说好话。官僚勾结利益最大化,苦了奉命种花的扬州百姓:官府以低价强行收购。苏东坡做扬州太守,立即废除万花会。仁宗朝,欧阳修知扬州,造福一方,百姓种下一棵柳树纪念他,呼为"欧公柳"。

大文豪都是正人君子,从战国的屈原到民国的鲁迅,其间的几十位文学大师几乎无一例外。为什么?盖因文气通浩然之气。歪风邪气写不出传世文章。

蔡京的杭州豪宅建在凤凰山下,史料称:"极为雄丽。"一年贪知府,百万雪花银。他在汴京栽了跟头,却到杭州高调享受,大宴宾客日复一日。他的孙子都不知道米从哪儿来,"蔡京诸孙,不知稼穑。"

宋徽宗罢黜他,他并不着急。此前已经几起几落了,倒下去总能爬起来。朝廷有的是背景,官场有的是人脉。树敌多,朋党也多。如果皇帝打心眼里讨厌他,事情就比较麻烦:有朝一日被台谏攻倒,削职为草民,甚至打入黑牢,巨额家产充公,子孙永远受罪……

蔡京对左右幕僚说:我是知道圣上的。

只此一句,接下来笑而不语。

蔡京的笑容有些名气,"笑短",一闪即逝。他笑完了,别人还在笑,他就研究对方的笑容,有时弄得对方笑短、不安。居家他也很少开怀大笑。胡须长,笑容短;目细,鼻挺;善饮,面丹。食量大,体格强壮如牛。

官场风风雨雨,练就厚皮铁骨。

苏东坡"白首忘机",对人全无机心,仕途四十年依然像个大男孩儿。蔡京皮里阳秋,老谋深算,笑短而计长,遇事不慌,眼观六路又耳听八方。他的书法风格与人的风格趋于一致:沉着,雄健。值得注意的是,这两个评语系中性词。其他针对书法家的定评大抵类似。坏人亦能沉着或雄健。

古代文论、艺评,常用大词。好处是概括性强,坏处是"大钞难换零钱",不利于追踪人性的环节、道德的谱系。

蔡京在杭州凤凰山下稳得起,能吃能睡,众宾客争相恭维,唯恐语速慢嗓子小。州府亦在凤凰山,比蔡府可差远了。十年前苏东坡初帅杭州,官舍破败,房子垮塌压死了四个人,东坡不急于修府衙,集中财力物力人力,动用他所有的朝廷"资源",运用出色的工程技术和非凡的想象力,大规模整治奄奄一息的西子湖……没有宋代的苏东坡,就没有今日之名城杭州。东坡的继任者林希、吕惠卿皆是奸臣。东坡帅杭时,西子湖已经"淤塞过半"了,水旱两灾;西湖若死掉,若半死不活,杭州必定于十一世纪后叶萎缩为小城,失去长大的历史瞬间。几十年以后南宋定都城,曾于绍兴、临安(杭州)、建康(南京)之间摇摆不定,争议不休……今日杭州人,称苏东坡是"我们的老市长"。

且说蔡府建得早,气派大,占地广,远胜杭州府。外地来的官员先造访蔡府。笙歌曼舞,酒肉恒香。有个故事悄悄流传:大约三年前,有二人因卖蔡京题杜甫诗的扇面书法而暴富,那买家是谁?当时的端王,如今的圣上!

宋徽宗对蔡京是有好感的,罢黜他,也许只是权宜之计。

蔡京漫步西湖,遥想宋徽宗……

向太后去世的消息传来,蔡府也设祭。可是蔡京半夜徘徊庭院,树下面带微笑。短笑而笑频,笑声在喉咙里滚动。

数月后,有个京城人物来到了杭州,此人是太监童贯。

时任宫廷供奉官的童贯来干啥?收购书画奇巧,供皇帝玩赏。蔡京的机会来了。他每天陪同童贯,献出大量的书画珍品,包括他多年不肯示人的藏品。不仅献给皇上,还赠送给皇后、嫔妃。童贯本人,自然收获甚丰。

童贯是生着十几根胡须的,"颐下生须十数",颐即下巴。此外他高大,双目炯然,相貌堂堂。年近半百而皮骨劲健,颇有些阳刚气。他能够飘着胡子行走于内宫,看来是深得宠信。供奉官不大,却是个大肥缺,弄银子搞珍玩易如反掌。他又出手阔绰,对皇帝身边的人打点周到。

此番杭州碰头,对童、蔡都是机会。两个外表不俗、内心沟壑纵横的中年人相逢恨晚,各得其宜。童贯是鉴赏书画的大行家,偶尔还弄几笔。西湖上画船载酒,吴姬越女逞歌舞,抛媚眼,红巾巧笑侑酒。

童贯笑声起,西湖波浪开。

太监拥美高卧小楼。

阉人历来有阉不净的,秦代赵高便是,据说在民间还有赵高的私生子。宫闱秘事千年多,从秦宫到清宫。后妃常遭冷落,"玉颜不及寒鸦色",受宠的半真阉人暗中行事,皇帝往往睁只眼闭只眼。胡须飘飘然而穿梭于后宫者,史料罕见。这一点,童贯比赵高、高力士、李莲英厉害。

童公公回京。蔡元长更悠闲,坐等皇命。笔力又长进了,沉着痛快,挥洒自如。几十年官场沉浮蕴于笔端。

蔡京的自控力是出了名的。一张脸上隐藏着好几张脸。庐山真面目,偶尔露峥嵘。下笔直指性情。但性情能说明什么呢?性情乃是中性的东西,不涉及道德修养。刚健、遒劲、柔媚、飘逸、沉雄、硬瘦、枯淡之类的书法风格,与善恶关系不大。历代大书法家中多君子,败类却也不少。而这个问题,论书者向来语焉不详,缺少有效的追问。书画艺术与知识层面的学养关系大。苏东坡论文同的画,列举四点,前三者都是夸学养,末一点才称赞绘画。欧阳修直接说:"书法不可为怪。"为书法而书法者,往往忍不住要去追奇逐怪,出于功利的目的追求所谓风格,于是,假风格甚嚣尘上。鱼目混珠,乃至鱼目为珠。

宋代的大师们具有高度的文化自觉和敏锐的洞察力,能镇住假冒风格的大面积流行。常州有个李赤,号称李白再世,写诗混称李白的作品,编印诗集混入汴梁宫中,蒙骗了一些人,其中包括王安石的弟弟王安礼。苏东坡一眼看破李赤伪作,并指出:"此人乃心恙所致。"

千百年来,李赤层出不穷。心理疾病与功利欲望共属一体。

笔者曾言,古今杰出的文学作品全是非功利的,是自然、人事之欣悦表达,是强大的生命冲动遇到阻力后的强势反弹。

坏人写好字,蔡京是典型。

时代风气坏了,有些人坏起来无边无际。

蔡京一日荡舟西湖,回思那童贯的举止容貌,忽生一念:皇上欣赏的人都是长身俊朗的吧?于是转问几个歌舞妓,说他大把年纪了,是否依然美姿容?苏州籍的歌妓笑答:相公再过十年,依然玉树临风。

蔡京捋须自笑:十年不敢望,五载尚可期。

官妓们同声娇柔:就是十年嘛,啊,不止十年……

可是蔡京转念迅速,想起朝廷另一个美姿容的男人韩忠彦,顿时"笑短"。韩忠彦的父亲韩琦,既是名相又是美男。王安石年轻时,曾于扬州针对这位顶头上司写日记:"韩琦貌美,余一无可道。"

蔡京想:曾布攻倒韩忠彦,我再去攻曾布……

他把画船上莺歌燕舞的官妓们抛在脑后了。

有权方有财与色,蔡京最能掂轻重。

5

童贯回汴京活动,携带大量书画珍玩,其中多系蔡京所赠。他一件不留,全部送光。其间有个意味深长的插曲:蔡京送他一幅写李白《将进酒》的行书屏障,自言"废纸数百乃成",笔意淋漓,可谓超水平发挥。童贯密语宫中朝中的人,蔡元长极不情愿舍此墨宝,是他恳请再三之后才如愿以偿。

一时宫廷盛传:蔡京写的《将进酒》乃当世罕见的书法珍品。越传越神。宋徽宗听到了,纳闷童贯不向他汇报。召童贯询问,童贯支支吾吾。皇帝发火了:大胆童贯,竟敢私藏墨宝!

身材高大的童公公"倒玉柱推金砖",叩头砰砰响,汗流满面解释说,只因那蔡京是个罪臣,故不敢呈上行书《将进酒》……

宋徽宗笑道:朕不是收藏了他写的杜甫诗么?写李白诗更好,李杜正相配嘛。

童贯说:蔡京写废的宣纸,堆满一间屋。

宋徽宗点头道:妙字历来是天成。想那王右军,五十岁书《兰亭序》。苏子瞻年近半百才写下了行书宝典《寒食帖》。

中国的顶级书法家,一生的极品墨宝寥寥无几。王献之、颜真卿的代表作也类似。一切天才的艺术品都像是上天的赐予。李白不可能拍胸脯打保票:明天喝下五斤酒,写它一首绝妙诗。苏轼名句:"赋诗必此诗,定知非诗人。"而一味想要写下传世之作,往往抛出歪瓜劣枣。意志不可去染指感觉的原初性。贾岛一类的"苦吟派",有几首传世诗篇?

宋徽宗倒是不缺艺术眼光。

童贯呈上的蔡京新作,宋徽宗很喜欢,屏障前玩赏多时,并拿出蔡京书写杜甫诗的旧作对照看,连连赞叹。童贯趁机进言:古人云,心正则字端,或许有一点道理吧。例如圣上的书法,一笔一画皆含庄严,沉着而又飘逸,大有道骨仙姿。

宋徽宗含笑不语。

童贯"目转",担心说不到位。龙椅左右立侍的宫女抿嘴一笑,他才放心了,"睇视宫女",暗含褒奖之意。侍候皇帝皇后的宫女早被他买通。她们抿嘴笑等于传递暗号,表明皇帝听他进言不反感。后来有太监抱怨说:"嘴一抿,金一碇。香唇开,雪花银。"皇帝身边的宫女,受贿渠道多,挣钱太容易……

宋徽宗埋头看蔡京字,童贯没事干便屡睇宫女。睇,微笑着看的样子。屈原诗句:"既含睇兮又宜笑,子慕余兮善窈窕。"

童公公与二宫女互相含睇。反正闲着也是闲着。深宫光线暗,烛火照蛾眉。那年轻的皇帝忽然抬头,童贯"收电"有所不及。皇帝说:卿瞅宫娥做甚?颐须不可胡乱飘。

童贯吓一跳,赶紧伏地请罪。

他哪里知道,皇帝当年做端王的时候,瞅宫女瞅出了一个郑贵妃。郑氏才色双佳,原是向太后的贴身押班侍女。赵佶去太后宫中问安,实在按捺不住,便去睇郑女;花园里碰面,彼此要放电,太后来了,赵佶赶紧跳入树丛,郑女薄面通红……向太后也是不好瞒的,她看好赵佶,索性把郑女赐给他,压住他的性子,免得他心猿意马。他得了郑女,果然专情,卿卿我我没个完。他登基做皇帝,出身寒门的郑女摇身一变而为郑贵妃……

童贯此刻献墨宝,"龙颜大悦"。

这老谋子大太监,事前的铺垫收效甚大。

右相曾布为了扳倒左相韩忠彦,也替蔡京说好话。宋代官职左为先,右为后。曾布的如意算盘,是"拳打脚踢"占领左相府,位极人臣。

郑贵妃的族兄郑居中鸡犬升天,蹿上了高位,私下尝言:我乃杨国忠!蔡京早已派人笼络他,通过他又巴结上能吹枕边风的郑贵妃。

一切都布置就绪了。几股力量合推蔡京。

宋徽宗贬蔡京多因向太后,太后一去,唯他独尊。

皇帝御笔一挥,蔡京卷土重来。

宋徽宗行走宫苑步履如飘。过水池一跃而起,穿花树一溜小跑。宫女们捂嘴笑……二十岁皇权在握,一如他的父皇宋神宗。不同的是,神宗身边有王安石,有富弼、韩琦、欧阳修、司马光……这些忠直大臣可不好惹,他们经常对皇帝说话难听。哲宗皇帝未亲政时,多次问司马光国事,司马光绷着脸一言不发。绷脸的含义,是哲宗任性开口,问了不该问的事。小皇帝当即沉下脸,瞪了眼,而大宰相视若无睹。这事在元祐年间盛传于百官。

宋徽宗的处境完全不同了,耳边几乎全是臣子的称颂。当初那个陈禾拽烂了他的衣裾,眼下敢拉他袖子的人也没有了。他从小缺少父母的约束,由着性子野。及为端王,他在王府高参的叮嘱下变得谨慎,暂避声色,做给太后看。玩球玩鹰玩书画,不碍事的。他玩儿出了高水平。

近来他画了几幅鹰,笔势凌厉,王诜看了拍案叫绝。

赵佶的绘画风格主要是写实,与李公麟相似。构图简洁,墨意酣畅。他自幼喜欢鹰,学熬鹰熬过通宵;走马猎狐兔,大漠苍鹰与山东细狗随他扑腾。鹰眼鹰喙鹰爪子,皆与他亲近。鹰的高傲,鹰的冷漠,鹰的高空盘旋、旷野俯冲,都是他反复玩赏的对象。

文同画竹,"与竹化"。宋徽宗画鹰,与鹰化。

可见宋徽宗玩物相当投入,恨不得与对象融为一体。他也画锦鸡、乌鸦、山雀、鹧鸪……

对宋徽宗来说,玩物真好。

即位之初却要像个好皇帝,尤忌玩物丧志,他把所有的珍禽猛禽放出宫去,把精美的玉器金器收起来。也许登基前对向太后保证过,信誓旦旦。

放珍禽、收美器的动作大了,预设了日后的反弹。

太后去了谁管他?

二十岁,权力无限大,这可是赵宋立国以来从未有过的。他很有些不适应,一日闲问郑贵妃:朕以后率性行事,恐怕不太好吧?

郑贵妃巧笑:陛下顺应天意即可。

换言之,人间许多事,可以率性而为。天意向来难揣摩。

这郑贵妃十九岁,很会说话。枕席间款款娇语,却又能拿捏分寸。族兄郑居中点拨她,一点便通。

皇帝身边受宠的女人,媚劲心劲都要好使。

章惇说赵佶"轻佻",而轻佻者通常并不自知。轻佻者还会抓住自己的一些严肃、严谨的事例不放,为进一步的轻佻寻借口,找依据。心理的划痕一般是这样,这划痕可能介于意识与潜意识之间。

自识,自知,难度比较大。任性的人,反观自身的难度更大。权力顶端的、年纪轻轻的任性者,自识难于上青天。

6

蔡京重返京城,故意不坐高轩(豪车),穿锦衣佩玉带,骑一匹枣红色的大马。蔡卞、蔡攸纵马两端。威猛随从逾百,马蹄踏响宽阔的石板路。聚道而观的京师百姓数千人,议论纷纷。

蔡元长捋须短笑,冲着街边的陌生人点头。

他在玩儿胜利。

贬出去的大臣如今又回来啦。官场栽跟头,栽完了又抖擞,而这架势与派头,明示他此番回朝廷风光无限。时在暮春时节,开封城百花争艳。进京的日子是精心挑选过的。玩儿胜利的感觉真爽啊,不玩则已,要玩就玩个够。人生在世,一个玩字。想当年司马光复出,从洛阳来汴梁,轻车简从,却被市民发现了,欢呼司马君实的名字,奔走相告,顿时交通拥堵,上房爬树观君实的人数不清,踩烂瓦折断枝发生了民事纠纷……

而蔡京只要玩儿胜利,耍威风。哪管正与邪,能玩便是赢家。异日他将玩耍朝廷,玩耍嘴上无毛的新皇帝……

蔡京复起,官居执政,相当于宰相的助手。

左相曾布高调欢迎蔡京的归来,设宴洗尘,驱车造访。短短几天时间,上上下下都明白了:曾布与蔡京是一个派系。

二人在许多公开的场合形同兄弟,"连骑进宫",携手退朝。两家人共度佳节,互赠互送没个完。蔡京赠给曾布的东西不乏宝石珍玩。

宰相府中,曾布半夜打哈哈声震门窗,原来他在梦中笑醒了。是他起用了蔡京,他是蔡京的恩人……然而仅仅过了一个月,曾布突然被蔡京拱翻在地。

原来,蔡京迅速赢得了"主眷",并且得到哲宗的遗孀刘皇后的青睐。加上郑贵妃、童贯以及其他一些大臣的联手发力,将曾布赶出了宰相府,使其灰溜溜提举太清宫,拿干俸度余年。他的儿子被打入黑牢。

曾布咬人凶,不料反被咬。狗咬狗两嘴毛……

刘皇后欲借助蔡京,打击可能复出的孟废后;郑贵妃巴不得蔡京得势;童贯与蔡京也穿上了一条裤子。

利益二字,串起了一帮人。

宋徽宗亲政仅数月,官风又坏。

皇权在握的年轻人并不觉得蔡京有啥不好,龙椅左右的人都说蔡京好。再者,蔡京的字写得那么好,人也生得好。宋徽宗要重用蔡京,普天下谁能阻拦?唯一能够阻拦他的向太后已去了天堂。

蔡京起复不久,升为尚书左仆射。他取代了韩忠彦,拱翻了曾布。朝野舆论一片哗然。蔡京冷笑而已。退朝写书法愈见功力。他时刻准备跪献墨宝,陪圣上展玩皇家的书画藏品。

1002年,宋徽宗改元崇宁,改变"建中靖国"的年号和与之相应的朝纲。其间释放出的信号,让所有的元祐大臣感到惊恐。政治这台车又要大转向了。元祐年间的一大批保守派官员,包括已故的、退休的、在位的,通通要列为打击对象。

宋代骇人听闻的"元祐党人碑"于此间出笼,以司马光为首的二十多个元祐执政官被定为奸党;以苏轼为首的做过待制以上的高官四十多人,另有余官、内臣、武臣等二百五十多人,一概列为奸党。总共309人。

左相蔡京宣布党人名册,咆哮朝廷,一副凶相。许多名臣良吏被指为奸党。章惇、曾布也未能免。此二人先后权倾朝野,却不属于所谓的保守派。只因与蔡京作对,便在打击之列。

党人碑由宋徽宗亲自书写,三百多个名字,其中一些人的名字如雷贯耳,他轻松运笔,觉得字不如意就撕了重写。名字将要刻上石碑,立于文德殿端礼门和全国各州的州府厅。碑上有名者,子孙受株连。

宋徽宗边喝酒边写名字,让外臣内侍观赏。写司马光、苏轼,他喝一大口。写一般官员,嘬一小口。写官不大而名气响的,例如黄庭坚,他也喝上一大口御酒,咂咂嘴,歪歪头。

真好玩儿。

童贯说:天下书法之妙,唯称圣上。其次为蔡相公。

另一太监附和:苏东坡黄庭坚,写的都是狗屁书法!

宋徽宗笑问：他们狗屁吗？

一群佞臣点头犹如鸡啄米：狗屁，狗屁……

宋徽宗乐了，仰面饮一大口。

后来有人于市井悄悄传播段子：众奸臣争先放屁，宋徽宗狗屁下酒。

笔起笔落间，几百个官员被由着性子乱来的皇帝抹黑了。另有五百余名近年来上疏言事的官员，八百多个应诏献策的平民百姓，皆受惩治。

一时人心惶恐，不知所措。

即使从宋徽宗的角度来看，也实在看不出他这么干的充足理由。蔡京、童贯等人怂恿他，于是他就干了。原本是个无根之人，嬉皮之辈，做了皇帝越发无根。玩儿是他的本性，是他的"生存底色"，玩球玩鸟玩书画，玩千百个大臣，直到玩江山社稷。一切人间事，无可无不可。他是古代的"无厘头"人物，具有明显的后现代特征：削平深度，颠倒价值，去掉是非曲直，收起敬畏之心。

无根之人断断看不见自己的无根，这些人会嬉皮到死。

宋徽宗四岁丧父，没有父皇亲手传递给他的"价值重量"。哲宗朝后期，神宗的十几个皇子要么玩死，要么已玩得形销骨立……赵佶活得轻飘飘，却能伪装，伪装也是玩。

生命中不能承受之轻，是米兰·昆德拉对现代西方人的精神诊断。而"生命之轻"的闹剧正在大规模复制……

赵佶这类人向来不知生命之重，他要的就是轻率、轻佻、轻举妄动。父皇活得过于沉重了，沉重有啥好结果？或者说，沉重有什么用？司马光苏东坡范纯仁那些人，干吗要开口孔子闭口孟子、皇帝面前老是一副正经相呢？那多不好玩。

沉重、厚重、庄重，在宋徽宗的视域中呈现为盲点。生命之轻层层包裹他。这一点，几乎可以断定。这也表明，根据各种形式的历史依据，可以对古人展开由德国哲学大师海德格尔所开创的"生存阐释"。

靠几个瘾头来生活的人，难以逆转的乃是生命之轻。刺激朝着更强的刺激，必须将兴奋点不断推高。物欲波涛汹涌，将把大地的无限承受力设为前提。

赵佶蔡京之辈证明了：现代的精神疾病有它古代的源头。

宋徽宗二十出头狠狠玩了一把，谁说那些元祐名臣碰不得？他偏要碰，碰了也就碰了，包括碰向太后、高太后。对他来说，这事的确好玩。饮酒书写党人碑……

他下诏，毁掉吕公著、司马光、范纯仁等前任宰相在景灵西宫的画像。并应蔡京之请，将"天下碑碣榜额，系东坡书撰者，并一例销毁"。

蔡京对苏东坡特别有仇，当初东坡任扬州知州，罢除了害民伤财的万花会，使他臭名远扬，一直怀恨在心。东坡在各地留下的墨迹很多，现在他要全部销毁。他对左右说：以后翰林院、太学官学，谁也不许讲苏黄米蔡，要讲二蔡一米！

蔡京欣赏蔡襄的字，到处鼓吹那位做过他老师的仙游同乡。而米芾时任书法博士，受到皇帝的青睐；米芾又狂饮狂书，犹如唐代的草圣张旭，不问政事，以癫狂自保，被目为"米颠"。

蔡京走一路讲一路：二蔡一米，二蔡一米！

有个太学正（太学官员）没听明白，小心问：两个菜加一碗米饭？

蔡京大怒，下令撤职……

他的弟弟蔡卞充当急先锋，带了两名党羽，薛昂与林自，前往京师各处，销毁元祐大臣的画像、文集、印版。蔡卞是王安石的女婿，也善书法，更能抓权，日后与他哥哥争权势，闹得乌烟瘴气。王安石看人才是有问题的，他重用的吕惠卿、曾布、李定，他挑选的女婿蔡卞，都是邪得厉害的家伙。

蔡卞要销毁《资治通鉴》的印版，太学博士陈莹中拒不执行。蔡卞大叫：今日只要烧印板，你待要怎地？

不料陈博士的嗓门比他还高：先帝神宗为《资治通鉴》写过序言！

蔡卞傻了，掉头便走。过了两个月，却找个借口把陈莹中调离京城。

京师民谣说：二蔡一童，三个奸雄。

又说：拨了菜（蔡），砸了铜（童），便是个清凉好世界。

宋徽宗下诏严禁苏黄文集的流传，告密者可得赏钱80万。岂料越禁越传，书肆悄悄卖高价。士大夫则"争诵坡诗"，私下传阅东坡手稿。

更有官员点灯熬夜抄写、临摹……朝廷屡禁不止。皇帝本人和他的妃子听伶人唱苏轼的中秋词,且歌且舞,"起舞弄清影,何似在人间。"蔡京听说了,埋怨皇帝禁苏不彻底,宋徽宗嬉笑反问:卿等禁苏,干朕何事?

皇帝在宫中变着法子玩儿,设市肆演"情景剧",让宫女们扮作村姑或卖酒女郎,他找来几个近臣一起扮叫化子,扮跛脚道士,扮厉鬼饿鬼,扮蓬头垢面的流浪汉,总之要让宫女认不出他来,要让大伙儿感到有趣。男女互相追逐尖叫、藏猫猫,花树丛中胡乱扑倒、剧烈喘息。上树爬墙钻山洞,半夜里闹嚷嚷好生快活。这叫玩庶民趣味,隐匿了皇帝的身份。转眼间他换了黄袍,坐到一块石头上,面无表情龙颜庄重。脚下黑压压跪倒一片。黄袍男人大笑而起……

元祐党人碑搞得各地"谈碑色变",皇帝却在宫中大搞娱乐。

皇帝喜欢拿司马光开玩笑,他骑在蔡攸的背上,挥鞭抽打"马儿"说:你这个司马光,你这个司马光!

司马光生前严肃,拿严肃的人开玩笑逗乐子,效果立显。

宋徽宗有一回翻墙出宫娱乐,又把替他垫脚的近臣呼作司马光。皇帝嬉皮笑脸,官员的正经相就大打折扣。拿司马光、王安石开玩笑的大有人在,例如蔡卞挨过忧国忧民的老丈人王安石的训斥,便发泄说:荆公牛是牛,只不喜沐浴,不爱更衣,身上的那些虱子个头大,俗称牛虱。

王安石扪虱而谈,名士风度超过了魏晋人物,曾有一日,他上朝面圣,虱子爬上了他三寸胡须,宋神宗看见了却不予道破。虱子在胡须上慢悠悠爬了几圈,王安石察觉了,伸出两个瘦长指头将它捉住,意欲掐死。以跟屁知名的大臣王珪忙道:万万掐不得,这虱子不寻常!王安石问他何以不寻常,他眼珠子一转,指出虱子的两大功劳:"曾经御览,屡游相须。"

这笑话传了几十年。

仁宗朝的大臣们普遍崇敬范仲淹,可是到了徽宗朝,范仲淹也成了娱乐的对象。列入徽宗朝"六奸"之一的王黼,对宋徽宗说:陛下不妨先天下之乐而乐,盛世如何不乐?

蔡攸则进言:"所谓人主,当以四海为家,太平为娱。岁月几何,岂可自苦?"他鼓励宋徽宗放开手脚搞娱乐,并提供娱乐的理论依据。此人比宋徽宗大几岁,也生得细皮嫩肉,若干年前便是赵佶的铁哥们儿。他随意出入皇宫,穿戴可以稀奇古怪,有时候男扮女,涂脂抹粉扭腰身……

范仲淹、寇准、包公、欧阳修、三苏父子、苏门六君子……都被拿去搞笑。北宋名臣的庄严与正气,被一双双娱乐的眼睛拉变形。

临御天下并不好玩儿,正经事烦心事太多。宋徽宗为了少打呵欠少皱眉头,便将大权付与蔡京。宋代的君权原本有中书省、门下省的制约,例如中书舍人和给事中有权驳回圣旨。蔡京想方设法让君权绕过那些制约。皇帝爱玩儿,他就揽权。皇帝想咋玩就咋玩,蔡京想干啥就干啥。君相如此搭配,可谓历朝之最。蔡氏一门入相三人,高官十几个,势力盘根错节。蔡京的一个小儿子后来娶了徽宗的女儿。

太监梁师成亦是六奸之一,他胆子大,专门养了善于模仿瘦金体书法的小吏,多次冒充御笔诏令天下。他和蔡家关系好,互相抬举。蔡京是大书法家,如何不知梁师成瞒天过海的伎俩?却正好拿了太监短处,命他说话办事。

有谏官弹劾梁师成,称太监竟敢冒充御笔下诏,宋徽宗并不感兴趣,只冷冷地反问:是么?

皇帝早朝打瞌睡。夜里玩凶了。翻墙出宫逛夜市,登潘楼(开封名楼之一),笑穿烟花巷。回宫仍是翻墙,梁师成负责垫背。宫墙高丈余,宋徽宗骑在墙上观赏月亮,却忽然像猴子似地跃上宫树,吊着树干,晃几晃松开了手,稳稳地落入庭院。

真好玩儿。

梁师成赞美说:天子乐陶陶矣!

宋徽宗笑道:谏官说你模仿御笔下诏,可有此事?

姓梁的太监吓一跳,叩头说:谏官诬陷,微臣岂敢!陛下不信可问蔡丞相。

宋徽宗问:你和蔡丞相不是一伙的么?

太监矢口否认,摇头如拨浪鼓。皇帝原本无心追究,只吓他玩玩。

回寝宫已是三更后,郑贵妃悉心伺候,纤手按摩,巧言调笑。她收集了市井笑话、荤段子讲给皇帝听,进一步刺激他翻墙出宫的欲望。正宫娘娘王氏比较正经,郑贵妃借此打压她。在皇帝的眼中,王皇后不好玩,郑贵妃好玩。

宋徽宗疯玩后贪睡,郑贵妃传语内侍,说皇上痣疮痛不能坐朝。

于是经常痣疮痛。入夜却又爬树跳墙……

然而宋徽宗对郑贵妃也感到有些厌倦了。盯着她看时,脑子里想着陌生的市井女子,想着蔡攸的美娘子朱氏。

朱氏入宫侍过一次宴,和其他命妇在一起,并未与皇帝说过半句话。可是她端坐着,一动不动艳光已四溢。起身时"转动照人"。那是去年的中秋夜,皇宫例行赐宴高官近臣,包括臣子的夫人们。宋徽宗"目注"朱氏,朱氏没啥反应。凭他眼色暗相勾,朱氏的一双美目只是端庄。哪有余光瞟他?

对玩家来说,得不到的东西总是好的。

今年元宵节赐宴,不见朱氏的动人身影。宋徽宗让宫廷画师以御宴为背景,画了几十幅丽人图,他挑了一张挂到寝宫的墙上。画图中的美妇人端坐于几席间,神态安详。这幅画取名《中秋赐宴图》,宋徽宗题款,盖了一枚闲章。

郑贵妃揣摩画中的陌生美妇很久了,难免有些紧张。她能歌善舞,又学着笔墨丹青,希望获得专宠。此间她感到,皇上的那道"色门"不开则已,一旦打开不得了。

赵佶观画图,玩着自己的想象。梦中看见矜持的朱氏含笑开口……

玩家识得妙处:面对心爱的东西要做到不慌不忙。

7

崇宁五年(1106)正月,天上出现了彗星,天子惊心,连夜反躬自省,下诏称:"中外臣僚等,并许直言朝政阙失,朕将亲览,虚心以改。"

中书侍郎刘逵冒死进言:"首劝徽宗碎元祐党人碑。"

刘侍郎上书后,沐浴焚香,坐等乌台的台卒上门拿他。但出乎意料的是,台卒没等来,倒是来了几个黄门(太监),恭喜他的奏书得到圣主的批准。并赐黄封御酒、金腰带,官品上调。

有传言称,郑贵妃对皇帝的"枕谏"也起了作用。

三百多个元祐党人因彗星而得福,免遭劫难。亲朋子孙以及正直的人士弹冠相庆。

政治打手们不高兴了,蔡京咆哮朝堂:"碑可毁,名不可灭!"他要让司马光、苏东坡等元祐大臣遗臭万年。

有史料说,蔡京咆哮时,百官惊惧。然而后来元祐大臣的子孙纷纷寻找未能毁掉的党人碑,花钱复制党人碑……

权力有它的时间性。谁能让司马光苏东坡遗臭万年?

宋徽宗也听见了蔡京的恶叫,顿时不悦。这"不悦"被随时细察圣颜的赵挺之发现了,转与"官场莫逆"刘达紧急商议,趁机弹劾蔡京。赵挺之曾经是右宰相,倒在蔡京的手下。如今复仇的时机到了。刘达上疏,极言蔡京专横跋扈,党同伐异,祸害朝廷。宋徽宗准奏,贬蔡京为太乙宫使,留居京师。

六十几岁的赵挺之官复原职:尚书右仆射。刘达升为中书侍郎。宋徽宗召见赵挺之说:"朕见蔡京所为,一如卿言。"

赵挺之得了圣旨到处讲。三年前搞元祐党人碑他是出过力的,如今为了扳倒蔡京,不惜否定当年,怂恿刘达上疏。

蔡府黯然失色。赵府门庭若市。赵挺之有个小儿子叫赵明诚,出了名的金石学家,家中藏品丰富,包括大量古玩字画。蔡京也是收藏家,曾与赵家往来密切。现在,一夜间反目成仇。

赵挺之连日设宴迎来送往,拱手打了数百次,笑容可装几大缸。全家百余口欢声笑语,唯有一人冷眼旁观。她是赵明诚的娘子李清照。1106年,李清照二十出头,才华初露,风姿绰约,骨感天成。嫁入相门我行我素,她和丈夫趣味相投。她对公公的作派表示厌恶,顶撞过若干次,史料称:"时有龃龉"。赵挺之配合蔡京将她的父亲李格非打入党人碑,诋毁苏东坡,祸及李家人,使她郁闷而又愤怒。如今赵挺之复与蔡京赤膊干上了,翻云覆雨的手段人所不齿。京师民谣:"昨天拔了菜(蔡),今日又起灶(赵)。"

李清照私下评价公公复职这件事:如此闹腾,日后难测。那蔡家一窝奸臣,树大根深,肯定还要兴风作浪。

赵挺之听到了,大觉逆耳。

过了三个多月,蔡京果然卷土重来,挥舞着老拳将赵、刘二人打趴下。原来,蔡京早已唆使郑居中、童贯、梁师成等人在宋徽宗的御座前替他说话,展开了强劲的舆论攻势。七嘴八舌的背后是多方利益勾结,"一荣俱荣"。

节骨眼上蔡京舍得花钱,他花钱的原则是:出手务必叫对方心动。

争权夺利白热化之际,蔡京足不出户,每日挥毫泼墨。"有客潜至,但论书画而已。"

朝廷风云动,笔底起波澜。

蔡京的心劲如此之大,或可增添他的笔力。明代的严嵩、董其昌也类似,都是坏人风风雨雨写好字。董其昌夺民财抢民女,恶贯满盈,民谣吼道:"若要柴米强,先杀董其昌。"

心力通笔力,此说庶几可以成立吧?颜真卿《祭侄文稿》乃是血脉贲张的经典之作。朱长文点评颜字:"纵横有象,低昂有志。"欧阳修则注重人格修养:"颜公书如忠臣烈士,道德君子,其端严尊重,人初见而畏之,然愈久而愈可爱也。"

想想岳飞含恨书写诸葛亮的《前出师表》。

历代大书法家,还是道德君子多。而人品与书法不妨分开谈,不必因人废字。同样不必因字誉人,眼下有酷爱书画者挖空心思为董其昌的行为辩解,实属多余……

蔡京稳得起,书法见端倪。

而皇帝身边的童贯不断抛出"心正字端"的言论。皇帝爱听。

宋徽宗大笔一挥,蔡氏父子又荣耀了。

赵挺之落官,一夜间白发萧然,牙齿摇动,走路拐杖撑不起。官帽一失魂就丢了。家产还在。不愁吃不愁穿,却是老泪流不干。连咬牙切齿的劲都没了。落官五日,竟一病归西。此系北宋政坛的经典笑话。

赵府悲蔡府喜。蔡京短笑频频,抱着孙子绕庭树。蔡攸乐极生悲,对着朱氏垂泪。朱氏自是开颜,美目端庄流盼……

赵明诚仕途失意,携娘子远走山东老家青州(今益都县)。李清照《金石录后序》:"屏居乡里十年……衣食有余。"这十年间,两口子般般情好,展玩书画及金石拓本,总是舍不得吹灯睡觉,"夜尽一烛为率。"李清照未能生子,赵明诚却不考虑纳妾。这对中国第一女诗人的成长是决定性的:李清照得以专情于艺术和夫妻之爱。易安居士填词不让前辈名流,她甚至敢于批评苏东坡,说东坡词"皆句读不葺之诗耳"。总之,这个非凡的济南女子活得昂扬,天性与才气俱舒张。

赵明诚比他的宰相老爹赵挺之强多了,官身不存,精气神在。甘为绿叶衬红花,成就了女中豪杰李清照。

赵挺之一败涂地,失掉乌纱帽五天便呜呼,改变了李清照的命运走向。

权臣气焰高,落职不如草。

蔡京倒是能熬,快满六十岁的老头稳扎稳打。哲宗弄他,徽宗玩他,大大强化了他的韧性。他伪装得像一条深海章鱼,浑身的吸盘随时准备抛出去,牢牢抓住政敌。打曾布,打章惇,打赵挺之,皆获全胜。超级政治打手必有绝招。心理承受力强,所谓大丈夫能屈能伸。

蔡京居家时,临池挥毫如旧。"退笔如山",书法精进。童贯前来造访,带走了一些作品给皇帝看。

宋徽宗此间又迷上了绘画,说:"朕万机之余无所好,唯好画耳。"他从蔡京的书法笔力中领悟绘画的线条……

君臣玩笔墨,又互相玩着对方的心思。年龄相差三十五岁,嫩姜虽嫩,却是天子。赵佶十几岁在杨震的指点下玩心计,成功坐上龙椅。

嫩姜玩老姜,不落下风。

蔡京漫步私家园林,穿行于古木之间,通常只想一个人:宋徽宗。下一步棋应该怎么走?老权臣已有盘算。

8

杭州有个土佬肥暴发户名字叫朱勔,其父朱冲以狡狯著称,早年在苏州卖药发迹。父子移至杭州,做奸商兼做慈善,施舍衣物、供应粥汤之类,蒙得市井好名声。蔡京父子几年前结识了朱家父子,现在又通过供奉官童贯去杭州联络,叫朱勔收罗江南的奇花异石。

为这事,杭州专设了应奉局。刚开始进贡有限,"小黄杨三株,以黄帕覆之而进。上大喜异然。"

仅仅三株小黄杨，就让宋徽宗大喜异然。蔡京窃喜不已，暗想：后面有戏……

接下来的若干年间，蔡氏父子齐上阵，伙同童贯与朱勔。蔡攸原本掌管裁造院，每年大宗的银子进出，已经是个肥缺了，却更羡慕父亲搞那花石纲，油水多得叫人瞠目，国库取钱如开自家钱柜。"一花费数千缗，一石费数万缗。"一缗即一贯，一千文。只要宋徽宗喜欢，哪管花石成本。蔡攸为皇帝运来了一株橄榄树，后者眼睛都绿了，此前他从未见过这亚热带树种。皇帝高兴了，赏赐就丰厚。蔡攸官船下江南，收罗奇花异石，督促东南各地的知府、两广的市舶司进贡花石。一个船队十条船为一纲，故称花石纲。

南方各地的官员都卷进去了，进贡花石邀宠，升官发财。

"搜岩剔薮，穷幽索隐，虽江湖不测之澜，凡力可至者，必百计出之，名为神运。百姓之家，有一花一木，悉以黄帕遮复，指为御用之物。不论坟墓阡陌，尽行发掘。百姓稍有异言，鞭笞立至。"

宋徽宗玩花石，天下骚动。坟墓里的好东西也要掏出来。百姓稍有不满，衙役的鞭子便劈头抽过来……

蔡氏父子、朱氏父子获利最巨，源源不断地进贡，源源不断地从中搞钱，还要加官晋爵，封妻荫子。杭州有一棵唐代的古桧，枝干峥嵘，其势甚伟。朱勔看中了，决定装入大船运往汴梁，却由于树大招风，船翻了，一船几十人葬身波涛。朱勔听到消息，连称古桧可惜，只字不提人命。

有一块太湖巨石，高广数丈，估计重达几十吨，专造巨船运往京师，凿河断桥，毁堰拆闸，几个月才运到开封，又拆毁了一道城门才弄到宫廷。宋徽宗大悦，题字于巨石："青云万态奇峰"，并且封这太湖石为盘固侯。搬运石头的役夫均获金碗一只，朱勔封威远军节度使，奴仆全都封官，佩上了金腰带，趾高气扬招摇过市。民谣说："金腰带，金腰带，赵家世界朱家败。"

各地的怨声也随着花石纲涌入京城，蔡京安慰宋徽宗：陛下不爱声色犬马，只喜山林竹石，这些东西不过是人间弃物，陛下取之无妨。

蔡京老说这类话，童贯、梁师成又附和，宋徽宗便信以为真了。变弃物为宝物,仿佛是皇帝的创造发明。

数不清的奇花怪石运抵京师,包括民间发现的无数古物珍玩,堆满了宫廷,塞满了秘阁。皇帝玩天下,年年玩不够。蔡京等人献计,道士刘混康选址,于京城东北角堆了一座艮岳,又称万岁山、华阳宫,高达百米,绵延十几里。最高峰一百五十多米。由梁师成主其事,费时六年乃成,在地势平旷的开封城内高高耸起两座山,中间挖大池,弄成了人工湖。亭台楼阁迤逦分布,人造景观应有尽有。姓刘的道士说,万岁山耸为龙脉,宋徽宗将接连生子。这话倒是应验了,宋徽宗越发宠信道士,诏令全国的州县多建宫观。

徽宗作《艮岳记》千余字,赞美他的万岁山。末尾说:"真天造地设,人谋鬼化,非人力所能为者。"

瘦金体潇洒飘逸,朝廷百官称颂不已。

又画《祥龙石图卷》,赞美他的奇石。此画现藏于北京故宫博物院。

劝他节俭的臣子,一般没有好下场。讨他欢心、鼓励他奢侈的人都升了官。宋王朝三百二十个州供他享乐,而皇帝以下,各级官员铺张浪费,"享国"成常态,竞富夸奢演为风尚。

想当初,司马光甚至舍不得多点一根蜡烛,隆冬接待访客,长谈不生炭火……良好的官风带动良好的民风,反之亦然。

官银从哪儿来?从百姓的骨髓来。

宋代原本赋税重,北宋后期更是名目百出。官员的数量比真宗朝增加了几倍。

皇帝大兴土木盖宫殿,官员就搞私家园林,东京开封,西京洛阳,豪华园子一座连一座,占地几百亩不稀罕。蔡京于京城建的园子方圆四十里,拆毁民居千余户。相府森严,堪比皇宫。家奴出门抖威风。蔡京霸占的肥田好地多达五十万亩。

会踢球的高球做了太尉,改名高俅,坐镇白虎节堂,蔑视八十万禁军教头。当有人向宋徽宗提意见时,赵佶笑问:你有高太尉那种玩球的本事吗?

市井浪子李邦彦苦练球技,练得一身球本事,一步步爬上了金銮殿,将俚语村话荤段子带到皇帝的身边,每每弄得满堂爆笑。赵佶乐不可支,几乎就地打滚。李邦彦口出狂言:"赏尽天下花,踢尽天下球,做尽天下官。"

宋代的官员在全国范围内调动,任期一般两三年。李邦彦这类人,为官一地,掏空一方。凭借球本事和荤段子,他受到宋徽宗的重用,做了许多州府的长官,后来蹿至宰相。敛财无计,挥霍无度。他与太尉高俅比球技,各带一队球员入宫厮拼,让皇帝、皇妃观赏。那赵佶看球大喊大叫,技痒时,奔下场去踢起来。后宫成立了女子气球队,一色粉红球衣,纤腰玉腿活跃,皇帝带领几个太监与她们厮拼。童贯和杨戬都十分卖力。梁师成担任裁判。高俅入宫汇报军情,宋徽宗命他踢混球,当教练。高俅乐得混入粉红娇喘队伍,踢欢了,大汗淋漓,却将要汇报的军机大事抛到九霄云外⋯⋯

杨戬也是六贼之一,以搜刮京东西、淮西北的民田著称。李彦则搜刮山东的州县。左仆射蔡京"总搜刮",四方珍奇,殷勤献皇帝,以此伎俩保官位,保住蔡氏家族的财产。

天下百姓水深火热,皇宫的娱乐高潮迭起。宋徽宗怎么也玩不够,可供他玩的东西委实太多。近臣全是玩家,六贼之外还有六贼,搜索枯肠找乐子。大臣入宫侍宴也要玩儿,浪子宰相李邦彦喝酒兴奋了,当庭脱衣裳,半身裸露,展示纹身图案。宋徽宗举杖笑击,李邦彦"嘻嘻嘻"爬上了柱子,拿手脚的动作继续搞笑,裸身抱柱迟迟不下来。皇后王氏在室内看见了,叹息说:"宰相如此,怎能治国?"

蔡攸与王黼,有事没事入宫找皇帝玩儿,抹红穿绿、短衣窄胯,咋都行。王黼和嫔妃们打情骂俏,皇帝笑嘻嘻瞧着。蔡攸准备了新鲜的荤故事,怪模怪样讲述,宫中笑倒一片。侏儒跳舞,优伶演戏,漂亮宫女放屁⋯⋯君臣围着乐,不舍昼夜。

元祐年间,苏东坡一身正气行走朝堂,公务之余也诙谐幽默,却对优伶毫无兴趣。宋人笔记记载,有两个"良优"变尽法子逗他笑,他始终不笑。这事在京城的优伶圈中流传甚广。苏东坡这样的幽默大师拒绝搞笑,绝不是无缘无故的。他不想看到猥亵气弥漫于朝廷。

娱乐化的逻辑指向,乃是为搞笑而搞笑,以致嬉皮笑脸花样百端,嘲笑严肃认真,抹掉质朴简约,抵消正大庄严。

人性中有追求乐事的本能,却是喜怒哀乐周而复始,情绪的自然生发对应着人的生存。娱乐的符号大起来,归根结底乃是无聊的能量聚集,无聊孕育更多的无聊。娱乐的泛滥与物欲的泛滥是同构的,共属一体的,这种泛滥冲击人类的基础情绪,进而威胁人类赖以生存的地球家园。

古代的娱乐化终归有限,现代社会一定要高度警惕。无节制的娱乐市场化,媒体为追逐利润而推波助澜,后果将是灾难性的!

徽宗朝的娱乐搞笑没完没了,层层波及官场,歪风成气候。官员们习以为常地在歪风中辨认自己的面孔,寻找行为的参照。踢球唱曲装怪之辈,能做宰相和军机大臣,谁还寒窗苦读、修身砺志呢?

唐玄宗后期,也是娱乐化拖着肉身下沉,大脑迷糊,被安禄山、史思明攻个冷不防,国运一落千丈。

问题在于,宋徽宗年纪轻轻就极端肉身化了,早在做皇子的时期他就轻佻,无力辨认从他全身每一个毛孔中溢出的肉身化。对他来说,轻佻乃是动态性的,是一条不断延伸的单行道。

政和六年(1116),宋徽宗登基十六年,蔡京上疏称:"陛下不爱声色犬马。"岂知过了而立之年的皇帝正在敞开他的色门。

奇花异石珍禽之类,他接着玩,但兴趣已经下降。几千里外运来的什么千年巨木,皇帝看过就忘了。登万岁山要打瞌睡。错落分布的十几万块奇石,也就那样。写字画画吟诗,总不能天天搞。文武官员大都模仿他的瘦金体书法,胖子也竭力下笔纤瘦,真叫他感到厌倦了。后宫看似佳丽如云,其实粉色如土。为何粉色如土?因为佳丽们的举止太相似。不新鲜,不刺激,所以她们不好玩。

唐玄宗与杨贵妃还算两情相悦,缠绵十五六年,直到后者三十八岁命丧马嵬坡。南唐李煜爱娥皇,娥皇二十九岁病死,李煜痛不欲生,差一点投井而亡,去追娥皇的亡灵。宋神宗受高太后影响、王安石劝谏,始终勤政,不昵女色。

宋徽宗不玩则已,一旦玩起来,比哲宗还厉害。

他盯上了蔡攸的夫人朱氏。

9

朱氏系开封人,除了年轻貌美,为人也比较自重。徽宗曾于宫廷的中秋宴席中频频瞅她,"眼色暗相勾,秋波欲横流。"她心下明白,只不回应,一直端坐着。换了其他命妇,一般都会有所反应,甚或反应大。皇帝享有特权,单独召某个命妇入宫侍宴。这就是个危险的信号,明为侍宴,实则侍别的。做臣子的有苦难言。唐代宫廷这类龌龊事不少,例如杨玉环原是寿王妃,被唐玄宗弄进宫去,先做女道士以掩人耳目,接下来,老皇帝霸占了儿媳妇,使寿王李瑁非常痛苦。宋代把妇德提到前所未有的高度,皇帝霸占臣子美妻的事情几乎绝迹。如果宋仁宗或是宋神宗想要这么干,定会遭到大臣们的严厉批评。

宋徽宗不会去考虑别人的想法。花石纲弄了十几年,民怨沸腾,他照样干。

朱氏端庄自持,正好合他胃口。

事隔两年,又是中秋节,皇帝例行赐夜宴,一群近臣各携夫人入宫。桂树枝头挂着圆圆的大月亮,清辉洒满临水的精致楼台,玉箫声动,舞袖翩跹。命妇们的衣饰争奇斗艳,唯独朱氏穿戴如常。为了这个夜晚,多少有望入宫的贵妇提前精心准备,朱氏却在丈夫蔡攸的催促下才勉强答应。

有些事,两口子心知肚明,只不说破罢了。

宫中桂子飘香,丽人总是端庄。

龙椅上的皇帝酒酣耳热放了几回电,朱氏像一尊玉雕,美目朝着同一方向。皇帝并不恼,这一刻有得玩。玩精细向来是他的拿手活,瘦金体书法和花鸟画皆以笔法细腻见长。调动权臣互相制衡也是个精细活……

朱氏矜持。宋徽宗把玩这种矜持。他不想以皇帝的面孔对待她,比如命她侑酒,那就落入俗套了。她不瞧他,他就瞧她。移目别处时,拿眼角瞟她。

真有趣。

当众睇她或悄悄瞟她,效果不一样。也许他过分了,使她薄面含嗔。其他十几个命妇集体被忽略,她隐身于末座却被皇上的目光拉到最前边。她不安,不自在,不愉快,却又必须待到席终。那个穿黄袍的男人隔老远左右着她的心思,包括她的坐姿,她喝酒的模样,她那长睫毛一闪即逝的慌乱。许多命妇留意她。她成了毫不声张的声张者。

真是的!中秋夜宴的两个时辰,朱氏陷入了强迫性心理。她不想去理会的,却偏偏时时刻刻在理会。要知道,"普天之下,莫非王臣",皇帝可以得到他想要的任何东西。念头掠过这一层,她哪能不慌乱?

朱氏的矜持只剩下空壳了,皇帝不动声色的目光解除她的武装。她下座如厕时,步态生硬,失掉了往常的轻盈与自信,在宫女的导引下也差点走错路。

宋徽宗莞尔一笑。蔡京父子迅速交换眼神⋯⋯

中秋夜宴之后,暂无下回分解。

皇帝的瘦金体书法越发自如了,体相风流,并且透着力度。多年来用心揣摩御笔的梁师成也感到意外,问圣上是何缘故。徽宗笑笑,不作解释。梁师成转问蔡京,蔡京说:吾皇心中蕴藉,笔端自是宛转。

大太监拍手称妙。

蕴藉与宛转从何而来?如今已做了皇后的郑氏最想知道,她三十多岁了,即使把浑身的媚劲使出来,也敌不过青春佳丽的一颦一笑。于是转向修妇德,率领后宫,母仪天下。她赢得了一片赞颂之声。正史野史,对郑皇后评价不错。她拥有儿子和美誉,不复奢望专宠,只求保住皇后的凤冠。

郑皇后的策略是:在自保的前提下,尽可能满足皇帝的心愿。朱氏毕竟是蔡攸的妻子,皇帝偷腥,有贼心更有贼胆,却不至于把朱氏据为己有。

郑皇后拿言语挑他:陛下近来玩赏《中秋夜宴图》,凝神忘箸,是观花月呢,还是瞧人面?

他随口答:二者兼有吧。

郑皇后进一步说:既然画卷中人面如花,何不召她进宫来承欢伺宴?

宋徽宗笑道:人来了,画就收起来了。

看来皇帝是自有主张,不劳旁人来撮合。他观画挥毫,玩着掺合了记忆的想象中的场景。只研朱墨画朱颜,画卷上的朱氏穿一身薄如蝉翼的春衣,暗合他赋予她的、此间尚属子虚乌有的春心。

秋去冬来,漫天好大雪。宋徽宗画雪野丽人,白茫茫中一点娇红。设色精妙,构图简洁。半夜忽然又来了灵感,龙床上一跃而起,口称:端砚研来朱墨。

皇帝亲自动手磨墨,脱口说:磨你朱氏则个……

郑皇后佯装睡得正香,面壁抿着嘴儿笑。

三月桃花盛开,宋徽宗驾临万岁山萼绿华堂,当着童贯、高俅、李邦彦等人的面,复挽皇袍磨墨,一面说:磨尔朱氏则个。群臣捧腹大笑,李邦彦当天传为荤段子。这个著名浪子也于别处挽袖磨墨,连连滑稽模仿:磨尔朱氏则个,磨尔……

"则个"系宋人口语。

深居蔡府的朱氏听到了,还不止一种版本,真是恼也没处恼。丈夫似乎拿着别人的眼睛打量她,点头赞曰:娘子好个美妇,呵呵。

朱氏怫然不悦,蔡攸嘻嘻笑着溜了。

朱氏垂泪,她也只能垂泪。

这一年她二十七岁,嫁给蔡攸已逾十年,她也是个名门女哪,知书识礼,遇事谨肃,珍惜自己在京城的名声。九重深处那一只为所欲为的花样权手对准了她,欲下未下,玩似的。

不怕贼偷,就怕贼惦记。

朱氏一天天的难熬,时闻难听的官场荤段子。那个浪子宰相李邦彦又发挥编派:从来好事多磨,磨尔朱氏则个。据说皇帝听罢爆笑,浑身发颤御笔落地,让李邦彦拾了去,表演给百官看。他编的荤段子传得比风还快。

朱氏出入一些场合,贵妇们纷纷扭头看她。一日,某府聚会,她刚刚抬腿进门,人群中便有妇人曰:"则个"来啦。众贵妇相顾而嘻笑,珠宝佩饰响作一团。朱氏当众受辱,气冲冲掉头便走,却从此落下了一个绰号:则个。上流社会的贵妇圈,这类绰号一经风传便是永久,越抹越显,越抹越发挥。有官员制新墨,戏称朱氏墨。更有妇人四处去散布:

啥是端庄？端庄底下伏着孟浪,不一般的孟浪!

朱氏气不打一处来,末了还是独自凭窗垂泪。

丈夫蔡攸假装关心她,其实巴不得把她像奇花异草般进贡给皇上。蔡府一窝高官,谁肯替她着想？他们似乎等待着某一天,七手八脚抬她上轿,不由分说送进宫去……

宋徽宗玩想象力玩了半年,书画确有长进。画图设色,往往恰到好处。书法则糅合了端庄与风流,书写长卷一气呵成,草书有袅娜之态。蔡京看了,惊叹再三。童贯加以阐释:圣上三十余年阅美多矣,不意胸中七彩纷披犹如春山。

郑皇后于珊瑚枕边暗加怂恿:臣妾闻宫外流传,陛下尝戏言,磨尔朱氏则个。

徽宗笑道:我磨朱氏,朱氏磨我。昔日苏子瞻有诗句,"非人磨墨墨磨人"。

郑氏粲然曰:朱氏再美,不过一妇人,她焉能磨陛下？

皇帝的心思岔一边了,说:朱氏美吗？

郑氏答:陛下岂不闻汴梁甲第盛传,中外命妇千百,朱氏端丽第一。委实是个非礼勿视的尤物呢。

郑皇后这句话说到点子上了。甲第传言,实为杜撰。让皇帝召幸官员的美貌妻子,比后宫的嫔妃获新宠强。皇后的目标很明确,她的地位不能动摇。要紧紧抓住主要矛盾,压制蛾眉争艳斗宠。后宫那些小女子,个个蓄足了媚劲瞅机会……

宋徽宗经多方言语撩拨,有点沉不住气了。

观画图,玩想象,磨那蔡府朱氏,也磨着他自己。心中颜色多,下笔更斑斓,书法体相更趋风流。总之,老玩家宋徽宗三十几岁碰上了新鲜事,值得好好玩玩。平日忙碌之余,有时他会突然想到朱氏如何度时光,想象她斜穿花径闲打秋千,赏花扑蝶俏动,画船误入藕花深处,转动优雅的脖子惊呼。就连朱氏咬着玉簪梳妆、卸下罗衣上床的细节都能想到,念头一闪而入,留连丽人左右。

细节多乐趣就多。书画珍玩,玩的就是细节。崇政殿水池有一太湖巨石,窍孔多达千个,风声四季不同,水石相击直如洪钟。那灵异石头,宋徽宗玩了大半年,穷究细节。

他观察草木花鸟很细致,工笔花鸟画出色,不是因为臣下和画工的吹捧。画《清明上河图》的宫廷画师张择端,写实功夫极好,点评画作颇为严格。王诜评画更以尖锐著称。宋徽宗喜欢把作品拿给王诜看,听到真话。

概言之:宋徽宗玩物玩得仔细。这也是超级玩家们的共同特征。而罩着大局的,依然是由欲望逻辑所生发的花样翻新。

磨尔朱氏则个,或可叫做认真的轻佻。平生头一回,宋徽宗玩了这么久。是时候了,意念的行动该结束了。

四月牡丹开,皇帝召命妇朱氏入宫,陪他赏牡丹。

朱氏慌了神。本以为这事已淡了,殊不知皇命陡下,黄衣太监登门宣诏,敕令朱氏次日进宫。蔡京西园四十里,几百张嘴,一时传开了。粗使老婆子,外屋小丫鬟,连同车夫园丁厨娘士兵,一个个眉目掀动叽叽咕咕。日将暮,几个主子玉堂品茶,以戏谑的口吻谈起此事,蔡卞笑打隐喻:"磨,磨,磨,敬新磨。"这个荤段子南宋犹传。

敬新磨是五代后唐宫廷名优,常与皇帝同台演戏。蔡卞拿字义作比方,敬又谐音进,意思殊不堪。蔡攸听了,不嗔反喜,回应说:皇上磨一磨,蔡家几代福。

白发红脸的蔡京打着哈哈出玉堂,远远地瞧见朱氏沿着池塘那边走,身形慌张。一群年轻女人立在池塘的另一边,伸手指点朱氏,模样乐不可支。

蔡府广大,美妻丽妾难数。家养的歌舞伎色艺俱佳……

夜里,朱氏辗转枕席,蔡攸搪塞她几句便打起了呼噜。丈夫并不"宝爱"(宋人常用词)她,倒是拿她当宝物献媚邀宠。她的端庄、谨肃,她相夫教子的多年努力,在丈夫的一双功利眼中价值归零。皇帝留给她的印象是色目扑闪、似笑非笑的嬉皮相。宋代已历八朝,放纵谁似宋徽宗?他竟然公开打起了命妇的主意。

次日午后,皇宫的华丽轿子接走了朱氏。更让她吃惊的,是牡丹御园中只有她一个命妇。满园牡丹开,周遭空无人,宫女内侍齐齐消失……等了半个时辰,未见御辇驶来。她在甬道上来回走,频频扭头去看牡丹,双手绞结又分开,步态几番错乱。忽听十丈外的古楠树后有人假咳,不禁转身惊问:谁在此?

一个戴幞头的清瘦男人笑呵呵现身,说:寡人赵佶。

他躲在楠树后观察她多时了,后来称:欲画好一妇人,须研究她的步态、表情……

朱氏赶紧伏地,皇帝一笑搀起。妇人的战栗和躲闪的眼神让他觉得好玩。确实好玩,这个下午端的有味道。牡丹的清香,妇人的清丽,暮春的太阳……交汇成蓄欲已久的男人的通感。

接下来是信步溜达,皇帝问起牡丹花的花性与洛阳典故,朱氏谨慎作答。看来皇帝满意,她也渐渐地放松了,回复了几分端庄情态。当然她不能矜持。无媚态。她也不会。天生的高贵,无奈遭遇了人间至尊。皇帝点头赞许,叫她一头雾水……

日脚下平地,峥嵘赤云西,幞头男人兴味正浓。花径接小桥,牡丹杂玉兰,百亩园子尽芳菲,鸟唱蝶舞,游鱼戏水。

玩得飘飘欲仙。

朱氏不敢问即将到来的黄昏和夜晚,不敢问却要想。愈想愈不敢问,怯怯的表情掩饰不住。宋徽宗扭头瞅她,笑而不语。她移目瞧别处,他还是那样,异样的笑容凝固在薰风之中。

朱氏隐隐约约感到,她正在变成供他把玩的某种东西,虽然御手未曾一试她的玉手。最后一道晚霞映红了她标致的脸,关闭了娇艳欲滴的牡丹花。

皇宫三部曲:侍宴,侍浴,侍寝。

过程不消细说。

五月上旬,蔡攸的妻子朱氏第二次入宫侍宴,半月未能归家。宋徽宗的赏赐之物一件又一件,敲锣打鼓送往蔡府。蔡氏一门手舞足蹈,蔡卞戏曰:磨磨磨,新磨不要变旧磨。

汴梁甲第的朱门大宅一时盛传,满怀醋意的贵妇人添油加醋:磨磨磨,新磨转眼成旧磨。

六月,朱氏第三次被宋徽宗召进九重。

她丈夫到处去传播"喜讯",恨不得满城皆知。有太学儒者怒斥他恬不知耻,辱没了圣人教诲,这蔡攸嘻嘻哈哈,圣人故事随手拈来:食色,性也,孔夫子迷恋卫夫人,腐儒知否,知否?

七月新荷，八月金桂，九月菊花，次年四月又有牡丹盛开，端丽照人的朱氏，命运将如何？

10

宋徽宗作楷书《牡丹诗帖》，"觉指间索索有气"，笔力遒劲，刚柔相济。此帖被誉为瘦金体书法的代表作，后世学瘦金体者视为宝典。牡丹诗云："异品殊葩共翠柯，嫩红拂拂醉金荷。春罗几叠浮丹陛，云缕重萦浴绛河。玉槛和鸣鸾对舞，宝枝连理锦成窠。东君造化胜前岁，吟绕清香故琢磨。"

玉槛和鸣，宝枝连理，均喻男女间事。

宋徽宗召蔡攸美妻朱氏同赏牡丹，逗留园子多时，情愫微妙，含蓄招惹朱氏的端丽，吟绕清香琢磨。对肉身沉醉的男人来说，清香胜过浓香。浓艳蛾眉他见得太多，因而感觉迟钝。清香倒能扑面，男人吟绕不倦。

玩家重细节，玩不细就是外行。

而细节通常在差异中显现。赵佶心思不粗，看他的工笔花鸟画可见一斑。自幼在诸多事物的细节中长大，玩球玩鸟都需要大量的细节支撑。玩家的别号是细节沉醉，差异沉醉。沉醉是说，融入那玩赏之物。然而玩家的另一大特征是掉头他顾，从一物的细节跳到另一物的细节，赢得新一轮沉醉。此间，玩家的无根性显露出来。总是玩儿。社会身份与相应的责任悬空。如果皇帝辗转沉迷，那么他注定要玩天下，非有大灾难不能中断。

难以消除的是摆在明处的责任，毕竟皇帝要临朝，做出许多娱乐之外的重大决断。于是他玩弄聪明，把握他所需要的那种平衡。内心深处的种种疑虑、不安被阻隔，被模糊处理。这就很像后现代主义的"深度削平"，娱乐圈的无厘头，演艺界的嬉皮笑脸，追星族的延伸表演。无根倒成了根本，构建了一切无根之辈的基础情态。嗜玩上瘾，毒瘾难戒。

平衡西方后现代主义思潮的是新历史主义，把人重新放回历史的进程中，置入人类文明的价值谱系。狂妄宣称"终结历史"的日裔美籍学者福山,成了浑身布满历史印记的跳梁小丑。

此系题外话,却与本文主旨有关联。

回行古代之思,是为了赢得当下,"获得一段助跑以跃入当下"(萨弗兰斯基语)。

宋徽宗堪称古代玩家的总代表,嬉皮相的集大成者。

宋代不缺大玩家,欧阳修、赵明诚皆是,却有文化价值的庄严担当罩着大局。苏东坡也爱玩,更与一味找乐子的玩家毫不沾边。

生活世界的完整性,取决于若干核心元素的均衡状态。任何一种元素的膨胀都会打破均衡。娱乐过头,即是恶趣。

宋徽宗酷爱写字画画,大大推动了书画艺术。正如他喜欢玩球,高俅、李邦彦两个"球星"便分别做了军事和政府首脑。

北宋后期的书画艺术已有极雄厚的基础,宋徽宗推波助澜。

宋代选拔官员有四个标准:身,言,书,判。书法列入其中,所以练书法是普遍现象。徽宗更将书画纳入科举考试及学校制度,京师设立翰林书画院。米芾便是书学、画学双博士,据说他一幅字可抵一座豪宅。苏轼生活的年代,书画市场尚在孕育中,有些著名书画家穷困潦倒,例如文同。蔡君谟、苏东坡、黄庭坚很少卖字画。东坡的黄州墨宝多被妻弟王十六收去,卖了好价钱。元祐年间,副宰相苏辙拿他哥哥的字画随便送人……

朝廷重金收购晋唐宋墨宝并形成惯例,当起于徽宗。内府的绘画藏品多达六千多件,题材分十类,各有行家点评。徽宗敕令编印的《宣和书谱》、《宣和画谱》,对书画艺术的影响力殊难估量。各路丹青妙手,应诏云集东京。

书画也是行为方式,书痴、画痴层出不穷。唐代的草圣张旭号称张颠,爱拿长头发写字,先把脑袋伸入浓稠的墨缸,当众大搅,正转反转,然后挥向雪白的、等着他那"墨头"的墙壁,围观者堆山泄海,喝彩声响遏行云。另一草圣怀素体格小,于是像猴子一般在百米长壁前跳来跳去,还专爱写大字,笔落惊风雨。怀素四方吹嘘,说李白专程到他家乡长沙拜访过他,为他的绝世狂草写下长歌。苏轼醉走乡野,见不得谁家壁板白,"浼壁常遭骂"。米芾继承了这个癫狂传统,绰号米颠,追慕张

宋徽宗 蔡京

颠,皇帝面前他也敢于颠三倒四。徽宗不责怪,反加厚赏,于是襄阳米颠越发名气看涨……

诗书画印,轶闻趣事多如牛毛,有利于民间的广泛传播。社会各阶层都爱听故事,看表演,传趣闻。这个现象是永恒的。

宋徽宗写诗填词水平一般,在高手如云的宋代顶多算三流。文章大手笔,源自浩然之气,"天风海雨逼人"(苏轼语)。书画重趣味,重学养,玩尽笔墨线条,对生命冲动的诉求稍逊一筹。

今日书画家,学养缺失的问题比较严重。为书而书,为画而画,终究成不了大家。文学艺术的大师级人物,当具备"五大":大学问,大视野,大胸怀,大感觉,大疼痛。

大疼痛是说,对富于价值的事物的消逝、毁灭保持敏感。单是这一点已难之又难。

用上述几个标准衡量抵达了华夏文化巅峰的宋代,大师依然寥寥无几。犹如夏夜繁星闪烁的天幕,巨星可不多。宋以后,更寥若晨星。眼下中国的文坛画坛,不提大师为宜。

苏东坡多次提到"唐人气象",又一生崇拜陶渊明。我们在今天,要学着回望晋唐宋……

宋徽宗推动书画艺术,影响波及了元、明、清。宫廷的书画收藏带动了民间。徽宗本人的字画如《听琴图》《柳鸦图》《草书千字文》(现藏于辽宁博物馆)、《枇杷山鸟图》,传了九百多年,色泽如鲜。

李公麟、张择端的作品高度写实,苏东坡的石竹图写实兼写意,王诜、赵佶的工笔花鸟画重设色,几个流派,各开其源。

宋徽宗观察他感兴趣的对象十分细致。一花一鸟,颇费心思。玩家的目光深入而细腻。这本身意味着,玩家对他不感兴趣的东西会漠然视之,会草率,会粗暴。

龙椅上的漂亮男人,年复一年转着莫名其妙的心思。正直的士大夫,没人知道他明天又会玩哪出。

皇帝目光游移,兴奋点总是在别处。

赵佶的轻佻是在特定的环境中无限放大。一个玩字轻天下。

女人的情感波澜常起于肌肤之间,矜持自重者亦然。或者说,矜持的女人一旦起波澜,反而不易平息。

朱氏被解除了道德与衣裳的双重武装。三度入宫,承欢逾月。喃喃复喃喃,情感起波澜。她琢磨皇帝自然而然。情力之所向,类似严格意义上的科学和艺术,只知穷尽对象,不问实用与否。妇人情怀也激烈,那是端庄矜持的变式。那双御手变为情手,金口调笑她:磨尔朱氏则个……

朱氏不得不赶上自己的新角色,渐渐有些巧笑媚笑,这可是她的新模样,却落入了皇帝的旧胃口。她越是新鲜,他越是没劲。她茫然,惶惑,弄不懂对方。单纯的妇人哪能读懂大玩家。她激动不已之时,发现皇帝正在打呵欠。

她好不容易抵达了火焰色,他睡眼蒙眬,垂头靠近兴趣的冰点。

即使她依然故我,身体语言保持着某种尊严,对方恐怕还是要打瞌睡。皇帝的呵欠不用掩饰,张口就来,叫她格外难堪。

矜持,尊严,都是宋徽宗玩弄的对象。

朱氏回蔡府俨然宝贝,公公和丈夫笑脸相迎,隆重款待。而事实上,他们是想从她口中得到皇上的信息,不放过任何蛛丝马迹,不厌其烦地问这问那。好像她是个色情探子,入宫专为搜集情报。蔡攸引诱她回忆,审犯人似的;夜里涎着脸穷追不舍,拐弯抹角询问皇上的饮食起居、对哪些女色及玩物感兴趣。朱氏愠怒,蔡攸赔笑脸,过一会儿又来问……

七八月,皇宫里的那个男人不复召幸她。桂子飘香时节,宫中赐夜宴,朱氏遭冷落。名单上根本没有她。许多妙龄命妇盛妆进宫,个个争当朱氏第二。皇帝召命妇正在兴头上,其他大臣的美妻有望获新宠。

蔡府紧急商议对策。办法是有的,蔡京早已料到这一天,请丹青好手画了一幅神秘图画,由童贯择日秘献皇帝。画上一士子,正于薄暮时分翻缺墙,墙内的大花园,十余个靓妆妇人打着灯笼、提着裙子行走,似乎难掩喜色。这幅设色浓艳的画作没有题跋和印章,画作表现的稀奇故事吊人胃口。

宋徽宗观图良久,听童贯绘声绘色讲述图画中的故事,眼睛都直了。这事据《庞元英谈薮》记载:"京师某士人出游,迫暮过人家,缺墙似可越,被酒试踊以入,则一大园,径路交互,不觉深入。望红纱灯笼烛而来,惊惶觅归路,迷不能识,亟入道左小亭,甓下有一穴,试窥之,先有壮士伏其中,见人惊奔而去。士人就隐焉。已而灯渐近,乃妇人十余,靓妆丽服,俄趋亭上,竞举甓,见生惊曰:'又不是那一个。'又一妇熟视曰:'也得也得。'执其手以行,引入洞房曲室,群饮交戏,五鼓乃散。士人疲不能行,妇贮以巨箧,槌之墙外……"

宋徽宗听完故事疾问:谁家大园子这般有趣?

童贯笑道:管它哪家的,陛下欲试缺墙否?

宋徽宗说:当然要试!爱卿速速引路。

这一类勾当,君臣说干就干。于是换了书生的装束,各戴一顶子瞻巾帽,黄昏里翻墙出宫,跳上了一辆轻便马车,驶出十几里路,果然看见了传说中的缺墙。徽宗爬缺墙小事一桩,敏捷身子一跃而过。他与童贯在偌大的花园中摸了半天,找到那座小亭,揭开甓子伏入坑内,彼此抖抖嗦嗦,每一个毛孔都透着兴奋劲儿。这比宫中的玩法有趣多了。动真格的。月亮躲进了云层,秋风吹高树,叶子哗啦响。忽有红灯宠若干,朝亭子这边弯弯曲曲移动。靓妆美妇!宋徽宗差一点喊出声来(此系典型的符号消费)。她们嬉笑着来了,蛾眉皓齿蜂腰,闪闪烁烁过小桥。一丽人揭开甓子说:哟,两条大汉!

接下来往洞房曲室走,宋徽宗仿佛梦游太虚幻境。

吃酒猜谜,酒色相激。胡乱折腾到五更天……

没过几日,宋徽宗精神抖擞再爬缺墙。郑皇后拦他不住,又不敢多问。皇上凌晨回宫一身污灰,脸色也发灰,倒床便睡。

于是临朝走神,他当着群臣的面笑问童贯:缺墙之游乐否?

文武官员们听不懂。唯有蔡京捋须短笑。

宋徽宗想知道缺墙的具体位置、靓妆美妇属于谁家,一日亲往察看,才发现是蔡京的园子。蔡京佯装惶恐伏地请罪,皇帝说:朕玩缺墙,不干卿事。

其后一二年,宋徽宗多次微服前往蔡京的府第,模糊了皇帝的角色,恣意戏耍。蔡府精心安排,每次都有新地点,新花样。那些美妇人未被告知和她们同饮共欢的乃是当今圣上,于是一个个本相毕露,具有原生态。她们属于蔡府的姬妾、歌舞妓,没有命妇的入宫资格。这正合皇帝的胃口。调笑歌吹捉迷藏,打球关扑(一种赌博游戏)荡秋千,赤胳相扑闹着玩儿……双方都会玩,越玩越起劲。童贯是长着十几根胡须的,五十多岁的老玩家,"老操哥",见多识广,风趣幽默,他自称鸿影客。宋徽宗则化名十一郎。二人气度本不凡,出手又阔绰,深得靓妆妇人的欢喜。有一个山东籍的慕容氏,生得极美,体态风流,琴棋歌舞俱佳,也能踢球关扑。她是后来才加入秘戏圈的,只与十一郎捉对玩儿,红颜生动般般迷人。

一日玩气球,男女混踢,蔡攸加入进去,蔡京充当啦啦队的"首叫"。恰好朱氏路过足球场,发现了场上挥汗带球的宋徽宗,不觉愣在了场边。蔡京迅速走近她,示意她不许声张。

蔡府的秘戏,朱氏早有所闻了,却哪能想到带头胡闹的人是宋徽宗。那身穿粉红球衣的慕容氏,高叫什么十一郎……

朱氏挪不动脚步。心中百味杂涌。那个扑腾正欢的男人扫过她两眼,根本认不出她来。"球皇帝"脚下生风,口中念念有词:慕容氏好腿脚!

朱氏黯然走开了,伤心情怀谁知晓?皇帝招惹过的女人,怨艾是常态。

蔡府秘戏,京师秘传。包括那些靓妆美妇也感到诧异,想弄清十一郎、鸿影客的真实面目。而据蔡京介绍,十一郎是个皇亲国戚。可是什么样的皇亲国戚,能让蔡太师献出自己最宠爱的慕容氏呢?

蔡京选择了时机,把秘密公开了,史料载:"自政和后,帝多微行,乘小轿子……次日未还,则传旨称疮痍,不坐朝。始,民间犹未知,及蔡京谢表有'轻车小辇,七赐临幸',自是邸报闻四方,而臣僚阿顺,莫敢言。"邸报是发布官方新闻的报纸,通常手抄,传递或张贴。邸报起于汉,盛于宋。

蔡京巩固权势,可谓费尽心机。各种各样的资源都得用上,包括儿媳妇朱氏、他自己的宠妾慕容氏。慕容氏艳名盛传,后来汴京被金兵攻陷,金人头目点名索要蔡府中的慕容氏、武氏、邢氏。这三个美妇为蔡京西园之冠。

蔡京发布惊世骇俗的新闻,宋徽宗一笑置之。这事也好玩。好玩很重要。好玩非常、非常地重要。

11

宋徽宗玩天下，英雄好汉起四方。

淮南的王庆，睦州的方腊，山东的宋江，纷纷揭竿而起。时在重和、宣和年间，公元1120年前后。

嬉皮皇帝玩花石纲，玩球玩鸟玩女人，玩长生不老术，已经玩了二十年。一大群奸臣陪他玩，互相竞争玩法，出尽了鬼点子馊主意。浪子宰相李邦彦带几名"球员"到街头踢球，忽然跟对手打群架，满街大哗。宋徽宗携妓高坐潘楼，凭窗吃酒笑看……

赋税越来越重，官吏越来越凶，导致民不聊生。朝廷设立的机构，如应奉司，营缮所，御前生活所，御前人船所，苏杭造作局，行幸局等，搜刮全国三百州。

然而哪里有压迫，哪里就有反抗。

各地农民被逼上了绝路。反抗者登高一呼，响应的民众不计其数。

浙江睦州的方腊原是漆园主，家境不错。而自从童贯在江浙设了应奉局，所需木材与漆器，点名要方家低价供应，勒索方家多年。朱勔更霸道，为办理花石纲，动不动就带兵闯民宅，挖大树，掠奇石，搜珍玩，拆墙毁屋。朱勔穿的锦袍被宋徽宗抚摸过，他就在上面绣一只御手，抖足了威风，耍尽了派头。子孙、家奴，如狼似虎。官员趋奔买官，杭州的朱府，时称"东南小朝廷"。两浙的百姓恨朱勔入骨。

方腊起义，吼出了诛戮朱勔的口号。起义队伍在短时间内发展到十万之众，攻入杭州城，又控制了睦州（今浙东建德东）、处州（今浙江丽水）等五个州。义军追杀官吏，百姓称快。消息传到京城，宋徽宗慌了，破天荒地玩儿不下去了，忙下"罪己诏"，撤销造作局，废除花石纲。并宣布免除起义诸州三年的田赋。同时，派童贯率十五万西北官军前往两浙围剿。西北军是朝廷的精锐部队。

官军与起义军打得难解分。

宋江的队伍起于山东，活动于京东河北、淮南以及八百里水泊梁山。宋史称："宋江以三十六人横行河朔、京东，官军数万，无敢抗者。"可见这支义军规模也大。宋江这个人号称"山东及时雨"，仗义疏财，声名远播,号召力强。紧要关头,宋江却把兄弟们悉数卖了,投降了官军,反替官军去卖命,后被宋将折可存奉御笔剿杀。

毛泽东评《水浒》说:"宋江投降了,就去打方腊。"

方腊和他的将士们死得悲壮。童贯杀戮的起义将士和平民百姓多达二百万。

宋徽宗照样玩,宣和初年他碰上了东京名妓李师师。此间他接近四十岁,李师师三十几岁。

李师师原本姓王,系东京东二厢永庆坊染局匠王寅的女儿。母难产去世,王寅用豆浆代奶喂养她。一度按市井习俗送入佛寺,逐有师师之名。四岁,父又亡,一个姓李的歌妓收养她,从此认字练歌学舞,继而踏上了歌舞妓的道路。

东京的各类妓女据说有几万人,其中官妓按规定不能卖身,仁宗、神宗朝执法较严,后来渐趋松弛。师师二字,被用作艺名的当不少,柳永词:"师师生得艳冶。"另如虫虫、晶晶、爱爱、幽幽等,比较常见。

宋代的官妓制度大抵沿袭唐代,几百年形成竞争的传统,姹紫嫣红争春。能扬名京师者,必是色艺双佳,并善于交际。妙龄女子未必占上风,妓女这一行,解风情更重要。狎妓的过程复杂而多趣,胜过皇帝临幸他的妃子们。

杨贵妃三十八岁尚能让唐玄宗痴迷于她,显然不单靠容貌身段。她是唐宫激情四射的舞蹈家,李白为之倾倒,"云想衣裳花想容……"

官员的素养决定了官妓,官妓又带动私妓。而宋代官员的文化素质比唐代官员更高,这从科举考试的内容以及每年录取的进士人数中可以看出。像李林甫那种奸相,权倾朝野那么多年,却不大识字,经常闹笑话。宋代不可能出现这类荒唐事。

宋徽宗让泼皮浪子成群结队涌入朝堂,是个异数,是皇权嚣张运行的结果。

官员与官妓盘桓,唐宋皆为常态。

苏轼曾言:"历数三朝轩冕客,谁是声色独完人?"高官中像苏轼这样的"不昵妇人"者,委实寥寥。盖因苏轼有大关切,生命喷射点多,声色二字缚他不住。柳永、张先、秦观、周邦彦,这些一流的词人兼官员,常与名妓打成一片。二者具有某种共生关系,互相推高名声。

浙江吴兴人张先卒于1078年,活了八十九岁,大半辈子享艳福。传说他为李师师填过词,显然是虚构。秦观卒于1100年,见过李师师是可信的。秦少游写诗赞美师师:"远山眉黛长,细柳腰肢袅。妆罢立春风,一笑千金少。归去凤城时,说与青楼道。遍看颍川花,不似师师好。"周邦彦则说李师师"眉共春山争秀"。眉毛修长漂亮,当以一双灵动美目为前提。若眼睛生得不美,善于"声东击西"的词人不会去描写眉毛。据此或可推测,李师师的眼睛作为她的灵魂窗户,留给秦观、周邦彦等人的印象颇深。另外她腰细,体态婷婷袅袅。宋代崇尚细腰,袅娜身子惹思绪。这与书画尚意韵乃是同构。

钱塘(杭州)人周邦彦,字美成,公认的宋词大家,少年博学,精通音律,神宗朝做过太乐正;词风偏婉约,也作沉雄顿挫语,王国维称之为"词中老杜"。《宋词三百首笺注》(唐圭璋笺注)选周邦彦的词多达二十多首,超过柳永、苏轼和辛弃疾。徽宗朝他享有盛名。东京名妓得他一首新词,往往身价倍增。南宋一百多年,他的名气更大。

周美成初见李师师,写下了《玉兰儿》,词中说:"铅华淡伫新装束,好风韵,天然异俗。彼此知名,虽然初见,情分先熟。"二人见面的地点不可考,只知是在汴梁。李师师淡妆新衣见美成,是经过了一番考虑的。彼此慕名已久,相见不同寻常。双方都是阅人无数,茫茫人海两两相约。后来美成去她家,又作《洛阳春》云:"莫将清泪湿花枝,恐花也如人瘦。"李师师的眉头"可怜长皱",她把周美成视为知己,"一腔心事和泪说。"

由慕名到知心,由惊艳到悲悯。

综合上述,李师师的性情有几分忧郁,青楼扮笑妆欢,未曾磨去她的本色。四岁,父母已双亡,这一点倒与宋徽宗相同,但性格的走向恰恰相反。

"好风韵,天然异俗。"天然好风韵,装不出来。

李师师风姿绰约,周美成风流倜傥。后者做着京官起居舍人(记录皇帝言行的官职),常去白矾楼上的妓馆,或直接去李师师的家。东京第一名士与头号名妓的缠绵情事,传为市井趣谈,写进了传奇小说。茶肆的说书人讲得绘声绘色,三教九流都爱听。名士与名妓的故事,传播的空间很大,所有的细节都值得玩味。周美成外表俊雅、举止潇洒、谈吐幽默,对李师师一往情深,这些都是传播的要素。

百姓"追星",自古而然。好奇心是永恒的东西。宋代受到广泛"追捧"的名星级人物,有官员、和尚、道士、诗人、艺术家、孝子、贞女、好汉、巧匠、名儒、名医、名妓、球星……王安石司马光苏东坡,都是名满天下的政治明星,兼大学者大诗人。

明星种类多多,佐证了价值取向的多元化。

眼下传媒高度发达,却让娱乐面孔年复一年放大,鸡毛蒜皮纷纷扬扬,实在是荒唐。支撑这局面的,仅仅两个字:利润。糟糕的是,所谓偶像派明星越来越多,歌坛影坛的佳作反而直线下降。明星脸无节制地放大,不可逆转地趋于空洞……

周邦彦与李师师交往的时间长,可能有好几年。轮到宋徽宗出场,师师已是三十多岁的半老徐娘。不过,这不要紧。宋徽宗想要什么呢?想玩刺激。李师师乃"汴妓第一",头上罩着灿烂的光环,徽宗闻她名头也不是两三天了。高俅等人在他耳边讲李师师如何风流艳冶,如何歌舞弹唱,皇帝听得一愣一愣。爬墙出宫狎妓,宋徽宗是老手,他不去会会李师师怎肯甘休?

事情的缘起:高俅的养子高衙内,到白矾楼招惹李师师,未得垂青,悻悻而归,向父亲讲述。"球太尉"眼珠子一转,命驾前往李邦彦府,找"球宰相"合议,欲以皇帝狎师师。蔡京七次秘密接驾,邸报传四方,家族势力得以巩固,蔡门高官接二连三。两个玩球的大人物下决心玩一出更大的:让圣上转移兴奋点,幽会"开封头牌"李师师。

时间地点,由内臣杨戬安排。

宋徽宗说干就干。国家大事可以放一放,出宫狎妓不能缓。有一个姓宋的内侍进言,劝他多留意山东宋江造反,三十六人纵横河朔(黄河以北),若与江南的方腊联起手来,赵宋江山难保。龙颜大怒曰:"江山姓赵,如何姓宋?"

进言的宋太监吓得面无人色……

宋徽宗化名赵乙,扮作神秘富豪,登上了汴河边金碧辉煌的白矾楼。他的扮相和言谈举止引起了李师师的兴趣;又抚琴调笙,吹笛弄箫,随意点评室中的名家字画。师师不禁动容。艺术细胞接上了。皇帝扮酷玩神秘,从正午玩到汴河波上升明月。"豪华包房"外的高俅、杨戬窃笑耳语。

深海夜明珠,一笑千金少。"从此君王不早朝。"

宋徽宗为艳事填词,孟浪有如市井色鬼,不堪入目。"试与更番纵,全没些儿缝……"还有更露骨的句子。不知道李师师看了会怎么想。柳永词多浪语,例如"姦字中间著我",李清照斥为"词语尘下"。

赵乙频繁去幽会李师师,把风流尝了一个饱。尝语高俅:师师像一朵幽谷之花。高俅说:那就摘入后宫,陛下日夕赏玩。赵乙摇头笑道:幽花离了空谷,色香减半也。

李师师特殊的气质吸引他,此间玩气质,玩她出众的才艺和他自己的神秘身份。乙与佶,读音近。乙又谐音一,他题画常用"天下一人"。

"春宵一刻值万金。"

其实李师师对赵乙早有疑惑,只不道破。贵客隐瞒身份,青楼中不稀奇。赵乙挥金如土,两个上了年纪的随从也是花钱如流水,口气又大,哪像随从?她提笔写字,展露了一手媚中带骨的书法,赵乙笑评到位,却不愿意亲自动笔。他究竟为何不动笔呢?

宋徽宗的瘦金体书法,京师草民皆能识。

赵乙饮酒兴奋时也会说漏嘴,如自称寡人。李师师大惊,赵乙掩口曰:某幼时戏言,积习未尽,师师勿外道。

类似的疑点多了,李师师猜了七八分,还是不能说破。

双方捉迷藏。有一天,赵乙玩神秘也腻味了,忽露天子本相,给师师一个大惊喜。师师盈盈下拜。那高太尉称她师师娘娘……

男女格局变了,皇帝和名妓登场。李师师却没有刻意奉承,媚中带骨。骨气来自童年,入了骨髓。风月场二十年,天然姿态依然。秦观、周邦彦之所以看重她,由衷赞美她,盖因此焉。

有趣的是,李师师知道了赵乙即赵佶之后,仍与周邦彦亲密往来。皇帝不如卖油郎独占花魁。一日,美成去师师常待的一处宅院,正于卧室闲话,侍女忽报赵乙贵人来也。师师急忙叫美成躲到床底下。美成一面委屈往下钻,一面问:赵乙是谁呀?师师答:赵乙便是赵佶!藏好了,别出声哈。

问答间,穿锦衣戴幞头的宋徽宗已穿过梅花庭院,笑吟吟走来。李师师整顿衣裳相迎。据野史,她爱穿白色长裙,飘逸如仙女。

皇帝来了就不走,逗留到半夜三更。只苦了床下缩着头的周邦彦。应该待了几个时辰。好在那床板高,他还能活动身子。这人也幽默,架了二郎腿听动静,打个盹儿又摇摇脑袋。闲着没事,他就打腹稿填了一首词,《少年游》:"并刀如水,吴盐胜雪,纤指破新橙。锦幄初温,兽香不断,相对坐调笙。低声问、向谁行宿?城上已三更。马滑霜浓,不如休去,直是少人行。"

词句含蓄。李师师想让宋徽宗离开,却又拿捏着言语分寸、以关心对方的口吻说出来。师师平日待人,可见一斑。名妓通常是善于体贴的。

含蓄的李师师与简约的周邦彦更像一对情侣。事实上也如此。宋徽宗则是狎客当中的一员,填词淫浪,像出自高衙内或薛蟠的手笔。

李师师也大胆,敢叫皇帝半夜走人。宋徽宗三更天磨蹭不归,看来是不想走的,想留宿。坐着调了半天笙,心声未能和谐,调转马头去踏浓霜。那幞头湿漉漉,那模样灰溜溜……

因为他是皇帝,所以在传播的过程中与头号名妓配对。此系权力符号起作用,把事实拉变形。而受众乐于接受,于是变形的实事得以流传。

而对李师师来说,千两黄金易得,一个知己难求。影视剧若重拍,男一号当饰周美成。拿皇帝来陪衬比较好玩。

那个浓霜夜皇帝走了,周邦彦从床下爬出来,伸腰揉腿出大气。李师师吃吃的笑。是否留宿,史料不载。

《少年游》经李师师的美妙演唱,一夜间传遍京师。词好,曲美,唱腔动人,相关的床下故事更吸引人。这事也表明,李师师并未保守天大的秘密。

天子出宫狎妓,这是什么性质的问题?

宋徽宗大怒,贬周邦彦为管制分子,台卒择日押解出京。李师师痛哭求情,皇帝心又软了,复召周邦彦为大晟乐正。

嬉皮皇帝,涉及千万人命运的政事也要出尔反尔,情事算啥呢?平生吃一回醋,戴戴绿帽子,未必不是一桩乐事。

事发，小官曹辅上疏，"犯颜极谏"，并将徽宗七次轻车小辇临幸蔡府的事再次抖出来。大臣纷纷侧目，蔡京父子冷笑。

可怜的曹辅，携家带口流放郴州……

12

宋徽宗登基二十多年，能玩的都玩了。前期主要玩花石纲，后期重点玩女色。书画一直在玩，瘦金体万人追捧。赏赐臣下，多用书画。

皇帝上朝打瞌睡，嘴巴合拢又张开。退朝寻思玩点新鲜的，想疼脑袋瓜也想不出来。踢球体力不支，爬墙会从墙上掉下来。弯弓射大鸟，箭在空中飘。身子有淘虚的迹象。后宫数量庞大的女人可不是吃素的，她们斗媚争宠白热化，欲望又盛，变尽法子撩拨他，简直是在欺负他……

好在他赵佶三十多岁以前兴趣广，"燃点"通身分布。如果十几岁就沉迷女色，早就玩死了。包括哲宗在内的五六个皇兄便是教训。隋炀帝杨广，"色帝"称第一，却是三十七岁坐上龙椅后才开始纵欲。

明天玩啥呢？这是宋徽宗的一个老问题。

李师师入宫做了李明妃，举止合乎宫廷礼仪，不似当初好玩儿了。她好比森林中自由飞翔的鸟，被关进了鸟笼，优美的翅膀扑腾不开。那些十七八岁的嫔妃宫娥对她严阵以待，备足了青春爪子，一有机会便抓她。没机会创造机会。她们故意在她跟前显摆，展露肌肤的光洁度、柔韧度；说话夹枪带棒，指桑骂槐，鄙薄她的青楼生涯，拿她痛苦的童年经历编笑话。哪壶不开提哪壶。郑皇后说与皇帝听，龙颜一乐。

痛苦的李师师自请出宫，宋徽宗当日准奏。师师离开皇宫时，只一太监相送。宫娥们像打了胜仗似的笑逐颜开……

四十出头的皇帝百无聊赖。高俅童贯杨戬李邦彦，谁能拿出新招？蔡京蔡卞蔡攸，闭门开会研究，苦于拿不出感官刺激的好方案。

宋徽宗玩啥好呢？玩火如何？

玩火的心思由来已久。而且远非一般的玩火。他要玩战火。意识的层面，他要完成他父亲宋神宗的未竟之志，收复燕云十六州。潜意识则是轻佻所提供的无限支撑。潜意识里堆满的轻佻他看不见，看见的倒是宏大之志。自欺欺人已久,幻觉成了真相。孔夫子提倡每日"三省吾身",或能抵达意识的深水区。宋徽宗却有能耐把浅水视作深潭。

玩玩战火又咋地?宋徽宗半夜秉烛看地图,指指点点,突然挥臂如刀,太监们吓一大跳。这情形,直如软蛋发狠,懦夫逞强,胆小鬼号称天不怕地不怕。

嬉皮皇帝会这么想:堂堂大宋王朝,年年向辽国输银十万、绢二十万匹,岂不是大国向小国称臣?别人受得了,他这个皇帝受不了。

朝廷的军队与西夏开战,各有胜负。童贯能带兵征战,宋军也有战斗力。方腊、宋江那么厉害,不是让童贯给剿灭了么?

宋徽宗最想要的是燕云十六州。

1123年前后,机会来了。

辽国内部有一支女真族,游牧于黑龙江和松花江流域,民风强悍,妇女儿童也善骑射。契丹人长期压迫女真,导致女真造反。女真族建立金国,欲联宋攻辽。宋徽宗正求之不得,打算签约。

然而朝廷的阻力大。自从真宗朝与辽国签订"澶渊之盟"以来,一百多年了,两国友好相处,边境贸易兴旺。宋朝输岁币,银十万两、绢二十万匹,这个数字不大。如果双方打起仗来,人财损失不可估量。何况宋辽贸易,宋占绝对优势,因为契丹人能卖给宋人的,只有马羊等物。宋人把中朝的大量货物卖过去,百余年贸易大顺差,许多产品或因技术含量高,或因契丹稀缺,所以利润丰厚。宋代的文化更是长驱直入。契丹流行汉语和宋人文集,燕京效仿汴京的科举,开科取士。再有几十年,汉人大面积同化契丹人是很有希望的。

宰相寇准主持的澶渊之盟,表面上是宋人吃亏,其实不然。

真宗、仁宗、英宗三朝,视用兵北辽为头等谨慎之事。

宋神宗登基之初就想打仗,一代名相富弼进言:"愿陛下二十年不言刀兵,刀兵一起,所关祸福不细。"苏轼撰写《谏用兵书》,讲得更尖锐:"好兵者必亡!"神宗不听劝,大军两战西夏,一败涂地,他也因之病倒,年纪轻轻送了性命。

宋徽宗联金攻辽的念头一动,立刻招致众多大臣的反对。可见事关社稷之安危,平时明哲保身的官员也站出来讲话。反战派占压倒多数,却未能占上风。蔡京怂恿皇帝,借助金国的力量收复燕云失地,承先皇之遗志,建不世之奇功。这些话,最能打动宋徽宗。

玩够了奇石奇花的宋徽宗,向往着建奇功。

于是,君臣二人合力,开动了庞大的战争机器。童贯率大军浩荡北征,蔡攸做副帅。前方吃了败仗,后方有人将战报瞒下。皇帝喜欢听到王师胜利的消息。朝堂与后宫,布满了鬼鬼祟祟的面孔。反战的臣子纷纷转而好战,争相逃离先前的反战阵营。

宋徽宗看地图越来越像个行家,对战事充满了奇思妙想。这是他每天的兴奋点。手舞足蹈,喃喃自语,哈哈大笑。崇政殿议事,皇帝说:契丹人小菜一碟嘛,王师拿下燕京,不费吹灰之力!

童贯两次重兵伐燕,均以落败告终。辽军并不好打,虽然已遭金兵的重创。金兵付出惨重代价后攻入燕京,呼啸半年,洗劫一空,然而将一座空城让给宋军。宋徽宗闻讯,从龙椅上跳了起来,兴奋得哇哇大叫。七朝皇帝的未竟之志由他来完成,这太棒了。契丹人占去的燕云十六州,已有七个州回归大宋版图。其他九个州,收复只是时间问题。宋金两国条约写得明明白白。

汴梁的庆祝活动一个接一个,童贯蔡攸等人加官晋爵。百官额手称庆,宰相李邦彦窜上柱子展露绞身,口称:郑皇后不会降罪于我……蔡京年近八十,耳背眼花,颤巍巍立朝堂,大叫:吾皇千秋之功,万世称颂!蔡攸尝语妻子朱氏:当初皇上磨尔则个,今日方有我的赫赫战功啊。

朱氏茫然无以对……

此间,龙椅上的皇帝不复打瞌睡了,龙须、龙睛、龙准,活跃度空前。乐乏了,回转后宫,却问妃子小刘氏:明朝啥事有趣?

玩过了最大的刺激,将面临最大的空虚。

事实上,更大的刺激接踵而至:宣和五年(1025)十月,金兵分两路攻宋,不宣而战,闪电般发动袭击,直取燕京和太原。辽已灭,金人掉转枪口要吃掉大宋。宋军的战力差,金人是看准了。这一年,赵宋立国165年,金国仅十年。人口、物力、财力,宋金的差距非常大。而宋朝上下,长期娱乐化嬉皮化,官风败坏世风奢靡,军队也不是铁板一块,军心涣散何以战?市井繁荣的背后危机四伏。画《清明上河图》的张择端,写《东京梦华录》的孟元老,其洞察历史与现实的能力,与他们细腻而生动的笔触是不相称的。王安石司马光苏东坡若在世,岂容表面上的繁华唱高调?

可惜了,天不祚宋,奈何奈何……

1025年底,宋军节节败退,汴京城一片惊惶。宋徽宗下令:"不许妄言边事。"君相合谋,严密封锁坏消息。同时,皇帝再下罪己诏,数说自己的种种不是,彻底废除花石纲,撤消各地的应奉局,希望天下郡县率师勤王。

几年前方腊造反,他下了罪己诏,信誓旦旦,对稳住局势起了一些作用。现在金兵攻宋,他玩的这一招没用了。不过,这个男人素有"小智"(宋史评语),一招不灵再来一招:撂挑子,禅让皇位给他的长子赵恒,宣称是太上老君显灵,要他这么做。

真是混帐到家了。不要脸加勇敢。

赵恒即位,是为宋钦宗。改元靖康元年(1126)。

正月初,宋徽宗带皇后嫔妃跑到安徽亳州去了,蔡攸同行,还带上朱氏,伺机或能派些用场。蔡京、童贯赶去扈从。一帮老伙计,在江南接着玩儿,花钱如流水。镇江的行营,俨然小朝廷。

正月七日,大批金兵掩至开封城下,三面围攻。宋军在李纲的指挥下反击,开封保卫战一如太原保卫战,官兵英勇顽强,金兵死伤无计。然而"球宰相"李邦彦上蹿下跳,只要割地求和,渲染金兵强悍不可敌。宋钦宗屡受惊吓患上了恐金症,几乎每天尿裤子。金人施加压力,要钦宗罢黜李纲和名将种师道,钦宗乖乖执行。

开封城内群情激愤,太学生陈东率千余诸生上书,军民相约而至,达十万之众。声势浩大的学生运动又把钦宗吓坏了。

李邦彦下朝,遭学生、群众殴打。球宰相当天报复,下令斩首数十人。金兵暂退,等进攻太原的西路军前来汇合。

四月初,太上皇宋徽宗还京,车马相连,喜笑颜开,大谈江南的春天如何美妙。父子相见,儿子赵恒却阴着一张脸。朝野惩治"六贼"的呼声甚高,钦宗迫于形势下诏,惩办六贼。

蔡京蔡攸没想到,跟随太上皇回京没多久,就踏上了流放路,父子

宋徽宗 蔡京

俱窜岭南，所有财产充公。广袤四十里的豪华园子住不成了，美姬艳妾奔了别的人家。子孙愁云惨雾，流放的路上顿顿粗粮。蔡攸刚走到雷州贬所，即被处死，嬉皮笑脸永远划上句号。朱氏活了下来，辗转岭南，避免了靖康之难，得以终天年。蔡家的慕容氏、邢氏、武氏，因艳名太高，被金兵的将领点名掳走，千里迢迢遭轮番强暴。

蔡京踉跄贬儋州，填词《西江月》："八十衰年初谢，三千里外无家，孤行骨肉各天涯……"未至贬所就一命呜呼，僵仆道路，五天无人收尸。时为炎炎七月，其状可想而知，日头暴晒，路过的人都要扔石头吐唾沫。

如果有天意，这就该是天意了。

历代奸相，蔡京为最。为非作歹五十年。配合宋徽宗，煽动朝廷恶风，葬送了北宋王朝。

宋代以后的元、明、清，哪里还有唐宋气象？

童贯窜吉阳军（海南崖县），被密诏处死于荒野，枭首回京示众。朱勔贬循州（广东龙川），难逃死刑，锦衣上绣的那只御手救不了他，行刑者偏从他手腕处动刀。这个暴发户恶贯满盈，千刀万剐不为过。王黼、李彦、梁师成，或问罪处死，或诏命赐死。

高俅从江南归来惶惶不安，病死开封，追削官职。李邦彦后贬桂州（桂林），悒郁死贬所。球太尉，球宰相，都没有好下场。

呜呼北宋！一百六十七年的巍峨大厦毁于一旦。几双弄权手，一堆嬉皮脸，把骄人的中华文明拖向黑暗的深渊。

明末思想家王夫之《宋论》曰："君不似人之君，相不似君之相，垂老之童心，冶游之浪子，拥离散之人心以当大变，无一而非必亡之势。"

一些学者长期把宋徽宗与南唐李煜相提并论，真是不思之尤。李煜在位十五年，薄赋税，施仁政，爱臣民，深敬大小周后，厌恶战争杀戮，只因打不过赵匡胤才亡国被俘，却以血泪书写词章，让南唐活在杰出的汉语艺术之中，犹如屈原将楚国之亡写入《楚辞》。韩愈说："楚，大国也。其亡也，以屈原鸣。"南唐，富国也。其亡也，以李后主鸣。

宋徽宗几十年一副嬉皮相，玩死了江山社稷，害苦了天下百姓，涂炭了无数生灵。这种人哪有半点理由升天堂？该下地狱见那帮冶游老浪子，集体受煎熬。

大魔头章惇倒能识人，其言值得重复："端王轻佻，不可君天下。"

轻佻，轻薄，轻浮，汉语中固定下来的这些贬义词，警醒着国人。娱乐是好的，娱乐化断断不好，娱乐面孔膨胀、蔓延开来，势必如疯长的毒草，侵吞良田灭掉庄稼。长此以往，国民素质将不可收拾。

人类各生存情态，有循环方有张力，好比四季之周而复始。娱乐搞笑玩花招，必从自身脱落，接着玩下去，必定穷极无聊。无聊的能量蓄积，释放，再蓄积，再释放，不可逆转地落入恶性循环。与之同构的，乃是千方百计寻刺激，玩物欲，日趋活在眼皮子底下，今朝有酒今朝醉，吃喝玩乐、骄奢淫逸没个完，大规模消耗地球资源。

娱乐化的眼睛逻辑性地指向肉身化，拒绝远见卓识，拆除价值构架，自断文化根系。

宋徽宗是古代嬉皮笑脸为所欲为的总代表，这个反面符号应当大起来，而蔡京，堪称中国古代头号奸相。

1126年底。数万金兵围困开封城。城内守军二十万，勤王之师斗志不减。但是徽宗与钦宗还忙着扯皮，争权力，斗"小智"。朝廷两个声音争分贝高，各拽一帮人。

这一年，宋徽宗四十五岁。宋钦宗二十六岁。

其父其子，两堆永远的臭狗屎。

倒是名妓李师师倾其所有，拿出平生所积之财宝，支援宋军抗金。

数九严冬，城头的士兵冻得发抖，钦宗舍不得动用国库布帛。居然由术士郭京指挥七千七百七十个"神兵"出宣化门，遭到金兵迎头痛击，打开的城门再也关不上。

十一月二十五日，城破。野兽般的金兵呼啸而入，见人便杀，见东西就抢，见妇女就扑倒。这叫"打水草"，官兵自行解决给养等一切需要。野蛮抵达了兽性之畅，并且，远远超过了兽性。皇帝被擒。名楼美宅成焦炭。大街小巷横呈尸体。一夜间，跳汴河自杀的妇女多达数千人。

这就是岳飞笔下的"靖康耻。"

次年春，开封米价暴涨。人吃人。

金太宗封宋徽宗为昏德侯，立傀儡皇帝张邦昌。

四月一日,金兵班师北返,掳走金一千万锭、银二千万锭、绢千万匹。其余物资无计。王公贵族,后妃公主,官妇民女,能工巧匠,十几万人被抢走。队伍分几批出城,头一批就走了三天三夜。

赴燕京途中,郑太后、朱皇后屡遭性骚扰。嫔妃公主离队小解,即被金兵蜂拥强暴,野草倒伏,野物惊走。贡女、民女也一样。走了一个多月,死于道路的女人数以万计。男丁不可考。

大量的宋朝贵族女人进了燕京的洗衣院,捣衣声、叫骂声昼夜不绝。金人纷纷笑看,金兵浑水摸鱼……

宋徽宗在位二十六年,其间,蔡京几度为相,长达十七年。唐朝的李林甫居相位十九年,"口蜜腹剑",恶攻贤臣。这个不大识字的家伙弄权手段超一流,伙同其他几个恶棍,将唐帝国拖入七年"安史之乱"。

宋代,几张嬉皮脸搅得天昏地暗。赵佶,蔡京、蔡攸、童贯、梁师成、朱勔、王黼、杨戬、李彦、李邦彦……

当年的端王赵佶,没有像那些皇族兄弟一样把自己玩死。宋徽宗却把国家玩死了。

娱乐之王携家带口走他乡,供金人娱乐。

这厮去金国活了近十年,继续玩儿,还生下了儿女。他玩弄的小智,是不断向金太宗上表谢恩。写下了一些哀怨诗,皆三流以下之作。不能痛彻骨,哪有好诗词?

北宋,大国也。其亡也,以陆游、岳飞、辛弃疾、李清照鸣。"怒发冲冠,凭栏处潇潇雨歇。抬望眼、仰天长啸,壮怀激烈。三十功名尘与土,八千里路云和月。壮志饥餐胡虏肉,笑谈渴饮匈奴血……"

一百六十多年,无数的仁人志士。曾记否?暮年贬岭南的豪放东坡亦出哀痛语:"许国心犹在,康时术已虚。"还时代以健康,坡翁已经无能为力。

曾记否……

1135年,五十四岁的宋徽宗因患风疾(内风湿),死于五国城(黑龙江依兰)。

就书画艺术而言,北宋承先启后功莫大焉,皇室一百多年强劲推动,不唯徽宗朝。宋徽宗发力最巨。

坏人写好字,赵佶、蔡京皆典型。遗臭万年的男人,流传百代的字画。

中国历代大书家大画家,人格高尚、学养丰厚者,毕竟占了绝大多数。王羲之颜真卿苏东坡,品行高洁,高山仰止。

唐伯虎
(明代 1470—1524)

唐伯虎春去秋来转华府,追秋香,享受惨了(四川土话)。细节丰富。所谓恋爱,要的就是细节。有一些鸟类的求偶细节也比较多,生而为人,岂能落于鸟后?男女情之褶皱,类似水墨画之皴染。沉默的交流又好比留白。平日相处若工笔,待到高潮起,恰似大写意……山林气、脂粉气,融入唐寅的傲气才气,理解他的人格和艺术作品,此为关键处。嬉皮笑脸乃是浅表性生存的产物。唐寅不类此。他的风流背后有辛酸,有焦虑,有孤愤。谁去细看唐寅的眼泪和疼痛?二十岁,三十岁,疼痛垫了底。没有大疼痛,哪有严格意义上的艺术家?

唐伯虎

　　唐寅字伯虎,又字子畏,号六如居士,他生活的年代距今五百多年。书画造诣很高,流传至今的诸多作品价格昂贵。他是生前就能靠字画过上好日子的艺术家,也写诗,语句通俗。他参加科举考试,据说受人连累,卷入科场案,背上了贿赂考官的罪名。入狱受折磨,出狱断了拼搏仕途的念头,他在老家苏州造了一座象征风流的桃花坞,活给世人瞧。这面目,类似北宋的柳永,"风流事,平生畅。"贿赂考官一事,过程扑朔迷离,后世喜爱唐寅者颇费猜想。从他的性格看,未必干不出来。

　　唐伯虎的民间形象突出,在历代文人中名列前茅。鲁迅讲的"文以人传",很适合唐伯虎。汉代的司马相如是另一个典型,靠着"琴挑"富家美女卓文君,财色双丰收,又赚身前身后名。唐寅将行为艺术与书画艺术巧妙地结合起来,五百余年生动鲜活,传奇小说、影视剧的演绎推波助澜。作为风流才子的符号,他大于司马相如和柳永。这与明清小说的兴起直接相关。曹操、刘备、孙悟空、宋江、贾宝玉……一大群艺术形象牢牢扎根于市井,传播力度之大,今日也难测量。明末小说家冯梦龙的一篇《唐解元一笑姻缘》,把唐伯虎点秋香的故事传得如火如荼。而民间的胃口尚嫌不足,复把一笑变成三笑。唐伯虎风流多趣的形象被定格,尽管史实与传说相左,但谁能将唐伯虎与秋香拆开呢?犹如谁能将《三国演义》中的曹操还原为《三国志》中的曹操呢?

　　从来野史不让正史,艺术真实有时候高于历史真实。这话说的是什么?正史对史料的选择和它的评价系统,使其远不能保证所谓"信史"。比史实更高的,是对史实的选择和评价。意大利哲学家克罗齐说,一经进入价值判断,历史学就变成了哲学。而杰出的艺术"将真理设入自身",比通常意义上的历史真实更具有价值判断的有效性。此不赘言。

唐伯虎究竟是个什么样的人呢?他为什么要放浪不羁、一再裸奔?明朝中叶的苏州才子群又是一个怎样的群落?

明代成化六年(1470),唐寅生于苏州阊门。苏州城六个城门,这阊门最繁盛。唐寅描绘:"世间乐土是吴中,中有阊门最擅雄。翠袖三千楼上下,黄金百万水东西。五更市贩何曾绝,四远方言总不齐……"南来北往的官船商船汇集于此,热闹光景不消细说。唐寅的父亲于吴趋里巷开了一家小酒店,生意蛮好。唐寅是长子,却从不帮厨或跑堂,他要干的只有一件事:读书。士农工商的秩序绵延千百年,即便是在苏州这种工商业发达的地方,秩序依然。"学而优则仕",做官才有大出息。明代的农工商赋税极重,小商家做大谈何容易。即使连滚带爬做大了,还是要去巴结官府……唐伯虎在父亲的念头的笼罩下得以亲近诗书,旁若无人出入昼夜嘈杂的小酒店。

父亲不管他,只偶尔含笑瞟他几眼。

念书用功的孩子,反而玩耍的空间大。《吴县志》:"伯虎……性绝颖,数岁能文。"可见是个天才加勤奋的儿童。《吴郡二科志》则称,唐寅"为人放浪不羁,志甚奇,沾沾自喜。"

才华横溢的青年,大多数要沾沾自喜。这也无可厚非。唐伯虎和一个叫张灵的人"伙起"(四川土话),疯玩苏州六门,玩到杭州、绍兴。张灵也沾唐寅的光载入史册了,被称做"里狂生"。二狂生如何狂法,却无详细记载。

"小巷十家三酒店,豪门五日一尝新。市河到处堪摇橹,街巷通宵不绝人。"唐寅写诗大都通俗。市河,犹言河市,水上的市场,摇橹声与吴人悠长的叫卖声相杂。

唐寅在这样的环境中成长,混乱而又生机勃勃。酒家临河,小楼望月,那些口音混杂、穿戴各异的食客走一拨来一拨。玉面狂生抬望眼,烟柳枫桥,红袖起舞,玉人临风吹箫……苏州自古繁华,鱼米蚕丝之乡,丹青诗书之地。元代的大画家王蒙、倪瓒、黄公望,都生活在苏州附近,画作广传三吴。山水窟,园林窟,美女窟,丹青窟,美的元素如此集中,实在是天下罕见。唐伯虎画仕女、花鸟、山水那么出色,与其日常意绪的丰富大有关联。阁楼闲抛书,楼下总有丽人沿河走来,或是撑开一把油纸伞,缓缓踅入深深的雨巷。"罗袜起芳尘",唐寅看不足,"三千翠袖楼上下。"好在他抬起的双眼能够不断地低下去,目注诗书,玩味唐宋。"书中自有颜如玉"。如果他看楼下丽人看得整天心猿意马,日后也只能继承父亲的营生杀鸡宰鱼,扯嗓子吆喝堂倌,笑迎各类食客,苦恋寻常女郎……

唐寅学画,和仇英皆师从周臣。周臣名动两浙,可是他的两个弟子都是后来居上。若干年后,唐伯虎卖字画供不应求时,恭请他老师代笔。这就颠倒了师生关系,吴中传为趣谈。那周臣也大度,有人问他的画作为何不及弟子,他说:"只少唐生数千卷书。"这话精辟。苏东坡点评文同、米芾,首重学养。"文与可诗一,楚辞二,草书三,画四。"而画名极高、墨竹备受推崇的文同,闻东坡点评后喜曰:"世无知我者,唯子瞻识吾妙处。"

现当代的书画大家,无一例外地学养深厚。从齐白石、张大千到石鲁、黄宾虹、吴冠中,谁不是胸中千卷足下万里呢?今日书画家宜思量。

唐寅十六岁考上了苏州府学,录为生员第一。官办学堂分京城太学(国子监)、府学、县学。府学录取生员,通常百里挑一。唐寅是下了苦功夫的,两耳偶闻窗外事。苏州的许多街巷名他叫不出来。也未曾去招惹漂亮女孩儿,只把她们可爱的姿容画入一幅幅仕女图。

"暗想玉容何所似? 春雪一枝冻梅花。"唐寅心里装着唐宋佳丽,埋头苦读四书五经,苦练八股文。考举人,考进士,然后踏上仕途,一展平生抱负。考不上一切免谈。连唐朝李贺那样的天纵鬼才,也一再从昌谷二百里奔洛阳、复从洛阳八百里奔长安。

青年唐伯虎风流倜傥的形象显然被放大了,而民间乐于传播风流。为什么? 自西汉的董仲舒以降,礼教千年压抑人性,预设了它的民间反抗。魏晋南北朝,反抗很激烈,竹林七贤和陶潜是代表性人物。唐朝的"三李"(李白,李贺,李商隐),反礼教的面目突出。宋词元曲的大面积流行,亦是逆礼教之潮而动,消耗着官方意识形态的能量。

唐寅读书几千卷,其中大部分与应试无关。朝着仕途与背向官场,两个相异的价值体系皆在孕育中。中国古代的精英文化,几乎都是背向官场的产物。写山水,写田园,俯拾皆是的,是权力场扭曲人性之投影。西方诗人可没有那么多山水田园诗。曹雪芹写群芳诸艳的命运,"千红一哭,万艳同悲",乃是针对礼教对女性无处不在的压迫。一个清代作家,煌煌巨著写女性,并无一人是小脚。曹公为那么多美好的女性呐喊,书写她们的命运,端出了《红楼梦》的首要价值。曹雪芹又号"梦阮",向慕着阮籍式的狂放。

吴侬软语,才子佳人,容易让人生错觉:仿佛才子一律带着阴柔气和娘娘腔。事实上远非如此。明末清初的苏州人顾炎武、金圣叹,都是典型的汉子性格。金圣叹评《水浒传》如此独到,盖因好汉与好汉惺惺相惜。他聚众数百人反抗官府的腐败,被官兵捉拿,腰斩于吴门。行刑前慷慨曰:"割头,痛事也。饮酒,快事也。割头而先饮酒,痛快痛快!"这风度,映照魏晋的嵇康,在司马昭为其设置的刑场上从容弹奏《广陵散》。柳如是也是明末的苏州人,艳骨兼傲骨,受到陈寅恪先生的礼赞,十年辛苦为她写传记……

唐寅考中府学生员第一名后,名声大窜。学生当中他底子厚,天资足,学力有余便胡闹。他与张灵"赤立泮池中,以激水相斗,谓之水战。"泮池水浅,仅可及腰,赤身水战多时,学生们围观大哗,却有顽皮小子脱了裤子跃入池中混战。以手激水之时,人要腾跳出水。怒不可遏的先生挥舞着教鞭奔来,几个裸身学子慌忙抓裤子逃跑……这事传开去。城里的学究结队指责,小脚婆子怒目叉腰骂了又骂。

唐伯虎的青少年时期,除了读书,大抵疯玩而已,没有狎妓的记录。家里的弟弟妹妹都在吃"长饭",日用紧张。

由于年少得名,城里的一些人物来找他了,其中一个叫祝枝山,字允明,出自名门,大唐寅十来岁。此人才学超迈,草书尤其出色。外祖父做过朝廷大官中书舍人,岳父又是礼部尚书。苏州城里,祝枝山的家族显赫数一数二,几十年笏袍山积。想要结交祝门子弟的人多得数不清,然而祝枝山锦袍宝马造访唐家的小酒店,唐寅却屡次拒之门外。

什么原因呢?恐怕是因为门第悬殊。唐寅傲气,可见一斑。他不想去攀附官宦世家。此事或许表明,唐寅对自己的家庭是有自卑感的。

好汉寻好汉,才子访才子。物以类聚。古人比较质朴,谁优秀就奔谁而去。"闲暇则相思,相思则披衣。"

祝枝山屈尊结交,唐伯虎终于敞开了蓬门。二人开始了长达一生的友谊。一个书法好,一个绘画好,形成互补。祝枝山博学多才,又是个玩主,豪门公子偏装乞丐,闯入盛宴讨杯酒喝,那模样惟妙惟肖。他的左手多一指,自称枝指。也好色,此间却按捺着,毕竟他岳父是朝廷高官,若干年后才闹了一桩大绯闻……

不久,书画俱佳的文徵明加入进来,三个男人畅游吴中,雅玩俗耍名堂多。后来又有徐祯卿,合称江南四才子。文徵明与唐寅同年生,活了九十岁。流传下来的书画作品有数十件之多。他的小楷书法,明朝称第一。

几个大才子裘马轻狂,眉飞色舞。乡村野肆饮酒,哪管有钱没钱。喝,吟,唱,且歌且舞。学宋人将鲜花插满头。苏轼词:"人老簪花不自羞,花应羞上老人头。"明代的才子们,谁不崇拜艺术全能、平生伟岸的苏东坡呢?后来唐寅专程跑到黄州去追寻坡仙遗迹,沐浴拈笔,毕恭毕敬画东坡道人。祝枝山写的小楷《赤壁赋》轰动一时。徐祯卿诗名盖世,宣称隔代师从苏东坡、白香山。

晋唐宋气象,笼罩着明朝。

饮酒缺钱,当垆卖画。唐伯虎画得快,兼工带写,生动而准确,设色鲜艳却不落俗套。"当其下笔风雨快,笔势未到气已吞。"乡间的高墙大户不乏欣赏者,掏银子不迟疑。

"姑苏城外寒山寺,夜半钟声到客船。"明代的《枫桥夜泊》诗碑,系文徵明书。

才子们出城玩兴奋了,夜不归宿,"解鞍倚枕绿杨桥,杜宇一声春晓。"五月枫桥上,横七竖八躺着白衣、锦袍。寒山下水稻青青麦子金黄,农人躬耕,家家织布声。蜿蜒的田边小路,俏村姑提竹篮卖花,祝枝山、张灵总是要上前去搭讪,逗笑。文徵明皱起眉头。唐伯虎观察村姑的衣裳、情态,联想市井裙钗和宫廷仕女。少年徐祯卿手握一卷李贺的《昌谷诗》,沉迷于李贺笔下的咸阳古道……

五月艳阳下,山水人物胜图画。江南的画家设色多艳丽,盖因地域所致。被董其昌誉为"近代高手第一"的仇英,早年做过漆匠。仇英的人物画足以和唐寅争雄。他是太仓人,后来移居苏州,加盟了吴中的超级艺术沙龙。

明朝中叶,全国的文学艺术精英,首推苏州。

唐寅十九岁娶官宦人家的女儿徐氏为妻。婚姻脱离了商界,向"士"的阶层迈出了一步。婚后夫妻和睦。因徐氏的照料,家里的小酒店生意兴旺。唐寅写诗,徐氏能欣赏,这使他感到欣慰。然而好景不长。唐寅的父亲唐广德病死了,嫁出去的小妹受虐待,悒郁而亡,母亲也撒手西去。唐家隔数月就举一回哀,兄弟抱头痛哭,亲朋邻居劝不住。唐寅尤其不能接受的是小妹的死,《祭妹文》摧肝裂脾。

死神接踵而至,人在惶惑之中。当初唐家五口人,五已去其三。如今妻子徐氏陪着他,抚慰他的巨大伤痛,帮他度过难关。可他万万没想到,操劳过度的徐氏病倒了,竟然一病而亡。

短短二三年间,四位亲人俱亡。烧不完的纸钱……这对唐寅的打击是不可想象的。死生无常,人寿短促。唐寅的性格和生存向度均受影响。挑灯夜读。深夜悲叹。一个人跑到远郊去长歌当哭。《白发》云:"怆然百感兴,雨泣忽成悲。"

春去秋来形单影只,谢他苏州酒朋诗侣。

此后人生路,发力向何处?"名不显时心不朽,再挑灯火看文章。"

1488年,二十九岁的唐寅去应天府(南京)考举人,得了第一名,称解元。唐解元三个字不胫而走。大才子憋了若干年,终于意气风发,逛夫子庙,游秦淮河,处处受人青睐。获取功名利禄,易如探囊取物。到他居住的小旅舍递名刺(名片)的人排起了队。有个叫徐经的江阴豪门子弟攀上唐解元,恭请他移至高等客栈,每日好酒豪车伺候。

从南京回到苏州,唐寅大受称赞。连送鱼的小贩也叫他唐解元。小酒店的生意由弟弟经营,唐寅对弟弟说:等我做了官,你就不用开店了。

弟弟一家自是欢喜。

次年,唐寅坐徐经的大船走水路进北京,行程一千多里。运河两岸的冬日景致,由江南而北国,由葱郁而苍凉。京城三月会试举子于礼部,称春闱,自唐朝以来未曾变更。各地赶来的考生密密麻麻。一些人肚子里墨水不够便打起了歪主意,其中就有富家子徐经。此人花大把银子买通会试总裁程某的家人,先拿到文章题目,请唐寅代笔。唐寅一挥而就,似乎不知个中隐情。考试前"场屋代笔"不稀罕。那徐经昼夜背诵唐寅的文章,囫囵吞下肚去。进考场文不加点,左顾右盼一脸得色,使熟悉他的八股文底子的考生满腹狐疑。

考完了,千百个举子屏息静气,等待礼部放金榜。考中进士便踏上了仕途,享受朝廷的俸禄。徐经按捺不住兴奋劲儿,邀客畅饮,大醉,吹嘘他和程总裁的关系。于是被人告发,受审查,继而打入大牢。

唐寅未能免,一并入狱。

这件事的另一种说法,是唐寅不谙世故,把预先代笔的文章与试题正好吻合的事说出去了,招致祸从天降。

金榜无名,牢狱有号。二十年寒窗奋斗,落得如此下场。狱中的情形不妙,挨打受辱难免。狱卒专爱攻击细皮嫩肉。犯人又欺负犯人……半年多,唐寅的身心备受煎熬。后来他终身不提在北京蹲大牢的奇耻大辱。

牢门向他敞开之时,"龙门"就永远关闭了。

出狱回苏州,而立之年的唐伯虎耷拉着脑袋。

家中一片破败,小酒店食客骤减。街坊互相耳语:囚犯唐伯虎呀,晦气!唐寅继娶的女人动不动就给他脸色瞧,薄嘴皮子数落才子:唐解元呀唐解元,原来你不值一文钱。牛皮吹上天,到头来栽进京城牢狱!挨鞭子吃棍子,颜面扫地。我清清白白一妇人,嫁给你这大牢汉,倒霉鬼,蜡枪头,哪世造的孽哟,害我年纪轻轻遭报应……

苏州的市井妇人,软语骂人厉害,夹杂了若干动作,且跳且骂。有些妇人能骂一整天。她们搬个凳子坐了,面朝大街慢慢叫骂,掌控着语言的节奏,还忙中抽空梳理头发,整理衣裳,翘翘指头,并将嘴边的白沫及时抹干净。她们要骂得好看。

唐伯虎一怒之下写了休书,妇人当天溜之大吉。

郁闷之极。前途毁了。连生计都成问题。当初豪语惊众:"龙虎榜上争第一,烟花队里醉千场。"眼下灰头土脸,喝水塞牙,走平路跌跌撞撞。街上的泼皮嘲笑:唐解元咋不狂了?咋耷眼了?解元解元,捡个铜元,买一块烧饼吃两天!

虎落平阳被犬欺。人情冷暖,世态炎凉。昔日蹭酒喝的朋友一夜间全部蒸发,颇似李白在扬州金尽,狐朋狗友一哄而散,于是破例思念四川绵州的故乡,写下"床前明月光……"

连酒店的店小二也要做模做样,"仆奴据案",罢工了,估计唐家小酒店欠了他的工资。

"兹所经由,惨毒万状。眉目改观,愧色满面。衣焦不可伸,屦缺不可纳……日愿一餐,盖不谋其夕也!"

衣裳鞋子破旧,一天吃一顿饭。饿着睡去又饥慌醒来。蜀人尝言:饿得心慌。江南鱼米之乡,可怜唐寅惨状。多半是气成了这样,钓几条小鱼也能充饥的。可惜了满腹才华一腔抱负。饿就饿吧,瘦就瘦吧。鞋破衣烂怕个球,一双光脚板照样上街走。学堂里裸过身的汉子还怕光脚?

北京科场冤案后,"海内俱以寅为不齿之士……知与不知,皆指而骂,辱亦甚矣!"素不相识的人也指着鼻子骂他。

从万人称羡的唐解元到群众唾骂的京城大牢释放犯,这落差太大,面子丢得精光。"士可杀,不可再辱!"唐寅《致文徵明书》千余言,每一个字都饱含疼痛。上面的几段引文,都是信中的沉痛语。命运的落差造就英才,包括这位以风流著称的书画才子。

二十岁,始遭家庭一连串的凶事。三十岁,蒙冤,挨打,受辱。原来风流的背后有磨难的支撑。

理解唐伯虎,须知这一层。

他在信中提到墨子、孙子、司马迁、贾宜,都是受辱受刑而后发愤的大才。沉痛之人要抬起头来。

好朋友们资助他远游,祝枝山、文徵明等慷慨解囊。

别了,苏州! 一叶扁舟远江湖。

浙江、江苏、江西、湖南、湖北、福建,游踪不知几万里。舍舟骑马,骑毛驴,毛驴没了再步行,雄赳赳于路上,飘飘然于风中,孤单单于梦里。半路结伴且笑谈,穷途忽又峰回路转。野店灯小,山顶月大,百万颗星星向人蜂拥,"不敢高语声,恐惊天上人。"题诗于寺壁,换几碗斋饭。丈二大画却遇小买主,丹青圣手接过几两散碎银子。也罢,也罢,填饱肚子事大。走累了爬够了纳头便睡,管他牛棚与瓜棚。庐山玉阳峰一觉醒来,星月浩瀚,通身沐浴着神的光辉。

唐伯虎冲着峡谷长啸,啸声清亮……

每一个体细胞都向自然敞开。中国古代之精英艺术,乃是人事与自然交汇、碰撞、融合的奇观。

别说睡瓜棚牛棚,睡杂草丛也无所谓的。牛棚有啥不好？苏轼贬黄州,开垦东坡麦田,"谁能伴我田间饮？醉倒唯有支头砖。"真是帅呆了。更贬南荒儋州,"风雨睡不知,黄叶落枕前。"那中和镇的桄榔庵岂止漏风雨？还漏下许多黄叶,而先生睡得多么香甜。黄州惠州儋州,何处不是坡仙？惠州所作之《纵笔》云:"报道先生春睡美,道人轻打五更钟。"

文脉就是血脉!

唐寅牢记司马迁苏东坡,而苏东坡牢记陶渊明白居易……

仕途无望,背向了官场,长足于道路,于是山山水水向艺术家扑来。漫游归来人已变,玉面书生变成了精悍行者,四肢邦邦硬,肌肉呈块状。像浪迹天涯的李白那样"双目炯然"。

野地的无边野性点燃了血液,唐伯虎真如虎。

万里归来,人变了。

茫茫太湖边,唐寅那具有赵孟頫风格的漂亮行书,写下了传世诗篇。《烟波钓叟歌》:

太湖三万六千顷,渺渺茫茫漫天影。东西洞庭分两山,幻出芙蓉翠翘岭……阿翁何处钓鱼来？雪白长须清凛凛。自言生长江湖中,八十余年泛萍梗。不知朝市有公侯,只识烟波好风景。芦花荡里醉眠时,就解蓑衣作衾枕。撑开老眼态猖狂,仰视青天大如饼……

老翁可能有九十岁,雪白长须出入烟波里。更妙的是:"笔床茶灶兼食具,墨筒诗稿行相随。"钓叟与老诗人合而为一。与茫茫太湖相比,朝廷真是不值一提。人如闲云野鹤,长年飘来飘去。填饱肚子还不容易？扁舟长竿,鱼虾蹦跳。身子长期勤劳,吃物营养又好,负面情绪少。寿过百岁,无疾而终,小小的墓地朝着大湖,永远卧听浪潮闲话……这可不是神话。从孔夫子生活的那个年代起,逸人、隐者、高士便层出不穷。而这些人大都是读书人,洞察了历史与当下。活得单纯质朴,就是活得丰富。这是咱们中国式的"本真性生存",尽可能消解形形色色的异化。

人被外物设定,受物欲、权欲摆弄,人就没有自由。

现代人老是嚷嚷自由,很大程度上是缺啥想啥。以显形或隐形的方式掌控生命的东西委实太多。浑身不适又无力反思,于是要嚷嚷。长年累月活在电视电脑前,哪有生命的活跃度和广阔度?生活的虚拟化乃是生命的虚无化……

仕途失意,艺术得意。这个现象持续了两千多年。皇权像黑洞,思想、艺术、宗教,围着它巨大的引力旋转。逃逸者也在引力的范围之内。此系中国古代精英文化的显然特征。民间的受力要小一些,江湖越是遥远,引力越是微弱。

庄子的逍遥开了头,后继者就绵绵无尽。唐寅科场绝望,转身向丘山江河,半径几千里,行程数万。

蓬勃的野地,经年的漫游,寸寸贴近山水肌肤,步步丈量生存境域,精气神充沛了。佼佼者如苏轼,一生半中国,足迹几十万里,春花秋月雷电风霜,民风民俗民之深情……真好!

唐寅回苏州干啥呢?他将作何营生?子承父业又开起小酒店?非也,非也,大才子酝酿了一个惊世骇俗的大动作,专与礼教、与庸俗的舆论对着干。

三十六岁前后,唐伯虎在苏州城的北郊造了一座桃花坞,向世人抛出了风流符号。这桃花坞建于宋人别墅的旧址上,花钱不多景致好。唐寅自号"桃花庵主",作《桃花庵歌》云:

"桃花坞里桃花庵,桃花庵里桃花仙。桃花仙人种桃树,又摘桃花换酒钱。酒醒只在花前坐,酒醉还来花下眠。半醉半醒日复日,花开花落年复年。但愿老死花酒间,不愿鞠躬车马前……别人笑我忒疯癫,我笑他人看不穿。不见五陵豪杰墓,无花无酒锄作田。"

桃花坞对应的还是官场。奔仕途遭重挫,于是背向了权力场。每日花与酒,逍遥复逍遥。书画市场支撑了生计,于是不问功业,不经商不耕田,只研墨作画买酒肉。唐寅《感怀》称:"不炼金丹不坐禅,饥来吃饭倦来眠。生涯画笔兼诗笔,踪迹花边与柳边。"

被康熙帝誉为"老名士"的尤侗,作《桃花坞》云:"桃花坞,中有狂生唐伯虎。狂生自谓我非狂,自是牢骚不堪吐。渐离筑,祢衡鼓,世上英雄本无主……"战国时代的燕人高渐离,三国时代的祢衡,皆是高士、狂士,后者被曹操杀掉了。曹操与刘备煮酒论英雄,称天下英雄只有曹、刘二人。而尤侗把渐离、祢衡、唐寅视为英雄。曹刘争天下生灵涂炭,名士只追求自由奔放的个性、活出审美之风采。

古代所有的名士都是对应权力场,剪不断,理还乱。

唐寅读书灌园,吟诗卖花。"客尝满座,映照江左。"

祝枝山记载:"客来便共饮,去不问,醉便颓睡。"苏州城的名士多奔桃花坞,更有从杭州湖州越州慕名而来的,轰动了两浙,风闻于江南。"江南四才子"由此得名,一般是唐寅排第一。"吴门画派"也随之诞生,追随者众,唐寅、仇英是画派中的领军人物,人物画尤其出色。

唐伯虎制印曰:江南第一风流才子。

这风流也包含了男女风流。

桃花坞是一块可能有百余亩的坡地,遍栽桃树,环以桑、竹、松、梅,景色清幽,建筑物造型别致,有个"梦墨亭"、"学圃堂",祝枝山题匾。围墙边十几棵高大的古楠树,是宋代那位高官栽下的。三月桃花开,艳光照人,花香袭人。唐寅称:"万树桃花月满天",这话有夸张。七月桃子挂满枝头,一颗颗红红的馋人。桃花庵主唐寅搭个凉棚高卧,抬眼便是苏州北城门。渴了摘桃,兴来饮酒,客至剧谈。每天有人来,或三五个,或七八个。半夜的叩访者多半是夜游神祝枝山。此人写了一幅好字,得了半首好诗,马上要载酒出城寻唐寅。据说祝枝山长得比较奇特,斜眼,面丑,高度近视,拿一块稀罕的水晶镜,跟长身玉立、面目英俊的唐伯虎恰成对照。祝枝山是狂饮客,奔入青楼胡闹,也不管娘子的父亲做过朝廷大员,名重苏杭。桃花坞岂能缺了桃花面?祝枝山携妓揣酒而来,花树下美人歌舞,他配以短笛长箫。文徵明不狎妓,品茶闲观而已。

张灵是脂粉队中的积极分子,鬼点子特别多,他与官宦人家的美貌小姐崔莹闹了一场轰轰烈烈的恋爱,几乎是《西厢记》中张生与崔莺莺的翻版。这个人小时候就能闹,学堂里的泮池,他裸体扑水出了名。桃花坞的常客徐应雷,写《唐家园怀子畏》,其中说:"盛暑断不出,门外有车马。公卿排闼入,裸体松林下。"排闼:推门或撞门而入。

桃花坞除了大片桃树之外,又有前人种植的松树,蔚然成林,盛夏的松风吹拂小山坞……

魏晋的酒徒刘伶,大白天裸体见客。明朝的唐寅、张灵,以裸体吓跑挟势而来的高官巨卿。中国古代,名士风度有传承。王安石上朝面君,胡须上有虱子爬,"屡游相须",是继承了魏晋高人的"扪虱而谈"。民国的辜鸿鸣,拖着长辫子走进北大的讲堂,身穿长衫子昂然于欧美诸国的街头……

名士裸体给高官瞧,乃是针对压抑人性的礼教。唐寅的父母早已仙逝,科场失意后老婆也跑了,他膝下无子,了无牵挂,所以敢于裸体制造轰动效应。高官们大哗,掉头夺门而走,进城传播去了。那场面有趣,估计桃花坞的名士们不是裸了一回两回。

古代士子裸游、裸奔,例子颇不少。西方人则搞裸体游行。

仇英、徐祯卿也能闹,后者字昌谷,追慕李贺的故里。李贺写了很多艳诗,讥讽轻视女人的孔夫子。仇英作画,取材于桃花的甚多,流传至今的名画就有《桃源仙境图》、《桃村草堂图》。他更是临摹古画的高手,人称"落笔乱真",类似张大千,但是借了别人的真迹要还,不像张大千抱着真迹不肯放,寻思以假换真……仇英的临摹极品如《清明上河图》,现在是上海博物馆的宝贝。他的传世画作甚多,仅上海一地就收藏了二十三件。

唐寅和文徵明一有机会就宣扬仇英,学习苏东坡毫无保留地宣扬秦观、米芾、黄庭坚。仇英移居吴县受惠多矣,名头响了,润格高了,生活好了。他自幼崇拜苏东坡,能把前后《赤壁赋》倒背如流。听唐寅兄一次次绘声绘色讲黄州之游,讲东坡麦田、临皋亭、雪堂的遗址,讲断岸千尺惊涛拍岸的赤壁,不禁神往焉。于是潜心作大画,脑子里装满了东坡泛舟夜游赤壁的场景。他邀客二三子,孤舟夜饮太湖上,望月,放歌,大醉,"杯盘狼藉,不知东方之既白",体验东坡笔下之宏阔意境。长卷《赤壁图》赫然问世,桃花坞办展览,所有的名士惊为天赐之作:那场面之恢宏,设色之精美,笔触之飘逸,人物之传神,何尝低于宋元名家的鸿篇巨制？

唐寅叹曰：东坡道人泉下有知，当视仇十洲为知己焉。

一向严肃的文徵明捋须点头……

仇英听了唐兄此言，当场为之绝倒。他如此年轻，却已比肩宋元名家！从此劲头更足，精研画法，揣摩前辈与同侪。这《赤壁图》，他一生画了若干次，就像唐代大师王维再三画《辋川图》。现存三幅《赤壁图》，其中一幅于2007年拍出近九千万元的价格，创当时的中国绘画拍卖成交价的世界之最。

为了庆祝仇英的杰作诞生，一群名士欢饮达旦，又狂奔虎丘，登上云岩寺的佛塔，眺望枫桥一带的迷人景色。

呼啸而去，联翩而来，红巾骑妓相随，狂态与艳姿并举。明朝中叶，这是苏州城的寻常景观。艺术家们狂起来，个性伸张，激情奔放，灵感往往突如其来。尼采名言："艺术是生命的兴奋剂。"姹紫嫣红的艺妓们则是艺术的兴奋剂。她们一般不卖身，琴棋书画有竞争。自唐宋以来，骑妓便是苏杭越的街头美景。宋代赴两浙的新官，会受到官妓的远程迎接，《东坡乐府》有云："杭妓往苏迓新守。"这多半是制度化的迎宾礼，浙江独有，中原未闻。另外，全宋词九百家，绝大多数的词人是南方人。苏轼三十七岁通判杭州，一待三年，词瘾大发……

苏州这地方，文人墨客多。唐诗名家顾况是苏州人，他提携了白居易。香山居士曾经在苏州做太守，离任之时，百姓依依不舍，刘禹锡因之而感慨说："苏州十万户，尽作婴儿啼。"苏轼六次到苏州，熙宁七年（1074）去了三次，《阮郎归》："一年三度过苏台，清尊长是开。佳人相问苦相猜，这回来不来……"苏轼将去山东密州（今诸城）任太守，苏州佳丽故有此问，浓情掩饰不住。其时苏轼三十九岁，婉约更兼豪放，政声又好，相貌身材俱出众，所到之处总是被芳心围绕。可是他从不放纵，史料称："性不昵妇人。"

吴兴人张先（子野）却是一辈子昵妇人，白发混迹于红颜，穿梭吴娃越女的青春舞蹈。张子野雅号张三影：无数扬花过无影；隔墙飘过秋千影……

唐伯虎的桃花坞拢集了苏州名士，放大了风流符号，催生了许多佳作，留下的故事和传说太多。现代文人如郁达夫、戴望舒，接力演绎风流。后者被称为"雨巷诗人",而唐伯虎走过的雨巷、烟花巷没人能数,抬头是丁香般的女郎,转身是桃花般的艳妇。

桃花坞十几年,艺术的激情与男女恋情双双高涨,相得益彰。此间,唐寅独身几年,后来娶的沈九娘系苏州脱籍的官妓,他以解元之尊纳妓为妻,还大宴宾朋,隆重"推出"沈九娘,把全城的道学家气得吹胡子瞪眼。

桃花坞成了道学家饱和攻击的对象,有一年仲夏,出事了。

其时唐伯虎四十出头,书画双绝,誉满江南。一个考了半辈子进士的老秀才却满城嚷:唐寅居然裸体见权豪,有辱至圣先师孔子!该当何罪?官府派兵去,拆了桃花坞,抓走唐伯虎。

腐儒酸秀才纷纷上书,一时闹得沸沸扬扬。

吴县的官府紧急商议,是否派衙役去包围桃花坞。县官看唐寅早就不顺眼了,索画讨字,那唐寅偏不给面子,居然说:县老爷要我唐伯虎的画,银子分文不少。民间的朋友可以商量。

县衙重修官厅,想让唐伯虎在墙壁和屏风上留下墨宝,也遭到拒绝。文徵明甚至宣称"三不卖":不卖权贵,不卖太监,不卖外国人。

县官咆哮公堂:桃花坞的那群狂徒侮辱斯文,蔑视官府,败坏乡里,是可忍孰不可忍?

七月的一天下午,捕快衙役倾巢而出,直奔桃花坞。事前探得消息:唐寅张灵仇英文徵明等人正在聚饮,切磋书画。县官与官尉,各骑一匹大马,笑眯眯相顾曰:此去封了他的坞门,没收他们的字画。唐伯虎若敢放肆,枷项根勘!

根勘是彻查的意思,系捕头术语。

吴县的县令姓张,曾做过湖州的通判,人称张通判。因勒索商人贬为县令。唐寅写诗揭过他的短。此刻他气势汹汹而来,身后的兵丁各持利器面目凶狠,大刀长剑,寒光闪烁。一群书生岂在话下?捕一唐寅,如捉小鸡。

衙役敲门如擂鼓,唐寅摇着扇子开了门。有个童子却从后门溜走,疾走苏州城……

张通判恶声喝问:尔等败坏吴中风俗,白天裸体成何体统?吴县缙绅上书本官,强烈要求将尔等捉拿问罪!

他边说边晃了晃捏在手中的一卷书信。

唐寅笑道:大毒日头底下,自己家里裸体,犯了哪条王法?依我看,有些官僚缙绅表面上道貌岸然,背地里偷鸡摸狗。

张通判冷笑:好大的口气,竟然当面诋毁我朝廷命官。唐寅!你这桃花坞秽名远扬,方圆百里闻而掩鼻。你画的那些女人浓妆艳态,流传市井影响极坏。现在本官宣布,唐寅、张灵、仇英、徐祯卿,通通带到县府审查。书画一律没收!桃花坞即日关闭。

此人放过了文徵明,不知他是何用意。也许想挑拨离间。也许因为文徵明的父亲做过县令。

文徵明拱手施一礼:县尊容禀,唐宫宋宫明宫,仕女图多矣,岂可轻言浓妆艳态?桃花坞也曾接待过几位廉洁的州官,平日二三子笑谈丹青而已,怎能下令查封?

县尉拿刀一指:姓文的,你别和这些狂徒同流合污,否则,一并将你拿下。

文徵明平时温和,骨子里是桀骜不驯。他瞅着钢刀面呈愠色,上前一步挺胸道:区区破县尉,有种你来拿我。来呀。

县尉扭头瞧那县令,县令佯作未见,只对唐寅吼道:唐伯虎,本官今日要试试你的虎气。捕快衙役,给我搜!

众兵丁一拥而上。性子倔的仇英横身阻拦,唐寅将他拉开,耳语几句。仇英含笑点头,又悄悄告诉了张灵。那张通判转而狐疑,质问:尔等密语,有甚机关?

张灵笑答:桃花坞墨宝多的是,只画中暗藏了机关,对你和你的爪牙有些不利。

张通判大怒:光屁股生员,你也敢来冒犯?绑了送审,连夜根勘!

顷刻间,张灵被粗绳子捆个结实,挣扎叫骂。几个衙役捧了许多诗帖画轴出来呈上,县令脸都笑烂了,却作色道:艳诗淫画,侮辱孔圣人。证据在手,封了这桃花坞!

唐寅喝道:且慢!

众人望着他。县令、县尉怒目而视。

唐寅慢悠悠摇着纸扇,他手头的超大扇子,有自己画的桃花,仇英点缀的小鸟远山,徐祯卿题的诗,祝枝山和文徵明盖的闲章。他摇到张通判的跟前,笑问:县令想要此扇么？拿去呈送上司,保你官复原职。

县令伸手时,唐寅"唰"地一声合拢纸扇,敲了一下对方的乌纱帽,笑道:我这宝扇乃金山寺高僧所赠,敲谁谁就官运亨通。

张通判半信半疑,头上又重重挨了一下。众人忍俊不禁,那生得粗猛的县尉也捂嘴笑。眨眼间,县令当众挨了三次,兀自傻笑着,不知道该感谢还是该发怒。

唐伯虎三敲张通判,很快传为苏州趣谈……

那一天,桃花坞前的大松树下,赶来围观的农民渔夫不下百人。人人免费吃桃,县官和他的一帮狗腿子只能吞口水。县令屡受戏弄,头上的官帽边框也敲扁了,那边框是铜丝做的。唐伯虎下手可不轻,脑壳隐隐作痛。他转着浑眼球,"目射宝扇",再度伸手时,唐寅以扇指西边,朗声道:霞光万道之时,方可馈赠宝物。

说罢,他朝苏州城门方向瞥去一眼。有人骑毛驴缓缓而来,好像还在昂头唱歌……

县令皱起眉头:唐伯虎,今日莫非耍我？

唐寅仰面一笑:人生一场大戏,无非耍耍而已。你抓我,我耍你,吃亏的还是我。你带兵闯我桃花坞,搜刮吾辈的丹青佳作,《桃花仕女图》、《桃源仙境图》、《秋风纨扇图》、《骑驴思归图》,件件都是传世妙品。你姓张的一介贪官,你何德何能为官一方？拿扇子敲你算轻的,惹恼我唐解元,手执钢鞭将你打！

农夫渔父,村姑儿童,哄笑声响彻了七月里的桃花坞。

张通判瞪眼嚎叫:抓,抓!

唐伯虎一声清啸:狗官休要猖狂,援兵来也。

县官、衙役急忙扭头,远处的小路上,有个斜戴巾帽的中年男人骑着毛驴朝这边来了。

张通判使劲瞧,认出了身背酒葫芦的祝枝山。

张灵大叫:允明快来救我！

已走到十丈开外的祝枝山,笑嘻嘻说道:我今日救了你,你明天又去裸体。

祝枝山下了毛驴,拿水晶镜子照了照张通判,伸手摸摸对方的塌陷官帽,摇头说:有损官仪,犯了戒条。该降级啊该降级。

张通判申辩:允明兄,下官的帽子是被唐寅用扇子敲变形的。

祝枝山两手一摊:是么?他拿扇子敲你,一定有缘故。

唐寅笑道:宝扇敲一敲,官运如火烧。

祝枝山喷喷鼻子:烧焦了咋办?

他转向脸上直冒汗的县令:你带这些个狼捕快狗衙役,到桃花坞来行凶?

县令不服,却又堆笑:乡绅们纷纷上书,指斥桃花坞败坏风俗,下官不能不管啊。

祝枝山哼了一声:那些腐儒我认得,满口仁义道德,其实一肚子坏水。桃花坞来几个艺妓侑酒,唱唱歌跳跳舞,有啥不可?伯虎于自家门内裸体图个凉快,碍着谁了?我看你张县令是狗拿耗子多管闲事,你还脱裤子放屁,多事!

众乡亲又笑。县令下不了台,脸红筋胀脖子粗,挣扎着分辩:淫秽图画不堪入目,本官要带回县府审查!

祝枝山打开了《秋风纨扇图》,质问:这么美的仕女图,你倒说说淫在何处?五脏六腑脏兮兮,于是看啥都淫邪。我告诉你这姓张的"前科分子",甭想在苏州勒索名画讨好上司。我岳父讲了,朝廷官员很欣赏唐寅、仇英的图画。

"岳父"二字,让县令县尉浑身冒汗两腿哆嗦。狗官连同狗衙役,赶紧撤退,作揖不迭。桃花坞大获全胜。名士们连日狂欢。苏州盛传,传到了无锡、杭州、镇江……

这类事非艺术炒作,却有显而易见的广告效应。

唐寅卖书画,日子过得红火了,时常周济弟弟。左手挣钱右手花钱,金如泥银如土。徐应雷形容唐伯虎:"不买青山隐,却写青山卖。"唐寅自言:"闲来写幅青山卖,不使人间造孽钱。"换言之,官府中人使造孽钱的数不清。桃花坞对抗官府,写字画画傲视权贵。这傲骨传统,从战国时代的屈原就传下来了。

元明艺术家,热烈向往晋唐宋。

礼教高压风流,名士偏要风流。祝枝山"丑乖",幽默,小楷出神入化,行事往往奇招惊人。他以名门之子屡考不第,倒表明当时的科举制度颇严格。

祝枝山闹了一件轰动两浙的绯闻。他狂追苏州某属县的大家闺秀沈梦兰。沈小姐足以羞花闭月,且通文墨。祝枝山却长得难为情,年龄又大了对方许多。他妻子去世已久,尚未续弦,正好狂追。此人很有一股痞子劲。尝言学汉高祖刘邦,蹭美妇尽管厚脸皮,涎皮赖脸不走开。四川土话:美女怕秀夫。"秀"(读作三声)就是磨蹭、纠缠的意思。祝枝山扮作道士,在沈府前整日徘徊,敲木鱼,念道德经,煞有介事替人算命。沈梦兰莲步出入,他就趋前搭讪,呈上小楷抄写的经卷,并为她作画,赠她玉如意、乌金钗。三五回"秀"下来,赢得了沈梦兰的好感。于是斜眼退场,丑乖亮相。小姐重才华,祝枝山三个字早已如雷贯耳……然而她的父母察觉了,勃然大怒,叫官府将祝枝山捉拿。这时,偏偏碰上一件事:皇帝诏令祝枝山进京识别古画。苏州轰动,沈府哗然。文徵明唐伯虎等名流趁机出面,亲往沈府说合。祝枝山终于抱得美人归,乐得斜眼更斜。男人的斜眼配了女子美目,别是一种搭配。多才多趣多宠爱,羡煞了寻常夫妻。

狂士的狂恋狂追,挖空心思者,最数唐伯虎。

"三笑"的故事是这样:暮春某日,唐寅坐于靠近阊门的一条游船上接待"粉丝",凭窗作画写字。绢、纸、扇,纷至沓来。他限量泼墨挥毫,手腕酸了便罢。拒绝多画一幅。粉丝们潮水般退去了,唐寅小酌,瞅着船舱外的春水。热闹之后的静寂,心中颇享受。优秀的艺术家皆如此,能摄取寂静的能量。"欲令诗语妙,无厌空且静。"寂静、空无,显现它特殊的喧嚣与饱满。画家之间的激烈竞争,拼的是学养和悟性。吴门画派,日益精进。唐伯虎的风流首先是笔墨风流。腹中万卷书,下笔如有神。哪怕画一幅花鸟小品,"有意味的形式"抵达了淡墨、枯笔与留白……唐伯虎岂是浪得虚名?江南第一才子,别人若是不认可,他也不敢胡乱自夸。

一条画舫从远处摇过来了,船舱外有个青衣少女,丫鬟的装束掩不住体态婀娜。唐寅阅美多矣,仍是心一动。可是不着急,阅美当仔细。体态好未必五官俏,即使都不错,她也可能举止粗俗眉目放肆。大户人家的侍女嘛,出了朱门招摇市井,人五人六……唐伯虎闪过两三个念头,那画舫近了。凝神去瞧,顷刻浑身如电抹:青衣丫鬟般般好!

青衣姑娘对唐寅的痴呆傻样投以一笑。她掀帘子进船舱了,丽影消失。动人的笑容留在空中,映照春水涟漪。事实上是心之涟漪。那年头,眼睛还是心灵的窗户。哪像时下影视之"眼球经济",心灵之窗自动关闭……

唐伯虎赶紧租一小舟,奔那大舫去了,江风呼呼鼓起锦袍。不可错过美妙瞬间。"人面不知何处去,桃花依旧笑东风。"丽影永逝,这又何苦?

桃花庵主被那桃花般的笑容所"霸占",刹那间情愫"核聚变"。行动已在意念之先。台湾的作家李敖于台北某汽车站惊艳王小屯,奋勇去搭讪,追了三年终成眷属。王小屯小李敖近三十岁,清丽照人,艳姿天成。李敖追她时她妙龄十九……

冯梦龙写道:"次日到了无锡,见画舫摇进城里。"可见唐寅的小舟追了一整夜。也许那婀娜侍女又出现过,发现了后面的小舟,她探了探头。茫茫黑夜行船,纵有笑容也看不见。桨声灯影苏州河,画舫少女比嫦娥。嫣然一笑,勾魂摄魄。

大约追了十多个钟头,每一秒钟玲珑剔透。男人在恋爱中享受。那青衣背影加桃花面影,招惹他的半梦半醒。倏然坐起,看一江细波纹宛如"情皱",幻觉直指情浪滔天。

人是万物之灵,灵在这类情态间:痴迷于事物之种种美妙,穷追不舍。

然而进了无锡城,追丢了。那一天,大约无锡"赶场"。

唐伯虎如何肯罢休?大街小巷东望西瞅,眼巴巴的寻青衣,认错了好几回。一少女掉头便骂:疯子追啥追?看你魂要飞。

情奔,难免颠三倒四语无伦次。笔者联想茨威格:一个中国男人一生中的二十四小时(茨威格名篇:一个女人一生中的二十四小时)。唐寅的呼吸叫做"情喘"。情细胞胀欲破……

唉,青衣少女一笑牵魂。

终于在大街上又见了一回,"只见十来个仆人引一乘暖轿,自东而来,女从如云……阊门所见青衣小鬟,正在其内。"

唐寅跟过去了。青衣少女似乎侧了面容,抿嘴一笑。

原来她是华府的丫头。在无锡,华府颇有名望。大户人家的家丁把着门,唐寅如何进得去?不过,爱起来的人总有办法。他多方打听,然后思得一计。恰好华府有两个不成器懒读书的呆公子,唐寅化名康宣,向华府的管家略露才学,便入府坐了西席(当教书先生。座席西向为尊)。复更名华安,带公子学兼玩,渐入正道,博得主人欢喜。

那华府上下二十多名丫鬟,青衣者名叫秋香,专门侍候老太太,类似《红楼梦》中侍候贾母的鸳鸯,乃是头号丫头。漂亮而善解人意,举止温柔,笑容几乎可以倾城,却藏于重门之中。唐寅总有法子碰上她,或假山旁,或池塘边,支支吾吾讲几句,词不达意,诚惶诚恐;或以西席之尊偏走府中的下人窄道,与她眼对眼,继而肩擦肩,回眸她那昏暗中俏不可言的背影,同时紧张留意她的反应,心怦怦跳焉。秋香姑娘自然是不会回头的,只将莲步略停,头稍偏,美目的余光似乎往侧后一瞟……唐寅夜里就很难入睡了,披衣跑到僻静处,冲着荷叶田田的池塘喃喃。却远远看见一婀娜丽影掠过画栋雕梁,莫非秋香?她半夜出来干吗?莫非也是辗转反侧情思撑不住?

唐寅疾步奔丽影,却见花枝摇新月。

这事蹊跷。大才子也搞不明白。错把花枝认作秋香?次日碰上秋香,细读她的表情,想把昨夜的情形读出来,结果未能如愿。她浅浅一笑酒窝半开罢了,是对先生的尊重,也是她平日里常有的表情。

二人偶尔对话,秋香姑娘轻启朱唇:华安先生……

吐字如珠。吹气如兰。三笑直把绮思引爆。不得了。恋情须如羊肠小道,如曲径通幽,如峰回路转。亿万个细胞活跃,心灵滋养焉。切勿初相识、三言两语就直奔主题,就像一条狗奔向另一条狗。

人类文明几千年,耸峙千差万别的情爱奇观。

唐伯虎春去秋来转华府,享受惨了(四川土话)。细节丰富。所谓恋爱,要的就是细节。有一些鸟类的求偶细节也比较多,生而为人,岂能落于鸟后?

男女情之褶皱,类似水墨画之皴染。沉默的交流又好比留白。平日相处若工笔,待到高潮起,恰似大写意……

佳作难得,佳人难求。秋香对华安有点意思吗?她那扑闪的大眼睛,闪出了四个字:扑朔迷离。少女心秋空云啊,何况她是无锡华府的头号丫头。

怎么办?唐伯虎朝思夜想。功夫不负苦心人,四书五经都能打通的唐解元,一点灵犀也能通。他暗中请祝枝山帮忙,二人合演了一出戏。祝大名士走进华府,把华安的才学夸了又夸,说是丝毫不比苏州的唐伯虎差。华府的老爷太太听得一愣一愣。唐解元何许人?江南第一才子!华安竟与唐寅并列……演戏的过程中,秋香姑娘抿嘴一笑。

过几天祝枝山又来了,说华安的父母为儿子张罗了一门好亲事,须辞了西席回苏州去。华老爷子顿时急了,生怕华先生一走,两个顽皮儿子故态复萌。双方商量,达成了协议:华安在华府的二十几个丫鬟中任意挑选一个。

而协议达成之前,有人诧异地发现,秋香姑娘在秋风中独自走了很长时间,神情落寞,并且对祝枝山翻了一次白眼……

祝枝山密语唐寅:秋香怕你回苏州另择佳偶哩。

唐寅忙问:真的么?秋香品貌如何?

祝枝山斜眼一笑:秋香品貌自是一流,无锡苏州鲜见。堪配你唐生,"丰姿楚楚玉同温。"

唐伯虎几欲长啸了。进入华府百余日,始觉佳人有情意。名花向谁暗吐了娇艳?唉,原来秋香啊,姑娘家动情情更烈!名花与名士,有望配成双……这一天华府所有的人都吃惊地看到,那英俊的华安窜来窜去,口中嘀咕,眉掀目动,一个箭步跃上几尺高的太湖石,又像猴子似的跳抓金桂枝,摇落一树迟桂花。情火苗窜得高,情细胞胀欲破。蹦了几个时辰他终于安静了,黄昏抚琴月色池塘,专弹司马相如"情挑"卓文君的《凤求凰》。

情的微波震动偌大的华府。老厨娘也要回思三五妙龄时。

那祝枝山像个"特务",专门侦察秋香的表情。佳人月下步香阶,屡屡朝着抚琴人的方向……

树丛后的祝枝山将两个拇指并拢,拇指向拇指频频"点头"。这个恋爱符号,也许南北通用。

接下来便是唐伯虎点秋香的故事。影视剧演绎已多。二十几个华府丫头垂头丧气,唯有秋香难掩喜色。

幸福的结局总相似,而恋爱的过程差异大。

人类之赏心乐事,男欢女爱是要排在第一位的。生存欲饱满,情思要绵绵。辜负青春就是辜负造物。

人类就这些东西,所谓值得夸耀的高峰体验。此外两三种:艺术,美食,科学……美妙有限,所以要珍惜。贝多芬,托尔斯泰,罗素,萨特,瓦雷里,都有此类浩叹。

唐寅和秋香的洞房夜,梧桐树三更雨,一声声滴到明。岂是敲着寂寞?双双缱绻听雨。肌肤喧嚣。相拥絮语何时了?小舟追画舫,华府费思量,情寄《凤求凰》,幽默点秋香。原来华安竟然是鼎鼎大名的唐伯虎呀,秋香含羞透露:那一日画舫驶过游船时,见他临窗独酌,旁若无人,真是好生潇洒。"妾知君非凡品,故一笑耳!"

晨光初露且懒床,秋香又说:"此后于南门街上,似又会一次。"原来她也是早早的留意他了。可见唐寅的风度确实不一般。哪像祝枝山追沈梦兰,靠的是"秀"功夫……

唐寅名篇《妒花歌》,或为秋香所作:"昨夜海棠初著雨,数朵轻盈娇欲语。佳人晓起出兰房,折来对镜理红妆。问郎花好奴颜好,郎道不如花窈窕。佳人见语发娇嗔,不信死花胜活人。将花揉碎掷郎前,请郎今夜伴花眠。"

唐伯虎的日常情趣,自非寻常人可比。大才通常大幽默。

情细胞催生艺术细胞,唐寅此间的丹青佳作甚多。《簪花仕女图》、《孟蜀宫妓图》、《宫妃夜游图》……秋香自幼在华府中耳濡目染,亦识书与画,更兼唐伯虎的日夜熏陶,她自己的加倍努力,数年下来,已能鉴赏点评。

唐寅与秋香的故事未必是杜撰。秋香是寻常名字,不必一定要拿历史上的"真秋香"来判断她。纵然全是传说,也要一直传下去。

"传说的真实性"往往逼近人物的本色。

明武宗正德九年(1514),四十几岁的唐寅奔江西南昌的宁王府,享受高级幕僚的待遇。为了迎接他,宁王朱宸濠专门建了一座具有苏州园林风味的别墅。三日一小宴,五日一大宴,出门有高轩(豪华马车),回府总有一连串的笑脸。啥也不做,整天自由,写字画画、高谈阔论而已。也许还带着芳名远播的秋香。宁王赠金送银,唐寅托人捎回苏州去。他始终惦记弟弟唐申一家人。恣意玩江西,造访庐山、九江,去了百代大士陶渊明的故里上京里,抚摸每一棵古柳树,追慕连苏东坡都毕生崇拜的五柳先生。三个月玩赏下来,通身都是山林气。

唐寅名作《王公出山图》、《沛台实景图》、《观梅图》、《赤壁图》、《山水立轴》系列,画面极古朴,工笔写实却有梦幻般的色调,真叫人百看不厌。唐寅岂是单纯的脂粉队中人?即使他身陷脂粉堆,也时有艺术之升华,美感之横呈:一幅幅仕女图富含典雅,情色内敛,连仕女们的衣饰皱褶都能够摇荡心旌。仕女图迥异色情覆盖的春宫图,止步于欲望的边缘,将诗意、美感植入欲望的核心地带(饮食男女,人之大欲存焉)。

香港人拍的影视剧,让唐伯虎一味嬉皮笑脸,很糟糕。包括香港拍的苏东坡,恶俗不堪,令人气愤。那地方的文化虚无主义、历史虚无主义的影像"作品",看来已是穷途末路……

山林气、脂粉气,融入唐寅的傲气才气,理解他的人格和艺术作品,不妨以此作参考。

嬉皮笑脸乃是浅表性生存的产物。唐寅不类此。风流背后有辛酸,有焦虑,有孤愤。谁去细看唐寅的眼泪和疼痛?二十岁,三十岁,疼痛垫了底。

没有大疼痛,哪有严格意义上的艺术家?

一切杰出的作品,都是深度生存的产物。所有受制于资本逻辑的快餐式的东西,都会被时间"秒杀"。

明代中叶苏州的才子们,乃是独立不羁的优秀群落。几百件佳作传到今,不是无缘无故的。

居南昌的宁王邀请文徵明,遭拒绝。文徵明从不踏入官员豪宅,这是他做人的原则。唐寅去了,他也不责怪。毕竟唐解元一生中最大的跟头是栽倒在仕途前。

诸侯王纳名士,招豪杰,古已有之。春秋战国已常见。

然而宁王有野心,想造皇帝的反。唐寅像李白做供奉翰林一样稀里糊涂,以为前程似锦,将一展平生"大济苍生"的抱负。可是他渐渐发现有些不对头，出入宁王府的所谓豪杰，似乎个个有反骨。宁王秘造兵器，联络四方……唐伯虎清醒了，惊得浑身冰凉。必须走人。但怎么走？无端告辞性命难保。

于是开始有步骤的装疯，狂饮狂书狂吟，与青睐他的宁王府贵妇人大白天厮搂厮抱。赤身裸体游大池，好在是黄昏时分。宁王府大哗。"豪杰"皱眉，名士侧目。宁王本人却还要看看再作定夺。江南第一才子对他有用。

唐伯虎疯劲大发不亚于刘伶阮籍，他干了一件惊动江南的丑事：当着宁王妃子的面脱裤子撒尿，撒满王妃的石榴裙，一边口念古书："骄其妻妾"，浇了又浇。

王妃大怒，喝令捉拿。唐寅狂逃。

唐伯虎裸奔南昌的大街，这事多有记载。

"腹有诗书气自华"，可怜一再被权杖追打。艺术家披头散发。唐代草圣张旭狂起来，把长头发伸入墨缸乱搅。米元章酒酣挥毫时，根根黑发迎风举……也许眼下的书画家蓄长发，源头在此。

唐寅裸奔南昌，被当街捉拿。

姓朱的宁王当天发话："孰谓唐生贤？直一狂生耳。"

唐伯虎得以出府门，脱虎口……

回苏州羞愧郁闷，大病一场。上街吃人耻笑，儿童逗他撒尿。他躲进了城外的桃花坞，慢慢将息身子，平息市井舆论。这一次受到的沉重打击，不减当年京城入狱。朋友们纷纷来探望，送米送钱，抚慰他的苍凉。

屈指算来，一生三次大落差。身心奋力去抵挡。

深夜凭栏细思量，雨蒙蒙，泪涟涟。可是唐寅的眼泪是不让别人看见的。猛虎受伤，自舔伤口。精神遁入空门，自号六如居士：生命如露如电，如梦、幻、泡、影。苏轼的侍妾王朝云仙逝于广东惠州，先生在她墓旁建六如亭。

"人生如梦，一尊还酹江月。"

苏东坡那样的茫茫大士，尚且"哀人生之须臾，羡长江之无穷"。面对突然降临的死神，坡翁致信友人："死生亦细故（小事）耳。"

唐寅脸上渐渐有了一种沉静的光景。古朴的画笔，新添了禅意。

题诗《抱琴图》:"抱琴归去碧山空,一路松声两腋风。"

现代日本画家东山魁夷,笔下之森林,一派祥和宁静。宁静之力可透纸背,为什么?因为支撑着宁静的乃是人世之喧嚣。二者互为根据。中国山水画的大宗师王维说:"一生几许伤心事,不向空门如何消?"而依笔者看来,空门由来消不尽,晨钟暮鼓亦伤情。王维诗画空灵、寂静,是由于他对人世的牵挂太多。遁迹山林而倾听人世,催生艺术强对流的张力区。

宁静的厚度,宁静的感染力穿透力,皆因生存之波澜而生。"静故了群动,空故纳万境。"

佛陀慧眼,阅尽宇宙喧嚣……

唐寅的沉静是具有感染力的,仇英的山水图卷亦受他影响。桃花坞恢复了生机,艺术家们畅饮剧谈如故。风流也不须改。文徵明诗:"六如居士春风笔,写得娥眉妙有神。"又云:"高楼大叫秋觥月,深幄微酣夜拥花。"文徵明不事男女风流,却把唐寅刻画得入木三分。

居士画仕女,别呈意蕴。为何唐寅、仇英的仕女图如此耐看?今之画家宜思焉。

宁王在江西举兵谋反、继而被朝廷大军剿灭的消息传来,唐伯虎只笑了笑。"禅心已作沾泥絮,不逐秋风上下狂。"

五十岁左右,唐寅作大画,为东坡先生造像,题诗云:"乌台十卷青蝇案,炎海三千白发臣。人尽不堪公转乐,满头明月脱纱巾。"禅趣跃然纸上。

艺术朝着巅峰期,身体的状况却在下滑。唐寅年轻时身体就不大好,又狂放,几番受煎熬,肉身与精神各走各的路。嘉靖二年(1524)十二月他一病不起,写下绝命诗:一日兼作两日狂,已过三万六千场。他年新识如相问,只当飘流在异乡。

唐寅享年五十四岁。他自言一日作两日狂,等于活了一百多岁。就生存的密度而言,此话毫不夸张。

我们不妨重温尼采:"艺术是生命的兴奋剂。"

柳如是
(清代 1618—1664？)

中国古代的才女生存激烈,几乎无一例外。生存激烈是说,首先她性子烈,然后她一生多事。性子不烈,多事仿佛不多。史籍留名的才女大都是美女,这又添上了一层麻烦。道大难容,才高为累,貌美则多事。艳骨更兼傲骨,惹得天下瞩目。本文的传主柳如是,乃是才、艳、傲的三位一体,她被称为"秦淮八艳"之首……当年盛泽生奇女,风风雨雨能痛哭。没办法,敢爱敢恨者,如何不痛哭?

柳如是

中国古代的才女生存激烈,几乎无一例外。生存激烈是说,首先她性子烈,然后她一生多事。性子不烈,多事仿佛不多。生存之落差(包括内心起伏)催生所有形式的艺术表达,韩愈名言"不平则鸣",此之谓也。一旦志得意满气平,人就活得摇头晃脑中规中矩。

性激烈,情敏感,如果再加上艺术这种"生命的兴奋剂",生存就会越过平庸,远离平均化,靠近或抵达本真状态。

志得意满失掉什么?失掉感觉的丰富性。而感觉的丰富性乃是一切生活质量的前提。这话不怕重复一亿遍。

制造千篇一律的平均化的东西,不管它是技术还是资本,都要高度警惕。生存的密度、生命的强度,取决于思之力、感觉之丰,舍此无二途。赢得本真状态,十年堪比百年。

何处修得"成仙"之道?一辈子活向新我、活蹦乱跳。当然这很难。孔明、嵇康、李白、苏轼……均被誉为神仙式的人物,他们所标示的生存境界高入云端。生命的长度也是由它的强度来决定的。李贺只活了二十七岁,却传向后世千万年。

史籍留名的才女大都是美女,这又添上了一层麻烦。道大难容,才高为累,貌美则多事。艳骨更兼傲骨,惹得天下瞩目。本文的传主柳如是,乃是才、艳、傲的三位一体,她被称为"秦淮八艳"之首。

从蔡文姬、薛涛、鱼玄机、李清照、朱淑真到柳如是,如果为她们造像,会发现她们反抗命运的姿态是一致的。反抗的故事则打上了个体的烙印。

大约明朝万历四十六年(1618),柳如是生于苏州府吴江县盛泽镇,初名杨云娟。可能因为家贫,童年即被父母卖入一家名叫归家院的青楼。吴越千年繁华,妓馆青楼甚多。盛泽镇靠着太湖,官船商船,日过千帆。

归家院的老鸨,指派名妓徐佛调教杨云娟,名曰"养瘦马"。这是娼妓业中的暴利行当。清朝《客窗闲话》记载:"金陵匪徒有在四方贩卖幼女,选其俊秀者,调理其肌肤,修饰其衣服,延师教之,凡琴棋书画、箫管笛弦之类,无一不能。及瓜,则重价售与宦商富室为妾,或竟入妓院,名之曰'养瘦马'。遇有贫家好女子,则百计诱之。"及瓜,指少女初长成。

遇贫家好女而百计诱之,可怕。其间多少辛酸事?

杨云娟生得娇小玲珑,肤色鲜艳。诗词悟性极高,并精于歌舞弹唱,显然,她在归家院被养成了一匹"肥马",老鸨即将靠她去赚足油水。这个长达数年的"喂养"过程耐人寻味:一边是艺术的熏陶,另一边是像物品一样受人摆布。艺术培养独立性,受调教、摆布又滋生依附性。很可能,这两种相反的东西同时作用于柳如是,以不经意的方式植入她的潜意识。

大约十三岁,她被卖入吴江一豪门,豪门的主人周道登,做过万历年间的宰相,是个罢官归乡的老贪官。年近七十的糟老头,盯上了出类拔萃的小姑娘。先叫她做婢女,与周府众妻妾有个"磨合期",然后纳为小妾。估计双方差了四十几岁。糟老头生年不详。官场上他以装孙子出名,回老家"色劲"大发,弄得姬妾满堂,皱皮老脸专啃嫩草。这个病歪歪的行将就木的男人,拼了老命抓紧青春。杨云娟进入周府半年后成了他的小妾,初夜共衾枕,闻到一股掺和着瑞脑燃香的腐朽气,让她后半夜一直呕吐。周道登抱病煎药很有些日子了,妻妾争宠争同房,长指甲的纤手与滚烫酥胸,吸血艳鬼般逼近他。糟老头连年咳嗽拄杖秋风,此间一双昏花眼,紧随少女杨云娟。

穷家女儿的命运就是这样:多少青春气,不得不迎着棺材气。"柳如是寻与周仆通",她很快和周府的一个仆人好上了。入府做婢女时,彼此已有好感。仆人干粗活却也识文字,将云娟引入偌大的藏书楼。

仆人憨厚,开口便笑,浑身洋溢着男儿气。

一夜棺材气……次日她"泡狠澡"几个时辰,近乎神经质地搓洗。然后一袭纱裙寻郎去。恋爱中的男女总会找到幽会的办法。周府占地广,园子套园子七歪八拐。妖艳女鬼们缠紧了周道登时,下人房中的两股青春气正化作一团。春夜桃树底下,芬芳气味相投。卑贱者赢得了他们的高峰体验。

堂皇故相府,处处有抗争。看不见的战斗充斥了钟鸣鼎食之家。柳如是柳眉不低垂,童年已见端倪。当是天性如此。周老头讲朝堂事,她倒是乐意听。对政治的兴趣启蒙于此。

白天她手捧书卷,擦黑就紧张起来:恐惧与渴望交袭她的身子。若是老爷传唤,顿时花容惨淡。她却还得"妆欢",躺进那寿木般的雕花床。糟老头卸衣解带手抖……

柴房情郎抚慰她。听她倾诉,陪她落泪。

一般关于柳如是的叙述,强化周府而省略周仆,甚至将周仆化为乌有,是等级观念在作怪。

柳如是的第一个情郎是周仆,虽然后者未能留下姓名。周府的价值在于那座藏书楼,青灯黄卷擦亮了才女的眼睛。周道登不足道。朝堂高位者,向来不乏愚蠢之辈,蒙骗之徒,像盛唐的李林甫,大字不识几斗,窃据相位二十年,横生一只抓权手,疯狂打击忠臣良吏;北宋的蔡京府,出了一窝厚黑奸臣。唐宋尚且如此,遑论元明清。

柳如是与周仆的幽会旷日持久,情事败露,"为群妾所觉,潜于主人,欲杀之。以周母故,得鬻为娼。"

柳如是让周仆逃走,她自己被卖回了妓院。妾与仆通,常遭溺杀或毒杀,但这种事在大户人家不断地发生。高墙大院里的仆人并非太监,而女人众多难耐寂寞。这是大宅门内的结构性矛盾,永远不能调和。男女要奔一处,性命可以不顾。

柴房情郎逃到外乡去了……

周道登久病加恶气,一蹬腿去了西天,姬妾闹着分财产,乌烟瘴气,粉拳丽爪乱舞。盛泽镇传了一阵子,复归于平静。也没人关心那个惹事的周府小妾去了何处。

柳如是被卖到苏州城去了，青楼老鸨宣传她是"故相堂下妾"。她改名杨影怜，顾影自怜的意思。皮肉生涯开始了。小妇人苦苦寻思，决定专挑大顾主。当初她作为"肥马"卖入周府，艳名已高，此间更是名妓，陪一回酒唱一支歌，银子簪子收入翠袖。轻易不侍枕席，侍则大把银子。苏州府可不比盛泽镇，选择的余地很大。那些看不顺眼的暴发户、粗鄙客，她拒绝应召，动怒时撕了名刺扔了珠宝。青楼头牌有脾气，否则她就不是头牌。这一层，老鸨们皆默认。

柳如是在苏州阊门的妓馆等机会，等来了江南大名士陈子龙。此人大柳如是十岁，父亲官至工部侍郎（侍郎仅次于尚书）。风流俊朗，宛如一百多年前家住阊门的江南头号才子唐伯虎。

陈子龙字大樽，松江（今属上海）人，晚明著名的文学团体"几社"领袖，精通经史，诗词双绝。朱东润、施蛰存认为他的诗明代第一。且是高官子弟，浑身闪耀光环。

古代官员的后代，博学上进者颇不少。

陈子龙邀请柳如是去松江一游，柳如是当即应允。机会难得。柳如是初露才学，陈子龙大吃一惊。陈的大船摇走后几天，柳之画舫就追了过去。

官妓脱籍，要花许多钱。柳如是脱籍后还买了画舫，可见一年头牌，收入巨万。抵松江后她就住在船上，穿戴像个书生。她不大喜欢女性的装束，讨厌妓女夸张的衣饰单单指向一个卖字。此间既已脱籍，更要我行我素。个性、美貌、才华，使她倾倒了包括陈子龙在内的几社成员。松江老名士陈继儒为她写诗："少妇颜如花，妒心无乃竞。忽对镜中人，扑碎妆台镜。"

柳如是的偶像是陈子龙，她迷他的举止谈吐，甚至迷他的长袍、步态、笑声。这位几社的领袖常谈政治，忧国忧民溢于言表。名满江南的才子，忽然慷慨激昂，迎风落泪。柳如是大觉疼痛双手捂胸⋯⋯

明末的士子一如汉末，清议政治成为风尚。士子的清议对朝廷邪恶势力形成舆论的压力，清议出色者即为名士。汉末的名士相当厉害，例如中原大名士许劭对青年曹操搞了一次"月旦评"（只于一个月的初一评一次），点拨了曹操的一生奋斗。许劭的点评是："汝，治世之能臣，乱世之奸雄也。"

汉末的士族、太学生用批判的武器干预朝政,把矛头指向乱政的太监,酿成了"党锢之祸"。明末的东林党人遭遇相同的命运,受到魏忠贤"阉党"的迫害。国运式微之际,士子"横议朝政,臧否人物",以士子之身挑战炙手可热的权臣,展开不对称的斗争。

几社有此大背景。而柳如是走进了这一群体。她受的影响是多方面的,首先还是恋情的影响。这一年她十六岁,初脱苏州之青楼樊篱,活向松江新我之自由奔放。她把自己的身世向兄长们和盘托出,"云间词派"的著名词人宋征璧为她作长歌,序云:"宋子与大樽泛舟于秋塘……坐有校书,新从吴江故相家流落人间,凡所叙述,感慨激昂,绝不类闺房语……陈子酒酣,命予于席上走笔作歌。"

歌中有两句:校书婵娟年十六,风风雨雨能痛哭。

柳如是不类闺阁,受到后世学者的广泛关注。国学大师陈寅恪先生十年研究柳如是,为她写别传,兴趣的生发点也当在此。

娇小女子不类闺阁,那么她类同什么呢?类同才子与志士。

风风雨雨能痛哭……这句子传神。女子大都柔弱,遭遇命运的不公,她们忍气吞声而已。柳如是自幼被父母卖到了归家院,瘦马养成肥马,又被青楼老鸨卖入周府,做了糟病老头周道登的小妾。她迅速而勇敢地出轨,"与周仆通",享受青春气,差一点遭溺杀,复被卖到苏州阊门妓院。凡此种种,并不能压倒她。

小小人儿能量大,骨头硬。硬骨头更能生风风雨雨。

中国古代艺术家,生存总是激烈。命运起伏之间,美感得以横呈。这也佐证了韩愈"不平则鸣"的美学判断。

大多数七尺男人,倒是不类柳如是。

情烈女子爱起来,宛如江上一团火。

书法好手、号称"压倒董其昌"的李待问,暗恋柳如是,悄悄赠她"问郎"玉印。平时他教柳如是练书法,笔墨恋情双饱满,却自惭比不上其他几个松江才子,羞于表达爱慕。这边期期艾艾,那边已有人冲了上来,"爱情短跑"就像百米冲刺。

冲刺者叫宋征舆,字辕文,"云间三子"之一,名列陈子龙后。也是松江的名门大族子弟,少年才高裘马轻狂。秋雨冬雪,拦不住他向柳如是泊于黑龙潭的画舫猛冲。然而一冲无功,再冲堵胸,第三次他直接冲到寒刺骨的水中去了。

《柳如是轶事》："辕文蚤（早）赴约，如是未起，令人传语：'宋郎且勿登舟，郎果有情者，当跃入水俟之'。宋即赴水。时天寒，如是急令篙师持之，挟入床上，拥怀中煦妪之。由是情好遂密。"宋征舆跳寒水之后，频频出入湖上温暖香艳的画舫。

冬日雾茫茫，少男少女直如水上鸳鸯。两两欢娱好时光……

情之结局不如人意：宋公子老奔画舫耽误了学业，家里严加管束。春意融融时，他来黑龙潭的次数明显减少。柳如是立船头望断春水。不动情也就罢了，动辄受伤。卑贱的女子，"身为下贱，心比天高。"《红楼梦》中的俏丫头晴雯，最终拥爱抱屈身亡。柳如是一"浪妓"，比丫头还不如。

独立春水望宋郎，不叫眼泪滴衣裳。她昂头忧伤，有人还看见她攥着小小的拳头，不知道要跟谁厮拼。徘徊宋府的青砖高墙，盼情郎翻墙出来，却是空见树枝摇晃……

宋征舆倒是发毛翻了一回墙，不慎扭了脚，一拐一拐奔画舫。家人在后面狂追。情郎扑入船舱，浑身是汗，柳如是抱住他。又将他锁在舱内，跳出去"恶战"紧追而来的宋母、管家和家丁。岂料宋母比她还跳得高，所有难听的脏话村言都骂出来了，泼污一潭清水。原来大宅的贵妇人也能张口喷粪。

妓院长大的柳如是却不会骂，卑贱女子一心向往诗词歌赋。翻遍唐诗宋词，哪有污言秽语？宋母骂她小妖女，她只能还以老妖女。家丁冲上来，她横了篙杆阻挡。纤手运力，柳眉倒竖。膀阔腰圆的宋府家丁哈哈大笑。

那宋征舆在舱内打门狂呼，要柳如是放他出去。她心冷了。咬牙切齿把舱门打开，侧身让他跛足走向家人，真想一竿子打下水去。宋征舆走到岸边，回头冲她露齿笑笑，那笑容真难看。

更气人的事情还在后面。松江官府下令驱赶浪妓，柳如是找宋征舆托人解释，表明她已脱籍。后者支支吾吾，勉强答应了，几天后又说不好办。柳如是大怒，"倭刀断琴"，从此与宋征舆一刀两断。倭刀指日本短刀。

后来明亡，宋征舆迅速转食清禄，做了一名小官。软骨才子，变情又变节。

柳如是得以继续泊舟松江,是陈子龙帮的忙。紧要关头,还是陈大哥出面。柳如是由此掂量出,当初她的第一个念头是对的:拿舟奔向陈子龙。

然而子龙先生高才高志,行踪飘忽不定。此外他又"情飘忽",关心柳如是如同关心小妹妹。柳如是猜他心思,猜得自家意乱情迷,百念遮去了那原初一念。另外,陈子龙归松江城也忙于复习八股文,准备拼搏场屋(科举考试),柳如是一朝情败,不敢再蹈覆辙。

几社聚会日,酒酣美女忽然长袖起舞,舞得宋征舆垂头哀叹。多情女艳光四射,负心郎面色转黄……陈子龙端坐欣赏打着节拍,李待问寻思赞美,老名士陈继儒聊发少年狂,随她的旋转舞腰走了几圈。

情烈女儿归画舫,整夜凭窗听波浪。

"猜情"最是难受。毕竟她一个脱籍的官妓,怎能攀陈子龙那等人物?要说柳如是通过多年的努力,摆脱了"身为下贱"的自卑心理,那究竟不大可能。此时她十七岁,"自卑与超越"的循环才算正式拉开序幕。

九月芦苇黄,连日西风烈。绝艳女儿憔悴损,"非关病酒,不是悲秋。"

陈子龙赴京春闱,柳如是送他上船,写了两首送别诗,其一说:"念子久无际,兼时离思侵……从今互为意,结想自然深。"兼时:时时刻刻。其二云:"大道固绵丽,郁为共一身。言时宜不尽,别绪岂成真。众草欣有在,高木何须因。纷纷多远思,游侠几时论。"

没有儿女情长,倒是放眼辽阔。高木何须因:高大的树木靠着自己的生长力量耸入云霄。柳如是下笔不类闺阁,更无半点风尘相。貌美而情烈,偏又如此与众不同。作为几社的一名"女社员",才气压倒须眉。陈寅恪高度评价:"河东君'送别'之诗,其辞意与世俗小说佳人送才子赴京求名时之言语有天渊之别。河东君之深情卓识,迥异流俗,于此可见一斑。"

河东君是柳如是后来的雅号。

事实上,陈子龙也病情,只是不好对人诉说。柳如是写两首诗送别他,他似乎一字未写。也许柳如是同宋征舆闹恋爱,他貌似旁观者,而心里暗暗不是滋味。毕竟高才艳姿豪放女,南北罕见。陈子龙乃人中之龙,何尝不思人中之凤?冬日里他一路北上,情思接了漫天朔气,写诗称柳如是玉人、美人、窈娘。窈娘指她身轻如燕。她起舞时像个芭蕾舞蹈家,与传说中能作掌上舞的赵飞燕难分高下。

不想则已,越想越爱。"一种相思,两处闲愁。此情无计可消除,才下眉头,又上心头。"

满眼窈窕身,哪有八股文?绮思绵绵而文思不畅的陈子龙再次考砸了。三年努力成泡影,且不管它。礼部放榜的第二天他就打点行李,风帆千里直向松江。落第举子,摇身一变而为痴情郎。飞鸿传信,归期只叫窈娘知。

画舫相见,二人激动得脸发白。柳如是的双颊继而转娇红。她的肤色一直这样,冬日也红润。此间是仲夏,黑龙潭水绿如蓝。"少焉,月出于东山之上,徘徊回斗牛之间。"把酒向滔滔,心潮逐浪高。"水枕能令山俯仰,风船解与月徘徊。"青年男女美得像神仙。"无边水面琉璃滑,不觉船移。"须臾之享受,一生难忘。

两年前柳如是拿舟东来,不就是为了此时此刻么?她所崇拜和爱慕的男人,他的豪气才气男儿气,举目千里谁能比肩?拥他一夜足矣。一个子龙子龙的叫不停,一个影怜影怜的呼不够。

次日也,白雨跳珠乱入船,双双不起听雨眠。天地间只有两样东西:面包与爱情。

午后岸上有人呼喊,原来是李待问。几社的社员们不满柳如是独占陈子龙,推李待问前来相问。问郎踌躇水边好一阵,傻乎乎立在暴雨后的日头下。那随波轻摇的画舫,他梦中造访了无数次。问来问去多少心事,不敢去问柳如是,只能将问号抛向自己。那宋征舆凭借严冬跳水,得以扑入柳如是火热的怀抱。时隔大半年,又是几社的领袖陈子龙,落第归乡不归家,箭步"直取"画舫娇娃。

据说,这个李待问徘徊水边达一个时辰。每一道浪花都是他的惆怅和别人的心花怒放。失恋的男人最能敏感意中人的恋爱细节,并且加以放大。犹如光棍儿看美妇,看得头晕目眩……

异性之间的意识,向来是人类意识最为活跃的区域。起于童年的

"本我"受"超我"的严格控制,预设了形形色色的反弹。

李待问情憋百端,情火苗窜不出来,反向灼得五内如焚。问郎近日屡屡自问:陈子龙是否将和杨影怜走到一起呢?

唉,问一回伤一回。曾经也发过狠,要向影怜表达爱慕,却是"坐地打冲锋"(川西坝子土话),不如宋征舆,输给陈子龙。

如果李待问的暗恋能走到明处,相思能落到实处,那么,他受到的家庭掣肘要少一些,柳如是或能情归问郎。她保存"问郎"玉印十多年,迫于某个男人的压力才退还他,表明她看重问郎的恋情。

唉,李待问改成李敢问就好了……

陈子龙和柳如是在一个几社朋友的别墅同居,那地方唤做南楼,与几社的聚会处南园以及陈宅都不远。

幸福犹如美酒满盈。柳如是《咏风筝》:"天涯亦有影双双,总是缠绵难得去。"热恋中的男女,小孩儿似地玩起了捉迷藏:"好是捉人狂耍事,几回贪却不须长。"

豪放女儿柔情似水。狂耍。"半夜夺他金扼臂"(臂饰),拉他下楼看芙蓉。陈子龙吟哦《樱桃篇》:美人晓帐开红霞,山楼阁道春风斜。绿水初摇杨柳叶,石屏时拂樱桃花。淡艳笼烟寒白日,柔条丛萼相交加。有时飞入玉窗里,春梦方长人不起。

情人加诗人,日复一日销魂。

南园清议,南楼缠绵。陈子龙回家一日,出门好几天,理由是复习八股文。妻子张孺人是个县官的女儿,默默忍受着。陈子龙另有一妾蔡氏,妻子替他张罗的,他本人比较勉强。

妻妾双侍,古代常见。

明末头号才子碰上孤标傲世的柳如是,不碰出火花是说不过去的。早也碰晚也碰:思维互相激活,情话丝丝入扣。南园痛议朝廷黑暗,永远鲜艳的柳如是别是一种迷人光景。《赠宋尚木》:"与论天下事,历历为我伤。"

奇女喜爱男儿装。飒爽英姿,最称艳姿。

陈寅恪说:"几社之组织可自视为政治小集团,南园之宴集复是时事之座谈会也。"不难想象柳如是滔滔不绝纤臂挥舞的模样。座谈会倒像誓师会,仿佛她随时准备出征,生擒阉党乱臣,拿下贪官污吏。

中国古代才女,像她这么慷慨激昂的,大约绝无仅有。何况在世人眼中是个妓女。

国事能慷慨,情事亦激昂。不过,她容易受伤。木秀于林而风必摧之。不类闺阁,却也不能拥有闺阁女子的安全感。童稚便已沦落风尘,"谁怜流落江湖上,冰肌玉骨未肯枯。"

当年盛泽生奇女,风风雨雨能痛哭。没办法,敢爱敢恨者,如何不痛哭?

与陈子龙同居快一年了,浓情化入五脏六腑。她最大的愿望是成为子龙之侍妾,替他红袖添香,陪他辗转四方。退而求其次,希望南楼的美好时光能三年五载地延续下去。

惜乎不能,不能。那张孺人的反击战有板有眼,拿足了凭据,调动了陈府上下几十个人。她本人择日怒目执杖,率众大闹南楼,"杖击柳如是",先闹翻再说,闹得松江满城风雨才好。士子素重清议,担心舆论之火烧到自己身上,影响仕途。

城里城外谤议沸腾,柳如是浑身不是。陈子龙进退两难。

"相见时难别亦难,东风无力百花残。"

张孺人联络了陈家的老辈人,抬出了孔圣人,强势给出了最后期限。陈子龙柳如是投入最后的情侣疯狂,一天抵它十年。肌肤寸寸燃烧,"春蚕到死丝方尽,蜡炬成灰泪始干。"那些日子,漂亮的南楼看上去格外寂静,仿佛是一座空楼,夜里隐隐传出女子的清啸,掺和着夏风紧绕高木……

奇男奇女的深爱与惜别,一定是轰轰烈烈。

陈子龙仰天长叹:"此际断肠谁可比,离筵催散,小窗惜别,泪眼栏杆倚。"

豪壮男儿泪如雨下。他志存高远,不大可能为柳如是将一切闹翻。于是,比男人更疼痛的,又是女人。

柳如是二十首《梦江南》,字字泣血。十首追问人何在?十首答曰人去也。"人去也,人去小棠梨。强起落花还瑟瑟,别时红泪有些些。门外柳相依。

十八岁的爱之疼痛无边无际。

"人何在？人在绮筵时。香臂欲抬何处坠，片言吹去若为思。况是口微脂。"

欢娱永成追忆。她的芳唇不抹自红，平时只涂一点微脂，像汉代女子点红唇。汉乐府民歌、《古诗十九首》是她烂熟于心的。汉代的民间女性，尚未受到礼教的强力掌控。

"人何在？人在雨烟湖。蒿水月明春腻滑，舵楼风满睡香多。杨柳落微波。"

失恋的女人活在过去，眼前的景物只是跳板。她不断躲进已经逝去的美妙时光，近乎本能地拒绝当下与未来。

南楼待不下去了，抬眼尽是伤心处。陈子龙替她安排朋友的横山别墅。他也大病一场，体重骤减。

柳如是居住在横山别墅同样艰难，要面对包括宋征舆在内的几社朋友。先后两位情郎，都是因为家庭的强烈反对不得不与她分手。才高情烈貌美，还是争不来爱的归宿。有一天在南园聚会，柳如是忽然自问自答：我是谁？盛泽镇归家院的妓女！

朋友们默然以对。陈子龙黯然神伤……

柳如是决定回到苏州小镇的归家院去，也许有赌气的成分，但是，谁都劝阻不了。从杨影怜回到杨云娟，收敛心高气傲，跌回往日之卑贱：我本盛泽女，哪得恋松江？

柳如是转身走人也激昂，这性格，这脾气。娇小身子毅然走进大风中，乌黑长发高高飘起。时在秋天，风从海上来。

宋征舆目送她的鹅黄背影，愣了好一阵。李待问低了头，不敢看她丽影永逝。陈子龙送她百余里，至嘉善（今属浙江）分手。道一声珍重，道一声珍重……

有情人难成眷属，挥挥手天各一方。

且说苏州盛泽镇的归家院，头牌妓女徐佛嫁人了，柳如是接替了她的头牌位置。时人沈虬记载："杨色美于徐，诗字亦过于徐……豪宕自负，有巾帼须眉之论。"青楼那种地方，这位几社的女社员照样谈论国事，痛斥朝廷阉党祸国殃民。过往的狎客中士子、官员很多，柳如是陪宴席,歌舞时短,倒是常常剧谈不已。进士举人倒成了她的听众。明末文坛巨子、复社的中坚人物张溥,慕名而来,与柳如是对谈了若干次,互相激赏。柳如是顺便提到她的择偶标准:"今三吴之间,簪樱云集。膏粱纨绔,形同木偶。而帖括咿唔,幸窃科第者,皆枪父耳。唯博学好古,旷代逸才,吾乃从之。"

大宅纨绔和一般进士她都看不入眼,毕竟她高才,又经历了一流人物陈子龙,曾经与他四季缱绻,"除却巫山不是云。"博学好古的旷世逸才,方能入她青眼。

条件高,三吴难找。青楼的有利条件是天下名士来来去去,柳陈情缘,便是起于苏州阊门的妓馆。

一晃两年过去了,柳如是二十岁了,"标梅已过,红叶无凭。"标梅指出嫁的最佳年龄段。缙绅子弟围着她转,欲纳她为妾,均被她纤手挥退。

大才女瞄准了旷世逸才,不肯降低标准。

崇祯十一年(1638)秋,柳如是坐船去二百里外的杭州,邂逅了陈子龙,大喜过望。两人一直有书信往来,却不知道会在西子湖相遇。秋山枫叶红欲燃,秋水波兮木叶下。志士娇娃携手,漫游苏堤九亭,荡舟烟雨中,并辔古刹旁。也谈时政,陈子龙双眉紧蹙。此间他已经登第入仕,忧国之心愈甚。柳如是爱他风流俊迈,更爱他一身忠骨。

奇女奇男,西湖波澜。南屏晚钟敲响他们的如胶似漆。

相聚另有由头:陈子龙为柳如是编她的第一本诗集《戊寅草》,收录诗百余首,词赋若干,并作序。两个名人躲在不起眼的湖边客栈,每天干活,吃饭,游乐,相爱。不写唱和诗,不叫外人知……

这次陈柳聚于杭州,具体待了多久无从考证。静悄悄地缠绵,每一秒钟都晶莹饱满。离别的日子到了,却又找理由往后推……

秋冬之交初雪,陈子龙离开了杭州。郎去也,奴牵连!此后二人再未相见。明亡,陈子龙拒绝投降,毅然扛起反清旗帜,遭清军剿杀,四十岁殉国,成了一位令人尊敬的民族英雄。张溥、李待问也因武力反清而英年早逝。苟活者如宋征舆,也只活了四十来岁。大浪淘沙的年代,英雄垂青史,狗熊遭唾骂……

柳如是百里送走陈子龙,和他三年前送她一样。

红氍吴女立大雪,望断陈郎孤帆。

次年春,柳如是再次到杭州,估计是为了扩大交往的圈子。"标梅"之虑提上了重要日程。要嫁出去。她拜访了杭州的一个富商叫汪然明的,此人慷慨,交游广,也好诗赋。他出资为柳如是刊印《戊寅草》,替她流布她所珍爱的诗集,邀请她入住西溪别墅,并把豪华游船借给她,玩赏大西湖。柳如是十分感激。汪然明写诗形容她:"拿舟延伫迟花间。"

柳如是写下《西湖八绝句》,其中的头一首,广为江南士子推崇:垂杨小院绣帘东,莺阁残枝蝶趁风。最是西泠寒食路,桃花得气美人中。

美人气息浓,染得桃花艳。柳如是对自己的美艳如此自信,又平添了几分韵味。百花比不得。民间的说法叫做"花魁"。

此间的柳如是艳冠杭州城,芳名传遍浙西东。这叫"张艳帜",把艳旗高高地举起来。各种条件都具备了,艳帜舞东风,人在豪华游船中。艳名诗名双双高涨,光环好几个,照亮了1638年的杭州西湖。

崇拜者汹涌澎湃,追求者摩肩接踵。

汪然明颠着老腿替她奔忙,他诨名"黄衫豪客",看来名不虚传。

众多的追求者当中,一个叫谢三宾的宁波人跑得最快。五十岁,做过四品大官,腰缠万贯,号称学富五车。柳如是之艳让他诗兴大发,平庸之作偶有佳句:"佳人更带烟霞色,词客咸蟠锦绣肠。"又:"倩将一枕幽香梦,吹落西溪松柏间。"

汪然明的西溪别墅,古木萧萧,佳人悄悄。

柳如是考察谢三宾半年,诗酒酬唱,寻僧访道,莲步生烟,"一笑不相亲,再来何处寻?"捉情迷藏,原是青楼女子的拿手好戏,若即若离。谢三宾追得踉跄。求之不得又舍不得,看柳如是越发美如天仙。

然而柳如是考察的结果,使谢三宾跌入郁闷。

万贯家产没用,学富五车有假。谢三宾骨子里俗不可耐,陈寅恪说:"河东君与象三之绝交,实由于柳之个性特强,而谢又拘牵礼俗。"谢三宾字象三。另外,此人很可能是贪官。

贪官的郁闷不值一提。柳如是的痛苦富有价值,痛苦催生明末最佳词章(陈寅恪的评价),长调《金明池・咏寒柳》令杭州纸贵:

"有恨寒潮,无情残照,正是潇潇南浦。风吹起,霜条孤影,还记得,旧时飞絮。况晚来、烟浪斜阳,见行客、特地瘦腰如舞。总一种凄凉,十分憔悴,尚有燕台佳句。 春日酿成秋日雨,念畴昔风流,暗伤如许。纵饶有、绕堤画舸,冷落尽、水云如故。忆从前,一点东风,几隔着重帘,眉儿愁苦。待约个梅魂,黄昏月淡,与伊深怜低语。"

写弱柳而词句有力,正是柳如是风度。人如柳絮随风飘,不能把握自己的命运,却又抗争不已。少女时代即被卖来卖去,唯美的灵魂一次次陷入污浊的包围。彻骨爱上陈子龙,到头来一场空,连做个侍妾都难于上青天。"念畴昔风流,暗伤不已。"

柳永《雨霖铃·寒蝉凄切》,叹息飘零生涯,意境开阔而苍凉,"唐人气象不过如此"(苏轼语)。柳如是的这首《金明池》虽有所不及,却在女诗人中居一流。"见行客、特地瘦腰如舞。"传神句子难得。"待约个梅魂,黄昏月淡,与伊深怜低语。"

柳如是平生所愿,便是与心爱者深怜低语。陈子龙《上巳诗》曾经形容她:"垂柳无人临古渡,娟娟独立寒塘路。"

可见互为知己,可惜相爱短暂。

二十一岁美人迟暮,要抓紧时间寻寻觅觅。那个谢三宾求爱不成转为恼恨,攻击她,造她的舆论,泼她的脏水,使她在杭州不能立足,逃到嘉兴去。谢三宾势力大,污言秽语追到了嘉兴,她再逃,躲进了松江的横山,寻求几社朋友的庇护。其时,陈子龙赴绍兴做县令去了。

从柳如是的尺牍(书信)看,她被谢三宾弄得颇狼狈,几度求助于人。

追寻爱侣受伤,逃离恶棍亦受伤。艳姿更兼傲骨,几乎注定要落入如此境地。美人多事。才貌俱佳事更多。唐代的鱼玄机"色既倾国,思乃入神",她狂追状元郎李忆,遭李的悍妻扑打怒骂,落得浑身是伤。"易求无价宝,难得有心郎。"

名门之女李清照嫁入宰相府,看不惯公公赵挺之颐指气使,"时有龃龉",敢于当面顶撞。李清照足以比肩苏辛的绝妙好词,亦是命运起伏、内心跌宕的产物。

一切经典作品,皆因深度生存。古今中外概莫能外。

浅表性阅读严格对应浅表性生存、快餐式生存。后者不要弥漫开来才好,青年人不要被"连根拔起"(海德格尔对现代西方人的诊断)……

经汪然明介绍,柳如是认识了钱谦益。钱是苏州府常熟县人,号牧斋。富家子,博学多才,三十来岁考中进士第三名,宦海沉浮二十多年,做过礼部右侍郎。亦官亦商,堪称巨富,单是钱府中的家奴就有一百多人;且是硕果仅存的东林党巨头,"文坛祭酒",头上的几道光环格外耀眼。汪然明说起钱谦益毕恭毕敬,让柳如是竖起了耳朵。她孜孜以求的"旷代逸才"莫非就是钱牧斋?

年龄是个问题:钱谦益大柳如是三十六岁。

柳与钱先是书信往来,随后商定见面的时间。汪然明两边说合,钱热情高涨,柳淡化了年龄差距。

见面的地点是钱牧斋的常熟虞山别墅半野堂。钱有两栋别墅,皆供小妾住。正宅荣木楼住着他的正配夫人。

时在冬季,地点是虞山下涧水边,柳如是"幅巾弓鞋,著男子服……神情洒落,有林下风。宗伯大喜。"宗伯指礼部侍郎钱谦益。

从明末至今,许多人对钱与柳的初次见面津津乐道,一些画工还以此作画,但本文略去不提。二十三岁的柳如是想嫁人,汪然明屡加鼓吹,于是有了上述一幕。

接下来共游常熟,柳如是要对钱谦益考察一番。她住在船上,冬日的桃花涧一片寂静。她向来不畏寒,衣饰单薄,而钱谦益裘衣臃肿。五十九岁的男人,皮肤乌黑皱纹多。写诗恭维她:"今夕梅魂共谁与?任他疏影蔽寒流。"惊艳不已,却是急切亲近不得。心急想吃热豆腐,无奈柳如是只一味冷艳。他造了一座"我闻室",总算把柳如是从水边接到别墅里,可是美人泪流满面,"裁红晕碧泪漫漫,南国春来正薄寒。"

柳如是思前想后,身居豪宅一点都不兴奋。从外貌看,姓钱的像个糟老头,像十年前的那个吴江故相周道登。美人两难,进退无凭。姓钱的暗示,希望和她"黄昏月淡,深怜低语",她心想:那又怎么可能?深怜低语者,除非陈子龙……

吴中古籍《消夏闲记》:"宗伯尝戏谓柳君曰,我爱你乌个头发,白个肉。君曰,我爱你白个头发,乌个肉。当时传以为笑。"

柳如是声称爱乌肉，既是讥讽对方，又是自嘲。看来她是下了一番决心之后才接受了这团"乌肉"。一个鲜艳如花，一个除了头发之外浑身乌黑。柳与钱的结合，俨然"白加黑"，"红配乌"。

桃花得气美人中，比桃花气更浓的美人气再度接上了腐朽气。

钱谦益为柳如是举行迎娶侧室夫人的大礼，当是迫于柳的压力。否则她就走人。曾经两度受伤，第三次她可伤不起。如果换了陈子龙，她宁愿不要任何名分。钱谦益不行。她以奇葩下嫁"乌肉"，已经很勉强了。

合卺礼的细节，透露了钱谦益的老谋深算：地点选在松江而不是常熟，且在船上举行。结果来了一群松江人，大骂钱谦益娶妓女有辱孔圣人，将瓦块石头扔向精心装饰的"婚船"，砸得门窗破碎鸡飞狗跳。好不容易做了一回新娘的柳如是左躲右闪，伤心伤透了。船回常熟，婚礼并未接着搞，不了了之。

这事颇蹊跷。真相可能只有钱谦益知道。此人在官场就是斗争好手。和他相比，柳如是单纯得像小孩儿……

美人婚礼受大辱，街谈巷议更难听。她快快不乐，卧病连月。钱地主为她造了一座绛云楼，千金博红颜一笑。她也认了，嫁狗随狗吧，忍把花容月貌，付与那一身乌肉。

钱谦益是个内心与外貌都相当复杂的人，文坛祭酒之类，有很大的权力因素。时人目为"今之李杜"，足以笑掉古今大牙。明朝末年，同时走动官场、商界与文坛的所谓儒者名流，多是精气神乱作一团，价值观模糊，利益图凸显。例如董其昌、阮大铖、谢三宾之辈，全是恶霸加流氓。

钱谦益这种人，一张脸上有几张脸，他自己也不知道哪一张脸是真脸。更何况柳如是。旷世逸才，高官巨富，这些字眼能蒙人的。柳如是骨子里的自卑感还在。

后来她为钱谦益生下一女。所幸女儿的皮肤白，不似她的乌肉爹。

崇祯十七年三月，李自成的大顺军攻入北京。崇祯皇帝仓皇撞钟召集百官，一个官员都没来，真成了孤家寡人。他敲响自己的丧钟：皇帝当天自缢，明朝即将灭亡。

李自成又败给清军……

崇祯的堂弟朱由崧在南京登基,苟延残喘。此时明朝还拥有江南的半壁江山,军队号称百万。国难当头,钱谦益的官运来了,他赶赴南京做了礼部尚书,加太子太保,官二品。柳如是以侧室夫人的身份同往,荣耀的背后却有机关。

钱谦益到南京,迅速和阮大铖打得火热,并与权臣马士英合谋,将阮推上了兵部尚书的位置,再利用阮的朝廷人脉,排除异己,巩固权势。

阮大铖曾经依附阉党,形势一变,转投了东林党人。得势后又打击东林党,手段凶狠。明亡,他做了投满的汉奸,削头发蓄辫子……这个阴暗、龌龊、残忍的家伙,也在明末清初的文坛学界享有盛名,可见文坛如倾轧之官场,如奸诈之商界,早已扭曲变形,为怪虫毒物、跳梁小丑、投机分子提供了充分表演的机会。

文化不能进入血液,则容易成为抹在嘴上招摇于世的"文化口红"。此理古今同。

钱谦益在南京干了一件对他来说并不勉强的事,让柳如是去陪阮大铖,弹唱饮酒,可能还翩翩起舞。史籍《明季北略》:"钱令柳姬谢阮,且命移席近阮,其丑状令人作呕。"

什么样的丑状呢?也许柳如是醉酒在先,赔笑在后。她"谢阮",拿什么谢?自然是饮酒,一杯又一杯;接下来"近阮",恐怕是要打情骂俏了,否则丑状出不来。钱谦益带她到南京,看来有考虑,必要时就派上用场。她的艳名才名皆在官场老手的算计中。

这一年柳如是二十六岁,地位蹿高了,二品大员的侧室夫人,频繁出入王公贵族的府第,然而在钱某眼中还是低贱,虽然他嘴上从不说。她是钱某手中的一张艳牌。此间她感觉好,夫贵妻荣的观念降低了人格之独立性,生存的向度左右了意识的向度,于是为钱谦益所利用。不知酒醒之后她是否感到耻辱。

陈寅恪《柳如是别传》,为钱、阮、柳的南京宴饮辩护,很无必要。

吴晗先生评价:钱谦益"年轻时是浪子,中年是热衷的政客,晚年是投满的汉奸,居乡村是土豪劣绅,在朝是贪官污吏。"是非观多么明确。

值得注意的是,甲申上半年,陈子龙亦在南京,对民族遭浩劫之时的朝廷倾轧极度厌恶。八月，陈子龙转身走人，回松江从事反清义举，被捕后投江而亡。

1645年，南京也保不住了。清军大举南下，兽性高涨，杀人如麻。"扬州十日"，杀平民数十万；"嘉定三屠"，血洗这座富庶的江南名城。另外，据蒲松龄先生描述，"北兵"（清军）攻入济南府时，死于刀下者足以堆成一座大山，小鬼"扛尸百万"。

五月，清军渡江，杀奔南京而来。朝廷百官望风而逃，钱谦益等人留了下来，他们决定投降，忙着剃头改服。

柳如是劝钱某自杀殉节，钱某如何能答应？《河东君小传》："乙酉五月之变，君劝宗伯死，宗伯谢不能。君欲奋身沈（沉）池水中，持之不得入。"另有记载："宗伯曰，水冷，奈何？"

仲夏倒说水冷。变节的男人，有各种各样的理由苟活下来。

钱谦益去北京做了清廷的礼部侍郎，柳如是拒绝同去，留在南京。看见他的光头辫子就烦，她烦透了。陈子龙在松江举兵抗清的消息传来，更使她感动并惭愧。

不久，南京的钱府发生了一件有趣的事情，柳如是给钱谦益戴上了一顶绿帽子。《三垣笔记》：柳如是"闻谦益从上降北，隐留南都，与一私夫乱。"相似的记载不少。

私夫姓郑，要么细皮嫩肉，要么孔武有力，总之，当与钱谦益的那团"老乌肉"形成反差。十几年前她在盛泽镇干过一回，眼下精彩故事重演。钱某失节投满，光环尽失。面目可憎时，那一身乌肉就越发不堪。

钱谦益风流成性妻妾成群，柳如是为何不能两次越轨？红杏出墙很鲜艳。也许钱某人动了变节的念头，柳如是便酝酿着变心。甚或谈不上变心，有机会享受青春，她何乐而不为？当初周府幽会，此间钱府私通。以她侧室夫人的身份，郑生不大可能主动靠近她，引诱她。情形相反也未可知。柳如是敢想敢做是值得肯定的。在不平等的环境中追求平等，男女有无爱情先撇开不谈，单是享受青春，理由也充足。乌发去亲近乌发，白肉且招呼白肉。钱某乌肉霸占白肉，不可视为人道。

情事可能持续了大半年，哪管柴房绣房，不问严冬酷暑。真好。这才是柳如是。她不写诗。情欲喷，便去寻郑生。"生"常指读书人，柳如是不大可能找个文盲。耳鬓厮磨,卿卿我我,青春"对接",一夕可比绛云楼中的十年。如果南京的钱府有红豆,柳如是定会摘了捧与郑生……

嫁给糟老头,最想青春气。四川人叫做缺啥想啥。

钱谦益在北京卑躬屈膝,柳如是在南京吞情吐爱。

汉奸加乌肉,活该讨难受:他儿子写信来,禀告柳姬与郑生私通之事。老贼气昏了。左思右想,无计可施。他正在北京的满清官场呼朋引类拳打脚踢,却已是力不从心。作为一名"贰臣",他受到多方诟病,礼部侍郎也做不长。

钱谦益的凶恶儿子把郑生给杀了。

1347 年,钱回到南京,继而转常熟,途中决定宽恕柳如是。以柳如是倔犟的性格,如果双方闹起来,定会惊动四方。柳之艳名才名俱盛,老谋深算的钱谦益懂得掂量。他回家,笑呵呵地宽恕,没事人一般。头上那顶无形的绿帽子终归是无所谓,他在万众的唾骂声中戴过了清廷官帽,也不在乎老婆送给他的绿帽了。

北上做贰臣一年多,钱谦益保住了他在常熟等地的巨额财产。他真正看重的是这个。这姬那妾,有甚要紧?有钱可买下一支脂粉队伍。他能让柳如是拿色相去讨好阮大铖,足证柳之于他,不过是一张牌,一件道具。

官绅变节做汉奸,多是为了保财产。抗日战争时期,这类例子多如牛毛。沦陷区的土豪劣绅,纷纷担任维持会会长,替日本人做帮凶……

江南反清的力量此起彼伏,柳如是暗中资助义军,野史笔记均有记载。陈子龙、张溥等人就义后,柳如是心里充满了对满清的仇恨,一个劲地捐钱。钱谦益也不反对她。这个老江湖深知在常熟、姑苏、松江这一带,反清义士连年奔走。他花点小钱才能保住大钱,同时有利于洗刷汉奸的恶名。

钱谦益也参加了一些由柳如是策划的反清活动,前提是不让官府察觉。他还拿着清廷的俸禄,是个退居豪华庄园的老贪官。献媚清廷,讨好义军,耍两面派手腕驾轻就熟。

在特定的氛围中,在自保的前提下,钱谦益写诗骂清朝,抨击降清导致明亡的吴三桂,其实还是作态,忽悠,耍把戏。游国恩、萧涤非等老一辈学者编著的《中国文学史》,寥寥数语就予以揭穿:"他以达官而兼作者,变节投降后,诗中常常故意表示怀念故国,诋斥清朝,企图掩饰觍颜事敌的耻辱。"

钱谦益这老鬼,诡计多端应对八方。作为昔日的文坛盟主,他还惦记着身后名。文化成了他的杂耍。

而值得注意的是,近年来一些关于明清文人的叙述,模糊了大是大非,肉麻吹捧有钱有势的无耻之辈。

钱谦益活了八十岁,他死后一个多月,柳如是因钱氏族人向她勒索钱财而受辱,竟然悬梁自尽,时年四十六岁。死得不值。钱家几十年复杂而阴暗,柳如是想必是不知不觉活向了那些恩怨纠缠。一代才女消隐,寻常妇人登场。嫁给钱某二十多年,她也几乎不写诗了。锦衣玉食固然享受,但也失掉了进入后人视野的理由。这表明,钱某非但没有激活、反而是扼杀了她身上的宝贵的艺术细胞。在钱氏庄园里,她的面目渐渐混同于其他的姬妾。

"乌肉"散发的气息,混合了多种气味,不那么好闻的,更不利于柳如是的精神力的单纯向上。诗心本晶莹,容不得人事纷扰、利益纠缠、阴暗磨损。

柳如是名气太大,陈寅恪先生花十年时间为她写别传,书中不乏溢美之词偏颇之论。这一层且按下。

细看柳如是的诗词,确实"不类闺阁"。这与她激烈的、追求女性独立价值的生存姿态相吻合。她追求荣华富贵,终于成为侧室夫人,独立性也消失殆尽,依附性悄然滋长。看来她始终未能抹掉起于童年的自卑感。

中国古典文学史,女性的身影太少,杰出者寥若晨星,幸好有一个光焰夺目的李清照。而李清照写得好的原因是她的独立性始终如一。另外,她没有生儿育女,远离了日常琐屑,得以专注于诗意体验。

柳如是的生存轨迹,类似薛涛、鱼玄机。欣赏她的作品,当与辨认这种轨迹并行。

唯有洞察了生存,逼近了灵魂,方能揭开文字或绘画的奥妙。

蒲松龄

(清代 1640—1715)

蒲松龄在山东淄川名气大,源于一件事:柳泉听鬼,聊斋写鬼。写鬼不是由他开始,但摆摊听鬼二十多年,中国历史上是没有过的。柳泉先生酷爱搜神,不惧深山鬼屋,不怕夜走十里乱坟冈……胶东半岛上的神鬼故事,悉数装进他的脑海。作家连年听鬼写鬼,倒是阳气充沛,价值观明确,对民间的苦难高度敏感,对贪官污吏、土豪劣绅恨之入骨。这是蒲松龄身上格外吸引人的地方。《聊斋志异》空前而绝后。一个巨大的文化符号要管一万年。

蒲松龄

蒲松龄的故里淄川,今属山东淄博市,西汉始设县,称般阳,清代属济南府。淄川全境山重水复,大小山头一千九百多个,海拔八百米以上的山有十七座,五六百米的几百座。平原约占了三分之一。孝妇河的支流般水,绕城南而过;溪流山泉数不清,瀑布垂白练,一条条反射金色的阳光。山林中各类野物四季奔腾,狐狸最多,獾为次,再次为黄鼠狼和刺猬。古代更有虎狼豺豹等食肉猛兽。这是一片生机勃勃的大地,平原,丘陵,水下,空中,千万年来活跃着亿万生灵。

明朝末年的淄川一度叫石城,也许是因为石头建筑比较多。环城诸山,石材取之不尽。石城抗风雨,不惧夏秋时节的般河洪水泛滥。淄川城周长八里,城门四道,北门叫"迎仙"。这古城多次设置为州、府、道治所,未曾遭遇大兵乱,风格别致的建筑物矗立悠久,对应着城外那些或雄壮或妩媚的山脉。百姓安居乐业。生活之意蕴层温柔地覆盖着。

老子推崇"小国寡民"的生活,自给自足,古风犹存,没有诸侯大国那些层出不穷的强制性的东西。陶渊明笔下的桃花源,农夫渔父"不知有汉,无论魏晋"。般阳人庶几接近小城寡民吧?

淄川城外七里有个蒲家庄,那是蒲松龄先生的出生地。开门见山,举步临水。山清水秀野花纷披,古柳高槐互相致意。族人多淳朴,邻里纠纷少。

然而几百年祥和的生活突然中断。

崇祯十三年(1640),蒲松龄诞生。此时的明朝已风雨飘摇。崇祯十七年,李自成攻入北京,崇祯皇帝自缢而亡。是年,李自成又败给了清军。

1639年,清军就窜入山东,大屠杀骇人听闻,距淄川二百多里的济南府,百姓死伤数十万,尸山血海,白骨撑天。血腥味儿甚至飘到了宁静的般阳古城,闻者皆失色。

明清易代时,清军在山东,多次大规模屠杀。

1648年,栖霞的农民于七不堪压迫率众造反,攻占了海宁、莱阳,手刃了知州。清军反扑,残酷镇压起义军,又株连甚广,杀得血流成河。半夜里的乱坟岗时闻鬼哭。

各种各样的恐怖故事,年复一年流传于胶东半岛。

小孩儿不敢夜出,门窗紧闭,却难以控制满脑子的想象。风吹犹如鬼叫,大风大鬼,小风小鬼,歪风厉鬼。雷鸣电闪树弯腰,全是鬼的模样。

蒲松龄的想象力纠缠于恐怖画面,层层叠加,真假难辨。四五岁的想象,可能会在七八岁变成真实的记忆。

童年记忆的汪洋大海影响观念和意志的形成,但是,影响的生发过程却踪迹难寻。这是人类提升自识力的一大障碍。即使心力杰出者也会发现,返观童年是多么艰难。细看几乎不可能,只能粗略猜想大概。这是人类认识能力的先天性欠缺。

"未几,北兵(清兵)大至,屠济南,扛尸百万。"

"公入城,扛尸涤血而居,往往白昼见鬼,夜则床下磷飞,墙角鬼哭。"

两段文字均引自《聊斋志异》,叙述的场景来自作者的童年记忆。这也是明末清初半岛人的集体记忆,而天才的小说家把它写下来。《鬼哭》、《韩方》、《林氏》、《乱离》等篇什,以隐晦或旁敲侧击的方式写出清军的暴行。"北兵所杀之鬼,急欲赴都自投,故沿途索贿,以谋口食。"做了鬼还饿肚子,索贿以谋口食。活着的人可想而知。《公孙九娘》开篇写道:"于七一案,连坐被诛者,栖霞、莱阳两县最多。一日俘数百人,尽戮于演武场中,碧血满地,白骨撑天。"一日数百人,十日数千人。

蒲松龄搜神志怪的兴趣,肯定与儿时的记忆有关。关系有多大,殊难测量。晚年他自制年谱说:"余虽童骏,往往从戟林剑树中见死人枕藉,血流满庭。彼时未知惧也……"

乡村流传的鬼故事稀奇古怪。许多人的恐怖记忆、梦魇以及想象,多年说来道去,难免加油添醋,真真假假交织在一起,重构了往事。

蒲松龄小小年纪奔入野物乱窜的老林子,见死人枕藉而不惧,可见其强悍。大约心中照面多矣。若干年后,他提笔写鬼魂妖女,如叙家常。

不知道他的童年时光是怎么度过的,首先读书,然后玩耍。蒲家祖上四代,出过六位秀才,方圆百里不多见。松龄的父亲蒲槃被人称做蒲处士,处士指民间的读书人。苏轼说:"君子不必仕,亦不必不仕。"耕读传家者,遍及每一个偏僻的小山村。一百个读书人,有几个能入仕就不错了。读书人多起来,民间的智慧得以大面积生长。此系科举制度的正面作用。士农工商的价值排序维系着悠久的华夏文明。

求仕的意志是蒲家的老传统。蒲松龄有过目不忘的本事,四个兄弟当中他最聪明。聪明加勤奋,于是出类拔萃,还能腾出许多时间玩儿。庄子里玩伴又多,高高矮矮一大群,山中玩,树上玩,水下玩,牛背马背恣意翻滚。男孩子活得像撵山狗,每天都在奔跑跳跃,眼睛比秋夜的大星星还亮。这个是弹鸟好手,那个是浪里白条,第三个的爬树本领惊呆猴子……四季迥然不同,各有各的丰富性。活动半径也不小,脚丫子一岔就到般阳城里去了,方圆几十里,风俗、口音殊异。半岛上有数不清的神秘人物在穿梭,不舍昼夜。(参见张炜先生写胶东半岛的小说,《外省书》、《九月寓言》、《丑行与浪漫》等)

广袤的、生机勃勃的齐鲁大地啊,你究竟藏着多少生活的秘密?东北,中原,江南,荆楚,西南,甘陕,岭南……几千年的生活景观异彩纷呈,无限的差异构筑了坚实的丰富性。短暂者(人)在天空之下大地之上,在方块字强大的凝聚力之中,一代又一代,不避生存的艰辛而诗意栖居。

呵护我们古老的土地,就是保卫我们丰富的生活。

各地当有生活史,并重精神记忆与物质记忆,让生活的智慧惠及当下,指引明天。

唯有精神的强大者方能拥有完整的生活记忆,弱小者只知唠叨当年的吃穿用。

今日之所谓浮躁,乃是贫乏的同义语。浮躁说的是什么?无根性的生活被大量复制,面孔千篇一律,生活被几个瘾头抽空,感官刺激恶性循环,质朴的、低沸点的欣悦成了稀罕事。而瘾头一旦抓空,人就活得昏昏欲睡东歪西倒。

这种"生活传染病"的源头在西方。是时候了,必须清理这个源头。

蒲松龄性子直胆子大。两者均有天性的成分,胆大的一个原因,恐怕是敢于在回忆和书写中直面血淋淋的场景,盯着鬼魂出没野地的无穷细节。连鬼都不怕,还有什么可怕的呢?

他十九岁考秀才,县、府、道三试,全是第一。道试的题目是"蚤起",取自《孟子》的一段话,考生加以阐释。蒲松龄将八股文写得像短篇小说,心理,情节,对话,几种小说的要素俱全,却赢得了学政大人施愚山的青睐,录为道试第一。施的评语是:"空中闻异香,下笔如有神。将一时富贵丑态,毕露于二字之上,直足以维风易俗。"

很可能,蒲松龄十几岁便学着写小说。脑子里那么多东西,表达的欲望不可遏制。除了四书五经,唐诗宋词,他爱读《游侠传》、《搜神记》一类的书,"余少时,最爱《游侠传》,五夜挑灯,恒以一斗酒佐读。"边读游侠边喝酒,少年气概可拿云。

南宋学者洪迈讲民间奇闻、神怪故事的《夷坚志》,则是蒲松龄青年时期的最爱,走到哪儿都带在身上。

半岛本神奇,再有一双善于惊奇的眼睛,现实与虚构相碰撞,便具备了产生杰作的基础。蒲松龄性直、情真、博学、多思,且爱憎分明,这些都是一位杰出作家必备的条件。

听老辈人讲故事,印证书上读来的奇闻,他又讲给伙伴们听。蒲家庄的庄口有棵大榕树,树冠百尺,浓荫匝地,乃是村民消夏的好去处。夏秋之夜总有一群后生围坐,一个个竖了耳朵绷紧神经。蒲松龄盘腿居中,讲得绘声绘色。有个小不点儿为他殷勤摇着大蒲扇。他的开场白通常是这样:话说明朝末年,北兵攻俺山东,屠济南,杀得碧血盈野尸骨满城,大街小巷不见灯火只闪鬼火……

蒲松龄

夜风呼呼吹着榕树叶子,枝干纵横,隐约有物在动,在爬。鸟耶蛇耶?远处的乱坟岗鬼火摇曳,狐啼狼嗥。夜空奇怪而高,十万点星星开始组合变化,变成了北兵的狰狞面孔,獠牙百丈,巨爪掠空,吸血断骨之声可闻……那个小不点儿"眉立发指",扔了蒲扇,大叫一声鬼来啦,拔腿就跑。其余七八个后生,眨眼间逃个精光。

榕树下的蒲松龄端坐不动,摇摇头,望了望迷人的夜幕,拾起蒲扇轻轻扇了起来。

华夏大地上,东西南北中,类似的围坐场景当以亿计。凡为男孩儿,大约都熟悉"鬼来啦"三个字带给人的无限恐慌。此与看鬼片不同。讲鬼故事一般在户外,野外,黄昏或夜晚,可怕的气氛染尽一草一木,听者浑身起鸡皮疙瘩,乃至毛骨悚然哆嗦不已,爬起来就跑。

年轻的蒲松龄走乡串户,把听到的异闻奇事记录下来。长足于淄川,一次比一次走得更远、爬得更高。搜神猎怪,真是值得好好干。南宋的洪迈先生乃是翰林院、龙图阁大学士,尚且乐此不疲。蒲松龄为啥不能干呢?说闲话的人就让他说去,包括"郢中诗社"的几位好友,李希梅,张笃庆等。要听从内心的召唤,喜欢干的事不妨一直干下去。

何谓艺术家?艺术家就是要一竿子插到底的那种人。

松龄先生字留仙,淄川北门叫迎仙。留住神仙,不惧鬼怪。

"子不语乱力怪神",孔夫子是这么讲的,然而唐朝的李贺,写下了多少迷人的鬼诗?鬼灯如漆点松花;娇魂从风回,死处悬乡月;南山何其悲,鬼雨洒秋草;秋坟鬼唱鲍家诗,恨血千年土中碧……

《聊斋志异》称:"才非干宝,雅爱搜神;情类黄州,喜人谈鬼。"晋人干宝,惊异于家中发生的一桩桩怪异事,于是推而广之,集古今神祇灵异,作《搜神记》。贬黄州的苏东坡痴迷神秘的荆楚大地,没事就找人谈鬼。

蒲松龄为自己的写作寻找依据,显然是因为质疑他的人多。张笃庆是他的平生挚友,却老是批评他,戏称他"神仙客"……

古代写小说,已属不干正事,何况写鬼怪小说。

蒲家庄通往县城的道路旁有一处柳泉,泉边筑一茅草亭子,专供行人歇息。蒲松龄置烟茶于亭中,恭请行人少歇,谈谈村里的鬼魂事。

《三借庐笔谈》:"见行道者过,必强执与语,搜奇说异,随人所知。渴则饮以茗,或奉以烟,必令畅谈乃已。"

这事儿,一干就是二十多年。外出坐馆教书归来,烟茶摊子又摆上了,寒暑不废。十里八庄的人,都知道蒲家庄有个柳泉,柳泉边有个喜人谈鬼的蒲松龄。谈者煞有介事比划着,听者凝神倾听,挥毫记上几笔。深山里的老农故事多,般水边的渔夫亦能说,"贩夫走卒,引车卖浆者流",谈起鬼魂就不想走,抽烟喝茶好不快活。远道而来的外地人也知驻足柳泉,歇脚歇舒服了,玄龙门阵摆安逸了,才起身去般阳城,七里路,一袋烟的工夫……

天长日久,柳泉成了聚集的场所,少则几人,多则几十人,开会似的,后生、老者、姑娘、儿童,没事便去待一会儿。风雨交加之时,蒲松龄也会出现在草亭中,英俊多才的年轻人,对谁都笑呵呵的,表情很和蔼。庄里庄外的老辈人纳闷说:松龄的肚子里装了许多鬼呀神的,却并不神神叨叨举止古怪,这娃倒是阳气足,阴气少。

谈奇说怪有着广泛的民间基础,柳泉路边的烟茶摊永远兴旺,毕竟天大地大,难解之谜太多。男女老少全是有神论者,瞳仁反射着神秘之光:狐能成仙,树能成精,狐狸变妖女,古松流鲜血,茅房窜厕鬼,老屋泣亡灵,猫狗鸡鸭鬼魂附体乱叫瞎转。月魂鸟魂花魂,更是实实在在的东西,月里的嫦娥、吴刚、桂花酒,包括砍树的老头儿,人人都相信那是真的。

古人都信神灵。今日世界之宗教信徒,礼拜万能的主,礼拜仁慈的佛陀。霍金写《时间简史》,倾向于上帝的存在。

神秘之物具有现实性。现实性意味着:作用于人的心理和行为,深入一方之风俗。屈原的精神世界,乃是天地人神巫的"五位一体"。而理想之光照耀着的现实,比现实更为现实。

1955年,法国哲学大师萨特携波伏瓦访问中国,讲过一句很有意思的话:"中国最直接的现实就是未来。"新中国多么朝气蓬勃,洋溢着前所未有的民族热情。笔者聆听童声演唱"让我们荡起双桨",总是热泪盈眶感慨万千……

现实会产生位移。这些年,很有一些四川人没日没夜打麻将,现实收缩到三尺牌桌上。生活就是两张桌:饭桌与牌桌。

屈原李白苏东坡蒲松龄,活得天宽地阔。

大约从二十岁到四十多岁,蒲松龄断断续续在柳泉听鬼,收集各种离奇故事。他自号柳泉,外乡人也称他柳泉先生。闲言碎语一直有,但是没用。蒲家三代同堂,老爷子蒲处士并不干涉儿子的爱好,于是柳泉茶摊得以持续。以中国之大,何处没有鬼魂传说呢?而设摊听鬼这种事,恐怕只有蒲松龄干过。可见他的性格,是要一条路走到黑的,如同奔济南考举人,考了若干次,回回榜上无名,考到七十岁还要考。拼搏场屋无穷辛酸,他只发点牢骚而已。奔场屋是蒲家几代人的家族意志。

蒲松龄在淄川名气大,源于两件事:十九岁考秀才,三试均获第一;柳泉听鬼,聊斋写鬼。写鬼不是由他开始,但设摊听鬼二十几年,中国历史上是没有过的。松龄先生自己,不会想到这一层。他没有任何功利心,听鬼写鬼还招人讥讽,甚至招骂。内心召唤之强,使一切讥讽都失去了分量。曹雪芹写《红楼梦》,为女性呐喊,惊破所有的封建耳朵。"字字看来都是血,十年辛苦不寻常。"伟大的艺术家只谋求一种东西:表达。

蒲松龄,曹雪芹,皆向往黄州东坡。雪芹二字,源于东坡诗:"一寸嗟独在,雪泥护芹芽。"

一个巨大的文化符号要管一万年。

柳泉先生酷爱搜神,半岛上的鬼故事,悉数装进他的脑海。心中神鬼多,举止却阳光,学问人品俱佳。连年听鬼,倒是正气充沛,价值观明确,对民间的苦难高度敏感,对贪官污吏、土豪劣绅恨之入骨。这是蒲松龄身上格外吸引人的地方。元气淋漓的生命,不受所好之物的控制。鬼蜮不可穷尽,魅惑力极强,却未能形成瘾头吸附他的灵魂,扭曲他的生活。

松龄先生闲坐烟茶小摊,不独听取鬼故事,也听农事,医事,家事。他后来作《聊斋俚曲》、《药祟书》、《农桑经》、《日用俗字》,还写了三出小戏。写作面向了劳苦大众,牢牢扎根于半岛。俚曲十五种,洋洋五十万言,以小曲的形式写尽乡村事,生动活泼,妙趣横生,维系着风俗、道德与审美传承。

先举一例《穷汉词》:"墙又塌,屋又倒,大风刮了房上草。又少裤,又少袄,孩子哭,老婆吵,都说不如死了好。"

十五种俚曲,平均两三万字,既可唱,又能演,逢年过节、婚丧嫁娶要搬上戏台的。

写鬼蜮用文言,写人世用俚语方言,写实用类的书则充满了实证精神。蒲松龄先生的精神能量呈多点喷射,一喷就是几十年,类似苏东坡。而曹雪芹全方位打通雅俗,洞察各个阶层的生活,堪称百科全书式的人物,小说的艺术表现力更无与伦比。曹公享年才四十多岁。

我们的文化先贤,活得认真,事事投入,一竿子插到底,又保持了严格意义上的质朴状态。陆游八十五岁还每天看书,对未知事物的强烈求知欲不减小青年。杜甫疾病缠身于洞庭湖,伏枕舟中,写诗怀念湖南亲友……

毛泽东说过:"人是要有一点精神的。"

生存如万顷波涛,杰出者扑浪弄潮。"自信人生二百年,会当水击三千里。"

蒲松龄婚姻幸福,妻子刘氏相当贤惠,而且漂亮。松龄十六岁订亲,刘氏十三岁。由于清帝顺治派人到齐鲁选宫女,有姿色的女孩儿都得赶紧嫁人。齐女肤色好,身材高挑,比之江南美女更胜一筹。山东历来是选宫女的重点地区。刘氏订亲不久就到了蒲家,只为逃避选入皇宫。两年后她出嫁,小夫妻如胶似漆。刘氏"入门最温谨,朴讷寡言。"婆婆董氏非常喜欢她:"谓其有赤子之心,颇加怜爱,到处逢人称道之。"

婆婆到处称赞,却惹来麻烦。蒲家几兄弟皆已成亲,三代人二十余口生活在一个屋檐下。松龄是老三。刘氏人长得好,嫁给蒲家最出色的道试秀才,婚后一年生男丁,再一年,复生一女。看来是个健硕的、生育能力强的漂亮美少妇。她更具有赤子之心,受到婆婆的怜爱。妯娌们渐渐看她不顺眼了,挖苦她,侦察她,向公公婆婆打她的小报告,凭她如何温柔谨肃,少言寡言,她们横竖是要进攻的。

"嗷嗷者竞长舌无已时,处士公曰:'此鸟可久居哉。'乃析箸授田二十亩。"析箸指分家。

刘氏贤惠,引发了家庭矛盾。她老实,丈夫心宽,于是分到手的家产最少。兄弟皆得好屋,"松龄独异:屋惟农场老屋三间,旷无四壁,小树丛丛,蓬蒿满之。"

蒲家媳妇们早已把大大小小的家当侦察仔细,连日吵闹,婆婆欲公正而不得,只暗暗垂泪。处士公病了一场……

此时蒲松龄二十五岁左右。新家荒凉,门窗破旧,野地风吹嘎嘎作响。小院没围墙,蓬蒿疯长。二十亩薄田又逢旱灾……年轻的刘氏捋衣挽袖,每天忙得两头见黑,除荆棘,砍蒿草,砌院墙,耕薄田,带孩子,喂鸡鸭,洗衣做饭织布。

想想她终日忙碌的身影,想想她挑战贫穷的眼神。婆婆来看她,忍不住当面哭出声来。她反而微笑着安慰婆婆。

丈夫外出坐馆时,刘氏一人带着儿女栖居荒凉野地,"狼夜则入坿,鸡惊鸣,圈豕骇窜。"狐叫狼嚎是家常便饭。

她为蒲家生下了四个男孩儿。后来她老了,"垂老苦臂痛,犹织不辍。"纺车一转五十年,举家人人有衣穿。"虽固贫寂守,然不肯废儿读。"再艰难也要让儿子们读书。

七十一岁病入膏肓时,她为了不让家里花钱请医生,说:"世尽庸医。"弥留之际再嘱家人:"无作佛事。"

贤惠的妻子,伟大的母亲。

刘氏陪伴蒲松龄近六十年。"五十六年琴瑟好,不图此夕顿分离。"松龄老人泣血悼内,斑斑于纸上。

"锦瑟无端五十弦,一弦一柱思华年。"晚年的蒲松龄喜欢凭窗而坐,远眺山野,近看行人。有时拄杖去柳泉草亭小坐,夕阳古道青山,往事漫天涌来。

那个健壮而自信的小伙子、举目悠远的中年人、白发苍苍的老者,仿佛五十年来一直在路上。行囊简单,揣几张煎饼就上路了,妻子隐忍的辛酸,幼子赶路的情形,一概记在心上。

出远门两件事:坐馆教书;场屋拼搏。为了啥? 一切只为家……

从二十多岁起,蒲松龄开始了漫长的、断断续续的坐馆生涯,"自析箸,薄田不足自给,故岁岁游学。"蒲松龄的长子蒲箬在《祭父文》中说:"五十岁以舌耕度日。"舌耕五十年,先是在淄川境内转,坐馆三五家,三十岁去江南的宝应、高邮游幕一年多,回家乡,复去般阳城南的毕际有家,舌耕近三十年。

笔耕舌耕躬耕,贯穿了松龄先生的一生。

多少次孤身一人走在弯曲的小路上？先生自己也记不清了。春夏秋冬,山泉淙淙。暮云蔼蔼,朝霞满天。他一度"病足",脚痛未痊愈又登程了,雄赳赳气昂昂走给妻子刘氏看,转过山道,却折断树枝作拐杖。

大道小道"鸟道",路上的感觉真好。哼不完的俚曲,唱不够的山歌,吟不尽的诗篇。孤独的兴奋永远饱满。风也是思绪,鸟啼着心事,花妖狐精结队前来照面。走得恍兮惚兮,神游三界与八荒。累了,随便找棵大树靠着,盘腿而坐,吃煎饼喝村酿。山东煎饼硬,正好固齿。

从蒲家到毕家好几十里,松龄先生不能经常回家。家中有急事,风雨泥泞登路程。

胸中万卷书,笔端百万字,脚下何止十万里路。

蒲松龄追慕着壮游天下的司马迁。壮游这个词,古人常用,玄奘、杜甫、陆游,用他们的铁脚作了阐释。

宝应县令孙惠是淄川人,修书邀请蒲松龄去做幕宾,代拟公私文牍,类似秘书。这份差事的收入不菲,松龄欣然前往。路途遥远且艰难,过泰山的支脉青石关,山高而险,百丈石壁犹如鬼斧切开,青天只一线,但见巨鸟展翅盘旋。这青石关也叫鬼门关,人未惊魂,马已踟蹰。羊肠小道盘山而上,稍不留意,人马俱坠,粉身碎骨。独行者走了大半天不见人影,猛林子光线幽暗,时闻野兽叫,草丛中大蛇游走,乱坟岗鬼灯闪闪。

时在1670年的中秋节后,十五的月亮十六圆。

蒲松龄哨棒在手长剑在身,以防不测。和衣卧山洞,仰看星月明。古之游侠皆如此。李太白仗剑出蜀,一度隐于终南山,睡在树洞中,动不动就探头长啸,像个精灵……

过了青石关,踏入莱芜县境,再向南过沂水县,于江苏淮阴度黄河。此行约半个月,蒲松龄写了不少诗,《途中》云:"途中寂寞姑言鬼,舟上招摇意欲仙。"因沂蒙山大雨,阻于沂水县的小客栈,诗酒连日,听了店家唱的山东吕剧、落子,客人表演的数来宝、快板书。不期而遇的赏心乐事,旅客个个兴奋,巴望秋雨不停。柳泉先生趁机听鬼,打开了他随身携带的笔记本。有个书生刘子敏,大谈魏晋志怪,并拿出了手抄本《桑生》,专写鬼魂的,多达万余字。蒲松龄挑灯夜读拍案称奇。后来《聊斋志异》的名篇"红玉",便由《桑生》变化而来。

在宝应,蒲松龄与县令孙蕙相处甚洽。孙是个爱民的好官,待松龄甚厚。"尚有孙阳怜瘦骨,欲从玄石葬荒丘。"孙阳即是发现了千里马的伯乐。松龄对孙蕙充满了感激。

宝应一年,生活不错。

只是孙县令妻妾成群,动不动就歌舞宴饮。江南的官员享艳福,从唐代就开始了。蒲松龄饮酒赋诗亢奋,回住处却有些郁闷:毕竟蛾眉皓齿惹人思绪,削肩蜂腰不请自来。敏感一切的男人,首当敏感异性。巧笑倩兮,美目盼兮。忍不住要想她们。伏案打个盹儿,红巾翠袖依稀在身边;酣梦一场更是了不得,后花园约会了一位美貌女子,细节清晰。

绮梦醒来,心怦怦乱跳。梦中女子像孙蕙府中一侍妾……

古代男人追慕婚外的女子,没啥可自责的。富贵人家,妻子忙着给丈夫张罗小妾的事不稀罕。道德有其谱系,变化乃是常态。但是,骤变不好,渐变才好。核心价值不能变,比如敬畏自然,孝敬父母。这一层,东方显然强于西方。

年轻的蒲松龄游幕江南绮思绵绵,不同风格的女郎这个方去那个又来。美要吸引人,这毫无办法。《聊斋志异》中的花精狐女面目各异形象鲜明,江南的幕宾生活作用不小。笙歌曼舞之后,往往倍感孤独。满园姹紫嫣红,却并无一朵花属于他。人又多情敏感,于是"情憋",呆望那芳菲院子,半天一动不动。脑子很活跃,真实的面影与虚构的身腰重叠,人鬼莫辨。艺术冲动起焉,不禁伏案疾书。白日梦无边无际,消耗着情憋的能量。蒲松龄的笔下,几十个女子跃然纸上,婴宁,红玉,阿绣,舜华,连城,连琐,聂小倩,花姑子,公孙九娘……

鲁迅说,《聊斋志异》中的花精狐妖"多具人情",令人"忘其异类"。这是阳世现实感与鬼蜮想象力交融的结果。若是一味痴想鬼狐,与现实关切脱了节,小说的意义也不大。阅读蒲松龄,此为关键处。小说的现实批判涉及面广,揭露科场与官场的黑暗毫不留情,讴歌善良忠厚正直不遗余力。

花精狐女多可爱,是因为作家的心中阳光灿烂。

胸中容得千般鬼,足证作家的强大。人间与鬼域,两者皆有纵深,相得而益彰。

写鬼说人话,乃是《聊斋志异》的最大特点。

蒲松龄驰骋鬼蜮自得其乐,但绝不是自说自话。写作是召唤,召唤读者的倾听,二者原本共属一体。鬼事映照人事,才有广大读者的喜欢,盛传至今,影视剧舞台剧无穷演绎。

顺便提一句,《聊斋志异》近五百篇,其中的诸多佳作被称为文言文小说的最高峰,却因文字太简约,拒绝许多人,须有贴近白话文的精当译本才好,半文半白,尽量不失原作之妙。

且说三十岁的蒲松龄待在江苏的宝应县,挣钱养家,结识贤达。他奉命去扬州邀请鼎鼎大名的李渔,惊叹不已。李渔号笠翁,时年六十岁,集戏剧家、小说家、书画家、出版家、美食家、水利专家、园林艺术家于一身。平生交游广阔,据说不下千人,遍及十七个省,兼有王公贵族与三教九流。他策划并作序的《芥子园画谱》,三百多年来影响甚巨,是国画临摹的必修课。李渔的生命力呈辐射状,颇似苏东坡,虽然喷射的高度有所不及。他和蒲松龄一样,考秀才高中,考举人落榜,早年游幕江西的婺源。清初,他断了科举入仕的念头,却被清兵强行剃了头发,大叫耻辱。清廷的规矩:"留发不留头,留头不留发。"李渔的个人戏班红遍了半个中国,乔、王二姬芳名远播。李渔也是个大情种,自称"予,情士也。"又说:"男女相交,全在一个情字。"

李渔的高才清狂,与蒲松龄内心的狂野合拍。二人成了忘年交,谈戏曲通宵达旦。扬州一待数日,蒲松龄聆听大师多矣,欣赏李氏家班的排练、表演,痴迷昆曲艺术,目乔王二姬为天仙,腼腆接近她们,讨教昆曲的妙处。

此番扬州之行,对蒲松龄的俚曲创作大有帮助,《俚曲十五种》写了四十年,或于宝应动笔。

李氏家班去宝应,为孙惠的四十大寿演出,热闹几天几夜,全城轰动,官民大饱眼福。

热闹像潮水般退去,寂寞前来照面。偌大的县府,春花处处开,蒲松龄尤其寂寞,一回回陷入呆想。"隔墙花影动,疑似玉人来。"可是哪有人来？孙县令居住的大院子那边倒是妇人娇笑……

心病无心药,眼前丽影多。唯一的释放渠道是把她们化入短篇小说。半夜灯还亮着,天天如此。深入狐女之魂,情态般般呈现,例如《红玉》:

"广平冯翁有一子,字相如,父子俱诸生……一夜,相如坐月下,忽见东邻女自墙上来窥,视之,美,近之,则笑。招以手,不来也不去。固请之,乃梯而过。遂共寝处。问其姓名,曰:'妾,邻女红玉也',生大爱悦,与订永好,女诺之。夜夜往来,约半年许。翁夜起,闻子舍笑语,窥之,见女,怒……"

寥寥百余字,男女栩栩如生。全篇不足两千字,却把一个曲折的爱情婚姻故事写得饱满,狐女红玉还一身侠气,惩罚了土豪劣绅。

《婴宁》则塑造了一个清纯娇憨、自由奔放、有时也搞恶作剧的狐女,书生王子服,在上元夜的灯会上一见她,呆了。"有女郎携婢,捻梅花一枝,容华绝代,笑容可掬。生注目不移,竟忘顾忌。女过去数武,顾婢子笑曰:'个儿郎目灼灼似贼!'遗花地上,笑语自去。生拾花怅然,神魂丧失……"数武:几步。一步为一武。

文言小说的开头,便将读者吸引住。这是蒲松龄的绝活。

贫寒的书生总能邂逅美艳多情的女子,然后遭遇种种艰难,演绎出一段故事。其间奇闻异事穿插,鬼气妖雾弥漫,具备了若干耐读的元素。人与人相恋已能打动人,人与鬼缠绵更属稀罕。值得注意的是,蒲松龄携带一身正气写鬼写妖,善读者不会走火入魔。清代学者张安溪评价:"泥其事则魔,领其气则壮。识其文章之妙,窥其用意之微,得其性情之正,服其议论之公……多言鬼狐,款款多情;问及孝悌,俱有血性。"

强烈的现实关切深入了鬼狐世界。价值观清晰。这是其他的志怪小说所不能比的。为怪说怪,其怪自败。《西游记》写神仙鬼怪,同样充满了现实关切。"金猴奋起千钧棒,玉宇澄清万里埃。今日欢呼孙大圣,只缘妖雾又重来。"

李渔的戏班来宝应后不久,蒲松龄的住所前有个女性的身影徘徊黄昏,松龄开门时,丽影一闪而逝。暮春天气,花香袭人。作家心想:莫非写小说生了幻觉?或是纸上的狐女跳到了窗外?犹如《画壁》中的散花天女凌空而降……

她究竟是谁呢？

她叫顾青霞,孙惠的一个侍妾。古筝弹得出神入化,舞姿也佳,对诗词和书法俱有悟性。孙府妻妾多,而顾青霞与众不同。她从青楼来,却有股子拗劲。歌舞宴饮之间,她和蒲松龄互相关注并欣赏。他唱俚曲,她会凝神听,轻轻地打着节拍。二人在人群中互为知音,有时隔了酒桌视线一碰。交谈少。蒲松龄有独自散步的习惯,一次,在池塘边的弯曲小路上,忽与顾青霞面对面,彼此讪讪的,讲了几句没头没脑的话,擦肩而过。顾青霞香肩微颤薄面泛红……蒲松龄记得非常清楚,那是在元宵节之后,初春的阳光照着午后静静的绿水池塘。蜻蜓点浮萍,彩蝶戏梅花。那天他傻站了一个多时辰,立地生根似的,视觉嗅觉交汇,竭力挽留先前的色香双袭的一刹那。

事后频频梦见她。醒来,又试图抹去那梦痕。抹了若干次,倩影始模糊。他一度认为来入梦的脂粉娇娃有点像李渔先生的乔姬。可是,有个问题也曾一闪而过:顾青霞是否梦回春水池塘?

从初春到暮春,隔了两个月。大庭广众相遇,倒显得生分,陌生男女似的。花飞花谢飞满天……青霞翩翩起舞,松龄谨慎叫好。那孙惠早被声色二字缚住,常常喝得滥醉,左妻右妾扶回屋去。蒲松龄《戏赠孙树百》有云:"五斗淋浪公子醉,雏妓扶上缕金床。"又形容雏妓说:"灯前色授魂相与,醉眼横波娇欲流。"孙惠字树百。他的继室赵夫人也年轻。赵氏过生日,丽人们结队翩跹祝寿,笑破樱唇与杏唇。松龄写诗赞美一琵琶女:"垂肩弹袖拥琵琶,冉冉香飘绣带斜。背烛伴羞浑不语,轻钩玉指按红牙。"红牙:檀木做的拍板。

情色语的背后有一颗无奈的春心。只身在外也罢了,复被莺声燕语所包围,楼台近水而不得月。那县令孙树百就像煤油大王,哪里知道拾煤渣老婆子的辛酸。

顾青霞终于来敲门了,她抱着一卷诗,请蒲先生看看。才华横溢的诗人语无伦次。掌灯时分,别馆周遭静悄悄,心跳惹心跳。背烛真羞浑不语。

蒲松龄不羁的性格,在心仪的丽人面前倒是规规矩矩。道德像风一般飘来。

其后往来渐多,沈腰潘鬓消磨。两情各退一步,言笑歌吹纷如。孙百树吃了一回干醋,及至探明了真相,释然一笑……

从宝应县到相邻的高邮县,"柏拉图式的爱情"滋养着男女身心。高邮是秦观的故乡。"金风玉露一相逢,便胜却人间无数……两情若在久长时,又岂在朝朝暮暮?"灯前切磋书法,也称色授魂与。表面上说着不相干的琐事,却何尝不是恋人絮语?泛舟于烟波百里的高邮湖,造访秦家村和秦家大院,追寻少游的遗迹,玩味宋词佳句。"销魂!当此际,香囊暗解,罗带轻分。"

也品尝高邮的咸鸭蛋,痛饮绍兴老黄酒。

诗人屡听娇吟,作《听青霞吟诗》:"曼声听娇吟,入而沁心脾。如彼三月柳,斗酒听黄鹂。"

蒲松龄颇知足,顾青霞不称意。

诗词这东西会培养心性。古今女诗人大都心高气傲。顾青霞对自己可怜的侍妾生活欲说还休,孙惠庶几算个好官,也不是坏男人,毛病是声色太过,四十出头一副病容。妻妾争宠的局面比高邮县的政务还要复杂,艳力相拼,仿佛随时准备挥舞粉拳。吴侬软语吵架,就跟唱戏似的,吵半天劲犹足……顾青霞无意斗艳争春,一门心思写字做诗。估计她同样是个情难受,奔向先生的别馆一路"情小跑",离开时莲步难挪,忍不住要回头望。

阅美不乱的山东汉子,占据了顾青霞的心房。

女人一旦动情,自制比较艰难。

蒲松龄要走了,回淄川去,游幕生活暂告一段落。先生有眷恋之心,青霞有不舍之情。怅望西风抱闷思,秋水池塘日迟迟。假山后面的背静处,即将分手的男女终于手相携、身相偎。销魂何须解香囊,直把眉眼儿相向。

"多情自古伤离别,更那堪冷落清秋节。"

古人别后再见不易,而士子辗转四方系常态,伤离别乃是艺术的经典主题。也没有照相机。情侣分手难免盯着看,"执手相看泪眼……念去去千里烟波,暮霭沉沉楚天阔",天高水长尽在怅望之中,层层皴染人间意绪。

盯着看,不忍扭头,要把对方的面容印到灵魂中去。

应当承认,古代以及近现代,由于相对的慢节奏生活和质朴人群的压倒性局面,心灵受浸润,因之而为心灵;意绪能持久,因之而饱满。当下的人活得像陀螺,疲于应对各种压力、讯息、人际关系,欲望又不断推高,心的感受力持续下降,与"灵"字剥离开来。例如这些年的流行歌曲千万首,拨动心弦的少之又少,闹哄哄你方唱罢我登场。身心诸事,越来越趋于感官形态,心灵的地盘急剧收缩。这个昨日的苗头尚处于生长的态势中,解救的办法也许是它反噬自身。

蒲松龄为顾青霞先后写了十三首诗,相处一年多,从刹那的初见好感到分手时的短暂缠绵,情重泰山轻,至死不相忘。十多年以后,孙蕙中年撒手于淄川,顾青霞独居小楼抱影难眠。情怀抱不知向谁敞开,情憋成定局。奔忙于生计的蒲松龄抽空去看她。又过了两年,顾青霞一病西去,只活了三十来岁。蒲松龄跟跄哭坟,作《伤顾青霞》:吟音仿佛耳中存,无复笙歌望墓门。燕子楼中遗脂粉,牡丹亭下悼香魂。

蒲松龄游幕江南,受惠于孙蕙,结识李渔,眷恋顾青霞,饱览异于胶东半岛的妩媚山水,并且写了不少关注民生的诗。狐鬼事未曾耽搁,有空就提笔。孙蕙并不赞同他。朋友写信来,劝他别把傻事干到底。然而松龄先生就是"傻"。

人间许多伟业,没有一股子"傻劲"是干不成的。

宝应县的北郊有个乱坟岗,人称"九里一千墩",古坟新冢相杂,白天也吓人,何况半夜三更。参差千堆坟,虬曲千棵松,阴风拂着三尺深的茅草呼号,听上去像鬼魂哭诉。狐走兔窜,鬼火明灭,盗墓者低矮的身影时隐时现。明月之夜野地白晓,星星眨着鬼眼睛。"月午树无影,一山唯白晓。"半开的墓穴,横呈的骨头,迷乱的路径。行人一般都绕着走,小孩子不敢扭头看。三两个守墓人搭的简易棚子,倒像鬼的家。

没人去那九里墩坟场。数百年来传说甚多,鬼故事恐怖。

"我有迷魂招不得。"李贺徘徊鬼蜮般的咸阳沙苑,留连埋葬了四十万赵军枯骨的晋城长平驿,"鬼诗"泉涌。"漆灰骨末丹水沙,凄凄碧血生铜花……虫栖雁病芦笋红,回风送客吹阴火……"

鬼才李贺写鬼诗,人也生得奇特:"细瘦,通眉,长爪。"二十来岁白发萧然。蒲松龄写鬼狐小说,阳气却充沛,体格健壮。反差一目了然,嗜好如出一辙。

坟场是直接通向阴间的地方,或者说,是人世距离鬼蜮唯一的切近之所,有着巨大的神秘感,吸引古今中外的艺术家哲学家。鲁迅有个集子叫《坟》,他在坟前照相印于书上;西方人强调"向死而生"……中国古代的墓地不是整齐划一的,墓地的野性景观可能全球独有,鬼文化因之而发达。大坟小坟错落,高冢矮冢相接,杂花生树,纸钱飞魂幡飘。生死如此之近,弥漫了永远怪异的气息。胆大的男孩子也跃跃欲试,弄它几根腿骨玩玩,当然,一般限于房前屋后的小坟地。

蒲松龄敢走九里墩,吓坏了半城宝应人。他一走再走,迷了魂似的,抬脚径出城门,踏小路上松岗,悠悠的身影渐渐没入大坟场。他和老农民、守墓人交谈,把鬼的传说记下来,表情很轻松。老农民说他稀奇,他开怀大笑,笑声震落了松子,应和着阵阵松风,惊走一群可爱的松鼠。黄昏他也不回城,暮色逼近的时候思绪最丰,忽然阴风起,"鬼雨洒秋草。"月明星稀的夜晚须珍惜,月黑天同样要逗留,"鬼灯如漆点松花。"

孙惠几次批评他,却不能阻止他。正读着李长吉的顾青霞倒是陪他走了一回九里墩,乳白色的长裙拖向青冢,一路点缀着小黄花。松龄先生多年凭窗虚构狐女,顾青霞的姿容常来照面,幻化成不同的形象……

顾青霞应该读过《聊斋志异》的手稿。

松龄先生回到蒲家庄,一家六口喜团聚。生计还是艰难。逾年,刘氏又有了身孕。好在老大老二已能分担劳作。蒲松龄坐馆二里外的马家庄,授徒解惑传道,挣些散碎银子。农忙时节他家里家外的劳累,劳力又劳心。种地,喂牛,割草,砍柴,挥舞镰刀收割田里的庄稼,却不时哼俚曲唱戏文。儿女欢笑纷如。教私塾的父亲收起了长衫子,一身短衣蛮精干,挑担子一百多斤。刘氏倚门望着,含笑的眼睛闪烁着泪光。

砍柴声中读书声。后来,蒲松龄的两个儿子皆中秀才。秀才"食饩",有一点俸禄,免抽壮丁。

一家子紧紧抱团,男耕女织不相失。每日睁开眼皮就忙到天黑。

生活有苦方有乐。陶渊明的妻子翟氏也是十分贤惠，操持清贫的家，乱世养活了五个儿子。五柳先生嗜酒，交往素心人，追慕古之游侠，"刑天舞干戚，猛志固常在。"柳泉先生酒量亦大，亦慕游侠，连年仗剑走山林。

五柳与柳泉，俱是独立不羁的血性汉子。

柳泉先生的烟茶摊子又摆开了，听鬼写鬼，抽烟喝茶。那草亭今犹在，连同先生的故居，先生用过的若干器物。笔者真想去看看。

淄川的文学社搞活动，蒲松龄是个积极分子，良朋好友，李希梅，唐梦赉，王若水，毕际有……"有酒斟酌之，登高赋新诗。"般水哗哗流淌，水深处波平如镜，扎个猛子一试少年身手，钻出水面，阳光山花耀眼。人生正值壮年，胸肌臂肌堪夸。八个男人登泰山，蒲松龄跑在前头。"鬓发参差狂似昔，摄衣直上最高台。"逗留岱宗收获大，《聊斋志异》中有二十多个短篇小说与泰山有关。

松龄先生的诗文屡说自己狂。中国历代文人之狂，从屈原就开了头，披头散发行吟荆楚。

蒲松龄上崂山得了好素材，写下《崂山道士》、《香玉》两个名篇。今日之崂山，景因人显。

小说改编成影视剧，蒲松龄的作品最多。经典之作一拍再拍，几代观众欣赏。《聊斋志异》翻译成二十多种语言流布域外，古典小说中名列前茅。而松龄先生当时，写作不挣钱的，还影响他赴济南考举人，招来官员和读书人的非议。可见始于童年的表达冲动多么强烈，奔腾如同七月里的般河水。

古代精英艺术，都是这么来的。

当代山东作家张炜写道："《聊斋志异》里那些故事严格说来是民间文学，在外地人看来往往有极深的寓意。实际上在半岛人看来都是再平常不过的实事。半岛东部这个地方是动物飞鸟那样一个蓬蓬勃勃的喧闹世界。这里的人就生活在这样的环境里，各种各样的人和动物发生过节，从古至今都不稀奇……所以《聊斋志异》这本书出在半岛地区一点都不奇怪，人人都相信蒲松龄他老人家记下的那些故事是真实的。"

张炜二十余年行走半岛，步步丈量蓬勃野地，有时候人在深山头发长达一尺。几十个笔记本记得密密麻麻……

另一位山东作家莫言说:"一部聊斋传千古,十万进士俱尘埃。"一生奔场屋的蒲松龄泉下有知,闻此语定欣慰焉。

小说家和他脚下的大地联系如此深广,于是作品宛如参天大树。

如果人有灵魂,那么动植物亦有灵魂。树精花精鼠精蜂精……婀娜多姿涌向聊斋中的蒲松龄。并不是坐馆寂寞才动笔,而是抓紧时间写作,与那些虚构的传主亲密相处。小说是纪传体,单篇围绕着一个传主的命运展开。

数十年活在人鬼之间,大大拓宽了生存的境域。生存还原到感觉的层面,从感觉出发走向念头,进而形成意志。意志扎根于海量的感觉,所以它不可动摇。这里也许隐藏着未曾被揭示的艺术创作的奥秘。所谓灵感,无非是由某个外因引爆了感觉的"集束炸弹"。

现代人的麻烦在于:念头、意志太多,而感觉的地带一片萧条。此与神话及童话世界的双重消失有关。儿童、少年,眼下多为年龄概念。小孩子操着大人腔,中国各地皆然。

海量的感觉是生活丰富的基石。感觉的丰富性就是人的丰富性。

现象学"以大钞换零钱",将价值判断悬搁起来,便是向感觉回溯,试图赢得感觉的初始形态。

蒲松龄内心强大,他始终活在这种强大中,对旁人的非议听而不闻。写鬼神,做塾师,奔科举,三件事做了大半辈子,然后转向民间文学和实用写作。

蒲松龄四十岁坐馆毕际有家,直到七十岁,尝自云:"松龄年七十,遂归老不复他游。"毕家是淄川的大户,毕际有做过通州知府。毕家位于城西五十余里之西铺,邻近登州、青州、莱芜通往济南府的必经之路,官道上车马繁盛,商贾昼夜不绝。

从蒲家庄过去约六十里,中间隔了一座不算高的夌山,夏季日长,骑驴子晃晃悠悠,隔几天就能回家一次。冬雪春阳,夏风秋高,夌山下的人家历历在望。崖边的石头上坐一会儿,村头的槐树下抽一棵大巴菰烟,爽爽的样子。康熙不抽烟,也不叫别人抽,可是淄川这地方山高皇帝远,圣旨听上去就像放屁。蒲松龄对清朝统治者的由衷厌恶,贯穿于文言小说和通俗作品的创作中。奔场屋是为了养家,一旦他做了官,定是良吏清官。

蒲松龄烟瘾不大,酒量不小。常喝村酿图个便宜,路边小店聚集了各色人等,是收集素材的好地方。他骑驴穿长衫,带了酒葫芦,进野店打个拱手,冲着陌生的饮客点头笑笑。行头不俗却吃得简单,一盘毛豆三碗酒。偶尔切几斤熟牛肉,尝尝而已,大包美食带回家去。五个孩子十双手,十双眼睛盼父亲,年年折断门前柳。想当年五柳先生一度断粮辗转乞食,"叩门拙言词",糙米窝窝头也舍不得吃,揣了回转上京里的家,递给老四老五……

平路悠长,山道弯弯,四季往返路几千,优哉游哉三十年。

南来北往客,闲坐说神仙。

若是听说某个村庄有闹鬼的老房子,蒲松龄便要去瞧瞧,不辞山高路远。详细询问鬼屋的来龙去脉。

人间百态,幻域万姿。《聊斋志异》云:"四方同人,又以邮筒相寄,因而物以好聚,所积益伙。"伙:多。

雅好搜神的同人,从四面八方寄来神鬼的传说,这又拓宽了写作素材的来源。

五百篇小说,数千人物,皆从柳泉先生的笔下出。先生自言:"集腋成裘,妄续幽冥之录;浮白载笔,仅成孤愤之书。"浮白载笔:边喝酒边写作。书中自况落拓之身世,指斥不公之世相,所以称孤愤。《叶生》一篇,作家自抒心声,写一个怀才不遇的书生郁郁而死,却以幻相存活,固执纠缠于场屋,荒诞而悲凉。《红玉》中的冯相如"家屡空",碰上了多情正直的狐女红玉,命运始得好转。另如《绿衣女》、《小谢》、《连琐》、《张鸿渐》等,都有作家自己的影子。篇末的"异史氏曰",点评鬼狐事,犹如《史记》中的"太史公曰"评说人间事。蒲松龄曾经考虑把他的小说取名"狐鬼史",可谓名副其实。

《聊斋志异》是一部空前绝后的作品。中国民间的鬼文化自古发达,柳泉先生总其成焉。

小说穿插的诗歌一千多首,就像《红楼梦》,诗人曹雪芹借他书中的男女写出来。"笔端蕴秀临霜写,口角噙香对月吟。"

半岛风物好,生活场景多。诗人蒲松龄的内心又有足够的纵深,于是佳作常有。如作于宝应的一首七律诗有云:"漫向风尘试壮游,天涯浪迹一孤舟。新闻总入狐鬼史,斗酒难消块垒愁。"从宝应回淄川,夜过危险的青石关,突遇大暴雨,步步惊心。"解衣榻上忽惊魂,枕石久眠被始温。疲骨着床初放胆,搔来犹觉此身存。"

再看他写腊梅花:"时杂书香抱书屋,横斜疏影白如簌。庭院无风香自流,寒蕊坠地芳尘扑……"

写农民交纳官粮的辛酸:"日望饱雨足秋田,雨足谁知倍黯然。完得官粮新谷尽,来朝依旧是凶年。"

操心广,沉痛深,美感横呈,方有诗意栖居。历代艺术家都证明了这一点。诗意栖居与豪宅无关。贪官庸官土佬肥,弄个大园子就以为把诗意弄到手了,那是扯淡。

黄州简陋的临皋亭,苏东坡写下多少杰作?曹雪芹守破窗,"举家食粥酒常赊",《红楼梦》横空出世;冼星海居延安窑洞,写出了《黄河大合唱》;贺渌汀在晋西的小村庄创作《游击队之歌》……

毕家有一座石隐园,怪石枯木纵横于花树之间,小桥流水竹林茅舍,"有亭翼然",矗立在石头山上。楠木、高槐、梧桐、垂柳、古松,参差分布,大鸟筑巢于树巅。毕家造这园子已近五十年,毕际有博学能诗,常邀诗友到园中饮酒剧谈。蒲松龄酷爱这怪石嵯峨的园子,早晨日午黄昏,徘徊其中,凝神构思。

聊斋许多故事,放在石隐园再好不过了。

风萧萧,人悄悄,石头成了精,古木或为妖。孟冬大雾,仲夏雷电,蒲松龄坐于披衣阁,左手酒杯右手毛笔,美貌狐女奔入眼帘。阿绣,舜华,凤仙,嫦娥……那园中丈人石的后面隐约传来婴宁的笑声。落魄书生王子服艳福不浅,纨绔少年西邻子倒霉栽桩(死掉)。"庭后有木香一架,故邻西家。女每攀其上,摘供簪玩……一日,西邻子见之,凝注倾倒。女不避而笑,西邻谓女意属己,心益荡。女指墙下,笑而下。西邻子谓示约处,大悦。及昏而往,女果在焉。就而淫之,则阴如锥刺,痛彻于心,大号而踣。细视,非女,则一枯木卧墙边,所接乃水淋窍也……爇火烛窍,见中有巨蝎,如小蟹然。"踣:跌倒。爇火:燃火。

蝎子蜇了西邻浪荡子,要了他的轻薄命。幸福的王子服与婴宁生一女,"见人辄笑,亦大有母风。"

蒲松龄的文字,精当而传神。幽默、戏谑、讽刺,不一而足。

纸上的艳遇一桩又一桩。大师与狐女谈情说爱。

炎夏时节他就从绰然堂搬到石隐园,年年如此,主人待他真好。他尽心教育毕际有的子侄辈。

毕家的女眷女宾来来往往,她们尊重柳泉先生,有时候也听他讲故事,好奇地翻看他的小说手稿。

夏夜独居偌大的石隐园,美酒香烟叩访神仙。写作重构了时光。大脑持续活跃,心怦怦跳。孤独的兴奋旷日持久,知音可不多。大规模运思幻城,在全国独一无二。

交叉小径的石隐园,浮白载笔的小说家。

不复邂逅第二个弹筝娇吟的顾青霞,且看朝霞晚霞。

松龄先生五十多岁了,头发斑白了。骑驴走毕家,骑马奔济南。历城考举人又是几回铩羽,长啸而罢。考官多贪官。

一生十几次走马济南,大半为科考。七十功名尘与土,九千里路雨和霜。

妻子刘氏从未埋怨过丈夫。老大蒲箬早已做了父亲,幼子长成了翩翩少年。三代同堂,耕读相传。

蒲松龄揣了煎饼上路,形单影只。山花烂漫簇拥他。走到夼山顶,照例要背靠老树或斜倚石头,美美的抽一棵大巴菰烟。望望山下那些冒着炊烟的温暖的家。

一生千次在路上,东风西风北风。意绪多如牛毛细雨,无物可以测量。何谓个体生命的丰富性?这便是了。

大名士王士禛做客毕际有家,向蒲松龄借了《聊斋志异》去看,批语甚多,赞赏有加。王士禛赋诗云:"姑妄言之姑听之,豆棚瓜架雨如丝。料应厌作人间语,爱听秋坟鬼唱诗。"

事实上,秋坟鬼也唱人间诗。

济南的才子朱缃崇拜蒲松龄,抄录了完整的《聊斋志异》。他将蒲松龄与屈原、庄子、司马迁等人相提并论。其远见卓识,百年一人焉。

康熙三十二年(1693),山东巡察使、三品高官喻成龙,听他老师王士祯说起淄川的蒲松龄,便修书相邀,聘为幕宾。蒲松龄征求了毕际有的意见,动身去济南。这事轰动了淄川县,蒲氏族人更是奔走相告喜形于色。可是没过几天,柳泉先生策马而归。乡亲问他时,他说大城市待不惯。此事再次成了新闻,摇头的多于点头的。

《送喻方伯》云:"生平寡亲合,至老同婴孩。羞见城市人,口吃不能开。"乡野之人,自由自在惯了。高官大宅规矩多。济南大城怎比得般阳小城?

待不惯就走人。苏轼曾经叹息:"我不如陶生,世事缠绵之。"陶潜做彭泽县令八十余天,见不惯上司的作派,官帽随手一扔,凌晨"载欣载奔。"

刘氏说:回来就回来了,今晚想吃啥?

松龄先生答:花生米下酒,恣哩恣哩。四个儿子都来陪我喝。

刘氏却宰了一只肥鹅。黄昏时分,全家十几口围坐小院里的八仙桌,鹅肉喷喷香,小孙子吃得唱歌。狗咬骨头猫伏地,鸡咯咯,鸭呱呱,虫唧唧。原野上刮着不羁的风,风声酷似心声。

松龄先生饮酒,一杯接着一杯。鹅肉吃得少。要让孙子多吃。他讲着济南的见闻,途中的趣事,说着山东巡察使喻大人的府第。济南很遥远。月亮悬中天。

类似的团聚场景数不清。三代同堂多好,兄弟不能析箸。

蒲松龄先生六十岁了,仍去西铺的毕家坐馆,教孩子们念书。牵驴徒步翻夗山,腿脚犹健。

先生六十五,犹能嗖嗖上树摘果。邻里小儿雀跃欢呼……

绰然堂里著大书,书名叫《聊斋俚曲》,俚曲十五种,五十万言。琴瑟乐,穷汉词,丑俊巴,俊夜叉,慈悲曲,姑妇曲,磨难曲……林林总总,通俗,活泼,细腻,说尽乡村苦乐事,维系道德与风俗。大量的半岛方言,运用出神入化。俚曲搬上戏台演出,蒲松龄亲自扮演风趣老汉,笑倒台下的乡亲。

蒲箬回忆说:父亲的俚曲创作"可参破村庸之谜,而大醒市媪之梦也……见者歌而闻者泣。"

松龄先生的"救世婆心",日月可鉴。

举两段《磨难曲》："明知世上无公道，本领又不如宋公明，一条棍子闸了口，满心冤屈对谁明？……俺不是自己托大，那官兵值些甚么？长枪一刺仰不踏，齐逃生还要梦里怕。若是客商，不要杀他，休像贪官惹得人人骂。"

"我有个心愿，要杀一万个衙役，这四五年间，杀了三千余名。"

俚曲称颂揭竿而起的义军领袖任义："大王志向，真是圣贤之心！"

是非观明确，价值判断清晰。永远关注着民间，心系劳苦大众。这一点他像杜甫，却比杜甫做得更多。《药祟书》、《农经书》、《日用俗字》……

大哉松龄先生，不负淄川厚土。

六十九岁依然只身出门去，后来蒲箬沉痛追忆父亲："时则冲风冒雪于夐山道中……不孝退至私室，不禁涕零自恨。"

儿子的眼泪是不会让父亲知道的，父亲的眼泪也如是。

"此身何役役？年年客他方。"

且看松龄先生的豪壮语："乾坤一破衲，湖海老狂生。"

晚年狂得心平气和，"也无风雨也无晴。"多少坎坷一语带过，但是，古道热肠不减分毫，为乡亲，为后人。杰出的作家俱是深度生存之典范。

蒲松龄七十岁撤帐归家，次年冬，却又冲风冒雪奔向青州，考了一名岁贡生，每年可拿些官俸。全家乐极而泣。先生写诗自嘲：落拓名场五十秋，不成一事雪盈头。腐儒也得亲朋贺，归对妻孥梦亦羞。

这些年家境好起来了，逢年过节有鸡有鱼。儿子孙子重孙子，冬日围坐在火炉旁，夏季乘凉于院坝中。围墙结实，庭树纷披，房子盖了二十多间，马厩牛圈鸡埘狗窝，各得其宜。刘氏的眉头舒展了，笑容多了。她七十岁生日，给子孙讲故事，说她十三岁那一年，为逃避皇宫选宫女就到了蒲家……屈指算来，五十七年。

可是过了中秋节她就走了，蒲松龄泣血悼亡，追忆亡妻的点点滴滴："浣衣更惜来生福，丰岁时将野菜挑。""生平曾未开君箧，此日开来不忍窥。"

次年清明先生哭坟："百叩不一应，泪下如流泉。汝坟即我坟，胡乃先着鞭？"可怜她："性最畏荒寂，今独眠荆榛。"

生者追思亡灵,越追越远:"迩来倍觉生无趣,死者方为快活人。"他转念又道:"已而转自笑,人生谁不尔?叟年七十四,相别固无几。"

李煜悲娥皇,东坡悼朝云,柳泉哭老妻,纳兰挽卢氏……

能爱者,方能是能沉痛者,能欣悦者。

松龄先生牵挂着一切值得牵挂的人与事,他有一颗伟大的心。

1715年的正月二十二日,蒲松龄的四弟蒲鹤龄去世。当天晚上,蒲松龄"倚窗危坐而溘然以逝。"

窗外正开着几枝他喜欢的腊梅花。留仙仙逝,享年七十五。

纳兰容若
（清代 1655—1685）

纳兰容若的眼睛看见什么？看见生存之向度带给他的一切。牢牢栖身于汉语艺术的经典，生活在别处，身边的雕梁画栋倒像是虚置。"别有根芽，不是人间富贵花。"纳兰容若的意之所向很明确，不屑富贵花，专心培育词语之花。词语之花就是他终生追寻的情花，二花本一树。由此赢得孩子般的单纯，而这种单纯乃是杰出的汉语诗人之常态。纳兰容若动一回情，人就瘦一圈。情爱的模式规定了身体……

纳兰容若

纳兰性德字容若,是生活在清初的一个特殊的词人。说他特殊,不单因为他是八旗子弟。他有显赫的父亲,又是康熙皇帝的表弟,名列御前一等侍卫,却被汉文化彻底征服。明清易代之际,兽性高涨的清兵在中原、山东、江南大肆屠杀,"扬州十日",杀百姓八十万。"嘉定三屠",庶民尸骨撑天……然而刀枪历来杀不死文化。有着千年历史的楚国被强秦灭掉了,楚辞却风靡北方,强势引领了汉晋唐。南唐灭,李煜的词开启了北宋士大夫词的先河。金兵马踏洛阳、汴梁,烧杀抢奸,北宋变南宋,仍有一大批文化精英成长起来,接上了北宋文脉。

纳兰容若是征服者的后代反被文化征服的一个例子。

他生平简单,性格单纯。1655年1月生在北京,人称冬郎。其父纳兰明珠,嗜杀而贪婪,官场弄权翻云覆雨。他一步步爬上去,大权在握几十年,巨爪敛财,刮民脂民膏。年年治河的工程款他居然敢贪去大半,哪管洪水滔滔百姓死活。此人穷凶极恶,与乾隆朝的和珅有一比。

康熙、乾隆二朝,贪官高位横行。

明珠抓权敛财很有一套,对漂亮的女人倒是有点欲近不能,有一次他对妻子说,某个女孩的眼睛长得真好看。第二天,那女孩的两个眼珠就放在了玉盘中,呈送给他。眼珠似犹不屈,血淋淋直视明珠。

纳兰容若多半不知道父母干的这些事,可是家里的传说影影绰绰,像气味一样飘过来,消解父亲的高大形象。有些东西是躲不开的,例如父亲的那张脸,在荣耀的背后似乎还隐藏着什么。不经意的举手投足之间,一张脸会闪出另外几张脸。仰望父亲的纯真小孩不禁把头低了,甚至扭过头去,把眼睛闭上。有时候,梦里的情形更可怕……

书上讲的都是好的。"人之初,性本善。"

纳兰名句:"我是人间惆怅客,知君何事泪纵横。"

诗人为什么总是惆怅呢?惆怅是积郁的一种结果,是在漫长的时光中成形的情绪。一旦成形,便难消失,其他的生存情态会受它牵引。纳兰容若的童年生活几乎不可考,一般只说荣华富贵。这话太空,看不出个体差异。古代文献记载人物的童年都是支离破碎,有碍于生命历程的探索。

关于纳兰容若的早年心境,只能靠他的诗词反推。

唐诗宋词元曲,惆怅是经典情绪。这是一种深远广阔而又持久的意绪,且与自然景物紧密相连。柳永:"都门帐饮无绪,留恋处兰舟催发。"苏轼:"惆怅沙河十里春。"很难想象古人躲在家里惆怅。即便室内生惆怅,也有来自诗词的古典情绪的重重包围;要么他瞅着草木繁盛、视野辽阔的窗外。

不言而喻,一味活在钢筋水泥间,连年纠缠鸡毛蒜皮,惆怅这类情绪生发的概率比较小。痛、耻、忧、愤、欣悦、快乐、热烈……皆不复饱满。欲望的逻辑若是长期嚣张,将使诸多牵魂绕梦的情绪趋于式微。戴望舒式的雨巷惆怅,今日已难觅踪迹。欲望逻辑之下,瘾头横行之处,无聊与焦虑的生发率高,覆盖面大。古人的无聊是件稀罕事。对此可作专题研究。

无聊之能量聚集的另一个结果是:持续掠夺大地,将自然视为"存货"。

若干个体情绪的体量缩小,能量减弱,乃是人类遭遇了现代文明所付出的沉重代价之一。即如爱情,也不那么激动人心了。想当年,单是这个词的吐出口,已令年轻或不年轻的男女怦然心跳。爱上了一个人,会激动若干年,恨不得进入爱侣的体细胞。夫妻、情侣相互的命运关切,由此生焉。

现在我们回头看看纳兰性德的生活,主要看他的爱情,顺带说点友情。历代文人中他是异数,好像专为爱情而活。

纳兰《侧帽词》,有一首《赠梁汾》,写给汉人词客顾贞观的,其中两句:"身世悠悠何足问,冷笑置之而已。寻思起、从头翻悔。"写于二十二岁。豪门公子,对自己的身世冷笑置之,从头翻悔,这意味着什么? 对豪门的不屑。不屑从何而来? 从汉语艺术的强大吸引力而来。容若自幼爱在家里的大书房待着,坐在墙角的地板上也能看半天。天光烛光照着红红的、被汉字点燃的小脸庞。

大起来,他一味去结交汉人文士,往往一见如故。

清初,拒绝做汉奸的一流文人大都狂放。顾炎武、陈子龙、张溥、金圣叹等人壮怀激烈。李渔高才,拒绝仕途。蒲松龄也对清朝统治者充满了厌恶,《聊斋志异》表达很充分。钱谦益阮大铖则是相反的、附逆迅速的典型。

这一层不宜模糊。犹如岳飞,永远是我们敬仰的民族英雄。

纳兰性德这么说:"德也狂生耳,偶然间、缁尘京国,乌衣门第。"金陵乌衣巷,东晋的王导谢安曾居,乃是高官大族的千年符号。

汉文化的杰出人物皆视门第为无物。老子庄子孟子开了头,后继者绵绵不绝:陶潜李白杜甫苏轼黄庭坚李清照曹雪芹……英国的哲学家罗素写过《闲散颂》,大意说文化价值多为富裕的有闲阶层所创造,这与中国的情形相去甚远。中国的情形如孟子所言:"无恒产而有恒心者,唯士为能。"古代富豪之家,鲜有精神价值的贡献。笔者品读历代四十个大文人,发现这一点。

王羲之是金陵乌衣巷长大的贵族艺术家,但其生存之激烈,遭遇之沉痛,不是常人所能承受的。

纳兰容若是豪门的精神叛逆者,但止于厌倦,他不想回首。并无贾宝玉式的决裂与深广批判。"寻思起、从头翻悔",这话耐人寻味。视顾贞观为平生知己,一吐积郁,从头翻悔乌衣门第。侧帽男人顾贞观看来是不阿权贵,清狂惹得纳兰狂。

《词苑谈丛》:"都下竞相传写,于是教坊歌曲无不知有《侧帽词》者。"流传的一大原因,当是相门公子的反判精神。

无锡人顾贞观是条汉子,他敢为遭诬陷下狱的吴兆骞两肋插刀……

侧帽始于南北朝的美男子独孤信,偶然歪戴帽,别呈风度,一城后生效仿。

据说纳兰十岁填词。那么他的识字读书,从几岁就开始了。对这个生下来就落入富贵窝的小孩来说,雕梁画栋并不呈现世俗的价值,方块字构筑的宫殿才是他所迷恋的。汉字闪闪发光。汉语文化的典籍浩如烟海。他后来参与编印1800卷的《通志堂经解》,可见学识渊博。

纳兰看不见富贵,儒家经典也不重视这个。孔子讲,富贵如浮云。孟子说得更多,把义置于利之上。诗词艺术从《诗经》起就直指性情。

纳兰性德读了大量的书,读透了两个字:情,义。

汉语艺术的好东西,是能够留住纯真的。历代文豪都是正人君子,书法大家倒有例外,像蔡京、赵佶、董其昌,俱是坏人写好字。王国维说纳兰容若"未染汉人习气",是指纳兰拥有游牧民族的那份单纯。而单纯本身,具有多方指向,预设了不同的、甚至相反的可能性。

大书房也是纳兰的避难所,避开内心巨大的惶惑:关于父亲的贪婪、母亲的凶残。挖掉美丽女孩眼珠子那种事,肯定包不住。深宅大院那么多人,往来亲朋每日不绝,纳兰又高度敏感。善良的心,最易敏感的就是凶残。明珠连年贪污治河救民的银子,更是大规模的凶残。当然,贪官回家,会及时端出另一张脸。

纳兰的善良转忧郁,忧郁转孤独。青灯黄卷美少年……

家中有些事,意念也碰它不得,更别说开口问。潜意识胀得太满,肉身承受艰难。

纯真的目光投向纯真的面容,女性之美款款而来。北宋宰相晏殊的儿子晏几道,对青春女性抱着宗教般的信仰,到七十岁,"面有孺子之色";一辈子坐拥书城,搬家就是搬书,老婆屡屡侧目。

纳兰词《减字木兰花》:"相逢不语,一朵芙蓉著秋雨。小晕红潮,斜溜鬟心只凤翘。待得低语,直为凝情恐人见。欲诉幽怀,转过回阑叩玉钗。"

表达青涩之恋:最是那一低头的温柔,像一朵水莲花不胜凉风的娇羞……纳兰府中的女孩子偷偷赶来约会,又红着脸儿不说话。李煜描写女英的秘密情奔:"花明月暗飞轻雾,今朝好向郎边去。刬袜步香阶,手提金缕鞋……"开启了这类撩人的情景。

少年幽会少女,欲诉又止的情状委实可爱。纨绔子弟油腔滑调,本无青涩可言。近年有个电影《山楂树之恋》,试图表现上世纪七十年代的纯真爱情,却让男主角初见女一号就喋喋不休,表情奇怪地丰富。导演一味"抓当下",抓票房,抓眼球,哪有能力回首当年?

纳兰敏感花园中的回阑,后来说:"回阑一寸相思地。"

初恋的对象可能是个侍女,且是离容若比较远、不常见面的侍女。彼此在某些场合眉目传情,灵犀一点通。凝情,幽怀,表明双方暗暗的爱慕有些日子了。见面语塞,遑论动作。爱意满盈之时,动作倒显得多余。此间显现的,便是所谓情绪的丰富性。情绪自足,不劳手忙脚乱。这也是人类求偶的专利。彼此倾心,情细胞晶莹剔透,照亮恋人的所到之处。

不难想象,转过回阑的女孩一路"情小跑",玉钗在手捏出了汗,轻叩声彻夜回响。

一说纳兰的初恋对象是他表妹,但词中的情态不像。

初恋铭心而无结局。豪门大族,公子与侍女发生故事,老套而又新鲜。可怜的侍女或被驱逐,或受惩罚。想想挖人眼珠子的明珠老婆。

纳兰公子吟诗诵词,"泪眼问花花不语,乱红飞过秋千去。"

曲子词在各种文学样式中是最能惹发情绪的,纳兰栖身于词语,躲进内心。青涩之恋,涩滞唇齿间。抬眼就看见那侍女的动人面容俏丽身影。"情到深处情转薄",乃是情绪消耗自身的显现。深情的能量自持是个屡攻不克的难题,任何情绪,都会从它自身脱落,不可能成为情之铀矿。在这个意义上说,深情往前一步,便趋于薄情。民间有句老话:"亡人越望越远",堪称悼亡情绪的经典阐释。一切情绪都有它的时间形态。海德格尔强调,生存阐释植根于日常生活。海氏对人类情绪的基础性研究举世公认(参见《存在与时间》)。

纳兰刻一闲章"自伤情多",换言之,这位深陷汉语、漠视门第的公子,生情便是深情,掉进去总受伤。情绪的生成模式,连同它的倾向性,一般说来起于童年,且有先天的因素。纳兰容若的"存在的疾病",当先于他的身体疾病。他哀叹自己:"别有根芽,不是人间富贵花。"

生存展不开,情感一再回流,好在泪腺正常。纳兰词泪多,但没有给人留下软弱的印象,他倒是比较坚硬。

坚硬者情更多,或可称固情,无心转移他的注意力,卸掉深情之重。曹雪芹发明了一个词:情情。

方块字是纳兰容若的情力生长片剂,又是他的爱之疼痛的缓释胶囊。他的笔下,罕见游牧生活的想象画面,或可表明,他对父辈津津乐道的生活记忆置若罔闻。汉文化的强大引力,黑洞般吞噬了他那从祖辈传下来的集体潜意识。他多年练骑射,箭术了得,一度自告奋勇想去打仗,却没有沿着这条线去追忆草场牛羊、腰弓奔突。草原游牧民族留在他的血液中的单纯质朴,孩子气,倒是契合了汉语诗人们的显著特征。"谁似东坡老?白首忘机。"陶潜与九江乡下的素心人打成一片,"乐与数晨夕。"王维虔诚礼佛,"阶前虎心善。"陆游八十多岁,犹痛思沦陷的北方,怀念香消玉殒六十年的唐琬。岳飞含恨书写"还我河山"……王国维讲纳兰未染汉人习气,只说对了一半。

　　清朝的汉人,扭曲变形知多少?清初的强行剃头蓄辫子,对汉人的侮辱恫吓已甚:"留头不留发,留发不留头。"

　　《红楼梦》中人物,仍是汉人的衣饰发型、生活方式,曹公深意在焉。

　　纳兰容若释放生命能量的两个渠道,一是恋爱,二是交友。两种东西又汇入词语的表达。

　　他有两首《艳歌》,不知道写给谁的,其一云:"红烛迎人翠袖垂,相逢长在二更时。情深不向横呈尽,见面销魂去后思。"齐梁宫体艳诗,影响李贺、李商隐不小,而纳兰读二李甚多。"花容自献,玉体横呈。"横呈之后情未尽,销魂女郎去已远,公子的思绪依然饱满。有些男人欲比情大,容若相反。

　　第二首:"洛神风格丽娟肌,不见卢郎年少时。无限深情为郎尽,一身才易数篇诗。"洛神指曹植描绘的仙女,卢郎指汉代的卢充,卢充的艳遇令人羡慕。

　　两首短诗都提到男女深情。看来发生在婚前,否则,何必老是二更天才相逢,销魂后翠袖女郎离开。

　　纳兰试图证明:情爱不是和欲望共进退。

　　元好问发问:"问世间情为何物?直教人以身相许。"问之所问,带出了生存的向度,而生存的向度决定意识的向度。"带出"本身已经是一种答案。男女代代追问,心灵饱受浸润。终极追问,通常没有答案。

法国画家高更苦苦追问:我们是谁？我们从哪里来？我们到哪里去？

泛欲的年代,心之不灵成常态。

容若这类人"自伤情多",而另一类人自伤欲多。情多也伤人。"天若有情天亦老",李贺的句子说到了极致。

应该说,这里的所谓情多,来自比情爱更高的层面:对女性的命运关照。缺了命运关照,多情不可逆转地指向滥情。

纳兰容若骑射、读书,日复一日。"闭门扫轨,萧然若寒素。"相府中高官名流如云,他不感兴趣。"拥书数千卷,弹琴咏诗,自娱悦而已。"父亲忙于官场拼搏,回家的时候少。一个人面对几千卷书,仰望那一座座汉文化的高峰,"仰之弥高。"宝藏原来是越挖越多。单纯的进入避免了泥古,性情引领学问,一似晏几道"玩思百家"。板凳一坐十年冷,而血液的热度不减反增。

苏轼名言:"动出于精,静守于神。动静即精神。"

纳兰性德在马背上运思,在书斋里神游,动静混成一体,悟性由此生焉。下笔直指性情,端赖直觉性的瞬间把握。他的少年时期活动范围小,如果一味坐书斋,冬郎变冬烘也未可知。另外他抚琴长吟,偷偷恋爱,强化了身心的敏感。

总之,纳兰容若十七八岁,伏下了爱的愉悦与疼痛的不同寻常的潜能。

他是国子监的学生,十八岁考上了举人,几年后入仕也顺利,但是看不出他为此兴奋。结识徐乾学、朱彝尊、严绳孙等儒者文人,则是他生活中的大事,秋水轩唱和、渌水亭雅集,忙得颠颠的,十分快活。渌水亭在纳兰府中,水上风景自是一流。文人墨客穿梭,美酒佳肴伺候。汉文化的艺术沙龙,以王羲之为首的山阴(绍兴)兰亭盛会,以苏东坡为首的汴京西园雅集,具有划时代的符号意义。纳兰干这事特别起劲,一心要追慕古之大贤。可惜干不长,断断续续的。汉族文人多受打压。名满天下的朱彝尊落拓江湖,徐乾学犯了科场案……

身居豪门,心系江湖,然而江湖太遥远,自由逍遥只是梦想。生存还是展不开,潜能依然封闭。

《浣溪沙》:"残雪凝辉冷画屏,落梅横笛已三更。更无人处月胧明。我是人间惆怅客,知君何事泪纵横。断肠声里忆平生。"

豪门公子,却在断肠声里忆平生。这一句可对应"身世悠悠何足问,冷笑置之而已。"从中透出的豪门消息,与荣华富贵毫不相干。诗人栖身于自己的内心纵深,活向汉语经典。他希望拥有某种崭新的生活方式,切断某些童年记忆。希望闪闪烁烁,有时清晰,有时模糊。

锦衣玉食,落落寡欢。惆怅不是杜撰,不是"为赋新词强说愁。"纳兰性德的固执可见一斑。固执也属常态,平日里他意识不到。

纳兰容若很少去招惹那些芳姿各异的女孩儿。富贵他看不见,美色是看得见的。多情男人,美色向他涌逼。唐诗宋词千般描绘。孔子说:"诗三百,一言以蔽之,思无邪。"曲子词在五代称艳科,北宋士大夫词拓宽了境界,写男女,含蓄典雅。美感横呈而不是玉体横呈,情绪饱满而不是欲望嚣张。纳兰但凡纵身,一定落入情窟。八旗子弟那么多,谁像他这样呢?历代王公贵族、高官巨贾的后代,纵欲死得年轻的,乃是天文数字。宋神宗十几个儿子,少年玩女色玩死了七八个,而孔子早有告诫:"少年,戒之在色。"

纳兰深情,于是不滥情。这里边是否有某种规律性的东西?苏东坡不与美好之物过度纠缠,盖因他操心广,生命喷射点多。纳兰为何不滥情?十八九岁血气充沛,念头一岔就奔邪路去了。幽会侍女初尝大餐,侍女不见了,他为何不复如法炮制?

汉语艺术层层包裹他,另外,童年的某些体验催生了忧郁。

惆怅客与攧花客,一般说来不两立。

情爱躯悬置,潜能蓄势待发,这时候爱情跟着婚姻来临,卢氏嫁入纳兰府。父母包办的婚姻通常有个磨合期,几个月下来,纳兰、卢氏渐渐情投意合。甜蜜的小日子在蜜月之后,卿卿我我,耳鬓厮磨。纳兰对卢氏并非一见钟情,而大家闺秀卢氏接受他也有个心理过程。知识女性尤如此,卢氏读书不少。所谓灵犀一点通,是指心灵的通道幽曲而微妙,异于竹筒子式的直白。灵犀变成竹筒,婚姻趋于无味。试想竹筒的两端,夫妻吹气玩玩可也。

纳兰忙公事,回家又编订《通志堂经解》,写《渌水亭杂识》(书中不乏诗歌艺术的洞见),忙碌之余有爱情,这状态多好。情侣一天到晚盯着对方爱,那爱意不能持久。李清照与赵明诚在山东青州有过十年好时光,赵是金石学家,古物字画收藏极丰,李清照帮他整理,寻文物走乡串户。登泰山绝顶得了古碑拓,双双狂喜。爱着且有事干,爱巢不单调。赌书泼茶成经典故事:拿图书的某页某句较量记忆力,胜者大笑而起,茶泼了一地。易安居士喜滋滋叹曰:"老是乡可也!"那十年,她几乎不填词。幸福的女人静悄悄。

夏季某一天,大雨忽倾盆,卢氏慌忙拿雨伞护住几朵娇嫩的花,不顾她自己淋成了落汤鸡。这事传为趣谈。

纳兰归家晚时,她就在灯下趴着,做梦也在等他,娇媚之状可掬。

她努力看书抚琴,要做丈夫的知音。不弃女红千针万缕。逛花园,荡秋千,诵新诗。怀孕有喜了,纳兰每日喂她羹汤,陪她漫步夕阳……

可是她难产死去了。结婚只三年,一千天。纤纤玉手拽不住,慢慢滑向了阴间。时为五月,艳阳高照却不啻天昏地暗:纳兰直欲随卢氏而去。

深爱者阴阳永隔,这是人类永恒的绝望。

卢氏停棺于寺庙,纳兰常去陪她。归来空堂,扬花似雪。词语的功能缓缓启动,方块字呈现为爱之疼痛的缓释胶囊。词语缓冲痛苦。当初李煜失娥皇,投井未遂,形销骨立,眼睛也直了,隔数月才提笔写诗悼亡。

纳兰词《画堂春》:一生一代一双人,争教两处销魂。相思相望不相亲,天为谁春。 浆向兰桥易乞,药成碧海难奔。若容相访饮牛津,相对忘贫。

词中三个典故,讲的都是神仙爱侣。纳兰用典多而不滞,是因为情力贯穿了故事。他自幼浸淫无边的典故,填词随手拈来,皆能生动。"一生一代一双人"原是骆宾王的句子,纳兰取为己用,转成新鲜。"争教两处销魂",令人联想苏轼的悼亡经典:"十年生死两茫茫。"

"天为谁春",说尽情郎断肠事。

中南大学的杨雨教授讲纳兰容若,颇具韵致。

纳兰词《浣溪沙》:谁念西风独自凉,萧萧黄叶闭疏窗。沉思往事细思量。 被酒莫惊春睡重,赌书消得泼茶香。当时只道是寻常。

失去的时光重现,倍感眼前西风凉。凭吊者在窗外,窗内自动闪出昔日的生活点滴:醉酒春睡重,赌书泼茶香。卢氏孩子般地俏动娇笑,憨憨护花,还跟他户内户外玩捉迷藏……当时越寻常,如今越不寻常。疼痛。无助。词语的精当表达释放一些能量。一日想她百十回,闪过那些看上去很难被消解的场景。但事实上,情绪的时间性未能中断,回首一次,回首之物能量稍减。怕的是不堪回首,不敢回想,词语的缓释功能派不上用场。

纳兰容若的深情是朝着死亡的,类似市井的绝望喊叫:我不想活了!

如果亡人望不远,那么活下来的未亡人就可能出大问题。

纳兰的生存原本展开艰难,诸多世俗价值他视为无物。专为情生,却被情伤。最在乎的东西最能伤人。

亡人越望越远……远去的速度因人而异。词语让失去的时光重现,又消耗那重现的一切,显现为词语的双重功能。换言之,词语在拉近的同时又在推远。不特诗也,日常语言也如是。

《存在与时间》的生存阐释是细到毫厘的。"世界乃是因缘联络之整体。"弄清因缘联络,却是困难重重。法国现象学大师梅洛·庞蒂,曾因"一个杯子就能搞出一套完整的哲学"而激动得脸发白,手发抖。

此系题外话,顺带一说。

且看纳兰如何伤心。

《临江仙》:"点滴芭蕉心欲碎,声声催忆当初。欲眠还展旧时书。鸳鸯小字,犹记手生疏……"

鸳鸯小字是卢氏的遗墨,字如其人,一笔一画如情态。

《蝶恋花》:"辛苦最怜天上月,一昔如环,昔昔都成珏。若似月轮终皎洁,不辞冰雪为卿热……"

意境化用"人有悲欢离合,月有阴晴圆缺,此事古难全。"

没办法,绝望的人只能面对绝望,无助者到头来仍归于无助。苏东坡的生存波澜壮阔,几千年来罕有其匹,所以他能荡开去,于永恒的无助之深渊中升起永恒的祝福:"但愿人长久,千里共婵娟。"

纳兰容若续娶官氏,闷闷不乐。昔日弥漫了今天,"曾经"向未来蜂拥。另有一妾颜氏,已为他生一子,他还是不乐。这就是曾经沧海难为水、除却巫山不是云了。

三年卢氏,百年牵魂。

又是一个深度生存之典范,古往今来的好作家莫不如此。

眼下纳兰词广泛流行于中学生,真好。纯真不多的年代,当慢慢补上纯真,修复尚可眺望的生活的完整性,或曰生活之意蕴层。

《木兰花令》:"人生若只如初见,何事西风悲画扇?等闲变却故人心,却道故人心易变。 骊山语罢清宵半,泪雨霖铃终不怨。何如薄幸锦衣郎,比翼连枝当日愿。"

词的副题:决绝。纳兰与谁绝交搞不清楚。初见指初次交往,却被广泛误读为男女永如初见之新鲜。这误读颇有趣。词中用唐玄宗杨贵妃的典故,令人容易相信写男女分手。

古今很多书,都是被误读。诚如萨特所言,写作是作家发出的召唤,怎么听则由读者来定。

王国维称,纳兰"以自然之眼观物,以自然之舌言情。"这话什么意思?何谓自然之眼?事物的本质性结构自动向诗人呈现么?回到事物本身是一件难之又难的事情,前提要让形形色色的意见、观念悬搁起来。存在即事物的在场状态,看见某物意味着忽略另外一些东西。

纳兰的眼睛看见什么?看见生存之向度带给他的一切。

二十多年栖身汉语,生活在别处,浸淫于无限的典故,身边的雕梁画栋倒像是虚置。"别有根芽,不是人间富贵花。"纳兰容若的意之所向很明确,不屑富贵花,专心培育词语之花。词语之花就是他终生追寻的情花,二花本一树。由此赢得孩子般的单纯,而这种单纯乃是杰出的汉语诗人之常态。屈原若是不单纯,哪会去投汨罗江?即如杏坛讲学、周游列国的孔夫子,也有几分孩子气的。

栖身理想,人会单纯。

利益纠缠的功利年代,人与社会,人与自然,人与人,人与自身,"四重分裂"导致了诸多个体的一团乱麻,催生了一堆疑难杂症。古典诗词不失为解毒剂。

纳兰性德作为皇帝的一等侍卫,三品武官,经历了一些事,而情感世界未动分毫。可见他的情根扎得多么深。颜、官二氏替代不了卢氏。传宗接代的责任抹不去对爱的自由追求。

纳兰一根筋,一根筋才有好作品,盯着某些情绪不放。《拟古》诗有云:"予生未三十,忧愁居其半。心事如落花,春风已吹散。"展不开的生存收缩为忧愁之屋。纳兰长居"忧愁屋",眼观鼻,鼻观心。春风秋雨惹愁绪。

他跟随乾隆北出山海关,下笔见空灵。《长相思》:山一程,水一程。身向榆关那畔行,夜深千帐灯。 山一更,雪一更。聒碎乡心梦不成,故园无此声。

另如《菩萨蛮》中的佳句:"塞马一声嘶,残星拂大旗。"

可惜这类诗词不多。胸中万卷书,脚下并无万里路。沿着这条路,文化先贤们标示了生存的审美境域。毕竟晋唐宋气象,后人再难企及。鲁迅说:"一切好诗,在唐已经写完。"

两宋三百年,好词也几乎写完,豪放、婉约、雄奇、旷达、清丽……群峰耸峙。明清词人很难摆脱"影响的焦虑",纳兰词多用典,多化用前人的句子,可见前人的影响无处不在。他自言,对五代的《花间词》有偏爱。

"日日花前常病酒,不辞镜里朱颜瘦。"

纳兰动一回情,人就瘦一圈。情爱的模式规定了身体。

好朋友顾贞观为他牵线搭桥,使他与江南才女沈宛走到一起。双双坠入情网,从江南爱到北京。这一年纳兰容若三十岁,《饮水词》流布市井,曹雪芹的祖父曹寅称赞:"家家传唱饮水词,纳兰心事几曾知。"纳兰心事,萦绕爱情。他与漂亮而多才的沈宛热恋:"但有玉人常照眼,向名花、美酒拼沉醉。"可是按清祖训,满汉不能通婚。满尊汉卑,挑战汉人的自尊心,打压汉人的精气神。沈宛又是才高貌美性烈,做小妾她不甘,半年后走人,回到了江南。纳兰容若从炎夏一下子落入了严冬。分手词《采桑子》:而今才道当时错,心绪凄迷。红泪偷垂,满眼春风百事非。 情知此后来无计,强说欢期。一别如斯,梨花落尽月又西。

纳兰公子生情,总是一往情深。

当初陆游于绍兴沈园别唐琬,写下著名的《钗头凤》。"东风恶,欢情薄。一怀愁绪,几年离索,错、错、错!"唐琬和曰:"怕人询问,泪眼妆欢。难、难、难!"

纳兰容若的情爱与表达,隔数百年追和了陆放翁。

暮春告别沈宛,仲夏撒手人寰。

头一天纳兰尚与朋友们饮酒,忽然就病倒了,七天不出汗。乾隆派来的御医束手无策。情之滔滔大回流,堵塞了全身所有的毛细血管。这种病,应该叫做"情病",归属于所谓"存在的疾病"。

纳兰性德亡于1685年5月30日,这一天是卢氏的忌日。

郑板桥
（清代 1693—1765）

为了揣摩空谷幽兰，郑板桥屡往山里跑，泥行雨宿全不在乎。悬崖上发现了一株珍贵的九子兰，他吊着草绳子荡过去，嗅玩多时不忍拔。终于拔出九子兰荡回来，草绳子断为两截……板桥先生画竹，身与竹化。"咬定青山不放松……任尔东西南北风。"扬州八怪，数他的名气最大，行为怪，举止狂。郑板桥怍权贵的幽默故事广传于江南，庶民百姓喜欢。书画家卖字画标明润格，是他起的头，有功于中国三百年来的书画市场。

郑板桥

"鸡声茅店月,人迹板桥霜。"

这是晚唐诗人温庭筠的名句,十个字,一字一物,说尽旅人惆怅。古典诗歌的浓缩,含蓄,意在言外,境由心生,此二句堪称典型。鸡声绕茅店,月照小村庄,人迹沿着板桥延伸到很远很远,俨然人生之旅程。霜痕处处冷思绪。一大早,旅途中人踏着残月光与地上霜,独自上路……

晋唐宋诗词,类似的羁旅情状太多。盛唐杜甫:"皇帝二载秋,闰八月初吉,杜子将北征,苍茫问家室。"北宋柳永:"今宵酒醒何处,杨柳岸晓风残月。"南宋姜夔:"淮南皓月冷千山,冥冥归去无人管。"元代马致远:"枯藤老树昏鸦,小桥流水人家,古道西风瘦马。"真叫人玩味不够,从少年玩赏到白发萧然。这是汉语的特色,密度大,意蕴足,富于审美观照。

汉语千锤百炼的艺术表现力,英语是不好比的,遑论囿于实用主义的、听上去有些油腔滑调的美式英语。

古典诗词大规模流布于当下,表明古人的审美切入了今天,直指明天。我们的思绪能够抵达孔子删定的《诗经》,进入屈原、司马迁等一大批文学大师的内心世界与精神向度,全球有哪个文明古国能如此?老子孔子庄子孟子,思想的高峰矗立两千五百年,辉映古印度的释迦牟尼,古希腊的苏格拉底、亚里士多德。

活向汉语经典,生存趋于饱满。

古代的文人几乎都要奔仕途,考中进士做官,通常两三年换个地方,全国各地流动。"宦游"一词,使用的频率高。北人多骑马,南人爱坐船。行进的慢速度有利于贴近山水肌肤,细腻感受天地万物。陆游到成都做官,曾感慨:"一官万里。"放翁骑驴仗剑几个月走下来,海量的感受收入了锦囊诗篇。苏轼出川,陆路走开封,沿途阅县三十六;又两次往返走水路,将三峡、夔门的雄奇险峻体验了一个饱。

速度之慢与体验成正比。中国杰出的文人有内心之纵深,有骨头的硬度、血液的热度、理想的高度、性情的纯度、意志的强度,他们跃入生存的万顷波涛,踏浪弄潮,亦呛水悲号。一切心声都是诗。内心的纵深契合了山高水长,催生了方块字的奇妙组合,几千年飞珠溅玉。

另外,古人活得认真,事事投入,情绪能持久。情绪持久非常重要,爱恨情愁喜怒哀乐,感染百代者,端赖这个持久。艺术家是什么人?就是较真的人。艺术家提纯了普通人的生存体验,强化了生命冲动。如果情绪不能持久,朝三暮四,一阵风就吹没影了,那么,情绪的能量生成将大打折扣,感染力更无从谈起。与之相应的是那些"艺术"速成品,靠媒体煽情起哄,拿声光电糊弄人。

清代的郑燮是个很有意思的人,诗书画三绝,幽默好玩,好酒、好色、好远游。"扬州"八怪,数他的名气最大,行为怪举止狂,轶闻趣事广传江南,庶民百姓喜欢。书画家卖字画,标明润格,是他起的头,有功于中国三百年来的书画市场。明代画家也卖画,如唐寅"闲来写幅青山卖",却不具普遍性,未能形成市场接受的润格。

郑燮字克柔,号板桥。康熙三十二年(1693)生于扬州兴化县,其时兴化有"三郑":糖郑,铁郑,板桥郑。郑燮取板桥为号,一因地名,二因温庭筠的名句。温一生多情,长得比较奇怪,也与郑板桥相似。

郑板桥的童年生活有一些记载,除了他自述,民间又口口相传,文士加以辑录和润色。板桥三岁丧母,对母爱的渴望未曾间断,转移到乳母费氏的身上。费氏照顾他无微不至,抱他,背他,哄他入睡,牵他上街买烧饼,她自己饥饿从不吭声。三年后,由于郑家日益窘迫,养不起乳母了,费氏只得离开。临走的那一天,这位勤劳善良的妇女把郑家收拾得干干净净,柴草堆了一屋,水缸也挑满了。板桥玩够了跑回家,发现乳母已去,顿时放声大哭。又过三年,郑板桥九岁了,费氏忽然回到郑家,并且一待三十余年。她那慈眉善目的形象,忍饥买饼的动作,带给郑板桥无穷无尽的温暖。板桥的继母郝氏,也对他疼爱有加。

历代杰出文人的成长,大都沐浴了母爱的光辉。这对培养正气、继而养成浩然之气显然大有裨益。文豪做官仁慈,几乎没有例外。文气通正气,歪风邪气写不出传世文章。

郑板桥读书用功,后来自言:"藏书何止三万卷",这个数字是很惊人的。家中尚有乳母,则表明郑家不是太穷。三代读书人,板桥的父亲郑之本考上了秀才,但也止步于秀才。于是格外看重儿子的学业,让儿子去真州(今属江苏仪征)的毛家桥读了几年书。

板桥小时候对异性颇敏感,民间称早熟。青梅竹马的女孩,表妹,连同墙那边的俏邻女,他一辈子忘不掉。心中丽影多。俏邻女的脂粉香随风飘来,瘦瘦的郑板桥身子一颤……诗词小说戏剧,不乏撩拨性情的东西。男孩子目注纸上,情思开始荡漾,三尺宽的板板床充满了早熟儿童的美妙遐想。

《贺新郎》:"竹马相过日,还记汝、云发覆头,胭脂点额……小则小,寸心怜惜。放学归来犹未晚,向红楼、存问春消息,问我索,胭脂笔。"

女孩叫王一姐,喜弄点额妆。板桥放学后,一溜烟去了她的小红楼。大人们也不留意,岂知男孩女孩已是情窦初开,板桥的书包里藏着胭脂笔。"坏小子"卖关子,女孩儿伸手要。后来板桥作词:"廿年湖海长为客……今日重逢深院里,一种温存如昔。"王一姐应该算郑板桥的初恋对象。板桥放学奔红楼,书包暗藏胭脂笔。二十年后犹记情奔:一双小脚板翻得飞快。

《浣溪沙》又云:"砚上花枝折得香,枕边蝴蝶引来狂。红豆打人好收藏。"谁拿相思红豆打郑板桥呢?"隔墙听唤小珠娘。"二人正嬉戏,打情逗乐,墙那边却在呼唤小珠娘。

王一姐,小珠娘,两个美丽的表妹……郑板桥的小时候被她们围绕,或者说,是板桥变着法子去接近她们。板桥不英俊,却长得有特点,敢于跟铁匠的粗壮儿子打架,将"糖郑"小子哄得猛翻单眼皮,不断献上家里的糖人儿,他随手转赠王一姐或小珠娘。男孩子名堂多吸引小姑娘,概率远超小帅哥。郑板桥后来说自己丑,其实已换了成人的眼光。

有一天,邻近铁匠铺的学堂前围了一群人,教书的郝先生笑指铁匠铺写了对子,上联"两间东倒西歪屋",征求下联,对仗工稳有赏。学子、秀才纷纷挠头,爹娘、媳妇个个叹息,这时有人叫道:郑克柔来啦!另有后生附和:哦,是板桥郑的麻丫头(郑燮乳名)。

小板桥隔老远瞟那对子一眼,却不作声。"铁郑"嘲笑说:常言道以柔克刚,你郑燮偏偏叫克柔,是何道理?"糖郑"顿足曰:原来你小子牛皮吹上天啊,还我糖葫芦、糖关公、糖悟空!人群中的王一姐小珠娘看急了眼,俊俏脸蛋相映红。教书的郝先生在观察,他也没有把握。

郑板桥却是稳得"老",意在赚人气,赢喝彩,兼拿奖品。而王一姐和小珠娘均在场,他更要玩玩"酷"。只见他走到写对子的方桌前,握了鼠须笔,饱蘸浓墨,东歪歪西扭扭,写下一行怪字,然后将毛笔一扔,扬长而去。身后果然暴发了雷鸣般的喝彩声,在小姑娘的眼中,麻丫头真是帅呆了。

郑板桥对的下联是:"一个千锤百炼人。"

他真把自己给说着了,其后数十年,风雨颠簸,仕途坎坷。

郑板桥二十二岁娶妻徐氏,次年考中秀才。他迷上了绘画,揣摩八大山人、石涛的画风。八大山人本名朱耷,明朝宗室,诗书世家,南昌人,生于明朝末年(1626)。甲申(1644)明亡,朱耷拒绝剃头改服蓄辫子,毅然削发为僧,辗转寺庙,踏遍青山,一生孤苦。这是一位内心强大的艺术家,胸中块垒多,下笔却简洁,拓宽了由苏轼开创的文人写意画的路子,花鸟石竹趋于变形。变形源于他的精神力,而不是单纯的技法追求。此一层乃是关键。换言之,首先是生命冲动,其次才是艺术冲动,当然,后者也会强化前者。简单说来,个体生命的张力决定一切。八大山人影响画坛甚巨,后世的绘画巨匠们多受其惠,齐白石尤其敬仰。2010年,他的代表作《竹石鸳鸯》,于西泠印社拍出了一亿多元。

郑板桥不拘流俗的野性子,正与八大山人合拍。后辈仰望先贤,主要是追寻精神轨迹、生存向度、价值观。韩愈追慕李白杜甫,苏东坡"发现"了陶渊明,蒲松龄曹雪芹又追慕苏东坡……沿此思路,足以写论文。不过,顺便说几句,眼下古典文化的论文真是乏善可陈,工具理性甚嚣尘上,思之洞见不多见了,所谓的学术大摆其谱,温吞水文章泛滥于学刊。早在若干年前,李泽厚先生就喟叹思想在学术界的淡出。北京大学的钱理群教授,近年来更是忧心忡忡……

文脉,归根到底是血脉。如果文化不能进入滚烫的血液,那么,它就容易成为招摇于市的"口红"。何谓滚烫血液?对世界的深度关切,对生存的广阔操心。

唯有"血性的回行之思",方能摄取古代人物的生命精华。

苏东坡为官四十年,屡犯世患,他是在自己的生存结构中发现陶渊明的。陶渊明走向仕途又背向官场,背向的一刹那他"看见"了丘山。山水诗,田园诗,乃是官场人事扭曲之倒影。没有人事扭曲,就没有丘山自然。这也是中国文化独有的审美符号,其他国家也有,未能成为一千多年之大观。山水田园符号巨大的能量释放,晋唐宋消耗殆尽,元明清余波而已。

数千年来的文化恒星演变成精神黑洞,引力永存。

中国传统文化所承载的普世价值,今人当细思焉。敬畏自然,呵护大地,抑制贪婪,这种东方式的智慧与西方式的掠夺扩张形成对照。自私贪婪若是膨胀开来,加速消耗大地,哪里还有未来可言?现代西方人文大师倒是纷纷质疑资本、技术。

物欲不断被设计,被推高,精神的价值势必下坠。下坠若成常态,下坠本身也会消失,造成精神价值的普遍遗忘。有些语境中,"精神"这个词已趋于贬义,言者自嘲,听者不屑。

中国的文化先贤对自然取审美姿态,对生活取质朴态度,此二者在今天看来,价值不可估量。

十八世纪初的郑板桥,身处诗意的历史惯性之中,考中秀才却迷上了绘画,并不急于考举人和进士。父亲健在,家道尚可。他也不种田,更不会去打铁熬糖。每日临池,不是写就是画,嘬着村酿,逗逗娇妻。转悠兴化县,过板桥上石桥,细看飞鸟水牛竹子石头,用指头和树枝画个不停,喃喃自语:文同这般下笔,朱耷那般起意,石涛和尚"搜尽奇峰打草稿",妙啊!石涛活了九十多岁,几与古木同寿……

郑板桥自言自语,自比自划,看上去蛮古怪。村里的小孩儿总爱跟着他。认识他的后生,笑呼他麻丫头秀才。

做了父亲以后,郑板桥去真州的江村教私塾养家。一去五年。挣钱不多,郁闷不少。东家的脸色阴晴不定。板桥的性格又不拘小节,要喝酒要唱歌,要骑着驴子游荡村落。教小孩儿识字,念《千字文》、《三字经》,讲《二十四孝图》,接下来教八股文。郑板桥半夜画画,废纸废烛。东家的老婆说话也难听了,他收拾衣衫走人。

　　古代读书人在仕途之外另有两个谋生的途径,一是做幕宾,二是教书。

　　板桥回家后日子拮据,徐氏生了二女一男,用度紧张。他照样写字画画,却能敏感儿女们哭饥号寒,于是决定去二百里外的扬州城卖画。兴化人大感不解:卖字画能养家?没听说过呀。铁郑打铁,糖郑浇糖人儿,传了多少代了,板桥郑竟然异想天开弄起卖画的勾当,这事不靠谱,方圆百里谁干过?置疑的声音此起彼伏,横竖进不了郑板桥的耳朵。糖郑小子曾经吃过郑板桥的亏,一日爬墙笑曰:麻丫头,你那些破画值不了两块麻饼子,扬州城你卖球不成,你画饼充饥,饿得歪扭扭昏沉沉惨兮兮。

　　糖郑小子受郑板桥多年熏陶,能胡诌几句打油诗。

　　三十岁的郑板桥去了人生地不熟的扬州,租了间陋巷小屋,专去热闹的地段卖画。其时扬州的繁华不让杭州,运河日过千帆,盐商粮商云集。酒肆青楼,一掷千金的高官巨商大有人在,郑板桥的一幅精品兰花只能换来几个铜板。咬咬牙给出去,细瘦的手指头抖个不停。屈辱,辛酸。"朝叩富儿门,暮随肥马尘。残杯与冷炙,处处潜醉辛。"板桥拿杜甫安慰自己。连诗圣都那样,自己委屈一点算啥呢?几天不开张,开张只能买烧饼,烧酒烤鸡就不去想啦。家里等钱用,都快揭不开锅了,宝贝儿子饱一顿饿一顿……郑板桥写道:"日卖百钱,以代耕稼。实救困贫,托名风雅。"扬州那种销金城市,区区百钱能抵何用?

　　字画再好,不能温饱。

　　次年,郑板桥的宝贝儿子夭折了。

　　诗人唯有悲号,哭完了又上路,去扬州讨生活。没钱租房子就摆了地摊。当年杜甫困在京城长安,摆地摊卖过草药,吆喝杜仲天麻……七月烈日下,隆冬寒风中,三十多岁的郑板桥眼巴巴望着。多希望卖出去,同时小心翼翼保护着自尊心。树活皮人活脸,内心尊贵的士子,开口闭口说钱,那有多难堪? 然而说过了千百次依然尊贵,"贫贱不能易",这就难能可贵了。兰,竹,梅,俱是品行高洁之物,孔子说:兰有王者之香。而对竹子的经典描述是:"未曾出土先有节,纵是凌云仍虚心。"

北宋的文同画竹,"身与竹化"。郑板桥身与兰化,融入兰花的姿态和精神。为了揣摩空谷幽兰,他屡往山里跑,泥行雨宿全不在乎。悬崖上发现了一株珍贵的九子兰,他吊着草绳子荡过去,嗅玩多时不忍拔。终于拔出兰花荡回来,草绳子断为两截……后来作《深山兰竹图》,题诗云:"深山绝壁见幽兰,竹影萧萧几片寒。"

郑板桥一度"北漂"去了北京,寻找卖画的机会。受尽冷遇白眼,郁郁近半年。街头画家混迹于卖饼卖菜卖油的小贩,穿半旧的长衫,操兴化方言,乍看像个江湖骗子,再看又像叫化子。叩朱门遭驱赶,自己都觉得类似苍蝇老鼠。

北京的一百多天,每一天都叫做失败。扬州才是他的根据地,运气好的话,一日能卖几百钱。

于是南撤,古道西风瘦马。

扬州攒了一点钱,他远走江西登上了庐山。穷画家也要走天下! 古今画家的座右铭:外师造化,中得心源。这可不是说说而已。自然界千姿百态鬼斧鬼工,艺术家要领悟自然之妙,要懂得"植物的朦胧欣悦",必须走出去,贴近山水肌肤,叩访蓬勃野地。囊中羞涩不要紧,怕的是才思枯竭。唐朝的张旭写字,从屋檐水的走势中获得灵感。王羲之那个年代,官员的神态表情要"关乎山水",否则就被视为俗吏。郑板桥落魄扬州多年,北漂又失败,却不改初衷不易狂态,不向权贵低颜色,"少无适俗韵,性本爱丘山。"五百里庐山给了他莫大的慰藉,观瀑布,泡汤泉,汉阳峰绝顶上伸手,试摘满天的星辰;流连著名的虎溪、东林寺,高吟"横看成岭侧成峰";抄经买酒,题字充饥。竹林深处他半裸卧怪石,摆着二郎腿,轻摇大蒲扇,悠悠入梦,醉眼半睁时,忽觉竹光如泼,竹声如泻,不禁一声长啸跳将起来。

郑板桥《竹石》:咬定青山不放松,立根原在破石中。千磨万击还坚劲,任尔东西南北风。

"咬定"二字甚妙,令人联想郑板桥无坚不摧的牙齿。历代写竹石,此诗可推第一。

郑板桥客居扬州的日子不大去青楼,主要是因为拮据,他的家庭责任感强,按时寄钱回家。乳母费氏的仁慈形象入了骨髓,犹如苏轼永远铭记乳母任采莲。由此可见,童年"爱的教育"多么重要。正气垫了底,邪气不能侵。

"食禄千万种,不如饼在手。"郑板桥的一大心愿是乳母常有饼吃。心愿流向每一根毛细血管。

连年操劳的妻子徐氏患病走了,愁眉紧锁的郑板桥再添疼痛。

街头画家的生涯看来难以为继,郑板桥转向了八股文,得兴化县令的资助,赴南京贡院考举人,榜上有名。这一年板桥四十岁。好运来也。"漫卷诗书喜若狂",畅游夫子庙,胭脂井,莫愁湖,桃叶渡,长干里,秦淮河。手中有闲钱,画船载美酒,激情欣赏秦淮诸艳,大喊"风流何罪"……

胭脂井,桃叶渡,亦是风流符号。

有一天下午,郑板桥独自溜出了客栈,在贡院街东边的桃叶古渡徘徊,脑子里满是王献之幽会桃叶姑娘的场景:"但渡无所苦,我自迎接汝。"时在寒食,秦淮河边桃树满目梨花飞,板桥心中翻波涌浪。桃叶姑娘长啥样呢?民间的女孩子,又俏又泼辣,她敢于翻墙穿巷去幽会。乌衣巷的那些贵族少女恐怕没这个胆量。嫁给王羲之的郗子房艳冠金陵哪,据说她八十岁还美艳照人!献之热恋桃叶,郗子房暗中鼓励。书圣本人则佯装不知。书圣明白:情细胞的燃烧,对书法大有好处。

王献之的书法潇洒风流,名头之响亮直逼乃父,桃叶姑娘是有功的呀!郑板桥慨然写道:"究竟桃叶桃根,古今岂少、色艺称双绝?"

桃树浑身都是艳,包括地下的桃根。板桥单身两年多了,情火苗周身窜。好一座石头城,情色故事多。胭脂井讲述陈后主与一代佳人张丽华,"玉树后庭花,花开不复久。"更有大周后小周后,双艳紧紧围绕着才高古今的仁慈君王李煜,"佳人舞点金钗溜。"惜哉南唐,痛哉重光!"四十年来家国,三千里地山河……几曾识干戈!"文化终于敌不过刀枪,"一腔心事和泪说!"

发古之幽情,幽情中通常含着爱情。"遥想公瑾当年,小乔初嫁了,雄姿英发。"坡翁好像是说,小乔不嫁,周郎英姿不发。此间的黄州苏东坡,英姿发得厉害,盖因十九岁的王朝云玉润珠圆浓情如酒……

板桥走上了石桥,直盯着三月里流脂涨腻的秦淮河。色艺双绝今岂少?眼下的板桥才四十岁,诗书画三绝,仕途又在望了,有条件有能力,咬定佳丽不放松!

心中颜色多,下笔始斑斓。

盯秦淮河盯久了,眼珠子有点疼。唉,春光太明媚。

板桥下石桥,朝贡院街那边去了。瘦而高的身形,宛如水边飘……

两年后,郑板桥认识了十七岁的扬州姑娘饶玉,双方年龄相差二十五岁。饶玉青春活泼,板桥幽默风趣。风趣的男人总是讨人喜欢,古今都一样。风趣也指向活力,七十岁像五十岁。饶玉巴不得明天就出嫁,可她父母不着急,要等一等,看一看。郑板桥是个急性子,心急却吃不了热豆腐,于是学王献之把妙龄女郎约出来,直欲约尽二十四桥,管它月缺月圆月黑风高。匆匆说几句情话也好。碰碰指头身子颤,目送背影愣半天。婚前享受婚后待遇是不行的。约会劲头十足,情意绵绵却要分开。郑板桥低头诵经史,举头想饶玉,点点滴滴想她的笑容与步态。于是,画兰竹越发的妖娆。竹子刚劲,竹叶娇媚,阴阳互相映照。遥想当年,王羲之从郗璿(子房)的婀娜艳姿中获得了多少灵感?虽然饶玉姑娘比不得郗子房。

乾隆元年(1736),郑板桥在北京考中进士二甲第88名,次年回扬州迎娶了十九岁的饶玉。金榜题名,洞房花烛。蜜月之后还是蜜月,"深怜低语"(纳兰容若语)没个完。翘翘兰花指,日夕在身边。兰指添香夜画竹。更兼青春饶玉吹气如兰……

美妙的生活,不废丹青工课,空中飘满了竹光兰影。

然而几年过去了,官帽迟迟不来。郑板桥卖画度日,"四十开外薄有名",日子尚好,不须冒着寒暑摆摊设点。居家创作,嘬酒品茶,索画者找上门来。他自称"康熙秀才,雍正举人,乾隆进士",这等于打广告,却有一身真功夫,和今日某些书画家的自吹自擂有天壤之别。更别提那些个冒牌货,狂吹牛皮,"不要脸加勇敢"(眉山土话)。

饶玉为郑板桥生下了一个乖女儿,他每天逗着玩儿。

不过苦日子,哪有甜滋味?

生活中有酸甜苦辣,绝对不是坏事,有利于生存的层次感,感觉的丰富性。或如法国哲学家德里达所言:要紧的是培养对差异的敏感。

诗意之栖居,向来不避风霜雨雪。

郑板桥卖画有原则,自己不满意是不出手的,废稿堆满屋。贪官劣绅他不卖。画追文与可,字学黄庭坚,而文、黄皆是自律极严的艺术家。文同的竹墨北宋称第一,一辈子不卖画,举家受穷,身后凄凉,无钱归葬蜀中的故乡。黄庭坚拒绝依附王安石,冷官一做七八年,潜心诗书画。吴敬梓不屑仕途,冷眼逼视清代的官场丑态,专写大书《儒林外史》。蒲松龄在家乡般阳摆免费的烟茶摊子,听路人谈鬼言怪二十多年,方有空前绝后的《聊斋志异》。曹雪芹拥有那么多谋生的本事,却守着破窗一写十年,贫病交加死于除夕,中国最杰出的小说家享年才四十多岁……赖有这些拗性子,这些俗人眼中的"怪物",中国历史上才有一座又一座艺术的高峰,足以雄视西方。

汉语艺术,如何能够听命于当代西方人搞的那套可疑的标准?事实上,近现代以来的西方大师们,基本上是批判西方的。从歌德、席勒、尼采、斯宾格勒(《没落的西方》作者)到罗素、萨特、弗洛姆、乔姆斯基,名单一大串。胡塞尔和海德格尔对技术世界的本质性置疑众所周知……

乾隆七年(1742),郑板桥的官帽来了:补缺出任山东范县的县令。喜洋洋走马上任,一路玩儿着走,父女追逐青草地,扑蝶寻花捉迷藏。乳母费氏跟着享福。七品官的夫人饶玉,心里和脸上都乐开了花,她寻思再添乖娃娃。

古代官员上任,一般比较自由,不乏几百里走上小半年的例子。道路不畅,气候多变,所以行期难测,朝廷不便硬性规定。车、船、马、轿,通常日行五六十里,有意思的地方就住上几天。对饱读经史子集的士大夫来说,抬眼便是神奇。风俗、语音的差异有如地形地貌的无穷变化。神秘的村庄,神秘的人物,神奇的山水,如花似玉的田野,昼夜奔腾的野物……所有这些,都是"行万里路"的题中应有之事。

范县十万人,县城小得像个村子。民风纯朴,纷争不多。郑板桥取道家的"无为而治",尽量不扰民,格外关心老弱病残。治道清静。取消"回避"、"肃静"之类的长官威仪。官舍不用修,一家子凑合着居住。县令常下乡,挨村挨户地转,了解农事与民情,"芒鞋问俗入林深。"忙碌之余游山戏水。有时挽雕弓,纵马南山中。郑板桥学过武艺。打猎的趣味妙不可言。

他几番去济南出差,游大明湖,观七十二泉,历下亭中怀想杜子美,趵突泉边念叨李清照。将军词人辛弃疾也是在济南长大的,十八岁就拉起了一支千余人的队伍,与金兵展开游击战……

处处风景,处处胜迹。

策马往返两悠悠,古道野店有美酒。沿途所见之齐女,多高挑而白皙,也当她们是风景。

"闺中少妇,好乐无猜……图书在屋,芳草盈阶。昼食一肉,夜饮数杯。"范县五年,郑板桥的日子优哉游哉。饶玉生一子,让他解除了无后的烦恼。少妇好乐,做了一对儿女的母亲她依然活泼,青春红颜两酒窝。

"几回太府来相问,陇上闲眠看耦耕。"耦耕:二人并耕。

上级不以为怪,看来是趣味相投。

郑桥板有了政绩,调大邑潍县(潍坊)做县令。潍县靠着渤海,盛产海盐,煤铁亦多。官盐私盐利益纠缠,豪门大户有官方的背景。官商眉来眼去,麻花似的扭在一块儿,谋求利益最大化,小民必定长期受害。地方不穷,穷人反而更多。

郑板桥在范县护着小民,潍县的坏官恶绅早有耳闻了,要给他个下马威,叫他坐一回"簸箕轿"。衙役出城十几里,恭迎新来的县太爷,却把轿子颠得像簸箕。郑板桥抛上去又落下来,头晕目眩,左呕右吐。他人瘦,骨头撞木头,眼看要散架。衙役七八个越发簸得凶,一路上嘻嘻哈哈。

郑板桥边呕吐边想:狗衙役装怪,老子比你们还怪!

他喝令衙役将路边的石头搬上轿子,说是奇石可玩。几块大石头重重的压下去,衙役腰酸肩痛腿打颤,汗如雨下。不消二三里地,个个呼爹喊妈。那郑板桥兀自高架二郎腿,眯眼哼歌谣……

潍县的坏官绅闻讯相顾曰:郑燮不好惹,破了俺们的簸箕轿也。此人是个眼朝下,唉,从今后,你我恐怕难睡安稳觉!

郑板桥在潍县干了近四年。

民间的故事都讲他如何忤权贵,爱百姓,大方向是对的,但一般官场智慧并不允许官员动辄与权贵对着干。合作,妥协,抗争,三者并存。否则待不下去。板桥名言:"难得糊涂",表明他有装糊涂的能耐。大事不糊涂。原则问题寸步不让。

郑板桥上任这一年,潍县瘟疫流行,逃荒的人成千上万。《逃荒行》记载了逃荒路上的惨状:"十日卖一儿,五日卖一妇。来日剩一身,茫茫即长路。长路迂以远,关山杂豺虎……豺狼白昼出,诸村乱击鼓。"

看穷人仔细,是中国古典诗歌的一大传统。杜甫最典型,白居易苏东坡等人身居高位向杜甫看齐。眼睛能向下,而不是一味朝上。文脉代代通血脉,血脉生立场。

人逃荒,地撂荒,加上风雨不调和蝗灾,饥荒大流行,潍县地面上发生了人吃人的惨事。朝廷拨钱粮救灾,奈何僧多粥少。富商纷纷屯粮居奇,趁饥荒想大捞一把。郑板桥下令,坚决打击奸商,要他们把囤积的粮食拿出来。土豪劣绅倒联名状告郑板桥。斗争激烈,短兵相接。七品芝麻官,几乎独斗一大帮有钱有势的当地人,他虽然赢得了放粮救灾的胜利,却从此倍感仕途的艰难。

首先是立场,然后是性格。这条历史文化的长线,从屈原贯穿到鲁迅先生。屈子的经典表达:"长太息以掩涕兮,哀民生之多艰。"鲁迅名句:"横眉冷对千夫指,俯首甘为孺子牛。"

从潍县逃出去的难民终归是要回来,"归来何所有?兀然空四墙。井蛙跳我灶,狐狸据我床。"

板桥调查难民,真是步步辛酸。

"衙斋卧听潇潇竹,疑是民间疾苦声。些小吾曹州县吏,一枝一叶总关情。"此为板桥名篇。

春荒时节,大量穷人向官府借粮,打了借条,夏秋又遭灾,粮食还不上。郑板桥把几千张借条付之一炬。灾荒年这么做也是不得已,穷人的家底太薄。借条不烧,穷人又要举家去逃荒。他下令修筑城墙防海水倒灌,征用本地和外来的大批民工,以工代赈,一举两得。

潍县百姓感激郑板桥,为他建生祠,"家有画像,饮食必祝。"这与白居易做苏州太守、苏轼做杭州太守、欧阳修做扬州太守时的情形相似。然而上司并不高兴,潍县的豪绅更与郑板桥为敌,斥责,攻讦,装怪,不一而足。

做官漠视上层,心向下层,这种官如何做得长久?郑板桥也问自己,抱怨"一阶未进",多年来原地踏步。制印曰:"七品官耳",颇自嘲。可是对穷人的辛酸视而不见,曲意讨好上司,跟当地的土豪劣绅勾肩搭背扭成"麻花",他又办不到。

宅心仁厚,生旧了,性子倔大约也是爹妈给的。

县官升堂判案,常常护着穷人。"袒护穷人,打击富商",于是富商联手,串通了若干官员,逼郑板桥辞职……

和尚尼姑谈恋爱,被人告发,绑起来押至公堂,郑板桥判他二人还俗做了夫妇,花好月圆。《判潍县僧尼还俗完婚》:"一半葫芦一半瓢,合来一处好成桃……是谁勾却风流债?记取当年郑板桥。"这事引起轰动,县太爷怪名远播。

得皇帝巡幸之便,他以书画使的身份去泰山盘桓四十多天。皇家架子扯得大,而诗人在别处。五岳之尊远胜万乘。

郑板桥在潍县再忙也要画画写字,画竹更见精神,形成了自北宋文同以来的最大的审美符号;写字则如"乱石铺街",制印游刃有余,刀刀见功力。索画求字的人几乎每天候着,与当年在扬州的落拓冷寂形成反差。字画长进,官阶未进,字画能够卖出去的一大原因,还是名气大了。官府是个艺术平台。

官场逢迎终究与个性相左,五十八岁的郑板桥告老还乡。强撑就不是郑板桥了。点头哈腰不好玩,若去欺压百姓,那就更不是东西。

别了,山东,车马穿行青山中,照例玩儿着走,嘻嘻小儿翻跟斗。路边野店喝村酿,狗肉下酒喷喷香。板桥步夜月,疑是地上霜。

千里归途,玩了又玩。北国风光渐渐换了南方景致,郑板桥登高而叹:笔墨再好,难收造化神奇。

郑板桥居扬州竹西寺,"而今再种扬州竹,看取淮南一片青。"他和"扬州八怪"中的李鱓、黄慎、金农过从甚密。李鱓字复堂,原是宫廷画家,因与皇家的艺术要求发生抵触,自请外放,做了地方小官,复与上司不合,辞官回扬州。扬州八怪的其他人物也多傲岸,不向权贵低头。当然,"不向"也是一种关系,背向官场,官场并未退场,而是始终在场。不单中国书画史,中国文学史同样如此。江湖之远与庙堂之高,具有对位性结构。这种对位性结构两千多年不变,催生了无数杰作。走向、背向之间,产生艺术的强对流张力区,这个张力区,就是优秀艺术家的活动区域。作家画家,无不受力。笔者在《品中国文人》系列中已多次加以探索。

清朝的文字狱为历代之最,血腥记忆弥漫,且旷日持久。画家们顶着高压的种种怪且狂,类似魏晋时期的竹林七贤。竹的象征意味也许起于魏晋。文同、苏轼画竹石,将此符号光大起来。郑板桥画竹,托起了一座高峰。他又题诗于画图,诗书画印,四美俱呈。书法自称"六分半书",创造了板桥体。诗语浅俗而意境不俗。诗配画正好,而不是画配诗。

明清诗人写诗填词,自知永远赶不上唐宋。唐伯虎、郑板桥等人索性走了通俗的路子。板桥《竹石图轴》题诗云:"四十年来画竹枝,日间挥写夜间思。冗繁删尽留清瘦,画到生时是熟时。"这类诗,普通人都能欣赏。末一句是他画竹四十年的体验。名篇如"道情十首",鲁迅先生也称赞。

《板桥自序》:"板桥每读一书,必千百遍。舟中、马上、被底,或当食忘匕箸,或对客不听其语……"

学而不倦,老而不休。看书并未抱着实用的目的,一切都源自对未知领域的强烈好奇。古代全景式的人物多,盖因此焉。步步走得扎实。扎实成了常态,自由之境生焉。即使到了弥留之际,依然操心广阔。

听芜湖的雨辰先生讲,托尔斯泰八十多岁了,常在偏僻小镇的白桦林中独自徘徊。白桦多漂亮,而托翁痛苦地思考着人类文明的困境……

"板桥非闭户读书者,长游于古松、荒寺、平沙、峭壁、墟墓之间……思之,思之,鬼神通之。"

古松荒寺抛书出神,文字将思绪弹射到高空。大脑与心灵同时活跃,也许鬼神不过如此。户外之思丰富。其实,户内户外,皆能生风雨雷电。有一点可以肯定:不读,思不能致远。

顺便提一句:书本的文化含金量百倍于影像作品。

文字敞开世界,电脑收缩世界。收缩的逻辑指向乃是瘾头。瘾头不破,短暂者(人)的生存断断展不开。

郑板桥的笔端蕴秀,端赖严格意义上的诗意栖居。

抛书人对万竿竹……

苏轼曾经形容大画家李公麟:"李侯有句不肯吐,淡墨写出无声诗。"板桥有所不同,他要吐佳句。

艺术对应着率真性情,郑板桥的几十年,内敛而又任性,理性与感性趋于平衡。少年狂野,调皮捣蛋又大言不惭,邻居都不让小孩子跟他玩儿,视麻丫头为坏小子。后来"坏小子"读透经史,绵历世事,内心的狂野不减反增,只不过表现形式变了。说话行事很有些惊世骇俗,却还不至于吓跑众人。其间有着郑板桥式的分寸感。

《板桥自序》:"酷嗜山水,又好色,尤多余桃口齿,及椒风弄儿之戏。然自知老且丑,此辈利吾金币来耳……未尝为所迷惑。"余桃口齿是个典故,一般代指同性恋倾向。但文人的用典,也常有弹性,或只取字面意思。吃别人的余桃,那人是男是女,终究未能判定。袁枚,李渔,以及曹雪芹笔下的贾宝玉,是有同性恋倾向的,却以异性恋为主。贾宝玉固然和蒋涵玉互换了汗巾,更与林黛玉爱得死去活来。

郑板桥若是在自序中堂而皇之地宣称同性恋,那他写下大量诗词,应该有几首这类题材的才是。零星句子,与自序的口吻不合。

板桥标明书画作品的润格,倒是轰动一时,并且影响深远。"大幅六两,中幅四两,条幅对联一两。扇子斗方五钱。凡所送礼物事物,总不如白银为妙。公之所送,未必弟之所好也。"

坦率得可爱。

求画的人太多,有时候他也发脾气。他捉弄奸商,奸商又反过来捉弄他,派人"演戏"忽悠,好酒好肉伺候,骗走了他的大幅墨宝。他也不恼,摇摇头罢了。

故事很多很多……

扬州八怪（不止八怪）名噪江南，组成了一个松散群体，相得而益彰，切磋、碰撞，提升知名度。他们崇拜八大山人，从傲骨、学养到技法。八大山人曾居扬州数十年。

技法一定要放在后面。内心的强大、学养的丰富乃是重中之重。苏轼临终前，强撑病体赞米芾，"一跃而起"，首赞米芾的辞赋，可谓用心良苦。

文化要进入血液，否则拿什么去化人？

郑板桥中年以后富足了，秉性不改，状态更佳。白花花的银子，不废青灯黄卷静夜思。活到老悟到老。修炼到死。

童年那个放学就奔王一姐小红楼的坏小子，历历在目。哦，还有那隔墙娇语的小珠娘……记忆养人哪。要紧的是多一些美好记忆。今日的短暂者不妨存此一念。

兰配竹，阴负阳。

郑板桥享年七十三岁。

末了，引一首邓拓先生的七律《郑板桥和板桥体》：

"歌吹扬州惹怪名，兰香竹影伴书声。一支画笔春秋笔，十首道情天地情。脱却乌纱真面目，泼尽水墨是生平。板桥不在虹桥在，无数青山分外明。"

后　记

　　《品中国文人》这套书是 2006 年秋动的笔,次年起陆续在《小说界》杂志专栏连载。总共四卷,写了从战国到民国的四十来个标志性文人,涉及数百个。1、2 卷于 2008 年 5 月出版,初版印数不小,几年来反响不错,获了若干文学奖。2012 年又加印了两次,并且列入全国的农家书屋。

　　这个品文人系列,以平均两三万字的篇幅写透那些永载史册的人物,不用说,对我是前所未有的挑战。岂敢奢望篇篇好?如意者过半就知足了。记得动笔之初,魏心宏先生在电话里就说过这层意思。

　　我不是科班出身,自幼嗜好古典,从三国、水浒开的头,白日梦里还傻乎乎做过赵云林冲。后来一头扎进先秦诸子、唐诗宋词,发不尽思古之幽情。现当代文学和西方文学又弥补了现实感。也许应该补上一句:童年时代的活蹦乱跳,让事物得以扑面而来,打下了赢得现实感的比较坚实的基础。

　　二十岁,我在眉山印刷厂的单间宿舍捧上了厚厚的《萨特研究》,真可谓目射纸上,心怦怦跳焉。此后三十年,哲思以黑洞般的魔力吸牢我,看来今生是逃不掉了。那就不逃了,那就迎上去吧。老实讲,哲学书真不好读,文字密度大,概念环环相扣,哲人们的运思有时候像神仙在云彩中舞蹈。

　　我隐约感到,提取人物的生命精华,描绘人物的命运曲线,哲思很可能是决定性的。我这人像钟摆,若干年来摇摆于文学与哲学之间,兼读杂书,驱动力的源头亦当在胡思乱想的童年。哦,反观童年的难度简直不亚于读哲学……

杰出的哲学家们进入思想的幽深地带,思人类之未所思,注定要生造许多令人头疼的哲学概念。没办法,知难而进吧。

爱智慧是人类天性,读哲学无非是学着认识大事物,宏观的把握不废微观的进入。

写作会延伸思考,强化感觉。书房里也能活蹦乱跳,天风海雨逼人。有时上个厕所好句子就丢了,半天找不回来,这情形,倒是佐证了人在状态中,思在气流中。时至今日,我实在看不出世间还有啥活比写作还值得一干。情绪和大脑同时活跃,持续兴奋蹦蹦跳跳,又不大消耗能源,也没有把自己的快乐建立在别人的痛苦之上。

屈指二十余年,没有一天不干活。

哦,一杯茶几支烟的无限惬意……

追问中国历史是品读历代文人的题中应有之义,包括老子、庄子在内的文人都要朝着仕途,这个现象恐怕全球独有。汉语的凝聚力与大一统的格局之间,有着什么样的联系呢?笔者所能做的,仅仅是抛出命题。也许不算伪命题。

追问的过程中可能发现了一些带规律性的东西,例如中国文人的"二律背反":走向仕途又背向官场,秉性不改却置身异化,于是产生了艺术的强对流张力区。依我看,没有人事扭曲,就没有丘山自然。二者有如阴电阳电相互碰撞,碰出的火花正是艺术家的灵感。

中国的文化先贤对自然取审美姿态,对生活取质朴态度,抑制自私与贪婪,而这些,恰恰是近现代以来的西方国家所缺失的。华夏几千年文明,蕴涵着正能量充足的普世价值。

文明的碰撞正趋于白热化,未来几十年或可见分晓。自私与贪婪所挟裹的一切风暴,将亮出它的边界。大地不等人了,她的承受力绝不是无穷无尽。大地的命运将是所有人的命运。

想想那些人真可爱,阮步兵啊,李太白啊,陆放翁啊……他们面目各异,生存饱满。好像生命中的每一秒钟都是晶莹剔透。这里边有原因。什么原因呢?概言之:活得投入,事事较真,养气养到老;世界充满了魅惑,现实不会向瘾头收缩。

生活之意蕴层的层层包裹,生活的完整性的温柔覆盖,使生命的强度有别于它的长度,十年堪比百年。

是时候了,我们必须重新追问:什么是生命？什么是生活？什么是日常感觉的丰富性？

从屈原到鲁迅,众多波澜壮阔的文学大师,生活大师,热血智者,以后较长的时期内是不大可能出现了。回望大师有了紧迫感。是的,紧迫感。尽笔者之所能,尝试着逼近先贤们的本来面目,并且把他们活生生带到当下。而带到当下的前提是辨认当下。

不知今,焉知古？

回思古代也是为了获得一段助跑,以跃入今天,朝着明天。

对我来说,写作和生活常常是一回事:在思索中进行着。几天不思,生命就有陈旧感。陈旧感是点点滴滴悄然而至的,这种讨厌的东西为何讨厌？因为它的亮相,意味着生活的遮蔽、生存的板结,它的孪生兄弟或曰情绪形态就叫无聊。

环视周遭,无聊的大面积生发与强势挺进,正消耗着它自身的能量。形形色色的生存之板结,连同促成板结的贪欲之喧嚣,预设了相反的可能性。质朴的、低沸点的生命之欣悦,远未退出历史的进程。

我时常在想,胡塞尔为什么要创建"生活世界现象学"以平衡技术世界的贫乏？那么多西方现当代人文大师,对西方式的疯狂扩张展开了批判……

写这套书的过程中,有些现象是我始料未及的,甚至感到吃惊。比如写陶潜、王维的宁静,忽然意识到宁静源自喧哗,宁静有着喧哗所提供的"根据"。王维入佛境、禅境之深,恰好取决于他的世俗牵挂之重:"一生几许伤心事,不向空门何处消？"我在书中写道:空门由来消不尽,晨钟暮鼓亦伤情。在空门与尘世的接点上生发了宁静这种情绪,王维把它带入诗歌与山水画卷,为宁静赋形。"炽热的冰点与喧哗的静谧"最难捕捉,王维的这一捕捉,和陶渊明首创田园审美符号一样具有开端性,惠及从古到今的艺术家。

宁静之所以感染人,端赖其能量保持。宁静者稍不留神,这种稀缺的情绪就会从它自身脱落,滑向了昏昏欲睡。而昏昏欲睡的后面又潜伏着乌贼般的瘾头。瘾头乃是吸空灵魂的瘾头。

我多年来苦苦揣摩现象学,每每嗟叹自己悟性差,不长进,但上述例子似乎表明:长进还是有的,只不过长进来得无声无息。登山者可能永远不知道山有多高,可是回望那条弯曲的上山小路,却有实实在在的感觉。不进入中国历代文人海洋般的生存实事,思之"弹跳"就缺了一大基点。我的弹跳散落在四十篇文字当中,也许不无思的气息吧。

"面向思想的实事",并且要始终如一。慢慢读,不着急。时间还早呢。断然拒绝生存的板结,仔细清理生活的遮蔽,并把这种拒绝与清理奉献给读者。这叫"思之虔诚"。

1975年,马丁·海德格尔86岁了,依然思维开阔,敏捷如常……

古代文人写得精彩是由于他们活得精彩,针对活得精彩,我希望自己的表达不至于乏味。是的,眼下乏味的人物传记和空洞的学术文章太多,妨碍了精神价值的重新流布。这一层就带过吧。

写李白杜甫苏东坡,我能进入他们的血液吗?类似的问题一次次凌空掷下。始终面对这个单纯的问题,尝试着逼近灵魂,洞察生存,乃是这个系列唯一需要做的事情。其它的皆为次要,有点像众星拱月。不断地掌握知识是为了越过这些知识,步入林中路,朝着思之虔诚。

"语言是存在的语言,正如云是天上的云。"

每天千余字,从未勉强多写半句。牢记大师的话,"少一些文学,多一些文字的保养。"在这个铺天盖地嚷嚷"快"的年代,我们来较量慢功夫。

哦,走来走去的真好,角落里阳台边也仿佛安装了思绪的弹射装置。干不完的活,一桩又一桩。当年印刷厂的工人师傅讲过:活路(活儿)比命长。

就此打住吧。妈妈生前,年逾花甲也从不唠叨……

衷心感谢并且铭记:上海文艺出版社,魏心宏先生,眉山的朋友们和亲人们。

作者
2012年11月6日 改于四川眉山之忘言斋

主要参考文献

1. 《存在与时间》 马丁·海德格尔著 陈嘉映、王庆节译 北京三联书店 2000年版
2. 《中国文学史》 游国恩、萧涤非等主编 人民文学出版社 1980年版
3. 《中国历代文学作品选》 朱东润主编 上海古籍出版社 1980年版
4. 《中国历代诗歌选》 林庚、冯沅君主编 人民文学出版社 1964年版
5. 《论语今读》 李泽厚著 北京三联书店 2004年版
6. 《毛泽东诗词集》 中共中央文献研究室编 中央文献出版社 2003年版
7. 《中国思想家评传丛》 匡亚明主编 南京大学出版社 1998年版
8. 《从西方哲学到禅佛教》 傅伟勋著 三联书店 1989年版
9. 《资治通鉴选》 郑天挺主编 中华书局 1965年版
10. 《曹操传》 张作耀著 台湾商务印书馆 2004年版
11. 《岑参集校注》 陈铁民校注 上海古籍出版社 2004年版
12. 《李贺研究》 张宗福著 巴蜀书社 2009年版
13. 《中国艺术大师图文馆》 李福顺主编 山西教育出版社 2006年版
14. 《唐诗三百首》 蘅塘退士编 陈婉俊补注 中华书局 1959年版
15. 《唐诗三百首详析》 喻守真编注 中华书局 1957年版
16. 《唐宋名家词选》 龙榆生编选 上海古籍出版社 1980年版
17. 《宋词三百首笺注》 唐圭璋笺注 上海古籍出版社 1979年版
18. 《全宋词》 唐圭璋编 中华书局 1965年版
19. 《心灵的激情 弗洛伊德传记小说》 欧文·斯通著 朱安等译 中国文联出版公司 1986年版
20. 《宋人轶事汇编》 丁传靖辑 中华书局 1980年版
21. 《古文观止》 吴楚材、吴调侯选 中华书局 1959年版

22. 《通志堂集》 纳兰性德著 上海古籍出版社 1979年版
23. 《王国维文学美学论著集》 北岳文艺出版社 1987年版
24. 《单向度的人 发达工业社会意识形态研究》 赫伯特·马尔库塞著 刘继译 上海译文出版社 2006年版
25. 《演讲与论文集》 马丁·海德格尔著 孙周兴译 北京三联书店 2005年版
26. 《解释学、海德格尔与儒道今释》 王节庆著 中国人民大学出版社 2004年版
27. 《欧洲文学史》 杨周翰等主编 人民文学出版社 1980年版
28. 《西方哲学史》 伯兰特·罗素著 马元德译 商务印书馆 1982年版
29. 《美学原理美学纲要》 克罗齐著 李泽厚译 外国文学出版社 1983年版
30. 《性心理学》 蔼理士著 潘光旦译 商务印书馆 1999年版
31. 《意识的向度》 倪梁康著 北京大学出版社 2007年版
32. 《爱欲与文明》 赫伯特·马尔库塞著 黄勇 薛民译 上海译文出版社 1987年版
33. 《占有还是生存》 弗洛姆著 关山译 三联书店 1988年版

图书在版编目（CIP）数据

品中国文人.4/刘小川著.-上海：上海文艺出版社.2013.6(2025.4 重印)
ISBN 978-7-5321-4814-1
Ⅰ.①品… Ⅱ.①刘… Ⅲ.①文人-生平事迹-中国-古代
Ⅳ.①K825.4
中国版本图书馆 CIP 数据核字（2013）第 072249 号

策划、指导、责编　魏心宏
特约审读　海风、唐让之
编辑协助　谢锦、韩樱、于晨、吕晨
版式、封面设计　周志武

品中国文人 4
刘小川　著
上海文艺出版社出版、发行
上海市闵行区号景路 159 弄 A 座 2 楼
新华书店经销　上海中华印刷有限公司印刷
开本 650×958　1/16　印张 21.25　插页 2　字数 300,000
2013 年 6 月第 1 版　2018 年 3 月第 2 版
2025 年 4 月第 27 次印刷
ISBN 978-7-5321-4814-1/K · 0344　　定价：40.00 元

告读者　如发现本书有质量问题请与印刷厂质量科联系
　　　　T: 021-69213456